ESV

PHILOLOGISCHE STUDIEN UND QUELLEN

Herausgegeben von

Jürgen Schiewe · Hartmut Steinecke · Horst Wenzel

Heft 215

Gellert und die empfindsame Aufklärung

Vermittlungs-, Austausch- und Rezeptionsprozesse in Wissenschaft, Kunst und Kultur

Herausgegeben von
Sibylle Schönborn
und
Vera Viehöver

ERICH SCHMIDT VERLAG

Bibliografische Information der Deutschen Bibliothek

Die Deutsche Bibliothek verzeichnet diese Publikation
in der Deutschen Nationalbibliografie;
detaillierte bibliografische Daten sind im Internet
über dnb.ddb.de abrufbar.

Weitere Informationen zu diesem Titel finden Sie im Internet unter
ESV.info/987 3 503 09868 2

Gedruckt mit freundlicher Unterstützung
der Fritz Thyssen Stiftung

ISBN 987 3 503 09868 2

ISSN 0554-0674

www.ESV.info

Dieses Papier erfüllt die Frankfurter Forderungen der Deutschen Bibliothek
und der Gesellschaft für das Buch bezüglich der Alterungsbeständigkeit
und entspricht sowohl den strengen Bestimmungen der US Norm Ansi/Niso
Z 39.48-1992 als auch der ISO Norm 9706.

Druck und Bindung: Difo-Druck, Bamberg

Vorwort

Die im vorliegenden Band versammelten Beiträge sind das Ergebnis der Tagung „Gellert und die empfindsame Aufklärung. Wissens- und Kulturtransfer um 1750“, die vom 4. bis 7. Juli 2007 im Gleimhaus Halberstadt stattfand. Die Tagung wurde durch Mittel der Fritz Thyssen Stiftung gefördert, die zudem durch die Gewährung eines Druckkostenzuschusses die Publikation dieses Bandes möglich gemacht hat.

Die Herausgeberinnen möchten an dieser Stelle der Leiterin des Gleimhauses in Halberstadt, Dr. Ute Pott, ebenso wie den Mitarbeitern und Mitarbeiterinnen der Forschungsstätte ihren herzlichen Dank aussprechen. Sie haben wesentlich dazu beigetragen, dass die Diskussion über Gellert und seine Rolle in der Kultur der empfindsamen Aufklärung in entspannter und zugleich anregender Atmosphäre stattfinden konnte.

Darüber hinaus sind die Herausgeberinnen Dr. Heiko Hartmann vom Verlag Walter de Gruyter Berlin, in dem die Kritische, kommentierte Ausgabe der Gesammelten Schriften C. F. Gellerts erscheint, für die Finanzierung der Plakate und der Internetseite sowie Stephan Wunsch für deren Gestaltung zu Dank verpflichtet.

Schließlich möchten wir unserer Lektorin im Erich Schmidt Verlag, Dr. Carina Lehnen, danken, die als langjährige ehemalige Mitstreiterin bei der Edition der Schriften Gellerts sehr früh ihr Interesse sowohl an der Tagung wie auch an der Publikation des Bandes gezeigt und das Projekt von Anfang an mit großem Engagement und Sachverstand begleitet hat.

Düsseldorf/Lüttich, im Oktober 2008 Sibylle Schönborn, Vera Viehöver

Inhaltsverzeichnis

Sibylle Schönborn, Vera Viehöver

Einleitung

Mit dem Erscheinen des VII. Bandes der Gesammelten Schriften Christian Fürchtegott Gellerts, der neben dem späten, religiösen Gellert vor allem die Tätigkeit des Hochschullehrers in den Schönen Wissenschaften repräsentiert, konnte im Jahr 2008 die kritische, kommentierte Ausgabe zum Abschluss gebracht werden. Dieses Ereignis war für uns Anlass, im Rahmen einer interdisziplinären Tagung die Bedeutung Gellerts innerhalb verschiedenster Diskurse seiner Zeit aufs Neue auszuloten. Fast zwanzig Jahre nach der letzten und bisher einzigen wissenschaftlichen Tagung zu Gellert und seinem Werk[1] erschien es uns vielversprechend, die Diskussion über den oft geschmähten Autor neu zu eröffnen und dabei Anschluss an aktuelle Ansätze und Paradigmen einer um anthropologische sowie medien- und kulturwissenschaftliche Perspektiven erweiterten Literaturwissenschaft zu suchen.

Die literaturwissenschaftliche Forschung zu Gellert ist aufgrund der bekannten negativen Bewertung seiner literarischen Texte durch die nachfolgenden Generationen erst vergleichsweise spät in Gang gekommen. In der ersten Hälfte des 20. Jahrhunderts erschienen zunächst, den damaligen Forschungstendenzen entsprechend, überwiegend werkimmanent angelegte Studien zu einzelnen Werken Gellerts, die meistens primär gattungsgeschichtliche Fragen behandelten.[2] Erst in den siebziger und achtziger Jahren wurden unter sozialhistorischen Fragestellungen neue Aspekte des Werks erschlossen, die die frühere Forschung noch nicht hatte in den Blick nehmen können. Hier waren es vor allem Wolfgang Martens[3] mit seiner grundlegenden Unter-

1 Diese Tagung fand im Jahr 1988 an der University of Virginia in Charlottesville (USA) statt.

2 In chronologischer Reihenfolge seien hier einige gattungsgeschichtlich ausgerichtete Gellert-Studien genannt: Wolfgang Haynel: Gellerts Lustspiele, Diss. Leipzig 1896; Elisabeth Kretschmer: Gellert als Romanschriftsteller, Breslau 1902; Fritz Brüggemann: Gellerts *Schwedische Gräfin*. Der Roman der Welt- und Lebensanschauung des vorsubjektivistischen Bürgertums. Eine entwicklungsgeschichtliche Analyse, Aachen 1925; Louis Capt: Gellerts Lustspiele, Diss. Zürich 1949; Johannes Coym: Gellerts Lustspiele. Ein Beitrag zur Entwicklungsgeschichte des Lustspiels, New York, London 1967.

3 Wolfgang Martens: Die Botschaft der Tugend. Die Aufklärung im Spiegel der deutschen Moralischen Wochenschriften, Stuttgart 1968.

suchung zu den Moralischen Wochenschriften im 18. Jahrhundert und Eckhardt Meyer-Krentler mit seinen Studien zu Gellerts Roman[4] und zur sozialen Institution der Freundschaft[5], die wichtige Akzente innerhalb der Forschung setzten und deren Ergebnisse auch heute noch für eine kulturwissenschaftlich orientierte Forschung grundlegend sind.

Durch die von Bernd Witte 1988 begonnene Kritische, kommentierte Ausgabe der Schriften Gellerts wurde es erstmals möglich, das Werk des Autors systematisch zu bearbeiten. Diese Edition, die nicht nur das literarische Werk, sondern auch die theoretischen Schriften zur Poetik, Ästhetik und Moralphilosophie in ihrem Zusammenhang präsentiert, erschließt mit dem Erscheinen des letzten Bandes auch die bis dahin unbekannten Arbeiten des Professors für Philosophie und Lehrers in den Schönen Wissenschaften an der Leipziger Universität.

Die Ergebnisse erster Forschungen zu allen Teilen des Gellert'schen Werks liegen in einem von Bernd Witte im Jahr 1990 herausgegebenen Band, der auf die oben erwähnte erste Gellert-Tagung zurückgeht, gesammelt vor.[6] Im Vorwort zu diesem Band weist Witte mit Recht darauf hin, dass Gellert als „Schwellenfigur" am Beginn der Kunstperiode „nicht nur unter ästhetischen, sondern auch unter literatursoziologischen Gesichtspunkten ein interessanter Fall" sei.[7] Dies demonstrieren die Beiträge des Bandes, indem sie die zentralen Werke des Autors, d.h. seine Fabelsammlungen, seine Lustspiele, seinen Briefroman *Leben der schwedischen Gräfinn von G****, seinen Briefsteller, seine Lehrgedichte und seine Moralischen Vorlesungen einer Re-Lektüre unterziehen, die nicht länger von den so wirkungsmächtigen negativen Werturteilen früherer Generationen geleitet ist. Ergänzend bringt der Band erste Studien zur Rezeption, so z. B. eine Analyse der unzähligen Nekrologe auf Gellert, einen Beitrag zur musikalischen Rezeption sowie einen Essay über „Gellert und Gellerts Legende" im 18. und 19. Jahrhundert.

Während die Gellert-Forschung in den frühen neunziger Jahren keine weiteren entscheidenden Impulse bekommen hat, zeichnet sich um die Jahrtausendwende eine neuerliche „Gellert-Renaissance" ab. Gerade in den letzten Jahren sind zahlreiche Studien entstanden, die sich unter neuen theoretischen Prämissen seinem Werk nähern. Im Mittelpunkt stehen dabei zunächst Gellerts einflussreicher Briefsteller in seiner Bedeutung für die Entstehung

4 Eckhardt Meyer-Krentler: Der andere Roman. Gellerts *Schwedische Gräfin*: Von der aufklärerischen Propaganda zur empfindsamen Erlebnisdichtung, Göppingen 1974.

5 Ders.: Der Bürger als Freund. Ein sozialethisches Programm und seine Kritik in der neueren deutschen Erzählliteratur, München 1984.

6 „Ein Lehrer der ganzen Nation". Leben und Werk Christian Fürchtegott Gellerts, hg. v. Bernd Witte, München 1990.

7 Bernd Witte: Vorwort, in: „Ein Lehrer der ganzen Nation" [Anm. 6], S. 9–10, hier S. 9.

und Ausdifferenzierung der empfindsamen Briefkultur[8] sowie sein Roman *Leben der schwedischen Gräfinn von G****.[9] Das besondere Interesse an eben diesen Teilen des Gellert'schen Werkes verdankt sich wiederum allgemeineren Forschungstrends in den Geisteswissenschaften: So wurde der sogenannte „Cultural Turn", der sich in den neunziger Jahren auch in der Germanistik durchsetzen konnte, von einer medientheoretischen und -historischen Ausweitung literaturwissenschaftlicher Fragestellungen vorbereitet. Das 18. Jahrhundert, in dem Lesen und Schreiben erstmals selbstverständlicher Bestandteil bürgerlicher Lebenspraxis wurden, rückte damit ins Zentrum grundlegender Untersuchungen zur Funktion des Mediums Schrift. Neben den vielen Lesegeschichten und Studien zum Leseerwerb und -verhalten[10] ist in diesem Zusammenhang vor allem Friedrich Kittlers berühmte Mediengeschichte *Aufschreibesysteme 1800–1900*[11] zu nennen, die die Entstehung von Autorschaft im späten 18. Jahrhundert als Effekt der Alphabetisierung der Söhne durch die Mutterzunge erklärt. Eine Betrachtung des von Kittler nicht in die Untersuchung mit einbezogenen literarischen Feldes um 1750 mit seinem Zentrum Christian Fürchtegott Gellert macht die Vorgeschichte hierzu sichtbar: die Erziehung der (Adoptiv-)Töchter zu Leserinnen durch ihre schreibenden Väter.

Weitere Anregung erhielt die Gellert-Forschung schließlich durch Albrecht Koschorkes Medien- und Kulturwissenschaft verbindende Studie *Körperströme und Schriftverkehr*[12], die die kulturelle Codierung des menschlichen

8 Grundlegend: Rafael Arto-Haumacher: Gellerts Briefpraxis und Brieflehre. Der Anfang einer neuen Briefkultur, Wiesbaden 1995. Vgl. darüber hinaus: Uwe Hentschel: ‚Besuche in Briefen': Die epistolare Praxis der Anakreontiker und Gellerts Briefreform, in: Orbis Litterarum 56, 2001, H. 5, S. 378–395.

9 Heidi M. Schlipphacke: Eros and Community: C. F. Gellert's *Das Leben der schwedischen Gräfin von G****, in: Germanic Review 76, 2001, H. 1, S. 70–89; Thomas Pago: Der empfindsame Roman der Aufklärung, Christian Fürchtegott Gellerts *Leben der schwedischen Gräfin von G...* und Sophie von La Roches *Geschichte des Fräuleins von Sternheim.* Eine vergleichende Untersuchung, München 2003; Stephanie Hilger: The Feminine Performance of Class in Chr. F. Gellert's *Leben der schwedischen Gräfin von G...*, in: A Journal of Germanic Studies 37, 2001, H. 4, S. 283–304; Hans-Joachim Maier: Zwischen Bestimmung und Autonomie, Erziehung, Bildung und Liebe im Frauenroman des 18. Jahrhunderts. Eine literatursoziologische Studie von Christian F. Gellerts *Leben der schwedischen Gräfin von G**** und Sophie von La Roches *Geschichte des Fräuleins von Sternheim*, Hildesheim 2001.

10 Von den frühen Untersuchungen seien hier stellvertretend Rolf Engelsing: Der Bürger als Leser. Lesergeschichte in Deutschland 1500–1800, Stuttgart 1974, und die grundlegende Studie von Erich Schön: Der Verlust der Sinnlichkeit oder Die Verwandlungen des Lesers. Mentalitätswandel um 1800, Stuttgart 1987, genannt.

11 Friedrich A. Kittler: Aufschreibesysteme 1800–1900, 4., vollst. überarb. Neuaufl., München 2003.

12 Albrecht Koschorke: Körperströme und Schriftverkehr. Eine Mediologie des 18. Jahrhunderts, München 1999.

Körpers an den allgemeinen Literalisierungsprozess ankoppelt und damit eine Urszene der Entstehung moderner kultureller Systeme freilegt. Es liegt nahe, dass neben dem Rührenden Lustspiel als Instanz zur Modellierung von Affekten[13] insbesondere der Brief[14] – aber auch das Tagebuch[15] – als Medium der Ich-Konstruktion und Selbstinszenierung in diesem Zusammenhang verstärktes Interesse fand.

Neben diesen medienkulturgeschichtlichen Analysen der Bedeutung Gellerts entstanden in den letzten Jahren einige Untersuchungen, die Teile des Werks im Kontext von fächerübergreifenden Fragestellungen behandeln und nun auch Gellerts Leistung auf dem Gebiet der sogenannten „Schönen Wissenschaften" Rechnung tragen. Damit wurde wiederum eine neue Perspektive für die Forschung eröffnet: Gellerts umfangreiches und vielfältiges literarisches und theoretisches Werk wurde nun zum ersten Mal als ein integraler Komplex betrachtet, der die empfindsame Aufklärung in ihrer gesamten Reichweite und in ihrem europäischen Kontext repräsentiert. Zu nennen sind in diesem Zusammenhang beispielsweise Thomas Wegmanns soziologische Theoriemodelle einbeziehende Studie zur *Schwedischen Gräfinn*[16], Jan Engbers' Untersuchung zum Moral Sense bei Gellert, Lessing und Goethe[17] sowie Katrin Löfflers Arbeit zu anthropologischen Konzeptionen in der Literatur der Aufklärung, die ein Kapitel zu Gellert enthält.[18] Arbeiten wie diese zeigen, dass das Werk Gellerts seit einiger Zeit immer häufiger Gegenstand interdisziplinär angelegter Forschungsarbeiten ist, wie sie im Zuge des bislang letzten „Turns" der Geisteswissenschaften, den man den „epistemologischen" nennen könnte, selbstverständlich geworden sind.

Am Beginn der Entwicklung, die mit dem „epistemologischen Turn" einen vorläufigen Höhepunkt erreicht hat, stand bereits in den späten 1980er Jahren die Ausbildung der sogenannten „Literarischen Anthropologie" zu einem eigenständigen germanistischen Forschungsfeld. Angeregt durch eine

13 Sibylle Schönborn: Christian Fürchtegott Gellert: Die zärtlichen Schwestern, in: Dramen vom Barock bis zur Aufklärung, Stuttgart 2000, S. 224–250.

14 Sibylle Schönborn, Tanja Reinlein, Ulrike Bardt: Korrespondierendes Leben: Mediale Vernetzung am Beispiel des Briefwechsels zwischen Christiane Caroline Lucius, Karoline Juliane Kirchhof und Christian Fürchtegott Gellert. Zu vier unveröffentlichten Briefen C. F. Gellerts an C. J. Kirchhof, in: IASL 27, 2002, H. 2, S. 20–44; Tanja Reinlein: Der Brief als Medium der Empfindsamkeit. Erschriebene Identitäten und Inszenierungspotentiale, Würzburg 2003, bes. Kap. IV und VII.

15 Zum Tagebuch und insbesondere zu Gellerts diarischen Schriften vgl. Sibylle Schönborn: Das Buch der Seele. Tagebuchliteratur zwischen Aufklärung und Kunstperiode, Tübingen 1999, bes. Kap. III u. IV.

16 Thomas Wegmann: Tauschverhältnisse: Zur Ökonomie des Literarischen und zum Ökonomischen in der Literatur von Gellert bis Goethe, Würzburg 2002.

17 Jan Engbers: Der „Moral-Sense" bei Gellert, Lessing und Wieland. Zur Rezeption von Shaftesbury und Hutcheson in Deutschland, Heidelberg 2001.

18 Katrin Löffler: Anthropologische Konzeptionen in der Literatur der Aufklärung. Autoren in Leipzig 1730–1760, Leipzig 2005.

richtungweisende Untersuchung Helmut Pfotenhauers[19] entstand eine breite Diskussion um die Rolle der Literatur bei der Ausbildung eines ganzheitlichen, Körper und Seele umfassenden Bildes vom Menschen in der Epoche der Aufklärung.[20] Dabei stellte sich die von Reinhart Koselleck so bezeichnete „Sattelzeit um 1800" als besonders aufschlussreich für exemplarische anthropologische Studien heraus. Am Ende der 1990er Jahre kam es durch eine Ausweitung der Forschungsperspektive zu einer Neuorientierung der bisher stark am Konzept der literarischen Anthropologie orientierten Forschung, die nun neben im engeren Sinne literarischem verstärkt auch nicht-literarisches Material untersuchte bzw. Texte verschiedenster Provenienz zueinander in Beziehung setzte. Der von Joseph Vogl 1999 herausgegebene Band *Poetologien des Wissens um 1800*[21] ist neben vielen anderen Dokument dieser Trendwende. Anders als die zuvor erwähnten Studien gehen diese Untersuchungen davon aus, dass ein literarischer bzw. ästhetischer Text „eine von mehreren realisierbaren Repräsentationsweisen [ist], die eine Wissensordnung ausbildet"[22], und demnach zunächst als gleichrangig mit anderen, nicht-literarischen Texten oder Repräsentationsweisen betrachtet werden muss. In diesen Arbeiten, die sich als Beiträge zu dem Großprojekt einer „Geschichte des Wissens"[23] verstehen, wird das Konzept „Literarische Anthropologie" um das der „Wissenspoetik" oder „Wissenskultur(en)" ergänzt. Nicht-literarische Diskurse der Natur- und Humanwissenschaften, aber etwa auch der Mathematik, der Jurisprudenz oder der Technik, werden von der jüngeren Forschung nicht mehr lediglich als Quellen betrachtet, sondern als „parallellaufende Prozesse"[24] beschrieben, um die Modalitäten des Austauschs zwischen Künsten

19 Helmut Pfotenhauer: Literarische Anthropologie. Am Leitfaden des Leibes. Selbstbiographien und ihre Geschichte, Stuttgart 1987.

20 Eine Art vorläufige Bilanz der gesamten Diskussion bis zum Beginn der neunziger Jahre findet sich in: Der ganze Mensch. Anthropologie und Literatur im 18. Jahrhundert. DFG-Symposion 1992, hg. v. Hans-Jürgen Schings, Stuttgart, Weimar 1994. Über die weitere Entwicklung dieses Konzepts informiert: Ingo Stöckmann: Traumleiber. Zur Evolution des Menschenwissens im 17. und 18. Jahrhundert. Mit einer Vorbemerkung zur literarischen Anthropologie, in: IASL 26, 2001, H. 2. S. 1–55. Vgl. darüber hinaus Jutta Heinz: Literarische oder historische Anthropologie? Zur Möglichkeit interdisziplinären Arbeitens am Beispiel von Literatur und Anthropologie im 18. Jahrhundert, in: Innovation und Transfer. Naturwissenschaften, Anthropologie und Literatur im 18. Jahrhundert, hg. v. Walter Schmitz, Dresden 2004, S. 195–209.

21 Poetologien des Wissens um 1800, hg. v. Joseph Vogl, München 1999, S. 7–16.

22 Markus Fauser: Einführung in die Kulturwissenschaft, Darmstadt 2003, S. 64.

23 Joseph Vogl: Einleitung, in: Poetologien des Wissens um 1800 [Anm. 21], S. 7–16, hier S. 7.

24 Harald Neumayer: Historische und literarische Anthropologie, in: Konzepte der Kulturwissenschaften, hg. v. Ansgar Nünning u. Vera Nünning, Stuttgart, Weimar 2003, S. 108–131, hier S. 124.

und Wissenschaften in einer historisch gegebenen kulturellen Formation herauszuarbeiten.

Dabei haben jedoch bisher die Jahrzehnte „um 1800" eindeutig im Mittelpunkt einschlägiger Forschungen gestanden.[25] Zwar meinte Koselleck, als er den Begriff der „Sattelzeit" einführte, mit „um 1800" einen Zeitraum, der die Jahrhundertmitte noch mit einschließt, doch faktisch fokussieren die zahlreichen Untersuchungen zur „Kultur um 1800" meist die letzten Jahrzehnte des 18. Jahrhunderts sowie die Jahrzehnte nach der Jahrhundertwende. Die Zeit „um 1750" ist bisher nur selten Gegenstand umfangreicherer Untersuchungen geworden.[26] Gerade in den Jahrzehnten um 1750 vollzogen sich jedoch sowohl in der Literatur als auch in der bildenden Kunst und in der Musik, ebenso aber in den Wissenschaften zentrale Umbrüche. Literaturgeschichtlich betrachtet, findet in diesen Zeiten die allmähliche Ablösung eines an der Ratio ausgerichteten Aufklärungskonzepts durch das einer „Aufklärung der Gefühle" statt. In musikgeschichtlicher Perspektive ereignet sich um 1750 die entscheidende Wende von der auf dem Mimesis-Prinzip basierenden Affektenlehre zum musikalischen Prinzip der „Einfühlung". Auch aus den naturkundlichen Disziplinen kommen entscheidende neue Impulse. Zu nennen wäre hier beispielsweise die Auseinandersetzung zwischen Albrecht von Haller und La Mettrie um eine medizinphilosophische Bestimmung des Menschen, an die Herder in den siebziger Jahren mit seiner genuin empfindsamen Ästhetik anknüpfen konnte. Auch in der Theorie der Rhetorik vollzogen sich in der Mitte des 18. Jahrhunderts entscheidende Transformationsprozesse, die erst in jüngster Zeit in den Blick genommen wurden.[27] Weiterhin wurde in dieser Zeit die britische Moralphilosophie in Deutsch-

25 Die Zahl der in diesem Kontext zu nennenden Untersuchungen wächst ständig. Stellvertretend seien hier nur einige neuere Studien genannt: Kunst und Wissenschaft um 1800, hg. v. Thomas Lange u. Harald Neumayer, Würzburg 2000; Die Grenzen des Menschen. Anthropologie und Ästhetik um 1800, hg. v. Maximilian Bergengruen u. a., Würzburg 2001; Corina Caduff: Literarisierung von Musik und bildender Kunst um 1800, München 2003; Caroline Welsh: Hirnhöhlenpoetiken. Theorien zur Wahrnehmung in Wissenschaft, Ästhetik und Literatur um 1800, Freiburg i. Br. 2003.

26 Eine der wenigen Studien zur Kultur „um 1750" stammt von Gabriele Dürbeck: Einbildungskraft und Aufklärung. Perspektiven der Philosophie, Anthropologie und Ästhetik um 1750, Tübingen 1998. Darüber hinaus ist auf zwei neuere Sammelbände zu verweisen, die epistemische Transferprozesse um die Mitte des 18. Jahrhunderts aufarbeiten: Zwischen Empirisierung und Konstruktionsleistung: Anthropologie im 18. Jahrhundert, hg. v. Jörn Garber, Tübingen 2004, sowie der von Walter Schmitz und Carsten Zelle herausgegebene Band „Innovation und Transfer" [Anm. 20].

27 Vgl. dazu Dietmar Till: Transformationen der Rhetorik. Untersuchungen zum Wandel der Rhetoriktheorie im 17. und 18. Jahrhundert, Tübingen 2004.

land in spezifischer Weise umgeformt und ästhetisch bearbeitet.[28] Zudem begünstigte der Siebenjährige Krieg (1756–63) als zentrales Ereignis der Jahrhundertmitte Entstehung und Ausdifferenzierung eines politischen Diskurses, in dem sich einmal mehr literarische und nicht-literarische Medien begegneten.

Mit Band VII der Gesammelten Schriften Gellerts wurde nun reiches Textmaterial für eine kulturwissenschaftliche Forschung erschlossen, die Gellert als Gelenk- und Schnittstelle in den oben genannten Diskursfeldern lesbar macht. Denn mit diesem Band werden Gellerts Vorlesung zu den Schönen Wissenschaften, die ihm als wissenschaftliche Grundlage seiner universitären Vorlesungen diente, sowie seine als Auftragsarbeiten angefertigten Musterbibliotheken erstmals für die Forschung zugänglich. Zusammen stellen diese bibliographischen Aufzeichnungen zu den zentralen Wissenschaften des 18. Jahrhunderts (Philosophie, Theologie, Altphilologie, Rhetorik, Geographie etc.) so etwas wie eine Enzyklopädie des Wissens seiner Zeit dar.

An diesem Textmaterial wird deutlich, dass Gellert in der Mitte des 18. Jahrhunderts als Autor, Übersetzer und Hochschullehrer im Zentrum vielgestaltiger Austauschprozesse zwischen den Künsten und Wissenschaften stand. Als Briefpartner in zahlreichen Korrespondenzen, durch seine Tätigkeit als Übersetzer und Vermittler ausländischer Literatur und damit wirkungsbewusster Mitgestalter eines empfindsam-aufklärerischen europäischen Literatur- und Wissenskanons wie auch als außerordentlicher Professor für Philosophie an der renommierten Leipziger Universität war er eine „Institution“ und zugleich eine Art Kreuzung im Diskursnetz der mittleren Aufklärung. Gellerts Rolle im Wissenschaftsbetrieb seiner Zeit und der folgenden Jahrzehnte, die er ungeachtet seiner Abwertung durch die nun führenden Autoren und Literaturkritiker einnahm, steht im Zentrum der Beiträge dieses Bandes. Denn gerade an Gellerts Beispiel wird augenfällig, dass sich die sogenannte „empfindsame“ Kultur als solche in komplexen Austauschprozessen zwischen den verschiedenen Künsten, Wissenschaften und kulturellen Praktiken allererst konstituierte. Die Wirkung Gellerts erschöpft sich deshalb nicht in seinem kurzlebigen literarischen Nachruhm, sondern wird erst in vollem Umfang sichtbar, wenn seine vielgestaltige Leistung im oben beschriebenen kulturwissenschaftlichen Kontext analysiert wird.

Unter Gellerts „Wirkung“ werden in diesem Falle wesentlich umfangreichere und komplexere Prozesse verstanden als nach dem Verständnis einer älteren Einflussforschung, geht es doch hier grundsätzlich um Beziehungen, Korrespondenzen und Austauschprozesse unterschiedlicher, nicht auf das

28 Zu einer neuen Perspektive auf die innereuropäischen Rezeptionsprozesse im 18. Jahrhundert vgl. Mark-Georg Dehrmann: Das Orakel der Deisten. Shaftesbury und die deutsche Aufklärung, Göttingen 2008.

literarische Feld begrenzter Provenienz. Diese müssen nicht zwangsläufig durch explizite Bezugnahmen sichtbar werden, sondern können sich auch jenseits auktorialer Intentionalität als Spuren der Aufnahme und Verarbeitung diskursiver Formationen zeigen. Die Suche nach solchen Spuren betreiben die einzelnen Beiträge des Bandes in den verschiedensten Diskursen, Medien und kulturellen Praktiken, unter diversen Fragestellungen und mit unterschiedlichen methodischen Ansätzen.

Die Beiträge von Uwe Hentschel, Sikander Singh und Dorothea Böck widmen sich der Nachwirkung Gellerts. Uwe Hentschel zeichnet in seinem Beitrag die interessante, bisher wenig beachtete Rezeption des literarischen Werks Gellerts in der Literaturgeschichtsschreibung des 19. Jahrhunderts nach. Während Gellert von den Protagonisten des literarischen Vormärz, etwa von Georg Herwegh, als „affirmativ" abgelehnt worden ist, haben ihm die Vertreter der populären, bildungsbürgerlich geprägten Literarhistoriographie der Vor- und Nachmärzzeit durchaus Anerkennung zuteil werden lassen. Aus deren Sicht nämlich zählen bei der Beurteilung des literarischen Werks eines Autors nicht primär ästhetische Kriterien, sondern dessen Verwendbarkeit im Hinblick auf das Ziel einer sittlichen Erziehung des Volkes in der modernen bürgerlichen Industriegesellschaft, so dass Gellert, ungeachtet ästhetischer Vorbehalte gegenüber seinen Texten, weiterhin als Vorbild dienen konnte. Sikander Singh versucht in seinem Beitrag die Legende vom Abbruch der Gellert-Wirkung im Sturm und Drang durch Gellert-Spuren in Goethes Werk und Poetik zu widerlegen. Er knüpft damit an die von Werner Jung[29] zuerst formulierte These von der Vorbereitung der Genieästhetik durch Gellert an. Gellerts ästhetische wie moralische Reflexionen über die Relation von antik-heidnischer und jüdisch-christlicher Tradition stellen aus seiner Sicht den Versuch dar, die seit der „Querelle des Anciens et des Modernes" als einander ausschließend betrachteten Paradigmen vor dem Hintergrund des aufgeklärten Deismus zu einer Synthese zu führen. Genau dieses Konzept der komplementären Relation von antikem und christlichem Paradigma, das der Hochschullehrer Gellert bereits in jener Vorlesung zur Ästhetik entfaltet, die Goethe nachweislich gehört hat, lässt sich – so Singhs These – jedoch in Goethes Verständnis von Kunstvollendung und -begrenzung, Welterfahrung und Bildungsideal wiederfinden. Dorothea Böck setzt diese Korrektur des verfestigten Wissenschaftskonsenses vom Abbruch der Gellert-Wirkung nach 1770 durch das Beispiel des sächsischen Romantikers Johann August Apel fort. Mit dem bisher unpublizierten Tagebuch Apels (1771–1816) stellt ihr Beitrag ein bisher völlig unbekanntes Zeugnis der Gellert-Rezeption vor, das die Transformation Gellertscher Aufklärungsphilosophie in der Unterhaltungsliteratur der romantischen Epoche do-

29 Werner Jung: „Die besten Regeln sind die wenigsten." Gellerts Poetik, in: „Ein Lehrer der ganzen Nation" [Anm. 6], S. 116–124.

kumentiert. Am Beispiel von Apels Tagebuch arbeitet die Autorin zudem den Generationenkonflikt zwischen Vater und Sohn als Konflikt zwischen orthodoxer Spätaufklärung und empfindsamer Frühromantik anschaulich auf.

Um ganz andere, nämlich interkulturelle Rezeptionsprozesse geht es in den Beiträgen von Anne-Kathrin Winkler und Michael Schmidt. Anne-Kathrin Winkler stellt in ihrem Beitrag Ergebnisse einer größeren sozialhistorischen Studie vor. Im Zentrum stehen dabei die Mediateure der französischsprachigen Vermittlung Gellerts in Frankreich. Die Autorin beleuchtet zum einen das soziale Profil der Vermittler Gellerts und beschreibt zum anderen die Funktion des *Journal étranger*, mit dem Gellert direkt oder vermittelt über Gewährsleute in ständigem Kontakt stand, als mediales Zentrum des interkulturellen Austauschs. Sie macht deutlich, dass Gellert Vorgänge der Vermittlung seines Werks im Ausland aufmerksam beobachtete und mittels enger Vertrauter bewusst zu steuern versuchte. Michael Schmidt geht den Ursprüngen eines Literaturimports aus dem Norden Europas durch Gellerts Zeitgenossen Ewald von Kleist nach und legt Formen literarischer Kolonisationsprozesse frei. Im Mittelpunkt des Beitrags steht Kleists *Lied eines Lappländers* (1757), eine der beliebtesten volksliedhaften Dichtungen der Empfindsamkeit. Die Überlieferungsgeschichte dieses Textes bringt den Autor auf die Spur von Olaus Matthiæ Sirma, einem vermutlich aus der schwedisch-finnischen Grenzregion stammenden Samen, der als einer der Angehörigen eines nicht-literalisierten Urvolkes an der Gelehrtenkultur seiner Zeit partizipierte und in vielfältiger Form als Vermittler agierte. Dieses von Kleist der literarischen Sprache der Empfindsamkeit anverwandelte, ursprünglich mündlich tradierte samische Liebeslied, das zunächst in schwedischer Sprache aufgezeichnet und danach in diverse Sprachen übersetzt wurde, präsentiert Schmidt als besonders eindrucksvolles Beispiel für einen Kulturtransfer, in dem Prozesse der Übersetzung und der Rezeption eine unauflösliche Verbindung eingehen.

Weitere Gellert-Wirkungen stellen die Beiträge von Michael Mühlenhort, Nikola Roßbach und Katrin Henzel vor. Hier handelt es sich insofern um mehrfache Transferprozesse, als die literarische Quelle bei Gellert jeweils in einen anderen Diskurs (des Wissens) und in ein anderes Medium transponiert wird. Michael Mühlenhort untersucht die zentrale Bedeutung Gellerts für das erste Wörterbuch des Deutschen im 18. Jahrhundert, den Adelung. Dieses Wörterbuch stellt insofern ein Novum dar, als Adelung die Lemmata unter Bezugnahme auf ein Korpus literarischer Texte herausragender Autoren erklärt. Dabei nimmt Gellert als Referenzautor mit über 2200 Belegstellen eine Ausnahmestellung ein. Der Autor zeigt auf, wie und wann Gellert-Belege im Wörterbuch verwendet werden, und weist nach, dass die überaus populären Werke Gellerts, etwa die Fabeln, die *Geistlichen Oden und Lieder* und die Sentenzen aus den *Moralischen Vorlesungen*, sprachnormierend eingesetzt wurden, so dass hier von einem wechselseitigen Verstärkereffekt zwischen literarischem Text und sprachlicher Normierung ausgegangen werden kann. Nikola Roßbach stellt in ihrem Beitrag das im 18. Jahrhundert in drei jeweils signifikant veränderten Auflagen erschienene *Frauenzimmer-Lexicon* von Gottlieb Siegmund Corvinus als ein Beispiel für geschlechtsspezifischen Wissenstransfer vor. Ausgehend von der bekannten These der Entwicklung von einem frühaufklärerischen Frauenbild, das die gelehrte Frau zu integrieren vermag, hin zur spätaufklärerisch-empfindsamen Vorstellung einer nicht gelehrten, natürlichen Frau, geht sie der Frage nach, inwieweit das *Frauenzimmer-Lexicon* tatsächlich der Frauenbildung zugearbeitet hat. Sie vertritt die These, dass Corvinus Frauen einen separaten, von Männern kontrollierten Wissenskosmos eröffnet, der nicht für bereits vorhandene Rezipientinnen geschaffen wurde, sondern *für den* diese allererst konstruiert wurden. Katrin Henzel verfolgt dagegen Gellerts Wirkung in einer spezifischen kleinen Gattung des 18. Jahrhunderts, den Stammbuchblättern. Anhand eines Korpus ausgewählter Stammbücher zeigt sie, dass gerade religiöse Texte Gellerts, namentlich einzelne Verse aus seinen *Geistlichen Oden und Liedern*, bei den Einträgern besondere Popularität genießen. Dabei wird deutlich, dass die Texte beim Transfer vom evangelischen Gesangbuch in einen neuen medialen Kontext ihre Funktion verändern und als Lebensweisheit und allgemeine Orientierung vermittelnde Sentenzen Teil einer säkularisierten Schriftkultur werden.

Um Austauschprozesse zwischen Wissenschaften und Literatur geht es in Katrin Löfflers Beitrag zur poetischen Anthropologie in Gellerts Roman und in Sibylle Schönborns Aufsatz zu seiner bisher von der Forschung vernachlässigten Operette *Das Orakel*. Katrin Löffler zeigt, dass im Roman *Leben der schwedischen Gräfinn von G**** das Ideal der vernünftigen Beherrschung der Leidenschaften weit differenzierter diskutiert wird, als dies bisher gesehen worden ist. Gellerts Auseinandersetzung mit der moralphilosophischen Konzeption seines Zeitgenossen Christian August Crusius schlage sich nicht etwa erst in den *Moralischen Vorlesungen* nieder, sondern werde schon im Roman grundgelegt. Der Autor thematisiert nach Löffler hier die für die Moral-Sense-Philosophie charakteristische Annahme ursprünglicher sympathetischer Neigungen ebenso wie die Grenzen vernünftiger Affektkontrolle und problematisiert überdies auch die vernünftige Affekterkenntnis. Er entwirft damit ein Menschenbild, das in der menschlichen Triebstruktur positive Begierden verankert und das untere Begehrungsvermögen aufwertet. Sibylle Schönborn beschreibt in ihrem Aufsatz Gellerts Beitrag zu den zeitgenössischen Diskursen über Maschinenmenschen in den technischen Experimenten mit künstlichen Menschen von Vaucanson und in der medizinphilosophischen Bestimmung des Menschen bei La Mettrie. Seine als Auftragsarbeit für einen jungen Fürsten verfasste lehrhafte Operette *Das Orakel* entwirft eine empfindsame Anthropologie, die der Konzeption von dem autonomen psychophysischen System des menschlichen Organismus bei La Mettrie näher steht, als es der Hochschullehrer Gellert in seinen späteren *Moralischen Vorlesungen* wahrhaben will.

Einen anderen Transferprozess, nämlich den zwischen empfindsamer Ästhetik und Instrumentaldidaktik, behandelt der Beitrag von Vera Viehöver. Sie erläutert, inwiefern Leopold Mozart in seinem *Versuch einer gründlichen Violinschule* zentrale Konzepte der empfindsamen Aufklärung, insbesondere das der Natürlichkeit, für sich adaptiert. Zudem zeigt sie auf, wie Mozart, nach dem Vorbild des von ihm verehrten Gellert, im Bereich der Musik selbst als Morallehrer wirksam zu werden versucht, indem er seine Violinschule, mit der er sich im Übrigen im Sinne seines Vorbilds als „natürlich" schreibender Autor zu profilieren sucht, auch als eine Morallehre für den ausübenden Musiker konzipiert.

Die Beiträge von Bernd Witte und Claudia Neumann beschäftigen sich aus je unterschiedlicher Perspektive mit Gellerts Position innerhalb des politischen Diskurses der Jahrhundertmitte. Anhand einer kritischen Relektüre des bekannten literarhistorischen Rückblicks im Siebten Buch von *Dichtung und Wahrheit* zeigt Bernd Witte, wie Goethe, unter dem Eindruck der Befreiungskämpfe gegen Napoleon stehend, im Jahr 1812 eine preußisch-deutsche Literaturgeschichte konstruiert, in der die patriotische Gebrauchslyrik eines Gleim oder Ramler als Beginn einer gehaltvollen „Nationaldichtung" gefeiert, während Gellert als „siecher Moralphilosoph" abqualifiziert wird. Was Goethes aus zeitgeschichtlichen Gründen verengtem Blick entging, lässt sich nach Witte aus heutiger Sicht um so eindrücklicher zeigen: dass Gellert, wie nur wenige andere immun gegen jegliche nationale Ideologie, eine ‚andere' Tradition in der deutschen Literatur der Moderne begründet, diejenige nämlich, die sich der Vereinnahmung durch weltliche Machtinteressen konsequent verweigert. Claudia Neumann wirft in ihrem Beitrag, ausgehend von Gellerts literarischer „Abstinenz" im Siebenjährigen Krieg, die Frage auf, ob Gellert als unpolitischer Autor angesehen werden muss. Anhand einer genaueren Lektüre seiner literarischen Werke, insbesondere des Romans, arbeitet sie heraus, dass Krieg und Militär von Gellert sehr wohl thematisiert werden – allerdings auf eine gänzlich andere Weise als in der patriotischen Tendenzliteratur seiner Zeit. Gellert zeige durch seine dem Militär zugeordneten Figuren, die keine ruhmreichen Kriegshelden sind, sondern sich gerade über ihre zivilen Handlungen auszeichnen, Konfliktlösungen jenseits gewaltvoller Auseinandersetzung auf. Damit vertritt Gellert – so Neumann in Übereinstimmung mit den Ergebnissen Wittes – innerhalb des politischen Diskurses seiner Zeit eine höchst eigenständige, religiös begründete pazifistische Position.

Den größten Raum nehmen innerhalb des Bandes diejenigen Beiträge ein, die sich mit Austausch- und Vermittlungsprozessen innerhalb der Schönen Wissenschaften befassen und damit einen ersten Ansatz zur wissenschaftlichen Rezeption des mit Band VII der Gesammelten Schriften zugänglich gemachten Materials leisten: Jutta Heinz' Aufsatz über Gellerts empfindsames Konzept der Schönen Wissenschaften, Dietmar Tills Beitrag zu Gellerts Rezeption antiker Rhetorik und Mark-Georg Dehrmanns Untersuchung über Gellerts Position innerhalb der zeitgenössischen moraltheologischen Diskussion. Jutta Heinz zeigt anhand einer eingehenden Lektüre von Gellerts Leipziger Antrittsvorlesung sowie der Abschlussvorlesung die wesentlichen Elemente eines genuin empfindsamen Verständnisses von Schöner Wissenschaft auf. Gellerts holistisches Konzept ist nach Heinz transferorientiert und vermittelt zwischen Wissenschaft und Gesellschaft, zwischen Gelehrsamkeit und Leben, zwischen Vernunft und Gefühl ebenso wie zwischen Erkenntnis und Moral. Es impliziert nicht nur eine fortschrittliche Hermeneutik als Lektüreanweisung und eine natürliche Rhetorik als stilistisches Bildungsprogramm, sondern auch das Konzept einer geselligen und zugleich praxisorientierten Wissenschaft. Dietmar Till unterzieht in seinem Beitrag die geläufige Auffassung, Gellert habe in seiner Brieflehre ein Konzept des „natürlichen" Ausdrucks von Empfindungen jenseits rhetorischer Techniken entwickelt, einer Revision. Lange vor Gellert schon, etwa bei dem Späthumanisten Justus Lipsius, sind in Texten zur Rhetorik Ansätze zu einer Theorie des Ausdrucks zu finden, argumentiert Till. Gellert vollziehe somit keinesfalls den Bruch mit der Rhetorik, knüpfe allerdings auch nicht bruchlos an die antike Überlieferung an. Vielmehr partizipiert er nach Till an einer für das 18. Jahrhundert charakteristischen Transformation der Rhetorik, in der sich der Übergang von der Rhetorik als System zur Rhetorik als Anthropologie vollzieht. Mark-Georg Dehrmann beschäftigt sich in seinem Beitrag mit Gellerts *Moralischen Vorlesungen*. Diese bewegen sich aus seiner Sicht in einem höchst problematischen Dreieck der Moralbegründung, das zwischen den Begriffen Herz bzw. moralische Empfindung, Vernunft und Offenbarung (Gnade) ausgespannt wird. Zentral ist dabei laut Dehrmann die Frage nach dem Verhältnis von Vernunft und Offenbarung, deren Koexistenz in der Moraldiskussion der Zeit grundsätzlich für möglich gehalten werde. Gellerts trenne die Instanz der Vernunft von den beiden anderen Instanzen und rücke damit Empfindung und Offenbarung um so näher zueinander. Eine editionswissenschaftliche Ergänzung zu den zuletzt genannten Beiträgen bildet der Beitrag von Kerstin Reimann: Die Mitherausgeberin des siebten Bandes der Gellert-Ausgabe präsentiert dessen editorisches Konzept und stellt die Zusammensetzung und Überlieferung des handschriftlichen Nachlasses ausführlich dar. Dabei erläutert sie auch, wie Gellerts Nachlassverwalter nach dessen Tod durch Zensur die Rezeption des Werkes zu steuern versucht haben, um das Bild des vorbildlichen Tugendlehrers nachhaltig festzuschreiben. Abschließend beschreibt sie die besonderen Charakteristika der in Band VII erstmals zugänglich gemachten *Täglichen Aufzeichnungen 1757/58*, dem als einzigem erhaltenen Arbeitstagebuch des Autors besondere Bedeutung zukommt.

„Vergeßt Gellert!" – so betitelte Hermann Kurzke 1997 seine in der *Frankfurter Allgemeinen Zeitung* erschienene Rezension zum fünften Band der von John Reynolds herausgegebenen Kritischen Ausgabe des Gellert-Briefwechsels und zu den *Geistlichen Oden und Liedern*, von denen er feststellt, dass sie das Einzige aus dem vielfältigen Werk Gellerts seien, was „außerhalb der germanistischen Seminare noch wahrgenommen wird".[30] Dass Gellert *in* der Germanistik und über sie hinaus keineswegs vergessen ist, sondern gerade am Beginn des neuen Jahrtausends unter erweiterten Perspektiven wieder- und weitergelesen wird, belegen die Beiträge dieses Bandes, von denen die Herausgeberinnen sich wünschen, dass sie weitere an Gellert anknüpfende Forschungen zur Kulturgeschichte des 18. Jahrhunderts anregen werden.

30 Hermann Kurzke: Vergeßt Gellert! Des Moralprofessors fatales Nachleben, in: FAZ, 18. März 1997.

Jutta Heinz

Empfindsame Wissenschaft. Zur Vermittlerfunktion der „schönen Wissenschaften" bei Gellert

Das Attribut „empfindsam" geht gern – das liegt in der Natur der Sache selbst – Paarungen ein. Was jedoch ist mit der auf den ersten Blick paradoxen Wortprägung „empfindsame Wissenschaft" gemeint? Ist die Wissenschaft, zumindest wie wir sie heute verstehen, nicht das größtmöglich Unempfindsame schlechthin? Widerstreitet „empfindsame Wissenschaft" nicht zutiefst den wissenschaftlichen Grundtugenden der Moderne, ihrem kombinierten Anspruch auf Objektivität des Wissenschaftlers, Allgemeinheit der Ergebnisse und Regelgeleitetheit der Methode? Nun ist es zugestandenermaßen bei näherer Betrachtung auch heute so, dass nicht alle Wissenschaften gleichermaßen an diesem offensichtlich von einem traditionellen Verständnis der Naturwissenschaften abstrahierten Idealtypus partizipieren; es gibt sogenannte „weiche" und „harte" Disziplinen, allgemeinere und speziellere Ergebnisse und systematische und weniger systematische Methoden (und häufig auch, daran gekoppelt, eine unterschiedliche gesellschaftliche Wertschätzung). Und auch bei Gellert soll es ja in erster Linie um die „schönen Wissenschaften" gehen – nur mutet dieser Terminus inzwischen ebenso fremd an wie die „empfindsame Wissenschaft". Immerhin jedoch hat *dieser* Begriff eine Geschichte, die ich deshalb in einem ersten Schritt – sehr gekürzt – darstellen werde. Daran anschließend werde ich Gellerts Wissenschaftsverständnis, sein Rollenbild des Gelehrten und sein Konzept des idealen Studenten analysieren, wie er sie in seiner Antritts- und in einer seiner Schlussvorlesungen darstellt. Am Ende sollte daraus dann ersichtlich werden, was es mit der „empfindsamen Wissenschaft" auf sich hat. Ein Schwerpunkt wird dabei auf der Frage liegen, inwiefern diese von interdiskursiven Transferleistungen profitiert und was vielleicht sogar heute noch von ihr zu lernen wäre (oder auch nicht).

„Schöne Wissenschaften" – eine kleine Begriffsgeschichte

Zur Geschichte des Begriffs „schöne Wissenschaften" hat Werner Strube 1990 eine ebenso gründliche wie erhellende Studie vorgelegt, auf die ich mich im Folgenden beziehe. Strube verfolgt den Begriffsgebrauch von seinem ersten

Auftauchen im 17. Jahrhundert an bis zu seinem traurigen Abstieg zu Beginn des 19. Jahrhunderts; es ist also eine recht kurze Geschichte, die zeigt, wie ein ehrwürdiger Begriff im Laufe nur eines Jahrhunderts vor die Hunde geht. Wobei Strube gleich zu Beginn hervorhebt, dass es im gesamten 18. Jahrhundert durchaus nicht klar ist, was mit „schönen Wissenschaften" nun eigentlich gemeint sei.[1] Sie stehen zum Ersten in einem unklaren Nachfolgeverhältnis zu den antiken „artes liberales", enthalten aber nicht alle sieben freien Künste, sondern meist eine Auswahl daraus. Sie stehen zum Zweiten in einem ebenso unklaren Verwandtschaftsverhältnis zu den „schönen Künsten"[2], mit denen sie manchmal identisch sind, manchmal aber auch kombiniert werden. Sie werden drittens häufig, aber nicht immer als eine vage Übersetzung der französischen „belles lettres" benutzt, was das Problem noch interkulturell verschärft. Das Einzige, was man – zum Vierten und mit einiger Sicherheit – sagen kann, ist, dass sie die sogenannten „oberen Fakultäten"[3] oder die „höheren Wissenschaften", wie Gellert sie nennt (nämlich Theologie, Jurisprudenz, Medizin), nicht umfassen. „Schöne Wissenschaften" sind also sozusagen der etwas unseriösere Rest, der im weitesten Sinne alle Künste bzw. deren Theorie und Geschichte, von der Poesie bis zum Gartenbau und von der Lyrik bis zum Ausdruckstanz, sowie die Sprachdisziplinen Rhetorik, Grammatik, Poesie und schließlich die Historie und die Geographie umfassen kann.

Innerhalb des 18. Jahrhunderts verschiebt sich dabei nach Strube der Schwerpunkt innerhalb dieser Selektionsmöglichkeiten sehr deutlich. Zu Beginn des 18. Jahrhunderts, bei Christian Thomasius, wird der Begriff vor allem „stiltypologisch" verwendet: Er meint eine bestimmte Art, Wissenschaft zu betreiben, versteht den Wissenschaftler als „bel esprit" und macht den, der sie hinreichend beherrscht, zum „homme galant".[4] Demgegenüber findet sich bei Alexander Baumgarten und seinem Schüler Georg Friedrich Meier eine rein „ästhetische" Gebrauchsweise; der Begriff wird nur auf die Künste bezogen.[5] Eine weitere Variante ist die humanistisch-philologische Begriffsverwendung bei Johann Friedrich Bertram: Hier werden unter den „schönen Wissenschaften" vor allem Grammatik, Kritik, Rhetorik, Poesie und Historie verstanden; diese bilden im Lehrbetrieb gleichzeitig die Propädeutik für die höheren Fakultätswissenschaften.[6] Eine Mittelstellung nimmt

1 Vgl. z.B. eine Äußerung Herders in der *Kalligone* (1800): „Vielleicht sind wenige Worte in der Sprache so unbestimmt als die Namen ‚schöne Wissenschaften und Künste'." Zitiert nach: Werner Strube: Die Geschichte des Begriffs „schöne Wissenschaften", in: Archiv für Begriffsgeschichte XXXIII (1990), S. 136–216, hier S. 136.

2 Strube bezeichnet sie als „Wechselbegriffe". Ebd., S. 141.

3 Diese Aufteilung bestimmt z.B. noch Immanuel Kants *Streit der Fakultäten* (1798).

4 Vgl. Strube [Anm. 1], S. 143 ff.

5 Vgl. ebd., S. 159 ff.

6 Vgl. ebd., S. 147 ff.

schließlich Gottsched ein, der nach Strube den Begriff sowohl „ästhetisch" als auch „polyhistorisch" und bezeichnenderweise in der Doppelformel „schöne Wissenschaften und freye Künste" verwendet: Er kombiniert die ästhetische Begriffsverwendung und die humanistisch-philologische, indem er alle Künste sowie Geschichte und Grammatik einbezieht; das Mittelglied bilden dabei die Poesie und die Rhetorik.[7] Gellert führt Strube (wie ich meine zu Recht) im Wesentlichen in der humanistisch-philologischen Traditionslinie.[8]

Ich will jedoch die Darstellung noch kurz über Gellert hinaus weiterzeichnen, weil der Begriff nach der Jahrhundertmitte – in der er seine Blütephase hat[9] – zunehmend vereinseitigt wird und immer mehr in die Kritik gerät; beides ist wichtig, auch für die Beurteilung von Gellerts Wissenschaftsverständnis. Zunächst wird der Begriff auf den rein ästhetischen Bedeutungsbereich verengt, während die humanistische Bildungstradition in den Hintergrund gerät. Daneben nehmen die Vorwürfe gegen das damit verbundene Wissenschaftsverständnis zu: Die schönen Wissenschaften seien oberflächlich und „seicht"; sie hätten keine gründliche und systematische Methode; sie brächten eine „unordentliche" Schreibweise und eine „undeutliche" Vortragsweise hervor.[10] Immer stärker beginnt sich im Hintergrund ein neues Wissenschaftsverständnis durchzusetzen, das bei Sulzer in der *Allgemeinen Theorie der schönen Künste* (und eben nicht Wissenschaften!) schon aufscheint und in Kants vernichtendem Verdikt[11] in der *Kritik der Urteilskraft* vollendet wird: Er hält die „schönen Wissenschaften" nur noch aufgrund einer peinlichen „Wortverwechslung" für Wissenschaften; das Schöne werde schließlich auch ohne Begriff erkannt, und das, was man ohne Begriff erkenne, könne nun platterdings keine Wissenschaft konstituieren. Der Untergang des alten Begriffs steht damit wohl kaum zufällig in engem Zusammenhang mit dem Aufstieg des neuen objektivistischen, von den Kantischen Kritiken mitinitiierten Wissenschaftsparadigmas.

---

7 Vgl. ebd., S. 153 ff.

8 Vgl. ebd., S. 183 f.

9 Vgl. ebd., S. 181.

10 Vgl. ebd., S. 193 f.

11 Vgl. die *Kritik der Urteilskraft*, § 44: „Es gibt weder eine Wissenschaft des Schönen, sondern nur Kritik, noch *schöne Wissenschaft*, sondern nur schöne Kunst. [...] – Was den gewöhnlichen Ausdruck, schöne Wissenschaften, veranlaßt hat, ist ohne Zweifel nichts anders, als daß man ganz richtig bemerkt hat, es werde zur schönen Kunst in ihrer ganzen Vollkommenheit viel Wissenschaft, als z.B. Kenntnis alter Sprachen, Belesenheit der Autoren die für Klassiker gelten, Geschichte, Kenntnis der Altertümer u.s.w., erfordert, und *deshalb* diese historischen Wissenschaften, weil sie zur schönen Kunst die notwendige Vorbereitung und Grundlage ausmachen, zum Teil auch, weil darunter selbst die Kenntnis der Produkte der schönen Kunst (Beredsamkeit und Dichtkunst) begriffen worden, durch eine Wortverwechselung, selbst schöne Wissenschaften genannt hat." Immanuel Kant: Werke in zehn Bänden, hg. v. Wilhelm Weischedel, Darmstadt 1957, Bd. 8, S. 403.

Die Antrittsrede *Von dem Einflusse der schönen Wissenschaften auf das Herz und die Sitten* – Der ideale Gelehrte

Von einem solchen kantischen Wissenschaftsverständnis ist Gellert weit entfernt, als er im Jahr 1751 zu Leipzig unter dem Titel „Von dem Einflusse der schönen Wissenschaften auf das Herz und die Sitten“[12] seine enthusiastische Antrittsrede als außerordentlicher Professor der Philosophie hält. Geradezu panegyrisch klingen das einleitende Fürsten- und Gotteslob; geradezu berauscht die persönliche Würdigung des „rühmlichen Tage[s]“ als „eine[r] der schönsten und glücklichsten meines Lebens“ (GS V, 177). Die ganze Rede ist ein Musterexempel empfindsam gesteigerter Rhetorik – und damit gleichzeitig ein autoreferenzieller Beweis für die Nützlichkeit und Notwendigkeit rhetorischer Bildung nicht nur für die Akademie, sondern fürs Leben. Denn exakt dieses will Gellert in der Rede selbst dartun: Er will beweisen, dass die schönen Wissenschaften einen wichtigen Einfluss auf das „Herz“ des Menschen, seine „Sitten“ und das „gemeine Leben“ haben (GS V, 179 u. 181). Die Beschäftigung mit ihnen schärfe nicht nur den Verstand, sondern belebe auch die Einbildungskraft und bereichere das Gedächtnis (GS V, 179); kurz: die schönen Wissenschaften bildeten nicht nur den Gelehrten und seine oberen geistigen Vermögen, sondern auch den Menschen in einer Art vollständiger anthropologischer Schätzung. Wie aber tun sie dies?[13]

Um dies darzustellen, entwirft Gellert zunächst das Bild des idealen Gelehrten bzw. seines Gegenteils;[14] die Gegenüberstellung nimmt in wichtigen

12 Die Antrittsrede wurde den akademischen Gepflogenheiten gemäß in Lateinisch gehalten; der Originaltitel lautet: „De vi atque utilitate optimarum artium at morum elegantiam vitaeque communis suauitatem“. Die Übersetzung nahm Gellerts Freund Gottlieb Leberecht Heyer vor; sie erschien erstmals in Gellerts *Sammlung vermischter Schriften* 1756, während der lateinische Text nur im Manuskript erhalten ist. Der Text ist zweisprachig in der Kritischen, kommentierten Ausgabe der Schriften Gellerts (GS) enthalten.

13 Ein schönes Vergleichsbeispiel, das zudem zeigt, dass das Thema auch dreißig Jahre später noch keineswegs erledigt ist, stellt Herders Preisschrift *Über den Einfluß der schönen in die höhern Wissenschaften* dar. Vgl. Johann Gottfried Herder: Über den Einfluß der schönen in die höhern Wissenschaften, in: Ders.: Werke in zehn Bänden. Bd. 4: Schriften zu Philosophie, Literatur, Kunst und Altertum 1774–1787, hg. v. Jürgen Brummack u. Martin Bollacher, Frankfurt/Main 1994, S. 215–232, und Kommentar, S. 971–977. Der Text weist beachtliche Ähnlichkeiten zu Gellerts Argumentation auf, auf die ich im Folgenden hinweisen werde. Er unterscheidet sich bemerkenswerterweise vor allem dadurch, dass die religiöse Argumentation völlig in den Hintergrund getreten ist; der abstrakte Nutzen der schönen Wissenschaften, gegenüber ihren diversen praktischen Vorzügen, wird nun vor allem auf die Humanität bezogen: „Humaniora sinds, *Wissenschaften und Übungen, die das Gefühl der Menschlichkeit in uns bilden*“ (ebd., S. 230).

14 Und zwar anhand großer und würdiger Beispiele. Gellert bedient sich also des klassischen rhetorischen Mittels der Anrufung der *auctoritas*. Auch Herder hebt noch auf Beispiele ab, dies jedoch ausschließlich am Ende des Beitrags.

Zügen Schillers Unterscheidung des „Brotgelehrten" vom „philosophischen Kopf" in dessen Jenaer Antrittsrede (1789) vorweg.[15] Bei Gellert liest sich das so:

> Wodurch erwarben sie [die vorbildlichen Wissenschaftler; d. Verf.] sich alle die Verdienste um die höhern Wissenschaften, die wir an ihnen verehren? Wodurch setzten sie sich in den Stand, ihnen so viel Licht, Gründlichkeit, und Anmuth zu geben? Dadurch, daß sie die engen Schranken gewisser Compendien und Systeme ängstlich durchliefen; daß sie ihr Gedächtniß mit einer Menge leerer und trockner Sätze beschwerten? Oder dadurch, daß sie sich eine genaue Kenntniß der Sprachen, Alterthümer und Sitten aller Zeiten erwarben; daß sie die heilige und weltliche Geschichte sorgfältig erlernten; daß sie sich mit den Meisterstücken sowohl der Poesie als Beredsamkeit bekannt, und den Geist und die Schönheit der alten und neuern Schriftsteller durch Lesen, Nachdenken und Nachahmen sich eigen machten? (GS V, 179)

Der Textauszug enthält bereits komprimiert das Programm des idealen Wissenschaftlers, das Gellert im Folgenden ausführen wird. Dieser hat kein totes Kompendienwissen, sondern lebendige und umfassende Kenntnisse sowohl historischer als auch philologischer und kulturgeschichtlicher Art; er formuliert sein Wissen nicht in abstrakten, sondern in schönen Sätzen, entsprechend dem „Geist" der antiken und zeitgenössischen Musterautoren, an deren rhetorischen und poetischen Meisterwerken er seine Darstellungskunst geschult hat. Dazu jedoch benötigt der Gelehrte in gleichem Maße durch Übung erworbene Virtuosität wie auch angeborenes „Genie", „eine gewisse natürliche Größe und Lebhaftigkeit der Seele" (GS V, 179). Es geht nämlich in den „schönen Wissenschaften" beileibe nicht nur um die mechanische Erzeugung von Wissen und Kenntnissen, sondern um umfassende Persönlichkeitsbildung, die sich dann ebenso im Denk- wie im Darstellungsstil zeigt und erst den intendierten umfassenden Nutzen der schönen Wissenschaften über die „Studierstube" (GS V, 181) des Autors hinaus und für „die Welt, in die

15 Vgl. Friedrich Schiller: *Was heißt und zu welchem Ende studiert man Universalgeschichte?*, in: Ders.: Sämtliche Werke, hg. v. Gerhard Fricke u. Herbert Göpfert, Bd. 4: Historische Schriften, München 1980, S. 749–767, hier: S. 750. – Selbst in Johann Gottlieb Fichtes *Vorlesungen über die Bestimmung des Gelehrten* (Jena und Leipzig 1794; zitiert nach dem Reprint Jena 1994, hg. v. Klaus Vieweg u. Michael Winkler) zeigen sich noch Parallelen zu Gellerts Programmatik. Auch für ihn ist die Beziehung des Gelehrten auf die Gesellschaft zwingend notwendig und deshalb auch die Fähigkeit zur Vermittlung wissenschaftlicher Erkenntnisse unersetzlich: „Er [der Gelehrte; d. Verf.] hat demnach ganz besonders die Pflicht, die gesellschaftlichen Talente, *Empfänglichkeit und Mittheilungsfertigkeit*, vorzüglich und in dem höchstmöglichen Grade in sich auszubilden" (S. 87). Als *„Erzieher* der Menschheit" (S. 92) sollte er zudem idealerweise der *„sittlich beste* Mensch seines Zeitalters seyn" (S. 94) – ein Prädikat, das viele Zeitgenossen in der Mitte des Jahrhunderts sicherlich Gellert verliehen hätten.

Gesellschaften, in die Geschäfte des Lebens und unsrer Häuser" (GS V, 181) ermöglicht.[16]

Wie dieses Programm im Einzelnen funktioniert, zeigt der an die einleitende Passage angeschlossene Mittelteil der Rede, in dem die eigentliche Beweisführung stattfindet; auch hier ist das zugrunde liegende rhetorische Schema der Gliederung der Rede durchaus erkennbar. Das wesentliche Instrument für die wissenschaftliche Charakterbildung ist der Geschmack, dem in Gellerts moralphilosophischen und poetischen Konzepten auch insgesamt die zentrale Rolle zukommt.[17] Für Gellert ist der Geschmack nicht so sehr ein rationales Urteil in ästhetischen Fragen,[18] sondern eher ein beinahe intuitives Gefühlsurteil, das sich nicht in erster Linie auf Details, sondern auf einen holistisch wahrgenommenen Gesamteindruck eines Phänomens bezieht; der Geschmack sei, so wörtlich,

> ein zarte, geschwinde und treue Empfindung alles dessen, was in den Werken des Geistes so wohl in einzelnen Gedanken und Ausdrücken, als überhaupt in dem ganzen Baue des Werkes richtig, schön, edel, harmonisch; und auf der andern Seite alles dessen, was fehlerhaft, was matt, was kindisch, was abentheuerlich und mißhellig ist. (GS V, 181)

Das Geschmacksurteil wird durch seinen „Gebrauch" im Laufe des Lebens habitualisiert; es nimmt zwar seinen Ausgang bei der Beurteilung ästhetischer Phänomene, erstreckt sich dann aber auch auf „Gespräche" und „Handlungen", schließlich auf den „ganzen Charakter" (GS V, 181).[19] Dabei

16 „Wird man wahr, genau, schön und mannichfaltig denken, wird man sich richtig und lebhaft ausdrücken, wird man lehren, gefallen und das Herz des Menschen rühren können" (GS V, 179); „daß sie uns nur richtig, schön, und erhaben denken und schreiben, nicht aber gut, schön und edel empfinden und begehren lehren?" (GS V, 179) – Vgl. dazu die ganz ähnliche Aufzählung bei Herder [Anm. 13]: „Wie kann er [der oberflächliche Schöngeist im Vergleich zum wahren schönen Wissenschaftler; d. Verf.] ein Mann, ein würdiger Ehemann und Vater, ein arbeitsvoller, unermüdeter Aufseher des gemeinen Wesens, ein untersuchender, gerechter Richter, ein mühvoller, tragender Arzt, ein geschäftiger Weiser, ein Wahrheitforscher [!], und Wohltäter des menschlichen Geschlechts in seinem Kreise werden?" (S. 220 f.)

17 Vgl. dazu beispielsweise die Textsammlung *Vom Laienurteil zum Kunstgefühl*, hg. v. Alexander von Bormann, Tübingen 1974, wo Gellert als Vertreter eines „Geschmacks des Herzens" (S. 12) eingeführt wird.

18 Damit entspricht Gellert unter dem Einfluss des Sensualismus verbreiteten Tendenzen um die Jahrhundertmitte, den Geschmacksbegriff nicht mehr so stark rationalistisch wie in der Frühaufklärung zu gebrauchen; vgl. dazu Bormann [Anm. 17], S. 7.

19 Herder hingegen sieht als Vorstufe nicht mehr den Geschmack, sondern die Ausbildung der unteren Seelenvermögen im Einzelnen: „Schöne Wissenschaften sind die, welche die sogenannten *untern Seelenkräfte*, das *sinnliche Erkenntnis* [!], den *Witz,* die *Einbildungskraft*, die *sinnlichen Triebe*, den *Genuß*, die *Leidenschaften und Neigungen* ausbilden." Herder [Anm. 13], S. 221.

trägt der ausgebildete Geschmack inhaltlich nichts zur Tugendhaftigkeit seines Trägers bei; moralische Normen kann er weder hervorbringen, begründen noch deren Befolgung gewährleisten. Seine eigentliche Funktion ist es, tugendhaftes Handeln in eine schöne Form zu bringen und dadurch eine Art Belohnungseffekt zu erzeugen: Der „Geschmack am Guten" (GS VI, 16)[20] macht es nicht nur schöner und „anmutiger" (GS V, 181), sondern auch leichter und überzeugender, tugendhaft zu handeln.

Wozu jedoch dient der Geschmack nun konkret in den Wissenschaften? Gellert erwägt an dieser Stelle seiner Beweisführung zunächst den jeweiligen Beweiswert einer induktiven Herleitung aus „der Natur der Seele und der schönen Wissenschaften" gegenüber dem von „Zeugnissen und Beyspielen" – und entscheidet sich, wiederum mehr rhetorisch denn philosophisch begründet, für letztere, indem er seine Hörer zu einem Gedankenexperiment auffordert: „Stellet euch einen Freund der schönen Wissenschaften vor" (GS V, 181). Diesen modelliert er nach den antiken Exempeln von Cicero, „Paul Aemil"[21] und Plinius sowie in der Tradition der antiken Charakterdarstellung. Dieser exemplarische Freund der schönen Wissenschaften setzt das oben dargestellte Bildungsprogramm nun in die Tat um: Er liest und studiert die besten Werke der Alten und der Neuen, und zwar nicht nur mit dem Verstand, sondern vor allem „mit Empfindung" (GS V, 181); er identifiziert sich dabei natürlicherweise und noch verstärkt durch den „rührenden Ton" und die „lebhaften Bilder" mit den dargestellten „Beyspiele[n] der Menschenliebe, der Zärtlichkeit, der Freundschaft, der Dankbarkeit, der Liebe zum Vaterlande, des Heldenmuthes, der wahren Ehrbegierde" (GS V, 181). Er wird dadurch nicht nur ein guter Wissenschaftler, sondern profitiert in all seinen gesellschaftlichen Rollen als „Bürger", „Hausvater", „Ehemann", „Freund" und „Gesellschafter" (GS V, 183). Den geradezu universalen Nutzen dieser wissenschaftlichen Geschmacks- und Charakterbildung zeigt vielleicht am besten dasjenige Beispiel, das uns heute wohl am abwegigsten vorkommt, der Nutzen für die „Unternehmungen des Krieges" (GS V, 185): Der vorbildliche Paul Aemil nämlich wird vom „guten Geschmack" beherrscht, wenn er seine Armee im „Geist der Ordnung, der Klugheit, der Symmetrie" nicht nur schön, sondern auch „vortheilhaft" aufstellt (GS V, 185).

Aber, so nimmt Gellert an dieser Stelle der Beweisführung in guter rhetorischer Tradition mögliche Einwände seiner Gegner vorweg, gibt es nicht auch ganz unanmutige, ungesellige und geschmacklose Wissenschaftler? Diese gibt es tatsächlich, aber das sind eben die oben bereits erwähnten fal-

20 Die Formulierung findet sich in den *Moralischen Vorlesungen* (1. Vorlesung: Von der Moral im allgemeinen), die insgesamt viele Parallelen zum Wissenschaftsprogramm der Antrittsvorlesung aufweisen.

21 Gemeint ist wohl der römische Feldherr und Politiker Lucius Aemilius Paulus, 2. Jh. v. Chr.

schen pedantischen Schillerschen Brotgelehrten: „Begierig auf ihre Künste, verschließen sie sich auf ihre Studierstuben und fliehen den Umgang, auf den sie ihre Kenntnisse sollten anwenden lernen. Sie bleiben Fremdlinge auf dem Schauplatze der Welt." (GS V, 185) Das Gleiche gilt für das Argument, dass offensichtlich die Beschäftigung mit den schönen Wissenschaften nicht immer eine bessere Moral, sondern geradezu das Gegenteil bewirken kann: Auch hier liegt die Ursache nicht in den Wissenschaften selbst, sondern ihrem „fehlerhafte[n] Gebrauch" (GS V, 187) allein zur Befriedigung egoistischer Zwecke. Schließlich, so ein letzter möglicher Einwand, gebe es doch auch hinreichend geschmackvolle und moralisch vorbildliche Menschen außerhalb der Akademien; diese aber, so Gellert, hätten ihr Studium letztlich durch die bildenden Institutionen von Eltern, Lehrern, Freunden oder Büchern substituiert; und er würde sich nicht wundern, „wenn ein einziges gutes Buch, wenn eine *Clarissa* oder ein *Grandison* dem aufmerksamen Leser mehr gute und edle Empfindungen einflößet, als eine ganze Bibliothek moralischer Schriften dem Gelehrten [...]" (GS V, 189).

Auf die Wichtigkeit der richtigen Lektüre – sowohl der Alten als auch der Neuen, wie Gellert in dieser Rede in einer Art *cultural correctness* ständig betont – soll weiter unten eingegangen werden. Zunächst jedoch bringt Gellert seine Beweisführung zu Ende, indem er einen letzten rhetorischen Haken schlägt: Er stellt nämlich in Frage, ob es überhaupt möglich sei, seine Behauptung des umfassenden Nutzens des Studiums der schönen Wissenschaften für Geist, Charakter, Moral und das Leben schlechthin im strengen Sinne zu beweisen. Letztlich müssten die Hörer diese Wahrheit nämlich „empfinden"; und das könnten sie am besten, indem sie sie im täglichen Leben durch die tägliche Erfahrung erprobten (GS V, 191). Gellert schließt deshalb mit einem Appell, einer ganzen Kaskade rhetorischer Fragen und einer letzten Berufung auf die *auctoritas* des Cicero,[22] bevor er in eine Reihe von Lobsprüchen ausbricht, die die Begeisterung des Anfangs mit all ihren Superlativen wieder aufnehmen und die Leipziger Universität nun endgültig zum ‚Exzellenzcluster' für ‚geschmackvoll' betriebene schöne Wissenschaften erklären: „Es blühe diese Academie, sie sey eine Quelle der größten Geister, der schönsten und liebenswürdigsten Sitten; und ewig sey der Name dieser Stadt, der Name Leipzigs, Sachsens Zierde, und fremder Länder Bewundrung!" (GS V, 193)

22 Weitere häufig verwendete rhetorische Mittel sind z.B. Antithesen, Aufzählungen und Vergleiche.

Die Abschlussvorlesung *Von den Fehlern der Studierenden* – Der ideale Student

Der enthusiastisch vorgetragenen, rhetorisch durchformten und empfindsam eingefärbten Programmatik der „schönen Wissenschaften", des geschmackvollen Gelehrten und des vielfältigen alltagsweltlichen Nutzens umfassender akademischer Ausbildung in der Antrittsrede folgt in einer Abschlussvorlesung mit dem Titel *Von den Fehlern der Studierenden bey der Erlernung der Wissenschaften, insonderheit auf Academien*[23] ein einigermaßen realitätsgesättigtes Bild des akademischen Lebens. Gellert nimmt die ursprüngliche Programmatik wieder auf, um sie nun jedoch stärker in der Praxis des akademischen Lebens und vor allem im Studium selbst zu verankern. Er beschränkt sich dabei nicht mehr auf die „schönen Wissenschaften", sondern es geht ihm um die Wissenschaften insgesamt. Auch die Struktur ist ein wenig variiert, behält jedoch gleichwohl das rhetorische Grundmuster der Dreiteilung bei. An die Stelle des Fürsten- und Gotteslobs in der Einleitung tritt eine explizite *captatio benevolentiae* an die studentische Hörerschaft – die zweifellos über den rhetorischen Effekt hinaus tatsächlich nötig ist, da Gellert ein heikles Thema behandeln, nämlich „von den Fehlern der Studierenden bey der Erlernung der Wissenschaften, insonderheit auf Academien", sprechen will. Darauf folgt im Mittelteil eine diesmal sogar systematisch gegliederte Auflistung möglicher „allgemeine[r]" (GS V, 270) Fehler: Gellert unterscheidet zum Ersten nach der Studienmotivation, der „Absicht" und den Bewegungsgründen" für die Aufnahme eines Studiums; zum Zweiten nach einer fehlerhaften Praxis, den Fehlern in der „Art, mit der man studieren soll" (GS V, 270). Die Schlusswendung hat dann wieder Appellcharakter.

Zu den Fehlern im Einzelnen: Der erste Punkt, die Studienmotivation, lässt sich noch relativ leicht auf das in der Antrittsrede dargelegte Wissenschaftsprogramm zurückführen: Idealerweise sollte man studieren, um

> unsern Verstand mit nützlichen Kenntnissen zu bereichern, unser Herz edelgesinnt und rechtschaffen zu machen, uns zum Dienste des Vaterlandes, der Welt vorzubereiten; dieses Verlangen sollte uns unstreitig bey unserm Studieren beleben. Die Vorstellung, daß es unsre Pflicht ist, die Kräfte unsers Geistes zur Ehre seines Urhebers zu verwenden, sollte uns regieren, uns die Mühe des Fleißes, des Nachdenkens, versüßen, welche die Arbeiten des Verstandes kosten. (GS V, 270)

Die Wissenschaft wird also weiterhin sowohl auf moralische Wirksamkeit als auch gesellschaftliche Nützlichkeit verpflichtet. Neu ist demgegenüber je-

23 Über die Entstehung dieser Abhandlung ist laut Kommentar der Kritischen Ausgabe nichts bekannt; es wird vermutet, dass sie zum Abschluss einer der mehr praxisorientierten Vorlesungen gehalten wurde. Da sie Gellert 1756 in seine *Sammlung vermischter Schriften* aufgenommen hat, ist das der Entstehungszeitpunkt ante quem.

doch die stärkere Betonung der religiösen Verbindlichkeit,[24] eine Vorliebe für Metaphern und Gedankenfiguren aus dem Bereich der Ökonomie (die Bereicherung durch Kenntnisse, der möglichst effiziente Einsatz der von Gott verliehenen Talente[25]) und eine stärkere Betonung der natürlichen anthropologischen Gegengewichte gegen eine akademische Tätigkeit: Von der „Liebe zur Gemächlichkeit, zum Vergnügen, zur Eitelkeit" (GS V, 270) ist weiter unten explizit die Rede. Offensichtlich belohnt sich also die wissenschaftliche Tätigkeit doch nicht so ganz von allein, wie es im ersten Text noch den Anschein hatte.

Ein etwas realistischer gewordenes Menschenbild zeigt auch die sich daran anschließende Diskussion möglicher „Triebfedern", wie es im psychologisch-mechanistischen Jargon der Zeit heißt, für die Aufnahme eines Studiums. Gellert erkennt nun an, dass ansonsten verwerfliche Leidenschaften immerhin nützliche Antriebe abgeben können:

> Nein, ich gebe es gern zu, daß wir durch den Befehl der Eigenliebe angefeuert, durch die reizenden Aussichten der Ehre, der Hoheit, des Vermögens belebt, nicht allein die beschwerlichsten, sondern auch die nützlichsten Bemühungen in den Wissenschaften unternehmen können. Ich verlange nicht, daß das Herz der Studierenden ohne alle Leidenschaften seyn soll; dieses ist stoischer Unsinn. (GS V, 271)

Das ist ein deutlicher Reflex auf die anthropologischen Debatten der Zeit, die über die Empfindsamkeit hinaus zu einer Rehabilitierung der Leidenschaften beizutragen beginnen. Gleichwohl, so Gellert, sei Vorsicht beim Gebrauch falscher Motive anzuraten: Die hemmungslose wissenschaftliche Ruhmbegierde führe zu religionsgefährdender „Freygeisterey" (GS V, 271); die Verletzung der wissenschaftlichen Eitelkeit und die Frustration des akademischen Ehrgeizes mache „gelehrte Menschenfeinde" (GS V, 272); die Konzentration auf „Modewissenschaft[en]" (GS V, 272) forciere akademische Übereilung und Frühreife; die Vernachlässigung von „Geschmack" und persönlichem „Genie" zu den Wissenschaften habe „Oberflächlichkeit" (GS V, 272) zur Folge. Zwar seien „mittelmäßige Gelehrte" für den gesellschaftlichen Einsatz in „geringen Ämtern" (GS V, 272) durchaus von Nöten; aber wer könne schließlich garantieren, dass sie nicht doch in die eigentlich für die exzellenteren Köpfe vorgesehenen höheren Posten gelangten? Und könne man es sich gar leisten, ausgerechnet auf den Schulen „Halbgelehrte", „düstre Köpfe mit Wörtern und Sentenzen" (GS V, 272) unterrichten zu las-

24 Biographisch entspricht dies wohl Gellerts zunehmender Religiosität im Alter. Vgl. auch Gellerts fiktiven Brief *Lehren eines Vaters für einen Sohn, den er auf die Akademie schickt*, wo es heißt: „Wir können und sollen die Wissenschaften aus eben der Absicht treiben, aus der wir beten, oder ein Werk der Liebe ausüben" (GS V, 300).

25 Auch das ist noch stärker ausgeprägt in den *Lehren eines Vaters*, wo von den Talenten als „göttliches Darlehn" (GS V, 301) die Rede ist, mit dem man wuchern muss.

sen? Gellert resümiert kategorisch: „Ohne Genie, und aus niedrigen Absichten studieren, heißt die Wissenschaften verunehren“ (GS V, 273).

Diesen Befunden ist, seien wir ehrlich, auch aus heutiger Sicht wenig hinzuzufügen; sie sprechen für eine sehr pragmatische Analyse wechselhafter akademischer Alltagserfahrung. Das Gleiche gilt für Gellerts sich daran anschließende Auflistung der verbreitetsten Fehler studentischer Praxis. Der erste und schwerwiegendste ist die Lektüre der falschen Schriften, womöglich zur falschen Zeit und meist auf die falsche Weise. Gegenüber einer offensichtlich verbreiteten Präferenz für die Lektüre „neuerer Werke des Witzes, Journale, Wochenblätter, guter Romane“ sowie zeitgenössischer „Schriften der Ausländer“ und der eigenen „Muttersprache“ (GS V, 273) empfiehlt Gellert nun verstärkt die frühzeitige, wiederholte, gründliche und umfassende Lektüre der Alten.[26] Er betont dabei zunächst deren unentbehrlichen Bildungswert, wobei er wiederum auf den Geschmacksbegriff rekurriert:

> In eben den Jahren, da unser Verstand reifer wird, und wir ihn durch die edle Denkungsart der Alten bilden, und durch ihren guten Geschmack unsern Geschmack schärfen sollten, werfen wir die schönsten Schriften hochmüthig und unwissend aus den Händen (GS V, 274).

Daneben jedoch entwickelt er eine eigene Hermeneutik, eine Art Modell der idealen Lektüre, die auf eine Rekonstruktion der Autorintention unter möglichst starker und umfassender Einbeziehung philologischer, historischer, kultur- und sittengeschichtlicher Kontexte abzielt. Die erste Voraussetzung dafür ist eine möglichst gründliche Kenntnis der fremden Sprache; optimalerweise, so Gellert, übersetze man fremdsprachige Texte nicht etwa beim

---

26 Vgl. dazu auch eine weitere Vorlesung Gellerts zum querelle-Thema: *Von den Ursachen des Vorzugs der Alten vor den Neuern in den schönen Wissenschaften, besonders in der Poesie und Beredsamkeit*, gehalten am 12. Oktober 1767 (GS V, 214–222), wo Gellert eine durchaus abgewogene Haltung einnimmt: Die Alten seien zwar durchaus und aus vielerlei Gründen „unsre Lehrmeister in den schönen Wissenschaften“ (GS V, 219). Dies solle die Neueren jedoch nicht abhalten mit ihnen zu wetteifern und sie womöglich zu übertreffen; so gebe es „in dem Reiche der schönen Wissenschaften, wie auf der Erdkugel, unangebaute, auch ganz unentdeckte Gegenden; und kein großes Genie darf verzagen, daß es nichts neues werde unternehmen können“ (GS V, 220). Die Voraussetzungen dafür, dass speziell in Deutschland ein entsprechender kultureller Fortschritt möglich sei, knüpft Gellert wiederum an das Popularisierungs- und Nützlichkeitsgebot der Wissenschaften: „Dann wird er [der Geschmack; d. Verf.] in Deutschland siegen, wenn ihn die Großen in die Cabinetter der Fürsten, und die Gelehrten in die Gesellschaften des bürgerlichen Lebens einführen“ (GS V, 221). – Ganz ähnlich im übrigen noch Herder, der in seiner Preisschrift zunächst auf die aus missverstandener Schöngeisterei resultierenden negativen Folgen zu sprechen kommt: Nicht „eine tändelnde, üppige Lektür, Verse und Romane, Kritiken und witzige Journale“ machten den schönen Kopf, sondern die Lektüre der Alten als „wahre[.] Muster des Schönen“, und zwar mit „Mühe“ und „Übung“ (Herder [Anm. 13], S. 217f.).

Lesen in die Muttersprache, sondern lese und denke in der fremden Sprache selbst. Nur dadurch könnten Missverständnisse durch Verschiebungen im Wortgebrauch vermieden werden:[27]

> Aber dennoch bleibt es wahr, daß wir ohne eine richtige und genaue Kenntniß der alten Sprachen, ihres besondern Charakters, ihrer Regeln, die Werke der Alten nicht mit Nutzen lesen, und nicht mit Gründlichkeit auslegen können. Nur alsdenn verstehen wir eine Schrift, wenn wir bey ihren Worten das denken, was der Schriftsteller dabei gedacht hat. (GS V, 274)

Zum Zweiten müsse der Leser weitestgehend mit „Sitten, Gewohnheiten, Meynungen", mit „Religion" und „Regierungsform" anderer Zeiten vertraut sein; sonst könne er „die Schriften der Alten nur im Dunkeln lesen" (GS V, 275). Schließlich seien auch stilistische Kenntnisse und ein geschulter Geschmack vonnöten, um die Schönheiten des Ausdrucks und der Darstellung hinreichend würdigen zu können; hier taucht wieder das erzieherische Geschmacksideal der Antrittsvorlesung auf, das auch hier auf einer Mischung aus Anlage – „gewisser richtiger Empfindung der Natur" – und Training – durch „Sorgfalt und Aufmerksamkeit" (GS V, 277) – gründet.

Was heißt also, so fragt Gellert an dieser Stelle – und zwar nicht nur rhetorisch – „[w]as heißt Einsicht in die Sprache, was heißt Aufmerksamkeit im Lesen, um mit Empfindung zu lesen?" (GS V, 277)[28] Und er gibt keinen enthusiastischen Sermon über die Schönheiten des empfindsamen Romans oder die rührenden Stellen bei den Alten zur Antwort, sondern ganz konkrete Anweisungen: Es heißt nämlich, nicht nur die fremde Sprache so zu verstehen, dass man keine Übersetzungen und Kommentare benötigt, sondern sogar die Feinheiten der individuellen Autorsprache zu kennen und zu erkennen; es heißt, einen Text nicht nur einmal, sondern immer wieder zu lesen; es heißt, ihn nicht nur oberflächlich, sondern gründlich, „mit einer Art Zergliederung" und „beynahe eben mit der Sorgfalt" zu lesen, „wie man schreibt"; es heißt, sowohl auf die Details als auch auf die gesamte Komposition des Textes zu achten und den Zusammenhang beider niemals aus den Augen zu verlieren.[29] Es heißt letztlich, Lesen als eine ernsthafte und kräftezehrende

---

27 Das illustriert Gellert an einem schönen Beispiel, der Definition der Philosophie als „diuinarum humanarumque rerum" bei Cicero. Wenn man nämlich nicht wüsste, so Gellert, „daß die Alten unter diuinis rebus in der Philosophie meistens die Physik und die natürliche Theologie, unter den humanis rebus die Lehre von den Kräften des Verstandes und Willens, die Dialectik und Moral verstunden: so denke ich ein Räthsel" (GS V, 275).

28 Vgl. zu Gellerts Lektüreanweisungen auch in den *Moralischen Vorlesungen* und seinen Ratgeber-Briefen Rafael Arto-Haumacher: Gellerts Briefpraxis und Brieflehre. Der Anfang einer neuen Briefkultur, Wiesbaden 1995, bes. Kap. 3.4.3.

29 In seinen *Lehren eines Vaters für einen Sohn, den er auf die Akademie schickt* empfiehlt Gellert neben der täglichen Lektüre der Alten schriftliche Exzerpte in einem Lesetagebuch (vgl. GS V, 308).

Arbeit zu verstehen, als einen hermeneutischen und deshalb unabschließbaren Erkenntnisprozess, als Einübung in eine fremde Kultur und eine individuelle Geisteswelt gleichermaßen. Lesen in diesem Sinne ist Einarbeitung in eine grundlegende und für die Bildung unentbehrliche Kulturtechnik des Abendlandes.

Neben der falschen Lektüre ist der zweite Fehler, den Gellert geißelt, die Vernachlässigung der rhetorischen Fertigkeiten. Wiederum verweist er vor allem auf den praktischen Nutzen der „deutlichen", „ordentlichen" und „schönen" Darstellung, ohne den alle noch so wertvolle Erkenntnis letztlich unvermittelbar und folgenlos bliebe. Und wiederum macht er klar, dass ein wahrer „Scribent [...] für die Welt" (GS V, 280) nur durch wiederholte, langjährige, intensive Übung entsteht: „Man muß die Sprache gebraucht, geübt, man muß darinnen gedacht und geschrieben haben, wenn man sie bis zur Deutlichkeit, Schönheit, bis zum Nachdrucke in der Gewalt haben will." (GS V, 280) Mehr Lesen, mehr Schreiben, mehr Zeit zum Reifen der Gedanken und zum Ausformen der Ausdruckskraft – das alles könne doch angesichts der akademischen und gesellschaftlichen Realität nur ein „schöner Traum" sein, so nimmt Gellert selbst in einem Anfall von Realismus die mögliche Kritik vorweg; zum einen sei all das von höchstens akademischen Nutzen, zum anderen habe kein Mensch Zeit für all diese doch nur rein propädeutischen Dinge. Das erste Argument beantwortet Gellert mit dem aus der Antrittsrede bereits bekannten Preis des Nutzens der Gelehrsamkeit fürs „gemeine Leben", der aber auch hier etwas realitätsnäher und pragmatischer gerät.[30] Zum Zweiten stellt er eine Reihe unliebsamer Forderungen auf, die sich wie eine Art modernes PISA-Programm lesen. Zuerst müssten nämlich die Schulen verbessert werden, damit die Studenten eine bessere Grundlage in den für das Studium notwendigen Kulturtechniken hätten. Zum Zweiten erwartet er von den Studenten selbst mehr „Neigung für die Wissenschaften" und mehr „Fleiß". Zum Dritten plädiert er dafür (und das will gerade heute wohlerwogen sein), das Studium eher zu verlängern als zu verkürzen, und die Zeit vor allem effektiver zu nutzen.[31] Zum Vierten müsse man „das Vorurtheil ableg[en], daß die Zeit zum Lesen und Studieren nur in die Grenzen der Jahre des Jünglings eingeschlossen sey"[32]; modern formuliert: Lernen sei ein offener und lebenslanger Prozess. Schließlich sei die Zeit, die man in die pro-

30 So beschreibt Gellert z. B. den Nutzen in öffentlichen Ämtern und Geschäften, vgl. GS V, 278.

31 Ein ausgearbeitetes Beispiel für richtiges Zeitmanagement findet sich in den *Lehren des Vaters für seinen Sohn, den er auf die Akademie schickt*: Vier Stunden solle dieser seinen Hauptstudien widmen, vier Stunden der Wiederholung des bereits Gelernten, vier Stunden der Ausübung von Künsten und Leibesübungen, fünf Stunden den Mahlzeiten, den Freunden und der Erholung, und sieben Stunden dem Schlaf (vgl. GS V, 301 f.).

32 Alle Zitate aus GS V, 278.

pädeutischen schönen Wissenschaften investiere, auch für die höheren gut angewandt, da man bereits, ebenfalls modern gesagt, das Lernen bereits gelernt habe (vgl. GS V, 279).[33] Gellert schließt seine Ausführungen deshalb mit einem modifizierten Appell an die Studenten und – bezeichnenderweise – nicht mehr mit einem Dank an die Obrigkeit, sondern mit einem Hinweis auf die religiöse Verpflichtung auch des Wissenschaftlers: „Von wem haben wir unseren Geist, der die Wissenschaften faßt? Sollten wir sie nicht zur Ehre des Vaters der Geister und der Menschen erlernen und anwenden?" (GS V, 281)

Wissenschaft als bedrohte Lebensform – zur Zusammenfassung

Vergleicht man die beiden akademischen Reden, so ist trotz der wahrscheinlich nur geringen zeitlichen Differenz in der Entstehung eine Entwicklung erkennbar: Die Emphase in der Antrittsrede ist kritischen Untertönen in der Abschlussvorlesung gewichen; die empfindsam-rhetorische Vehemenz der Darstellung ist vom *genus grande* zum *genus mediocre* abgeschwächt; der inhaltliche Schwerpunkt hat sich vom eher allgemeinen Bild des idealen Gelehrten zu einem recht präzisen Bild des idealen Studenten verlagert; und die schönen Wissenschaften bleiben zwar immer noch empfindsam grundiert und auf lebensweltliche Anwendung verpflichtet, werden aber jetzt stärker in einen religiösen (und damit absolut verpflichtenden) Begründungszusammenhang gestellt sowie funktional auf eine Propädeutik zurückgefahren. Das spiegelt zum einen bekannte biographische Veränderungen in Gellerts Lebenshaltung, zum anderen aber auch die zeitgeschichtliche Abschwächung allzu empfindsamer Elemente zugunsten eines differenzierteren Menschenbildes, das die menschlichen Schwächen stärker in Rechnung stellt.

Darüber hinaus jedoch erbringt Gellert in beiden Reden vielfache Transferleistungen, die gegen die altbekannten Vorwürfe mangelnder Originalität, dünner philosophischer Substanz und popularistischen Philistertums in Stellung gebracht werden könnten:[34] Er vermittelt auf vielfache Weise zwischen Wissenschaft und Gesellschaft, zwischen Gelehrsamkeit und Leben, zwischen Vernunft und Gefühl ebenso wie zwischen Erkenntnis und Moral. Das Medium, in dem sich all diese Gegensätze begegnen, ist der Interdiskurs der

---

33 Auch in den *Lehren eines Vaters* wird der propädeutische Charakter betont: „Die schönen Wissenschaften sollen Dir den Geschmack an den nützlichern und ernsthaftern nicht benehmen, sondern Dich vielmehr stärken und geschickt machen, Deinen guten Geschmack, Deine feinere Urtheilskraft auch hier zu gebrauchen, und zu zeigen." (GS V, 309)

34 In besonders konzentrierter Form sind die Vorwürfe beispielsweise in Erich Schmidts Artikel in der *Allgemeinen Deutschen Biographie* nachzulesen, dessen mehrseitiger bis hin zur Polemik kritischer Artikel ironischerweise mit dem Satz schließt: „Eine vorurtheilsfreie Monographie über Gellert ist ein dringendes Bedürfniß" (Bd. 8, Leipzig 1878, S. 544–549, hier S. 549). Das gilt teilweise noch bis heute.

Empfindsamkeit, die gleichzeitig als moralphilosophisches und anthropologisches Konzept (bezüglich des Geschmacksbegriffs und der Theorie des *moral sense*[35]), als Lebenshaltung (bezüglich der verschiedenen Rollenmodelle) und als Darstellungsnorm (bezüglich der Rhetorik als Emotionalisierungstechnik) verstanden werden kann. Auf einer theoretisch-formalen Ebene könnte man das Konzept der empfindsam getönten schönen Wissenschaften sogar als fortschrittlich bezeichnen, wenn man es nur ein wenig modernistisch reformuliert: Gellert entwirft ein holistisches Wissenschaftsmodell unter selbstverständlicher Einbeziehung ethischer Aspekte; er zeigt die vielfältige Anschließbarkeit eines solchen Modells an gesellschaftliche wie individuelle Probleme; er demonstriert den allgemeinen Bildungswert speziell der schönen Wissenschaften; er macht das lebenslange Lernen zu einer Aufgabe für jeden Menschen; er betont die Wichtigkeit der Beherrschung zentraler Kulturtechniken; und er ruft auf zu effizientem Zeitmanagement. Dass es demgegenüber eher als konservativ oder schon damals als anachronistisch wahrgenommen wurde, liegt vor allem in seinen inhaltlichen Komponenten begründet:[36] der absoluten Bindung an die Religiosität des Menschen, der unterwürfigen Haltung gegenüber der Obrigkeit, der Verbindung mit einem aus der Mode kommenden Geschmacksbegriff, dem simplifizierend wirkenden Menschenbild, dem engen Lektürekanon, der einseitigen Verherrlichung der Antike. Allerdings hängen Vor- und Nachteile aufs Engste zusammen: Holistisch wird das Modell erst um den Preis eines einheitlichen, weil religiös fundierten Menschen- und Weltbildes; anschließbar an die gesellschaftliche Praxis wird es durch die Berufung auf festgelegte Rollenmuster; bildungstheoretisch ambitioniert durch die Konzentration auf die Antike als ideale Modellwirklichkeit und die Definition von Bildung als langjähriger, diszipliniert durchgeführter und effizient organisierter Selbstformungsprozess.

Vielleicht ist es gerade dieser letzte Punkt, der angesichts eines rapiden Verfalls von traditionellen Bildungswerten und Kulturtechniken heute am meisten Anregungspotenzial bietet. „Empfindsame Wissenschaft" gibt es, das zeigt auch Gellerts eigener von der Antritts- bis zur Abschlussrede zurückgelegter Weg, nicht einfach durch lebhaftes Fühlen oder schönes Schreiben allein; sie ist eine Haltung, ein aufgrund besonderer Anlagen erworbener Habitus, letztlich eine Lebensform, in der es keine Trennung zwischen Wissenschaft und Leben mehr gibt, sondern nur noch eine fortschreitende gegenseitige Durchdringung von Denken, Fühlen, Handeln und, nicht zuletzt, Darstellen.

---

35 Vgl. dazu Jan Engbers: Der „Moral-Sense" bei Gellert, Lessing und Wieland. Zur Rezeption von Shaftesbury und Hutcheson in Deutschland, Heidelberg 2001, bes. Kap. 5.1: Gellert und Shaftesbury.

36 Ein Grund für diesen Eindruck liegt wohl auch, ironischerweise, in der Darstellung selbst, die auf den heutigen Leser eher abschreckend als einladend wirkt – was einmal mehr drastisch den von Gellert diagnostizierten Verlust der Rhetorik als Bildungstradition und Kulturtechnik demonstriert.

Dietmar Till

Gellert und die Rhetorik. Antike Theorie und moderne Transformation

Christian Fürchtegott Gellert hat seit der Mitte der 1740er Jahre an der Leipziger Universität Vorlesungen über Rhetorik gehalten und rhetorische Übungen veranstaltet, die sich, rhetorischer Überzeugung entsprechend, auch auf die Poesie ausdehnten. Diese Lehrtätigkeit steht heute im Schatten der Produktion des literarischen Bestseller-Autors Gellert und auch der *Moralischen Vorlesungen*, die Goethe in *Dichtung und Wahrheit*, auf seine Leipziger Studentenzeit rückblickend, bekanntlich recht sarkastisch kommentiert hat – und die ebenfalls ein beachtlicher Erfolg wurden: Goethe jedenfalls weist darauf hin, dass das „philosophische Auditorium [...] in solchen Stunden gedrängt voll"[1] war.

Dass diese rhetorische Lehrtätigkeit heute nicht mehr zum Kern unseres Gellert-Bildes gehört, mag daran liegen, dass Gellert selbst keine ‚Rhetorik', kein Lehrbuch der Rhetorik, verfasst hat. Man muss präzisierend sagen: dass er keine Rhetorik *mehr* verfasst hat. Denn nur wenige Jahre zuvor und an gleichem Orte, der Leipziger Alma Mater, legt Johann Christoph Gottsched 1736 seine *Ausführliche Redekunst* vor, ein umfassendes Lehrbuch, das noch einmal versucht, das rhetoriktheoretische Wissen aus Antike und Früher Neuzeit zusammenzutragen und zu modernisieren. Letzteres ist wichtig, möchte doch Gottsched damit seine Theorie den erhöhten Rationalitätsstandards der Epoche der Aufklärung anpassen. Noch im Jahre 1759 publiziert Gellerts Kollege Gottsched seine *Akademische Redekunst*, fünf Jahre zuvor die *Vorübungen der Beredsamkeit*, ein Lehrbuch elementarer Textmusterübungen für Schüler.

Dass Gellert offensichtlich keine Notwendigkeit empfand, selbst ein Lehrbuch zu publizieren, mag durch die rege Publikationstätigkeit seines Kollegen Gottsched zu erklären sein, hat jedoch daneben eine prinzipiellere Bedeutung, die Aufschluss über das Schicksal der Disziplin ‚Rhetorik' in der

1 Johann Wolfgang Goethe: Dichtung und Wahrheit, in: Ders.: Sämtliche Werke, Briefe, Tagebücher und Gespräche, hg. v. Dieter Borchmeyer u. a., I. Abt., Bd. 14, hg. v. Klaus-Detlef Müller, Frankfurt/Main 1986, S. 322; zur Leipziger Universität (allerdings unter Ausblendung Gellerts) vgl. nun: Die Universität Leipzig und ihr gelehrtes Umfeld, 1680–1780, hg. v. Hanspeter Marti u. Detlef Döring, Basel 2004.

Generation nach Gottsched gibt. Über die Frage, was ‚Rhetorik' bis zur Mitte des 18. Jahrhunderts war, müssen wir zuerst sprechen, bevor wir in einem zweiten Schritt Gellerts theoretische Position systematisch bestimmen und die Frage nach ihrer Traditionalität oder dem Grad ihrer Innovativität diskutieren können.

Was Rhetorik war

In der Frühen Neuzeit, also etwa bis zur Mitte des 18. Jahrhunderts, regelte die Rhetorik das Verfassen und Vortragen von Texten aller Art.[2] Sie war damit eine umfassende Text- und Performanztheorie, keineswegs nur zuständig für die mündliche Rede und die Prosa, sondern gerade auch für schriftliche Texte und die Poesie, die als ‚gebundene Rede' aufgefasst wurde und damit lediglich eine, wie Joachim Dyck dies einmal nannte, „Sondergattung" rhetorischen Schrifttums war.[3] Daneben haben einzelne Bestandteile des rhetorischen Systems auch die Kunsttheorie der Frühen Neuzeit geprägt, Kategorien aus der rhetorischen Topik wirkten wissenstrukturierend und damit auch wieder strukturbildend für Texte.[4] Ein Beispiel hierfür ist die Art und Weise, wie frühneuzeitliche Reiseberichte gänzlich auf der Grundlage rhetorischer Kategorien organisiert sind, wie die Wahrnehmung der Reisenden und die Verschriftlichung ihrer Erfahrungen, mithin also die Konstruktion von ‚Wirklichkeit' im Text durch Strukturen der rhetorischen Topik determiniert sind – so etwa Wolfgang Neuber in einer zentralen Arbeit zur Topik frühneuzeitlicher Reiseberichte.[5]

In der Frühen Neuzeit gehörte die Rhetorik zum festen Ausbildungsprogramm an Gymnasien und Universitäten in protestantischen wie in katholischen Gebieten.[6] Ziel war die Einübung des klassischen Latein, das als Gelehrtensprache zentrales Mittel der Kommunikation innerhalb der *res publica litteraria* war. Das betraf Geistliche aller Konfessionen ebenso wie angehende Hofbeamte und natürlich die Professoren an Gymnasien und Universitäten. Nur wer über entsprechende Lateinkompetenz verfügte, konnte an den Diskussionen der Gelehrtenrepublik partizipieren. Für die Literatur bedeutete dies – Wilfried Barner hat auf diesen Umstand bereits 1970 in seiner Studie zur *Barockrhetorik* hingewiesen –, dass in der Frühen Neuzeit fast jeder Autor

2 Vgl. insgesamt Wilfried Barner: Barockrhetorik. Untersuchungen zu ihren geschichtlichen Grundlagen, Tübingen 1970.

3 Joachim Dyck: Ticht-Kunst. Deutsche Barockpoetik und rhetorische Tradition, 3. Aufl., Tübingen 1991, S. 26 f.

4 Vgl. Wilhelm Schmidt-Biggemann: Topica universalis. Eine Modellgeschichte humanistischer und barocker Wissenschaft, Hamburg 1983.

5 Wolfgang Neuber: Fremde Welt im europäischen Horizont. Zur Topik der deutschen Amerika-Reiseberichte der frühen Neuzeit, Berlin 1991.

6 Zu diesem Aspekt immer noch zentral Barner [Anm. 2], S. 421 ff.

eine rhetorische Ausbildung genossen hat. Rhetorik ist damit eine umfassende Sozialisierungsinstanz, und für eine sozialgeschichtlich ausgerichtete Literaturwissenschaft stellte sich seit den 1970er Jahren die Frage, ob und wie sich die von den Autoren ‚habitualisierten' Normen in deren Texten wiederfänden. Rhetorik wurde verstanden als ein System von Textproduktionsregeln und korrespondierenden Normen, und dieser Produktionsaspekt sollte durch Umkehrung in eine literaturwissenschaftliche Analyse-Hermeneutik überführt werden.[7]

Rhetorik heißt in der Frühen Neuzeit also vor allem Schulrhetorik.[8] Dieser Aspekt ist auch für Gellerts rhetorische Vorlesungen noch prägend. Seit dem 15. Jahrhundert erscheinen auf dem Buchmarkt zahlreiche Rhetoriklehrbücher, meist in lateinischer Sprache. Sie bieten im Regelfall eine Kompilation unterschiedlicher antiker und frühneuzeitlicher Quellen, ordnen die einzelnen Regeln, bringen sie in ein System und liefern dazu auch kanonische Beispiele, die als Mustertexte im Rahmen der *imitatio*-Ästhetik dienen. Demgegenüber ist gerade im Schulunterricht die Lektüre der antiken Theorie-Klassiker selbst von häufig untergeordneter Bedeutung. Dies betrifft vor allem die sehr komplexen und auch philosophisch reflektierten Schriften von Aristoteles und Quintilian sowie Ciceros Dialog *De oratore*.

Der Übergang zum 18. Jahrhundert bringt für die seit der Mitte des 16. Jahrhunderts, seit den Überlegungen Philipp Melanchthons in den protestantischen Territorien und der jesuitischen Schulordnung *Ratio studiorum* (1599), die den Schulunterricht bis ins Kleinste regelt, recht konstanten Unterrichtsinhalte (Barner spricht in diesem Zusammenhang vom „Konservatismus"[9] des Rhetorikunterrichts) einige Veränderungen.[10] Im 18. Jahrhundert verschwindet die Rhetorik als Schulfach allmählich aus den Gymnasien und Universitäten, und dort, wo es sie noch gibt, ist sie häufig zwar nominell noch existent, hat aber bereits tiefgreifende Veränderungen durchgemacht. Nachfolger der Rhetorik sind die Philologien, die seither für literarische Texte zuständigen Disziplinen, allerdings mit hermeutisch-rezeptiver Ausrichtung, nicht mehr mit dem Ziel der Produktion von Texten, wie es für das rhetorische Paradigma zentral ist.[11] Wissensbestände der Rhetorik werden auch in

---

7 Vgl. Dietmar Till: Rhetorik und Poetik, in: Handbuch Literaturwissenschaft. Gegenstände – Konzepte – Institutionen, hg. v. Thomas Anz, Bd. 1, Stuttgart, Weimar 2007, S. 435–465, hier S. 460 ff.; Heinrich F. Plett: Einführung in die rhetorische Textanalyse, 3. Aufl., Hamburg 1991, S. 3.

8 Vgl. meinen kurzen Überblick: Dietmar Till: Schulrhetorik, in: Historisches Wörterbuch der Rhetorik, hg. v. Gert Ueding, Bd. 7, Tübingen 2007, Sp. 672–679.

9 Barner [Anm. 2], S. 231.

10 Vgl. ebd., S. 245.

11 Vgl. hierzu meinen Überblick: Dietmar Till: Rhetorik und Stilistik der deutschsprachigen Länder in der Zeit der Aufklärung, in: Rhetorik und Stilistik, hg. von Ulla Fix, Andrea Gardt u. Joachim Knape, Berlin, New York 2008 [im Druck].

andere Disziplinen übertragen, die Affektenlehre in die Psychologie, Überlegungen zu elementaren Schreibübungen in die neu entstehende Pädagogik. Schließlich sind auch Anthropologie und Ästhetik zu nennen, welche das Erbe der Rhetorik aufnehmen, in ihre Disziplinen integrieren und dieses Wissen damit transformieren.

Dieser Untergang der Rhetorik ist kein schneller, kein Bruch in der Tradition, sondern ein schleichender Prozess, der im Grunde schon am Beginn der Frühen Neuzeit einsetzt.[12] Denn es war immer ein zentrales Problem der Rhetorik, wie sich die aus der Antike überlieferte, normativ verstandene Systematik mit den Erfordernissen der eigenen Zeit in Einklang bringen ließ. Die Geschichte der Rhetorik zeigt, dass dies im Grunde nicht gelang. Die Normativität der Überlieferung, die sich etwa in der Fixierung der Theoriebildung auf die drei Gattungen Gerichtsrede, politische Rede und Lobrede zeigt, und die Rahmenbedingungen der Gegenwart sind die Ursache einer die ganze Frühe Neuzeit durchziehenden Spannung.[13] Auch Gellert räsonniert in einer Passage seiner Rede *Von den Ursachen des Vorzugs der Alten vor den Neuern* (1767) darüber. Er notiert akribisch, dass in „verschiednen Ländern, in Frankreich, in England, in der Schweiz, in Dänemark, die gerichtliche Beredsamkeit noch" blühe, wenngleich sie „auch daselbst eingeschränkter ist, als sie in den Griechischen und Römischen Republiken" (GS V, 219) war. Und er resümiert aufschlussreich: „So demüthigend vielleicht [!] diese Gedanken für die neueren Zeiten sind" – das eben ist bis in die Jahrhundertmitte der entscheidende Punkt – „so dürfen sie uns doch gar nicht den Muth und Eifer benehmen, in der Dichtkunst und Beredsamkeit, gleich dem Alterthume, groß zu werden." (GS V, 219)

Die Forschung der letzten Jahre hat die langsame Desintegration der Disziplin ‚Rhetorik' verschiedentlich beschrieben und auch einige Erklärungsmodelle formuliert, die sich teils ergänzen, teils widersprechen. Ich will an dieser Stelle nur zwei miteinander zusammenhängenden Beschreibungsversuchen weiter nachgehen, die für meine Fragestellung nach dem Verhältnis von Gellert zur Rhetorik zentral sind. Von dem Konstanzer Latinisten Manfred Fuhrmann stammt die These, dass die Rhetorik genau in dem Augenblick ihre Funktion verloren habe und damit untergegangen sei, als sich die Wendung zur deutschen Sprache als Unterrichtssprache und Sprache der Wissenschaften vollzogen habe.[14] Gellert in Leipzig partizipiert an dieser Entwicklung. Auch von ihm gibt es noch lateinische Abhandlungen, doch sind

12 Das ist die Grundthese meines Buches: Dietmar Till: Transformationen der Rhetorik. Untersuchungen zum Wandel der Rhetoriktheorie im 17. und 18. Jahrhundert, Tübingen 2004.

13 Vgl. dazu die Beispiele in Till [Anm. 12], S. 111 ff.

14 Manfred Fuhrmann: Rhetorik und öffentliche Rede. Über die Ursachen des Verfalls der Rhetorik im ausgehenden 18. Jahrhundert, Konstanz 1983.

dies gedruckte Reden, die aus einem klar definierten zeremoniellen Kontext herstammen, in dem das Lateinische – übrigens bis ins 19. Jahrhundert hinein, an manchen Universitäten auch darüber hinaus – so etwas wie einen Rückzugsraum fand: Die Schrift *Von den Fabeln und deren Verfassern*, 1744 im Kontext der Dissertationsschrift gedruckt, die Rede *Pro Comoedia Commovente*, 1751 zur Aufnahme der Lehrtätigkeit als außerordentlicher Professor gehalten, und schließlich die Leipziger Antrittsrede vom Juli 1751. Alle diese Reden, die überdies recht schnell auch ins Deutsche übersetzt wurden, entstanden im Kontext akademischer Rituale. Seine Vorlesungen aber, also die eigentliche Lehrtätigkeit, hält Gellert in deutscher Sprache, wie dies Mitte des Jahrhunderts zumindest im Bereich der Philosophischen Fakultät bereits üblich war. Der Niedergang des Lateinischen als Unterrichtssprache ist ein wichtiger Indikator für den Funktionsverlust der Rhetorik, denn beide sind, wie eingangs gezeigt, funktional eng verzahnt.

Natürlich gibt es in der Frühaufklärung einige deutschsprachige Rhetoriken – u. a. die wichtige *Ausführliche Redekunst* Gottscheds von 1736 –, aber die Institutionalisierung einer deutschsprachigen Rhetorik in Form von eigens dafür eingerichteten Professuren scheitert.[15] Ungefähr ab der Jahrhundertmitte gibt es an vielen Universitäten im Reich gar keine Professuren für Rhetorik mehr. Konsequenterweise bricht auch die Produktion der Lehrbücher in diesem Moment weitgehend ab.[16] Die rhetorischen Schriften Gottscheds könnte man insofern als den Schlussstein einer langen humanistischen Tradition deuten. Doch das Verhältnis zur Tradition – dies ist der zweite, epistemologisch orientierte Erklärungsversuch – ist bei Gottsched und frühaufklärerischen Kollegen wie Friedrich Andreas Hallbauer, Professor in Jena und Verfasser einer umfassenden Rhetorik, komplexer. Die dort bezogene Position ist auch für Gellerts Verhältnis zur Rhetorik aufschlussreich.

Das Verhältnis zur rhetorischen Tradition

Die Frühaufklärung bringt eine Distanzierung von der Rhetorik und zugleich ihre Revitalisierung. Kritisiert wird von den Zeitgenossen der unreflektierte Umgang mit der Tradition, mithin die Tradition als solche:

> Aristoteles und Cicero würden uns nicht auslachen / sondern auszischen / daß wir noch ihren Speichel lecken. Sie handelten vernünftig / daß sie Regeln gaben / welche zur Beredsamkeit führten / die in der Republiqven üblich war: allein wir handeln desto unvernünftiger / wenn wir / obgleich unsere Republik eine gantz andere Art der Beredsamkeit erfordert / dennoch ihre Regeln beybehalten.[17]

15 Vgl. Klaus Weimar: Geschichte des Deutschunterrichts bis zum Ende des 19. Jahrhunderts, 2. Aufl., München 2003, S. 41 ff.

16 Material hierzu findet sich in der großen Bibliographie zur Rhetorik des 18. Jahrhunderts: Joachim Dyck, Jutta Sandstede: Quellenbibliographie zur Rhetorik, Homiletik und Epistolographie des 18. Jahrhunderts im deutschsprachigen Raum, 3 Bde., Stuttgart-Bad Cannstatt 1996.

Der Jenaer Rhetorik-Professor Friedrich Andreas Hallbauer, aus dessen *Anweisung zur verbesserten Teutschen Oratorie* (1725) das Zitat stammt, zielt allerdings, wie aus seiner Argumentation deutlich wird, nicht darauf, die antiken Gewährsmänner grundsätzlich abzulehnen. Er wendet sich gegen eine unhinterfragte Form der Antikerezeption, die die Regeln der Alten unbesehen übernimmt und für absolut gültig erachtet. Auch deren Theorien müssen sich, so Hallbauer, vor dem Richterstuhl der Vernunft eine Prüfung gefallen lassen. Diese fällt dann allerdings durchweg positiv aus, doch sieht man daran, dass für die Frühaufklärer die Autorität der Tradition als solche nur noch eine reduzierte Überzeugungskraft zu entfalten vermag. Argumentative Grundfigur einer solchen ‚vernünftigen' Prüfung ist die Naturalisierung der Regeln. Bei Gottsched heißt es in der *Ausführlichen Redekunst* (1736):

> Soll aber die Redekunst […] eine vernünftige Anweisung zur Beredsamkeit seyn: So muß dieselbe nicht in gewissen willkührlich angenommenen; sondern auf die Natur des Menschen gegründeten, und aus der Absicht des Redners hergeleiteten Regeln bestehen. Nichts ist in Wissenschaften und freyen Künsten vernünftig, als was auf gute Gründe gebauet ist.[18]

Die Vernünftigkeit der Rhetorik beruht, wie Gottsched weiter ausführt, auf Kenntnis der Anthropologie des Menschen: Die guten Gründe „sind aber nicht die Meynungen und Zeugnisse großer Leute" – mithin keine Autoritätenbeweise – „nicht die Exempel derer, die hier oder dort vor Redner gehalten werden; nicht das neue oder alte, insoweit es neu oder alt ist: Sondern die unveränderliche Natur des Menschen, als mit welchem ein Redner zu thun hat."[19] Die rhetorische Tradition wird bei Gottsched – analoge Argumentationen finden sich in fast allen frühaufklärerischen Rhetoriken – noch einmal ‚gerettet', indem deren zeitlose Gültigkeit behauptet wird. Die Tradition wird bewahrt, und zwar – das ist durchaus paradox –, indem ihre legitimatorische Kraft gerade als *Tradition* bestritten wird:

> Auch die Alten werden von uns nur darum zu Lehrern und Mustern angepriesen, weil sie ihre Regeln und Exempel nach dieser Vorschrift eingerichtet haben. Ihr Ansehen soll also unsern Regeln keine Kraft geben: Sondern ihr Beyfall soll uns nur wieder den Vorwurf der Neuerung zur Rechtfertigung dienen.[20]

---

17 Friedrich Andreas Hallbauer: Anweisung Zur Verbesserten Teutschen Oratorie Nebst einer Vorrede von Den Mängeln Der Schul=Oratorie, Jena 1725, Reprint Kronberg/Taunus 1974, Vorrede, Bl. [a7]a.

18 Johann Christoph Gottsched: Ausführliche Redekunst, Leipzig 1736, Reprint Hildesheim 1973, S. 42 f.

19 Ebd., S. 43.

20 Ebd.

‚Natürliche' Kunst oder das Problem der Nachahmung

Dieselbe Argumentation dient auch Gellert in seiner 1767 publizierten, vermutlich aber schon früher entstandenen Abhandlung *Von den Ursachen des Vorzugs der Alten vor den Neuern*. Gellert geht dort von der Problematik der *imitatio auctorum* aus, wobei die normative Kraft der *auctores classici* durch Bezug auf die unveränderliche Natur legitimiert wird. Nicht im Sinne einer Tradition sind die Lehren der Alten verbindlich, sondern weil sie dem Vorbild einer zeitlos gedachten Natur folgen. Gellert postuliert mit Emphase: „Wir müssen es also nicht genug seyn lassen, nur die Alten nachzuahmen. Die Natur war ihre Lehrmeisterinn; und so soll sie auch die unsrige seyn!" (GS V, 220) Ganz ähnlich argumentiert er in der schon im Titel einschlägigen Abhandlung *Wie weit sich der Nutzen der Regeln in der Beredsamkeit und Poesie erstrecke* (1756): „Gute Regeln", heißt es dort gleich zu Beginn, „sind Vorschriften der gesunden Vernunft, die sich auf die Natur der Sache und auf die Erfahrung gründen." (GS V, 197) Mit dem Gestus der Unbedingtheit vorgetragen, hört sich das fast nach Gottsched an. Wenig später schreibt Gellert, dass die „Regeln der Poesie und Beredsamkeit [...] das Echo unsrer eignen Vernunft und sie Stimmen der Natur [sind]; und sie nicht hören heißt taub sein." (GS V, 199) Er bezieht sich mit diesem Argument auf eine weitere Naturalisierungsstrategie, die nun allerdings antiker Provenienz ist. Sie thematisiert nicht das Problem der ‚Vernünftigkeit' der Regeln, sondern das ihrer Genese. Hierzu gibt es in der *Institutio oratoria* Quintilians (um 95 n. Chr.) wichtige Hinweise, auf die sich Gellert explizit bezieht (GS V, 198).[21]

Der römische Rhetorikprofessor diskutiert in einem Kapitel des zweiten Buches die Frage, ob die Rhetorik eine ‚Kunst' – eine *ars* im Sinne des älteren Kunstbegriffs – sei, oder aber eine Naturgabe, die der Schulung (und damit der Rhetorik) nicht bedarf. Es geht ihm also um das Verhältnis von *natura* und *ars*, und damit um die Thematik, die für Gellerts Regelabhandlung zentral ist. Quintilian bestimmt dieses Verhältnis genetisch. Er schreibt, dass „alles, was durch die Kunst zur Vollendung gebracht wird, seine Ansätze in der Natur genommen hat."[22] Das System der Rhetorik ist aus der Natur, sprich der Empirie wirkungsvoller Kommunikation, abstrahiert, das ‚rhetorische System' der gegliederten Arbeitsphasen der Redeproduktion (*partes rhetoricae*) ist durch Induktion aus der ‚natürlichen' Kommunikation abgeleitet. Zwischen Natur und Kunst besteht deshalb, ganz anders als ein weitläufiges Vorurteil über die ‚Künstlichkeit' des rhetorischen Regel- und Normenwerks besagt, kein Verhältnis der Opposition, sondern eines der Übergängigkeit. Deshalb habe es schon vor der Formulierung einer rhetorischen Theorie,

---

21 Locus classicus für diese Argumentation ist – neben den im Folgenden genannten Quintilian-Stellen – Cicero: De oratore I,146.

22 Quintilian: Institutio oratoria II,17,9.

einer *ars rhetorica*, eine durchaus wirkungsvolle praktische Beredsamkeit gegeben. Quintilian nennt als prominentes Beispiel den berühmten Schild des Achill aus Homers *Ilias* (XVIII, vv. 478–534), auf dem Prozesse und Prozessredner dargestellt würden. ‚Rhetorik‘ darf also nicht mit ‚Künstlichkeit‘ gleichgesetzt werden, wie dies in der Forschung vor allem zu Gellerts epistolographischen Schriften immer wieder gemacht worden ist. Im Gegenteil: nach antiker Auffassung behindert Künstlichkeit im Sinne der Ostentation der Kunst gerade die Wirksamkeit der Rede. Wer die Anstrengung des Redners spürt, mit der er sein Publikum überreden möchte, bei dem wird die Rede nichts bewirken. Gerade ‚Natürlichkeit‘, die das bewusste Ergebnis eines strategischen Gestaltungsprozesses, der *dissimulatio artis* ist, gilt schon der antiken Rhetorik als Voraussetzung für geglückte Persuasion.

Gellert zitiert den Passus aus der *Institutio oratoria* in seiner Regel-Abhandlung: „Man kann also mit dem Quintilian sagen“, so schreibt er, „daß die Werke der prosaischen und poetischen Schriftsteller älter sind, als die Regeln dieser Künste; und daß sie, in ihrer Form betrachtet, nur Anleitungen sind, die man aus den Meisterstücken gezogen hat.“ (GS V, 198) Etwas später in derselben Abhandlung bekräftigt er diese Ansicht noch einmal mit Nachdruck: „Ja, die Regeln sind später, als die Werke selbst. Sie sind von den Alten gefunden; wir können sie auch finden.“ (GS V, 198) Bei den Regeln – lateinisch *praecepta* – von Rhetorik und Poesie handelt es sich also nicht um willkürliche Setzungen, diese Regeln sind nicht *er*funden, sondern, wie Gellert schreibt, von den antiken Autoren *ge*funden.

In der Abhandlung über die Nachahmung, Gellerts spätem Beitrag zur Problematik der *Querelle des anciens et des modernes*, ergibt sich daraus das Problem einer doppelten *imitatio*. Gellert rekurriert auf die Praxis der *imitatio auctorum*, also der Nachahmung musterhafter Autoren, wie sie für das frühneuzeitliche Literatursystem und auch den Rhetorikunterricht prägend ist. Diese Praxis gerät, wenn man an Autoren wie Edward Young denkt, der das Neue als ästhetische Kategorie profiliert, im 18. Jahrhundert in die Kritik. Die Alten haben, so Gellert, „die besten Blumen abgepflückt, und uns nur die Nachlese übrig gelassen.“ (GS V, 216) Aus der *imitatio auctorum* entsteht so eine – notwendig defizitäre – Nachahmung aus zweiter Hand: „Wir, die wir die Werke der Alten mit Recht verehren, da wir sie so vortrefflich finden, ahmen vielleicht mehr die Copien der Natur, als die Natur selbst nach.“ (GS V, 215) Es ist, mit Schiller gesprochen, der Gestus des Sentimentalischen, der Gellerts Abhandlung prägt.

Im 18. Jahrhundert boten sich als Lösung für dieses Problem unterschiedliche Wege an. Am folgenreichsten ist gewiss die Negation und der Bruch mit den Regeln, die avantgardistische Innovationsästhetik des Sturm und Drang. Gellert geht in *Wie weit sich der Nutzen der Regeln in der Beredsamkeit und Poesie erstrecke*, wie im Einzelnen noch zu zeigen sein wird, einen ähnlichen Weg. In der Abhandlung über den *Vorzug der Alten vor den Neuern* wählt er zunächst eine andere Argumentation. Er rekurriert auf ein ganz traditionelles Argument aus der Rhetorik, das er neu ins Gedächtnis ruft, versucht also gerade die durch die Fixierung auf die rhetorische *imitatio auctorum* erstarrte Literatur durch Bezug auf die antike Rhetorik zu erneuern. Er bezieht sich dazu auf einen Kerngedanken der antiken Rhetorik zur Nachahmung: Er lautet, dass sich die *imitatio* nie darin erschöpfen darf, ein Werk nur zu kopieren. Vielmehr muss der Wille zur Überbietung der Vorlage hinzukommen, wie Quintilian im zehnten Buch seiner *Institutio oratoria* schreibt.[23] Das Konzept hierfür lautet *aemulatio*:[24] Nach antiker Vorstellung ist gerade nicht die einfache ‚Aktualisierung' der Regeln Ziel der Textverfassung, sondern der Wettstreit mit den Mustern, wie er sich in der agonalen Metaphorik zeigt, mit der diese Auseinandersetzung beschrieben wird: Transgression der Vorlagen ist das Ziel, nicht die Affirmation der Regeln. Gellert bezieht sich präzise auf dieses Argument Quintilians:

> Wir müssen es nicht bloß den Alten gleich thun wollen, und ihnen Schritt vor Schritt folgen, wir werden sonst eben deswegen unter ihnen bleiben. Wir haben mehr zu wagen. Sie zu übertreffen, sey unser Ziel [...]. Was that Virgil; suchte er nicht den Homer, den Theocritus zu übertreffen, wo er zu übertreffen war? (GS V, 220)

Was Gellert an der *imitatio* kritisiert, trifft die antike Rhetorik, deren Anliegen er erneuert, nicht. Vielmehr hat er die übliche Praxis der Nachahmung im Schulwesen seiner Zeit im Blick. Denn die „Last der Regeln" (GS V, 215) führt tatsächlich zu mediokren Werken, ja dazu, dass die Werke der Neueren „gezwungner und mühsamer sind" (GS V, 215). Letzteres ruft das Stichwort vom ‚Pedantismus' auf, mit der seit dem Ende des 17. Jahrhunderts ein tatsächlich in Regeln und Vorschriften erstarrtes frühneuzeitliches Gelehrtenwesen kritisiert wurde.[25] Gellerts Argument zielt also auf die Schulrhetorik, nicht auf die Rhetorik schlechthin. Gerade die „Anweisungen zur Beredsamkeit aus den neuern Zeiten" seien so zahlreich, „daß es eine mühselige u. fruchtlose Arbeit seyn würde, sie alle lesen zu wollen." Besser sei es, nur diejenigen Rhetoriken zu konsultieren, „die aus den Alten geschöpft habe[n]" (GS VII, 187), noch besser, gleich die Werke der Alten zu lesen.

Genie, Regeln – und rhetorische ‚Kunst'

Das führt zur Frage, welche Rolle die Regeln in der Rhetorik und bei Gellert haben, und welche Rolle das Genie in der rhetorischen Literaturkonzeption

23 Quintilian: Institutio oratoria X,2,4.

24 Vgl. Barbara Bauer: Aemulatio, in: Historisches Wörterbuch der Rhetorik, hg. v. Gert Ueding, Bd. 1, Tübingen 1992, Sp. 141–187.

25 Vgl. Wilhelm Kühlmann: Gelehrtenrepublik und Fürstenstaat. Entwicklung und Kritik des deutschen Späthumanismus in der Literatur des Barockzeitalters, Tübingen 1992, S. 285 ff.; Till: Transformationen [Anm. 12], S. 146 ff.

spielt. Werner Jung hat die These aufgestellt, dass gerade der Gellert der 1750er Jahre die Rolle von „Genialität und Originalität" des Dichters betone, dessen „literarisches Produkt allererst die Regeln selbst setzt."[26] Es wird sich zeigen, dass diese historisch nach ‚vorne' gerichtete Lesart einerseits überspannt ist, weil sie von einem Zerrbild von Rhetorik ausgeht, es andererseits aber doch einen gewichtigen Punkt gibt, an dem Gellert deutlich über die römische Rhetorik hinausgeht, er also auch keinen „überlieferten Klassizismus" predigt, wie Jürgen Jacobs formuliert.[27]

Was bei Gellert ‚Genie' genannt wird, heißt in der Terminologie der lateinischen Rhetorik *natura* oder *ingenium*, was er als ‚Regel' bezeichnet, *ars*. Die antike Rhetorik geht nämlich keineswegs davon aus, dass das Vermögen, überzeugende Reden halten zu können, eine gänzlich lehr- und lernbare Angelegenheit und also gänzlich Sache der Regeln sei. Auch Gellert bezieht sich explizit auf diesen Zusammenhang, indem er eine Stelle aus Ciceros *De oratore* zitiert:[28] „Wenn die Regeln beredt machten, sagt Tullius, (und wer kannte den Wert derselben besser, als er?) wenn die Regeln beredt machten, wer würde nicht beredt seyn?" (GS V, 201) Vielmehr benötigt der Redner entsprechende Anlagen, die angeboren sind und die im Rhetorikunterricht – durch Vermittlung der rhetorischen *ars*, also durch Theorie, durch die Lektüre von Mustertexten und schließlich die eigene Textproduktion der Schüler nach kanonischen Vorbildern – ausgebildet werden. *Natura* und *ars* arbeiten zusammen: „Denn wenn man von einem der beiden Faktoren", so Quintilian, „den anderen völlig entfernte, so wird die Naturanlage auch ohne wissenschaftliche Ausbildung sehr viel leisten, wissenschaftliche Ausbildung aber ohne die Hilfe der Natur nichts vermögen."[29] Gellert schreibt unter direktem Bezug auf eine Passage aus dem siebten Buch der *Institutio oratoria*:[30]

> Nicht alles, sagt Quintilian, was die Kunst ausrichtet, kann gelehret werden. Der Arzt wird seine Schüler zwar unterrichten, was man bey einer ieden Gattung der Krankheit zu thun hat; worauf man sehen muß, an was für Kennzeichen man sie bemerken kann. Aber die Geschicklichkeit, die Schläge des Pulses, die Grade der Hitze, den Gang des Athems, die Aendrung der Farben und der Mine, die bey iedem verschieden sind, zu bemerken, dieses wird das Genie lehren. (GS V, 206)

Und über die Dichtkunst ruft Gellert analog aus: „Man muß Genie haben!" (GS V, 203), wie auch Quintilian eine entsprechende Anlage – das *ingenium* – zur Voraussetzung des Redners macht.

26 Werner Jung: „Die besten Regeln sind die wenigsten". Gellerts Poetik, in: „Ein Lehrer der ganzen Nation". Leben und Werk Christian Fürchtegott Gellerts, hg. v. Bernd Witte, München 1990, S. 116–124, hier S. 123; vgl. auch John Reynolds: Gellerts Mahnung an junge Dichter, in: „Ein Lehrer der ganzen Nation", S. 125–133.

27 Jürgen Jacobs: Gellerts Dichtungstheorie, in: Literaturwissenschaftliches Jahrbuch 10, 1969, S. 95–108, hier S. 108.

28 Cicero: De oratore II,57.

29 Quintilian: Institutio oratoria II,19,1–2.

30 Quintilian: Institutio oratoria VII,10,10.

In der *Institutio oratoria* vergleicht Quintilian die Rolle von *ars* und *natura* mit der Tätigkeit eines Bauern: Von einem Boden, der keinerlei Fruchtbarkeit besitzt, vermag auch der beste Bauer keinen Ertrag zu erzielen. Auf einem fruchtbaren Boden aber kann viel Nützliches wachsen, auch wenn der Bauer ihn nicht pflegt. Ist der Boden aber fruchtbar und investiert der Bauer viel in die Pflege, so ist der Ertrag am höchsten: *Natura* und *ars* wirken zusammen.[31] Gellert spielt übrigens am Schluss seiner Rede auf diese topische Allegorie des Ackerbaus an (GS V, 209 f.).

Gellert rekurriert somit nicht nur auf diese Dialektik von *ars* und *natura*, sondern macht sie zum Strukturprinzip seiner Darstellung: „Was hofft ein Verächter aller Regeln", schreibt er in der Regel-Abhandlung, „der nur seinem Genie folgen will? Hofft er nicht, daß ihm das allein glücken soll, was vielen nach und nach kaum geglückt ist?" (GS V, 198) Für Gellert ist dies „Stolz", „Unwissenheit", „Verwegenheit" und sogar eine „Thorheit" (GS V, 198 f.). In einer langen Passage, die durch die 17-malige anaphorische Wiederholung der Wendung ‚Die Regeln lehren uns' auch sprachlich auffällig gestaltet ist, verteidigt er vehement den Nutzen der Regeln, der sich nicht nur auf die Produktion bezieht, sondern auch auf die Rezeption von Texten. Regelkenntnis ist Voraussetzung für den Genuss von Dichtung, vor allem für fundierte Urteile über Texte. Gellert fasst dies, wie seit Gottscheds *Critischer Dichtkunst* üblich, im Begriff des Geschmacks, hinter dem sich der rhetorische Begriff des *iudicium* verbirgt (GS V, 206).[32]

Dennoch zeigt sich bei Gellert eine latente Distanz zu den Regeln, die in der antiken Rhetorik kein Vorbild hat. Die *ars* erscheint ihm geradezu suspekt. Das wird an dem Vergleich deutlich, mit dem Gellert die Funktion der Regeln für das Genie beschreibt: Man müsse es durch die „Gewalt der Regeln, wie ein muthiges Pferd, durch den Zügel lenken und regieren" (GS V, 202). Die Funktion der Regeln ist hier eine klar disziplinierende, sie werden – anders als die *praecepta* der Rhetorik – bloß negativ gedacht.

Auch der Schluss der Rede, der in der Forschung hervorgehoben wurde, weil Gellert dort „die Bedeutsamkeit von Genialität und Originalität"[33] hervorhebt, bleibt noch innerhalb rhetorischer Bahnen, doch ist es an dieser Stelle nicht mehr die römische Rhetoriktheorie oder gar die Schulrhetorik aus Gellerts eigener Zeit, sondern der Traktat *Über das Erhabene* (*Peri hypsus*) von Pseudo-Longin, eine Schrift aus dem ersten nachchristlichen Jahrhundert, die die Tradition des Erhabenen wesentlich begründet hat.[34] Gellert kennt diese Schrift – sie wird in der Abhandlung genannt (GS V, 201; vgl. GS

31 Quintilian: Institutio oratoria II,19,2–3.

32 Vgl. Monika Fick: Geschmack, in: Historisches Wörterbuch der Rhetorik, hg. v. Gert Ueding, Bd. 3, Tübingen 1996, Sp. 870–901.

33 Jung [Anm. 26], S. 123.

34 Vgl. Carsten Zelle: Die doppelte Ästhetik. Revisionen des Schönen von Boileau bis Nietzsche, Stuttgart, Weimar 1995.

VII, 185 u. 208) –, die 1737 von Carl Friedrich von Heineken auch ins Deutsche übertragen worden war, genau.

Welche zentrale Rolle Longin für Gellert spielt, wird in seinen Vorlesungen deutlich. In den *Materialien zur Vorlesung über Stockhausens Bibliotheck der schönen Wissenschafften* ist er neben Cicero und Quintilian die zentrale Autorität in Sachen Rhetorik: Denn Werke dieser drei Autoren enthalten „nicht allein vortreffliche Regeln", sondern daneben auch Regeln, „die mit Beredsamkeit u. Geschmack vorgetragen sind. […] Deutliche u. trockene Anweisungen zur Beredsamkeit können den Verstand des Schülers unterrichten; aber deutliche und schön geschriebene nähren zugleich sein Genie." (GS VII, 185)

Gellerts Argumentation geht von dem bereits bekannten Pedantismus-Vorwurf aus: Wer die Regeln zu sehr beachtet, sie in seinen Texten herausstellt, der verfällt in einen Fehler, „welchen wir das Aengstliche in der Schreibart nennen. Wir dachten zu sehr an die Regel und diese Anstrengung, diese Mühe, prägt sich unvermerkt der Arbeit selbst mit ein." (GS V, 207) An die Stelle von Verwegenheit und Furcht setzt der Redner oder Dichter die „Frucht des Fleißes und der Kunst" (GS V, 208), und eben das ist fehlerhaft, weil es dazu führt, dass der Text ‚künstlich' wird. Ähnlich konstatiert er in der bereits erwähnten Vorlesung, dass sich der „junge Redner […] sehr irren [würde], wenn er in den Regeln u. Anweisungen zur Beredsamkeit die Kraft u. den Geist zu reden suchte. Sie lehren nur, was geschehen soll, aber sie geben das Vermögen nicht, es zu thun." (GS VII, 188)

Gellert bezieht sich dabei präzise auf das Zentralargument von Pseudo-Longins Traktat. In seiner Abhandlung weicht der Anonymus nämlich insofern von der gängigen (antik-römischen) Doktrin ab, als er die Abweichung zum ästhetischen Prinzip erhebt. Das Genie des Redners oder Dichters kann sich über die Regeln erheben, und dies ist dann kein Fehler, sondern begründet erst die spezifische ästhetische Qualität (eben das Erhabene als Gipfel der Kunst) des Textes – während umgekehrt derjenige, der sich kleinlich und pedantisch – *akribisch*, wie es im griechischen Original heißt – an seine Regeln hält, nie etwas wagt und nie, wie es heißt, nach dem Höchsten oder den Sternen greift, beim Mittelmaß stehen bleibt.[35] Longin führt dies in einer Passage seiner Schrift aus, die man heute ‚Genie und Regel'-Exkurs nennt.[36]

Gellert rekurriert auf diesen Zusammenhang, wobei die entscheidenden Stichworte „Kühnheit" und „Verwegenheit" lauten; sie sind ein Indiz für ein Abweichen von der Regel-Kunst:

35 Pseudo-Longin: Peri hypsus 33,2.
36 Pseudo-Longin: Peri hypsus 33–36.

> Mitten in der Arbeit können die Regeln, die wir zu sehr vor Augen haben, das Genie zurückhalten. Das edle Feuer des Geistes, das zu dieser oder jener Stelle nöthig war, verfliegt, indem wir die Regel um Rath fragen. Wir halten den Geist bei seiner Kühnheit auf, weil wir unvorsichtig die Zügel rücken. (GS V, 207 f.)

Es gibt also doch Schönheiten, die zustande kommen, „ohne daß die Regel das Wenigste dazu beygetragen habe!" ruft Gellert enthusiastisch und, vielleicht, auch etwas erleichtert aus: „Es giebt tausend Schönheiten eines Werks, die durch keine Regel erkläret, oder gelehret werden können, und für die wir keine Namen wissen." (GS V, 208) Genau auf diese Schönheiten *jenseits* der Regeln aber zielt Gellerts Traktat konsequent hin, der dem Thema seiner Rede in einer Figur der Transgression damit performativ eine Absage erteilt. Gerade jenes „Schönste" lässt sich nicht beschreiben oder lehren – genau das war Longins Argument in der Auseinandersetzung mit seinem Zeitgenossen Kaikilios von Kale Akte, der eine Kunstlehre des Erhabenen postuliert hatte. Gerade jene *ars sublimitatis* aber kann es nach Longins Auffassung nicht geben, weil das Erhabene – verstanden als rhetorische und poetische Höchstleistung – in der Negation der Regeln besteht oder zumindest bestehen kann; die Regeln verlieren damit ihre normierende Funktion.

Grenzen der Rhetorik

Damit ist zugleich die Grenze aufgezeigt, die den Bezirk von Rhetorik und Poetik als Künste im Sinne des älteren Kunstbegriffes, also als *artes*, markiert. Es ist auch die Grenze von Gellerts eigener Lehrtätigkeit. Die Rede *Wie weit sich der Nutzen der Regeln in der Beredsamkeit und Poesie erstrecke* wurde ja – so der Untertitel der Druckfassung – *bey dem Beschlusse der öffentlichen rhetorischen Vorlesung gehalten* (GS V, 197). Gellert ist sich der Grenze der Rhetorik bewusst. Die Regeln könnten, wie es am Schluss heißt, „nicht das Vortreffliche in der Beredsamkeit geben", vielleicht aber wenigstens „das Erträgliche gewähren" (GS V, 209). Auch dies ist eine Figur, wie sie für den Rhetorikunterricht charakteristisch ist: Er zielt auf die standardmäßige Produktion von Mittelmäßigkeit, durchaus mit beachtlichem Niveau, aber doch klar ohne die Intention von Genialität. Gellert, der sich selbst deutlich in dieser Tradition einordnet, hat denn auch den ‚geistlichen Redner' als eine Art Normalabsolvent im Blick. Denn da wir, konstatiert er, „so viel geistliche Redner nöthig haben, so müssen wir auch mit solchen zufrieden seyn, die keine Saurine [Jacques Saurin, 1677–1730], keine Mosheime [Johann Lorenz von Mosheim, 1694–1755] sind; denn die Natur bringt nur wenig große Geister hervor." (GS V, 209)

Gellert ist also, mehr als man in der Forschung bisweilen gesehen hat, Traditionalist. Er kennt die antiken Rhetoriker, vor allem Quintilian und Cicero, sehr genau – auch dort, wo er nicht direkt zitiert, bilden sie die Grundlage seiner Theorie.[37] Die Begriffe sind zwar bisweilen neu, die zugrundeliegenden Konzepte aber weitgehend bekannt. Auch dort, wo die Forschung den Bruch hat sehen wollen, befindet Gellert sich fast überall noch klar innerhalb der antiken Tradition, die sich bei näherem Hinsehen doch als weniger starr und ‚pedantisch' und als flexibler erweist, als man oft lesen kann. Auch Konzepte wie ‚Natürlichkeit' sind prinzipiell nicht rhetorikfern, sondern im Gegenteil Zentralkonzepte der rhetorischen Doktrin. Eine ‚Entrhetorisierung', die man anlässlich von Gellerts Brieftheorie einmal konstatiert hat,[38] findet also in den hier diskutierten Texten, die ja auch im Kontext der Lehrtätigkeit gesehen werden müssen, nicht statt. Und selbst da, wo Gellert die Limitierungen der Kunstlehre deutlich macht, kann er die Transgression der Regeln durch Bezug auf eine anerkannte antike Autorität – den Traktat *Peri hypsus* des Pseudo-Longin – legitimieren. Longin allerdings ist eine antike Autorität, die nicht für den rhetoriktheoretischen (römischen) Mainstream steht.

Was Gellert implizit kritisiert, ist die Pedanterie, die Regelfixiertheit, die den humanistischen Schulunterricht der Frühen Neuzeit auszeichnet – einen Rhetorikunterricht, wie er ihn während seiner Schulzeit am Gymnasium St. Afra in Meißen selbst vermutlich noch genossen hat. Gellerts Kritik ist an dieser Stelle Teil einer umfassenden Bewegung, die bereits Ende des 17. Jahrhunderts einsetzt und in der Frühaufklärung ihren Höhepunkt erreicht. Gellert erneuert so die Rhetorik durch stärkeren Rückbezug auf die antiken Texte, kritisiert mithin die eine Rhetorik durch Bezug auf eine andere – und zielt damit, wenngleich nicht offen, auf die immer noch bestehende Wirklichkeit des Rhetorikunterrichtes seiner Zeit. Dies ist eine Position, die er von den Frühaufklärern übernimmt, deren Anliegen Gellert weiter vorantreibt.

---

37 Übereinstimmend mit meiner Argumentation arbeiten dies für die Brieftheorie heraus: Wilfried Barner: „Beredte Empfindungen". Über die geschichtliche Position der Brieflehre Gellerts, in: „… aus der anmuthigen Gelehrsamkeit". Tübinger Studien zum 18. Jahrhunderts. Dietrich Geyer zum 60. Geburtstag, hg. v. Eberhard Müller, Tübingen 1988, S. 7–23; Gert Scriver: Die natürliche Rhetorik bei Gellert, in: Augias 60, 2001, S. 18–32; Robert Seidel: Der empfindsame Freundschaftsbrief und die humanistische Tradition, in: Gefühlskultur in der bürgerlichen Aufklärung, hg. v. Robert Seidel, Achim Aurnhammer u. Dieter Martin, Tübingen 2004, S. 75–101.

38 Jochen Golz: Brief, in: Reallexikon der deutschen Literaturwissenschaft, Bd. 1, hg. v. Klaus Weimar, Berlin, New York 1997, S. 251–255, hier S. 251. Golz wiederholt damit einen Topos der Briefforschung, vgl. etwa Reinhard M. G. Nickisch: Die Stilprinzipien in den deutschen Briefstellern des 16. und 17. Jahrhunderts. Mit einer Bibliographie zur Briefschreiblehre (1474–1800), Göttingen 1969, S. 161 ff.; Rafael Arto-Haumacher: Gellerts Briefpraxis und Brieflehre. Der Anfang einer neuen Briefkultur, Wiesbaden 1995; Werner Jung: Zur Reform des deutschen Briefstils im 18. Jahrhundert. Ein Beitrag zu C. F. Gellerts Epistolographie, in: Zeitschrift für deutsche Philologie 114, 1995, S. 481–498.

Mark-Georg Dehrmann

Moralische Empfindung, Vernunft, Offenbarung. Das Problem der Moralbegründung bei Gellert, Spalding, Chladenius und Mendelssohn

Die Vorerinnerung zu Gellerts postum publizierten *Moralischen Vorlesungen* kündigt ein scheinbar unproblematisches Programm an. Sie erinnert an den Unterschied zwischen dem bloßen Wissen um moralische Forderungen und ihrer wirklichen praktischen Umsetzung. Trotz aller „Kenntnis der Sittenlehre und ihrer Beweise", so formuliert Gellert, „bleibt das Herz bei aller unserer Weisheit leer, und bey dem geringsten Widerstande ungeneigt, sich nach ihr zu richten" (GS VI, 7). Es geht um die für die Ethik zentrale Fragestellung, wie der Mensch das, was er für richtig erkennt, auch wollen kann. Dies impliziert die zweite, ebenfalls zentrale Frage, wie der Mensch denn das Richtige überhaupt erkennen könne.

Gerade auf die zitierte Neigung des Herzens zielt Gellert dabei mit seinen Vorlesungen. Die direkten Anreden an die Zuhörer bzw. Leser, die beispielhaften fiktiven Charaktere, die zahlreichen Verse haben den Zweck, die Sittenlehre „vornehmlich von der Seite zu zeigen, wo sie das Herz rührt, bildet und bessert." (GS VI, 7) Die „lebhaftere" Form, aber auch die entsprechende inhaltliche Einrichtung der Vorlesung soll, wie Gellert spezifiziert, auf die „Stimmen der innerlichen Empfindung und des Gewissens" (GS VI, 7) wirken. Neben der Vernunft zielt Gellert also noch auf ein zweites menschliches Vermögen hin, die moralische Empfindung, die er mit dem christlichen Begriff des Gewissens zusammenzieht.

Aber die Vorerinnerung hält auch eine massive Irritation dieses empfindsamen Programms bereit. Denn sogleich schränkt Gellert die Reichweite von Vernunft und moralischer Empfindung wieder ein. Diese beiden seien „gut, aber nicht zureichend, das verdorbene Herz zu ändern und umzubilden" (GS VI, 8). Die christliche Anthropologie eines durch den Sündenfall verdorbenen natürlichen Menschen und die Notwendigkeit der Erneuerung durch den Glauben sprengen die Vorstellung von einer in dessen Gewalt stehenden Perfektibilität. Die Erneuerung bleibe letztlich die alleinige Angelegenheit Gottes, der sich dazu in der Schrift offenbart habe und die „höhere Kraft der Gnade" (GS VI, 8) erteile.[1]

Die *Vorlesungen* bewegen sich in einem moralphilosophischen Dreieck, das durch die Begriffe Herz bzw. moralische Empfindung, Vernunft und Offenbarung aufgespannt wird. In ihm muss sich die Lösung der beiden Fragen, wie der Mensch das Gute erkennen und das Erkannte auch wollen könne, abzeichnen. Um es gleich vorwegzunehmen: Gellerts Lösung ist nicht in sich konsistent. In ihrer problematischen Dynamik, in der nicht eindeutig gelingenden Verhältnissetzung der drei Momente dieses Dreiecks zeichnen sich Probleme ab, die die einschlägigen Debatten bis in die Zeit der Erscheinung der *Moralischen Vorlesungen* insgesamt bestimmen. Gerade deshalb aber sind diese für die insgesamt gemäßigte deutsche Aufklärung und die spezifische Dynamik ihrer Diskussionen symptomatisch.

Das skizzierte problematische Dreieck der Moralbegründung erfasst eine Reihe von polemischen Konstellationen. Diese gilt es in einem ersten Schritt zu skizzieren, zunächst allgemein und dann beispielhaft an den Positionen Johann Joachim Spaldings, Johann Martin Chladenius' und Moses Mendelssohns. Von hier aus lässt sich zweitens Gellerts Position fassen.

Offenbarung, Vernunft und moralische Empfindung

Eines der Kernprobleme des langen 18. Jahrhunderts liegt in der Bestimmung des Verhältnisses von Offenbarung und natürlichen Vermögen des Menschen. Dies belegt nicht nur die rege apologetische Tätigkeit der Theologen unterschiedlicher Konfession. Dabei wird das Problem von ihnen und von den philosophischen Gelehrten zunächst als gemeinsames verstanden. Allgemein kann man sich darauf einigen, dass Offenbarung und Vernunft nicht nur koexistieren sollen, sondern im Kern gleichermaßen auf den Willen Gottes verweisen, dass sie also zusammengehören. Die Ausgrenzung von Deisten und Freigeistern, die die Frage unverhohlen dadurch beantworten, dass sie die Offenbarung für obsolet erklären, sichert diesen Konsens nach außen hin ab.

Freilich löst der Ausschluss offener Radikalität die spezifischen Probleme der Fragestellung nicht. Im Gegenteil: Eine Reihe von Fragen, die man stellt, fordern eine konkretere Gewichtung von Vernunft und Offenbarung. Sie tendieren dazu, eines von beiden implizit doch zu suspendieren. Dies gilt

1 Sibylle Späth tendiert dazu, den theologischen Vorbehalt Gellerts einzuebnen: Vom beschwerlichen Weg zur Glückseligkeit des Menschengeschlechts. Gellerts Moralische Vorlesungen und die Widerstände der Realität gegen die empfindsame Gesellschaftsutopie, in: „Ein Lehrer der ganzen Nation". Leben und Werk Christian Fürchtegott Gellerts, hg. v. Bernd Witte, München 1990, S. 151–171; vgl. die Kritik von Jan Engbers: Der „Moral-Sense" bei Gellert, Lessing und Wieland. Zur Rezeption von Shaftesbury und Hutcheson in Deutschland, Heidelberg 2001, S. 127–129.

beispielsweise für die Frage nach der Legitimität einer heiligen Poesie im Sinne Klopstocks. Ebenso gilt es für das Problem der Moralbegründung. Der Grund liegt in einem Konkurrenzverhältnis zwischen den Ansprüchen von Theologie und Philosophie: Denn wenn der Mensch die übernatürliche Hilfe, d. h. die Kenntnis der Offenbarung und eine göttliche Gnadenwirkung, benötigt, um das Gute zu erkennen und es gegen seine sündige Natur auch umzusetzen, dann wären die Vermögen des Menschen in ihrem natürlichen Zustand ungeeignet zur Leitung. Die rechte Vernunft läge im Deutungsbereich der Theologen. Hat er dagegen die Möglichkeiten dazu in seinen natürlichen Vermögen – die es dann freilich recht zuzubereiten und in ihrer vollen Leitungskraft zu aktivieren gälte –, dann verlöre die Offenbarung mit ihrer Funktion auch ihre Autorität.

Angesichts dessen entpuppt sich der allgemeine Konsens der Koexistenz von Offenbarung und Vernunft als brüchig, meist jedoch ohne dass die entsprechenden Konsequenzen gezogen würden. Innerhalb jener Brüchigkeit, sozusagen unterhalb der Schwelle einer rundheraus erklärten völligen Insuffizienz der Vernunft oder der Überflüssigkeit der Offenbarung, entwickelt die deutsche Aufklärung ihre Dynamik. Hieraus resultiert ihr im Kern unradikaler Charakter, aber auch die rasante Reform der aufklärerischen lutherischen Theologie, wie sie etwa die Neologen vorantreiben. Zu dieser problematischen Konstellation tritt eine zweite hinzu. Sie betrifft die moralischen Instanzen innerhalb der menschlichen Natur, die Bestimmung des Verhältnisses von Vernunft und Empfindung in der Erkenntnis dessen, was gut ist, und seiner praktischen Umsetzung. Die, wie Johann Joachim Spalding formuliert, „Entdeckung" der moralischen Empfindung wirft diese Streitfrage auf.

In Deutschland greift die Vorstellung von einer moralischen Empfindung in den 1740er Jahren nachhaltig Raum.[2] Sie folgt vor allem aus der Rezeption Shaftesburys und Hutchesons, gewinnt aber aufgrund der Differenz der deutschen zur britischen Aufklärung eine eigene Dynamik. Vor allem der junge Theologe Spalding brachte die Verbreitung und Popularisierung dieser Auffassung entscheidend auf den Weg. Er übersetzte 1745 und 1747 zwei Schriften Shaftesburys. Damit führte er nicht nur die moralische Empfindung in die deutsche Diskussion ein, sondern ermöglichte auch einen Wechsel in der Rezeption des Engländers.

Shaftesbury war der erste, der die These von der Existenz eines Moral Sense aufstellte.[3] Jeder Mensch bewerte durch seine Empfindungen immer schon unwillkürlich eigene und fremde Handlungen. Die Empfindungen be-

2 Zum *moral sense* in Deutschland vgl. Engbers [Anm. 1]. Hierzu und zum Vorhergehenden vgl. ferner: Mark-Georg Dehrmann: Das „Orakel der Deisten". Shaftesbury und die deutsche Aufklärung, Göttingen 2008.

3 Vgl. Shaftesbury: Inquiry concerning Virtue [1699], in: Ders.: Characteristicks of Men, Manners, Opinions, Times [1711], hg. v. Douglas Den Uyl, 3 Bde., Indianapolis 2001, Bd. 2, S. 28–31 und S. 53 ff. der Originalpaginierung.

ruhten auf der Teilhabe an einem harmonischen, geordneten Kosmos. Hier liegt aber nur die Grundlage des Moral Sense, den Shaftesbury als reflektiertes Vermögen denkt. Denn der Mensch bewerte seine unwillkürlichen Empfindungen durch seinen Geist („Mind"). Die bewusste Anwendung der Reflexion auf sie erschließe das in ihnen verborgene Wissen von der kosmischen Harmonie. Dieses gelte es bewusst und handlungsleitend zu machen. Shaftesbury entwirft, um diese Reflexivität zu entwickeln, eine rigorose ethische Praxis des Selbstgesprächs und der Selbsterkenntnis, die eines der Zentren seines Werkes ausmacht. Francis Hutcheson war es, der diese Figur aufnahm und sie zu einem *System of Moral Philosophy* ausbaute. Auf ihn beziehen sich auch meist die deutschen Diskussionen zur moralischen Empfindung.

Dies hat, neben dem dezidiert unakademischen Stil Shaftesburys, seinen Grund auch darin, dass man in Deutschland – meist ohne eigene Quellenkenntnis – den Deismusverdacht von Teilen der anglikanischen Kirche übernahm. Die Situation ist paradox: Shaftesbury, der die Vorstellung von einem suffizienten Moral Sense entwickelte, fällt aus dem konsensuellen Lektürekanon der frühen deutschen Aufklärung heraus. Hutcheson dagegen, dessen Moral-Sense-Philosophie dasselbe problematische Potenzial birgt, konnte gefahrlos benutzt werden. Auch Gellert beruft sich auf Hutcheson, verwirft aber Shaftesbury.[4] Durch diesen Ausschluss formierte sich der Debattenraum, in den aber gerade dadurch das eigentliche systematische Problem eindrang.

Spalding, obgleich als Theologe mit den Vorbehalten gegenüber Shaftesbury vertraut, entschied sich durch seine Übersetzungen anders. Er räumt ein, dass Shaftesbury die Offenbarung zwar nicht als notwendig ansehe, erklärt aber seine Ethik und Kosmologie für so wertvoll, dass man darüber hinwegsehen und ihn als Verbündeten im Kampf gegen wirklich unmoralische Freigeister betrachten solle.[5] Sein neues Argument lautet: Wer Shaftesburys Philosophie akzeptiere, sei bereit zur Annahme des Christentums. Gerade die auf eine moralische Empfindung gegründete natürliche Religion gibt den Ausschlag.

Hier wird also eine neue Koalition geschlossen, die zwar nicht ihren apologetischen Zweck aufgibt – von der Wahrheit des Christentums zu überzeugen –, aber doch die Fronten verändern will. Denn der moralischen Empfindung, wie sie Spalding konzipiert, kommt innerhalb der deutschen Aufklärung eine besondere Funktion zu. Dies verdeutlicht ein Vergleich mit der englischen Situation: Denn die Konstellation, in der Shaftesbury und Hutche-

4 „Denken Sie, wenn Sie dereinst in den Gemächern der Großen, einen Rochester, einen Hobbes, einen Bollingbrocke oder Schaftsbury der Religion spotten hören, denken Sie an einen Verulam, Addison, Littleton und West, die sie durch ihre Schriften verherrlichten." (GS VI, 47).

5 Spalding bricht also mit der Vorstellung, dass jemand, der die Offenbarung nicht anerkennt, auch notwendig moralisch korrupt sein müsse.

son dort stehen, wird zwar ebenfalls durch die Konfrontation mit der Theologie geprägt. Aber ihre optimistische Anthropologie wendet sich auch politisch gegen die Hobbes'sche Auffassung eines der monarchischen Dezision bedürftigen Menschen. Religiöse und politische Liberalität gehen in dem englischen Konzept eines Moral Sense Hand in Hand.

Spalding dagegen sieht in der moralischen Empfindung eine Möglichkeit, der rationalistischen Aufklärung Wolffs eine aufklärerische Alternative zur Seite und damit entgegen zu stellen. Er geht dezidiert auf das popularaufklärerische Potenzial der moralischen Empfindung aus. Denn der Moral Sense erlaube es, Erkenntnis inhaltlich wie formal von der Bindung an die mathematische Vernunft zu lösen. Mehr als der Vernunft komme der Empfindung eine Leitfunktion in der Erkenntnis des Wahren und Schönen zu. Erst durch sie entstehe die vollständige Basis für eine positive Anthropologie. Spalding betont wie Shaftesbury ihre den ganzen Menschen umfassende Reflexionsstruktur: Durch seine „Vernunft" sei der Mensch „sich bewußt, daß seine Neigung sich für den Gegenstand schickt, da seine daraus entspringende Handlung so ist, wie sie seyn soll".[6] Vernunft ist hier als Selbstbewusstsein gedacht, das das Urteil der Empfindung aktualisiert. Entsprechend ist die moralische Empfindung ein allen, auch den philosophisch ungebildeten Menschen zugängliches normatives Vermögen, das Vernunft und Sinnlichkeit durch seine Reflexivität zu vermitteln vermag. Auf diese Weise ermöglicht der Moral Sense auch philosophische Diskursformen, die obere und untere Erkenntnisvermögen gleichzeitig ansprechen, mit literarischen Elementen operieren und durch Wahrscheinlichkeiten überzeugen. Er führt im deutschen Kontext analog zur Ästhetik zu einer Binnendifferenzierung der Diskussion über die natürlichen Vermögen des Menschen. Spalding setzt diese Konzeption dann in seiner für die Popularphilosophie des 18. Jahrhunderts eminent prägenden Schrift von der *Bestimmung des Menschen* um, die 1748, im direkten Anschluss an die Shaftesbury-Übersetzungen, zuerst erschien.[7] Die Aufmerksamkeit auf die moralische Empfindung bzw. das Gewissen führt hier einen Sprecher nach und nach zur Erkenntnis seiner Bestimmung, die in einem rechten Verhältnis zu sich selbst, zu anderen Menschen und zu Gott liege. Auch bei anderen Neologen machte das Beispiel Schule. Noch 1770 sprach sich etwa Johann Gottlieb Töllner für die ethische Suffizienz einer moralischen Empfindung aus, unter ausdrücklicher Ablehnung eines historisch und anthropologisch wirksamen Sündenfalls.[8]

---

6 [Spalding:] Schreiben des Uebersetzers an Herrn ***, in: Shaftesbury: Untersuchung über die Tugend [übers. v. Spalding], Berlin 1747, S. 7 f.

7 [Spalding:] Betrachtung über die Bestimmung des Menschen, [Greifswald] 1748. Neuerdings: Ders.: Die Bestimmung des Menschen, hg. v. Albrecht Beutel, Daniela Kirschkowski u. Denis Prause, Tübingen 2006 (=SpKA I/1).

8 Vgl. Johann Gottlieb Töllner: Die Güte der menschlichen Natur, in: Ders.: Theologische Untersuchungen, 2 Bde., Riga 1772–1774, Bd. 1.2, S. 159–200.

Theologische und philosophische Kritik: Chladenius und Mendelssohn

Aber die moralische Empfindung führte auch zu Irritationen. Diese kamen, entsprechend der deutschen Debattenkonstellation, aus der Theologie und einer an Wolff geschulten Philosophie. Die Interessen beider Gruppen waren durchaus unterschiedlich, konvergierten aber in ihrer Ablehnung der moralischen Empfindung.

Die Interventionen von Johann Martin Chladenius sind nur ein Beispiel für die Position konservativerer lutherischer Theologen der Zeit. Er reagiert in einer Reihe von kleinen Beiträgen auf verschiedene Autoren, die er mit der moralischen Empfindung zusammenbringt. Diese wollten neuerdings „die Welt […] mit einem neuen *Principio cognoscendi* bereichern […]: und ihr Herz, als die ergiebigste Quelle von allerhand Einsichten und Erkenntnissen, anpreisen. Eine Entdeckung: welche, wenn sie gegründet seyn sollte, von der grösten Wichtigkeit wäre.“[9] Chladenius freilich zeigt sich davon nicht überzeugt. Die Frage, ob „das Herz eine Quelle und ein *Principium* sey, Wahrheiten zu finden, oder auch zu beurtheilen?“, verneint er und bringt dazu die Wolff'sche Vermögenspsychologie in Anschlag: Der Mensch habe Vernunft und Herz, wobei er das Herz auf das Begehrungsvermögen einschränkt. Dieses könne „wollen und nicht wollen“, „begehren und verabscheuen“, habe aber an der Bildung von gültiger Erkenntnis keinen Anteil.[10]

Nun spricht sich Chladenius aber auch nicht für die Suffizienz des Verstandes aus. Den Einwand der Vertreter eines Moral Sense, dass die Heranbildung eines rechten Verstandes viel Mühe und logisches Studium erfordere und damit nicht allen Menschen möglich sei, lässt er gelten. Darüber hinaus eigne sich der natürliche Verstand nicht zur vollständigen und verlässlichen Leitung, da er immer die Gefahr berge, „auf Ab- und Irrwege zu gerathen“.[11]

Wie der Verstand zu der erwünschten Sicherheit kommen könne, entwickelt Chladenius in einem weiteren Text, der sich nun gegen Spaldings *Bestimmung* richtet. Durch die in der moralischen Empfindung implizierte positive Anthropologie räume dieser dem Menschen einen eigenen Anteil an der „Anwartschaft an die ewige Seligkeit“ ein.[12] Mittels Bibelauslegung lehnt Chladenius dies jedoch ab und bemüht die protestantische Gnadenlehre, nach der der Mensch nicht durch seine Werke, sondern nur durch die von Gott erteilte Gnade erneuert werde. Erst von diesem Akt her gewinne auch der Verstand sein rechtes Maß und seine rechte Gestalt. Chladenius spielt

9 Johann Martin Chladenius: Von einem neuen *Principio cognoscendi*, in: Ders.: Fortgesetzte Theologische Ergötzungen, Erlangen [1756], S. 65–80, hier S. 65.

10 Ebd., S. 71.

11 Ebd., S. 72.

12 Johann Martin Chladenius: Von der Bestimmung des Menschen: nach der Schrifft, in: Ders.: Wöchentliche Biblische Untersuchungen […], Erlangen [1754], S. 449–480, hier S. 460.

den natürlichen Verstand gegen die moralische Empfindung aus, um dann wiederum dessen Insuffizienz allein durch Offenbarung und Gnade heilbar erscheinen zu lassen.

Kritik an der moralischen Empfindung kommt auch aus philosophischer Perspektive. Moses Mendelssohn beschäftigt sich mit ihr etwa in seinem zwischen 1757 und 1760 entstandenen Fragment zur *Verwandtschaft des Schönen und Guten*.[13] Dabei setzt er nicht bei der Frage nach der Verträglichkeit des Moral Sense mit der – für ihn ja gar nicht unmittelbar einschlägigen – christlichen Offenbarung an, sondern rückt die Wirkungen der schönen Künste und Wissenschaften auf den Menschen in den Mittelpunkt. Mendelssohn paraphrasiert einleitend Hutchesons Moral-Sense-Begriff:

> Gott habe uns einen von dem Verstand und von allen übrigen Fähigkeiten ganz unterschiedenen Sinn gegeben [...]. So wie wir die *Qualitates sensibiles* nicht durch den Verstand wahrnehmen, sondern empfinden, eben so unterscheiden wir das Angenehme vom Widrigen, das Schöne vom Häßlichen, das Gute vom Bösen durch einen unmittelbaren *Sinn*, dessen Aussprüche sich in keine einfachere Begriffe auflösen lassen.[14]

Wenn dies so sei, so Mendelssohn, dann trete die moralische Empfindung neben die Vernunft als Fähigkeit, wahr und falsch, gut und böse, schön und hässlich mittels deutlicher Begriffe zu unterscheiden. Aus dieser Voraussetzung gewinnt er zwei Fragen: „Würde dieser Geschmack anders wählen, als die Vernunft? und in welcher Verwandtschaft stehet dieser moralische Geschmack mit dem Willen?“[15] Mendelssohns bereitet seine Antworten vor, indem er den Moral Sense von der Leibniz'schen Vorstellung der *petites perceptions* her deutet, ihn in schulphilosophische Terminologie ‚übersetzt‘.[16] Mit jedem sinnlichen Gefühl ströme ein „Meer von Begriffen“ in die Seele, das aus „unendlich viele[n] Wirkungen und Gegenwirkungen“ bestehe.[17] Diese

---

13 Moses Mendelssohn: Gesammelte Schriften. Jubiläumsausgabe (JubA), in Gemeinschaft mit F. Bamberger u. a. begonnen (1929) von I. Elbogen u. a. Fortgesetzt von Alexander Altmann u. a., Stuttgart-Bad Cannstadt 1972 ff., Bd. 2, S. 181–185. Zur Datierung vgl. die *Einleitung*, JubA 2, XXXV f.

14 JubA 2, 183. Mendelssohn bezieht sich wohl auf Bd. 1, Abschnitt 4 des 1756 von Lessing übersetzten *System of Moral Philosophy* (1755). Vgl. zu Mendelssohn und dem moral sense: Engbers [Anm. 1], S. 86–89; Alexander Altmann: Moses Mendelssohns Frühschriften zur Metaphysik, Tübingen 1969, S. 356–344; ders.: Moses Mendelssohn. A Biographical Study, Alabama 1973, S. 126.

15 JubA 2, 182.

16 Schon Leibniz hatte in einer Rezension Shaftesburys Geschmacksbegriff in die eigene Terminologie übertragen: Remarques sur les trois volumes intitulés: „Characteristicks [...]“, in: Recueil de diverses pieces, sur la Philosophie, la Religion Naturelle, l'Histoire, les Mathematiques [...], 2 Bde., [hg. v. Pierre Desmaizeaux], Amsterdam 1720, Bd. 2, S. 269–286.

17 Leibniz verwendet dieses Bild oft, vgl. etwa: Principes de la Nature et de la Grace, fondés en Raison, Absatz 13; zuerst in: L'Europe savante 4 (1718), S. 100–123; deutsch in Gottscheds Ausgabe der *Theodizee* (Hannover, Leipzig 1744).

unendlichen Elemente seien von deutlichen Begriffen nicht prinzipiell unterschieden. Jedes einzelne könne potenziell zur Deutlichkeit erhoben werden. Geschehe es, so denke die Seele; geschehe es nicht, so empfinde sie. Indem Mendelssohn jede Wahrnehmung als potenziell deutliche bestimmt, spricht er der moralischen Empfindung die Unabhängigkeit von der Vernunft ab. Sie ist kein eigenständiger Sinn, entstehe vielmehr aus einem bestimmten Modus der Erkenntnis, dem der undeutlichen Mannigfaltigkeit von Wahrnehmungen. Phänomenal freilich stellten sich das gefühlte und das gedachte Urteil in der Seele als voneinander unterschieden dar.[18] Die moralische Empfindung besitze aufgrund der Spezifik der sinnlichen Erkenntnis also eine relative Eigenständigkeit, wenn auch nicht das normative Recht eines eigenen Sinnes. Daher müsse sich im Falle einer Abweichung von Empfindungs- und Vernunfturteil die verworrene Erkenntnis an der deutlich erkennenden Vernunft ausrichten. Seine erste Frage hat Mendelssohn damit beantwortet.

In der zweiten Frage, der nach dem Einfluss der moralischen Empfindung auf den Willen, gesteht er der moralischen Empfindung zunächst einmal eine stärkere Wirkung auf das Begehrungsvermögen zu. Er begründet diese aber quantitativ, nicht qualitativ: Die Menge der Begriffe in einer sinnlichen Empfindung übersteige die der immer nur einzeln zu erfassenden deutlichen Vorstellung. Hieraus gewinne sie ihre Lebhaftigkeit.[19] Und es sei schwer für die Vernunft, den Willen gegen eine solche größere Lebhaftigkeit zu beeinflussen. Der Vernunftschluss wiege die Kraft der Sinnlichkeit nicht auf. Also müsse die wirkungsvollere, aber unsichere Empfindung dauerhaft zu vernunftgemäßen Urteilen bewogen werden. Es gelte daher, die moralische Empfindung zu habitualisieren, indem man sie durch Übung, Gewohnheit und Erziehung in Richtung auf die Forderungen der Vernunft beeinflusse.[20]

Mit diesen drei Positionen ist das problematische Feld der Diskussion um den Moral Sense umrissen. Die Debatte entwickelt sich innerhalb des auch von Gellert skizzierten Dreiecks von Vernunft, Empfindung und Offenbarung. Ihre Dynamik gewinnt sie durch unterschiedliche Gewichtungen der beteiligten Instanzen: Spalding sieht die Empfindung, gegen den Verstand, auf die Offenbarung zulaufen, Chladenius hält ihr den Verstand entgegen, trennt dann aber beide von der Offenbarung ab. Mendelssohn schließlich behandelt den Moral Sense als Vorstufe des Verstandes, die bei der moralischen Leitung eine unterstützende Rolle übernehmen soll. Die Offenbarung spielt für ihn keine Rolle.

---

18 JubA 2, 184.
19 Ebd.
20 Ebd. Mendelssohn führt den Gedanken in der *Rhapsodie* weiter aus, erschienen 1761 in den *Philosophischen Schriften*.

Gellerts problematisches Modell

Wie verhalten sich Gellerts *Vorlesungen* in dieser brisanten Konstellation? Diese Frage birgt ein methodisches Problem. Denn sie ließe sich auf den postum publizierten Text beziehen oder aber auf die Vorlesungen selbst, die Gellert seit 1744 gehalten hat. Aus dieser Lehrtätigkeit ist lediglich eine umfangreiche studentische Nachschrift aus den Jahren 1758/59 erhalten, außerdem knappe Notate eines Hörers von 1762. Die Unverlässlichkeit von Mitschriften fordert eine gehörige Vorsicht im Umgang mit diesen Texten.[21]

Allerdings bietet die ausführliche Nachschrift von 1758/59 einen interessanten Befund, der vielleicht doch einen Rückschluss auf die Entwicklung von Gellerts Position erlaubt. Denn die Begriffe der Offenbarung und der Erneuerungsbedürftigkeit des Menschen finden sich darin kaum. Will man nicht von einer genuin eigenen Position des Studenten ausgehen, so liegt es nahe, dass Gellert seine Konzeption und seine Auffassung der moralischen Empfindung zwischen 1759 und 1762 geändert hat.[22]

Die Mitschrift geht eingangs auf das Verhältnis von natürlicher und religiöser Moral ein. Dieser wird hier ein Vorzug eingeräumt, der jedoch, wenn wir dem Text glauben können, nicht durchgehend prinzipiell gemeint ist. Eingangs heißt es zwar, die Vernunft bessere das Herz, die Religion aber „änder[e]“ seine „Neigung“ (GS VI, 447). Der Begriff der unverfügbaren göttlichen Gnade fällt jedoch nicht. Die Kritik der natürlichen Moral – die nicht prinzipiell beschnitten wird – bezieht sich dabei ausschließlich auf die Vernunft. Die Offenbarung unterscheide sich von der „dunkeln Sprache der Philosophen“, von deren mitunter „tiefsinnige[n] Sätzen“ (GS VI, 448) durch ihre Verständlichkeit und ihre Autorität. Neben ihr aber wird noch eine der Vernunft nicht zugängliche Instanz auf die Seite der Religion geschlagen: „wir fühlen Triebe ihn [Gott] zu gehorsamen“ (GS VI, 448). Diese offenbar in der Konstitution des Menschen angelegten Triebe schlagen eine Verbindung von der Religion zur moralischen Empfindung. Die Vernunft wird aus dem skizzierten Dreieck tendenziell abgetrennt, die beiden übrigen Instanzen dagegen in Zusammenhang gebracht.

Diese Konstellation wird durch die weitere Vorlesung gestützt. Denn sie rekurriert nicht mehr prinzipiell auf die Offenbarung, sondern entwickelt die Moral weitgehend innerhalb der natürlichen Vermögen: „Wenn das Gute für alle Menschen ist, so muß auch jeder einen Unterricht, eine Überzeugung haben, welche ihm das Gute entdecket, und in der Vernunft, im Hertze, und in

21 Vgl. dazu etwa Walter Jaeschke: Gesprochenes und durch schriftliche Überlieferung gebrochenes Wort. Zur Methodik der Vorlesungsedition, in: Zu Werk und Text. Beiträge zur Textologie, hg. v. Siegfried Scheibe u. Christel Laufer, Berlin 1991, S. 157–168.

22 Die Notate von 1762 deuten auf eine Argumentation entsprechend der publizierten Fassung hin.

einer innerlichen Empfindung sich zeiget“ (GS VI, 450). Der Begriff des Herzens erscheint auch hier. Er wird von der Vernunft abgesetzt und der Empfindung zugeordnet: „Fraget euer inneres Gefühl, euer Herze, was jedesmahl in euren Hertzen vorgehen wird“ (GS VI, 450). Immer wieder schlägt die Mitschrift diesen Bogen. Die reflexive Empfindung, die eine Handlung billigt und deren Richtigkeit durch das Bewusstsein bestätigt wird, scheint unmittelbar zu Gott zu führen: „Wir fühlen sehr genau, ob wir diese oder jene Handlung aus Liebe gegen Gott, ob wir eine Tugend thun, oder zu thun wünschen“ (GS VI, 456). „Die Gründe“ für die Übereinstimmung des eigenen Willens mit demjenigen Gottes „finden wir in uns selbst“: „Fühlen wir es nicht selber?“ (GS VI, 458).

Bei aller Unverlässlichkeit des Wortlauts belegen die referierten Konstellationen doch, dass die Empfindung des Guten und Schlechten hier die Hoffnung trägt, den verblendenden Leidenschaften ein Regulativ entgegensetzen zu können. Gellert vertritt um 1760 eine Auffassung, die derjenigen Spaldings ähnelt. Er zitiert ihn hier, anders als in der publizierten Fassung, auch zustimmend.[23] Die moralische Empfindung bietet durch ihre Kommunikation mit Gott einen Weg zum tugendhaften Handeln auch im christlichen Sinne.

Eingangs wurde es schon gesagt: In den gedruckten *Vorlesungen* haben sich die Beziehungen zwischen Verstand, Empfindung und Offenbarung insgesamt gewandelt.[24] Gellert geht nun grundsätzlich von der Verdorbenheit des natürlichen Menschen aus, der sich nur durch Offenbarung und göttliche Gnade wirksam steuern lasse. Immer wieder insistiert er darauf. Insofern zählt er die moralische Empfindung wie auch den Verstand zur natürlichen Sittenlehre.[25] Die christliche Moral decke sich zwar mit deren Anweisungen. Allein genommen aber blieben sie wirkungslos, denn die Wahrheiten der Offenbarung seien mit einer „göttlichen Kraft verbunden“, die erst imstande sei, den Menschen zu verändern (GS VI, 49).

23 GS VI, 472. Die kritische Einschätzung der *Vorlesungen* dann, Spalding scheine für seine „Moral der Vernunft […] oft aus der Moral der Religion geschöpft“ (GS VI, 123) zu haben, nimmt ein Argument Johann Melchior Goezes gegen die *Bestimmung* auf. [Ders.:] Gedanken über die Betrachtung von der Bestimmung des Menschen […], Halle 1748, S. 7. – Dennoch paraphrasiert die fünfte Vorlesung weitgehend die *Bestimmung*, allerdings mit bezeichnenden Unterschieden. Diese nimmt Unsterblichkeit und göttliche Gerechtigkeit nach dem Tode in die natürliche Erkenntnis auf, Gellert dagegen schlägt sie der Offenbarungsreligion zu (vgl. GS VI, 62–64).

24 Eine ähnliche Entwicklung stellt Elke Kasper für die späten Lehrgedichte fest: Vom Aufklärer zum Prediger. Die Lehrgedichte Christian Fürchtegott Gellerts, in: „Ein Lehrer der ganzen Nation“ [Anm. 1], S. 98–115.

25 Etwa: „Die Quelle der natürlichen Sittenlehre ist die Vernunft und das moralische Gefühl“ (GS VI, 49).

Unterhalb dieser prinzipiellen Setzung, durch die Gellert an die Seite der theologischen Kritiker der moralischen Empfindung zu rücken scheint, entfaltet sich aber eine andere Dynamik. Gellert fundiert die natürliche Moral in seiner ersten Vorlesung gleichgewichtig auf Verstand und moralische Empfindung. Beide betrachtet er als unabhängige Quellen richtigen Urteilens und Handelns.[26] Aber er legt wiederum stärkeres Gewicht auf die Empfindung, die mit dem Gewissen identifiziert wird. Sie lasse den Menschen nicht nur fühlen, „ob etwas seiner Natur nach recht oder unrecht [...] sey", sondern nötige ihn auch, „ein göttliches Gesetz überhaupt zu erkennen" (GS VI, 14). Gegenüber dem Verstand – dies sind die üblichen Argumente – zeichne sich die moralische Empfindung durch Schnelligkeit und Unmittelbarkeit aus (etwa GS VI, 25). Gellert zweifelt also die Funktionsweise der moralischen Empfindung nicht an. Auf sie zielt schließlich auch die Wirkungsstrategie der *Vorlesungen*, wie etwa deren immer wiederkehrende performative Momente zeigen – so beispielsweise, wenn die Schilderung eines durch die moralische Empfindung und die Beschäftigung mit dem Schönen tugendhaften Charakters, Semnons, auf eine Frage an die Leser zuläuft: „Aber wer nöthiget Sie dazu, diesen Mann, seine Gesinnungen, seine Handlungen hochzuschätzen? Ein innerliches Gefühl, das Ihnen die Güte seines Charakters zu empfinden giebt" (GS VI, 27).

Insofern wiederholt sich hier die relativ gesehen stärkere Abwertung des Verstandes. Er wird von der Offenbarung wie von der moralischen Empfindung aus begrenzt. Aber diese Tendenz ist nun nicht mehr eindeutig. Denn auf der anderen Seite bemüht sich Gellert, die moralische Empfindung umgekehrt durch den Verstand einzuschränken: Dieser müsse trotz allem der „Anführer" (GS VI, 15) sein. Die *Vorlesungen* setzen also auch eine Gegenbewegung gegen das Supremat des Moral Sense innerhalb der natürlichen Vermögen ins Werk.

Aus der Perspektive der Offenbarung freilich werden beide natürlichen Vermögen relativiert. Der Schwäche des Verstandes, der sich irren und sich nicht nachhaltig gegen die menschlichen Leidenschaften durchsetzen könne, korrespondiert eine Schwäche der Empfindung. Da diese sich auf der Ebene der Leidenschaften selbst bewege, erscheine sie immer schon in der Gefahr, dass ihre Stimme in den anderen, stärkeren Empfindungen untergehe.

Aber gerade auch diese prinzipielle Einschränkung wird nicht durchgehalten. Denn in der vierten Vorlesung zum Unterschied von natürlicher und religiöser Moral schlägt Gellert zunächst die moralische Empfindung ausdrücklich jener zu (vgl. GS VI, 48). Seine Argumente aber richtet er lediglich gegen die Insuffizienz des Verstandes. Die Offenbarung, so heißt es etwa, besitze kräftigere Beweise als die natürliche Sittenlehre, da diese „viel Mühe und Kraft" (GS VI, 51) brauche, um eine Ethik zu entwickeln und durchzusetzen.

26 Die moralische Empfindung ist ausdrücklich eine „angebohrne" (GS VI, 24).

Vorher war die moralische Empfindung gerade gegen diese Schwäche ausgespielt worden. Das Herz, das zuvor der Empfindung zugeschlagen worden war, wird nun der natürlichen Sittenlehre entzogen: Deren Zweck sei lediglich eine Änderung des „äußerlichen Betragens" des Menschen. Auf das Herz scheint nun allein die Religion zuzugreifen. Der Begriff des Herzens hat sich hier verdoppelt. Dies sorgt noch an anderen Stellen der *Vorlesungen* abwechselnd für eine Aufwertung und eine Abwertung der moralischen Empfindung.

Dem korrespondiert ein doppelter Begriff der Empfindung, mit ähnlichen Auswirkungen. Denn auch der Glaube erschließe eine Empfindung, die nun aber das Herz ganz „mit einer göttlichen Kraft" „beseelt" und die „bösen Neigungen zu überwinden" vermag. Auch „empfindet" der Mensch durch die Gnade die „Göttlichkeit der Tugend", „fühlt" seine Pflicht, „fühlt" schließlich den „innerlichen Frieden" (GS VI, 53). In die Empfindung selbst wird ein Unterschied eingelassen, sie trennt sich in eine unverlässliche, natürliche und eine wirksame, göttliche auf. Wie sich aber psychologisch diese beiden Empfindungen unterscheiden ließen, lässt Gellert offen.

Hier zeigt sich das Problematische der Argumentation. Und es zeigt sich, wohin sie innerhalb des Dreiecks von Vernunft, moralischer Empfindung und Offenbarung zielt: Die Wirkungsstruktur der moralischen Empfindung wird beibehalten, allerdings wird sie, in ihrer rätselhaft veränderten Form, von der natürlichen Ausstattung des Menschen auf die Seite der Offenbarungsreligion und der göttlichen Gnade geschlagen. Ein analoger Vorgang zeigt sich dort, wo Gellert die Poesie in die nun dezidiert christliche Moral einführt. Das vierte Kapitel eröffnet mit einem Vergleich: Der Unterschied zwischen natürlicher und religiöser Moral entspreche dem zwischen Beredsamkeit und Poesie. Diese beiden verfolgten den gleichen Zweck: zu „unterrichten und zu rühren" (GS VI, 49). Aber ihre Leistung sei ganz unterschiedlich: Die Moral der Vernunft sei so wenig die Moral der Religion, als „die Beredtsamkeit Poesie ist" (GS VI, 49). Der Schluss des Kapitels zeigt, dass Gellert sein Gleichnis durchaus ernst nimmt. Zwei Sterbende werden dort einander entgegengestellt, ein Anhänger der natürlichen Religion und ein Christ, der der Gnade und der veränderten Empfindung teilhaftig ist. Die Rede des „philosophisch Tugendhafte[n]" vollzieht sich in Prosa, und sie intoniert einen unlösbaren, quälenden Zweifel an Erlösung und Unsterblichkeit. Die Rede des Christen dagegen ist getragen von tiefer Zuversicht auf seine Fortdauer und seine ewige Glückseligkeit. Und er verkündet diese in Versen. Die poetische Rede, deren Schönheit und Ordnung doch eigentlich der Sphäre der natürlichen moralischen Empfindung zugerechnet werden müsste, wird hier zum Ausweis der göttlichen Gnade und des geläuterten Herzens:

> Vernimm des Dankes Lied, das ich dir sterbend bringe: […]
> Mit allen Heiligen von Herrlichkeit umgeben,
> Unsterblich, Engeln gleich, werd ich dich schaun, und leben.
> (GS VI, 55)

Auch hier übertragen die *Vorlesungen* die Leistung eines natürlichen Verfahrens, nämlich der Dichtung, auf die Offenbarungsreligion und den erneuerten Menschen. So wie es ein Gefühl gibt, das durch Offenbarung und Gnade nun doch sicher leiten kann, so kann auch die Poesie adäquater Ausdruck dieses neuen Zustandes sein. Gellert spiegelt gleichsam zentrale Momente einer empfindsamen Theorie der Moral in die Leistung der Offenbarungsreligion hinein. Ihre internen Strukturen werden beibehalten, jedoch der Verfügung des natürlichen Menschen entzogen. Durch diese Argumentationsfigur erscheint gewissermaßen das empfindsame Substrat von Gellerts frühen Schriften gerettet, gleichzeitig aber dessen theologische Brisanz, das uneingeschränkte Lob des natürlichen Menschen, gebannt. Freilich, und dies zeigt die begriffliche Inkonsistenz:[27] auch dieser Schachzug entschärft letztlich nicht den Sprengstoff, den das Problem der Moralbegründung in der deutschen Aufklärung birgt.

27 Diese monieren auch Mauvillon und Unzer: Über den Werth einiger Deutschen Dichter […], Bd. 1, Frankfurt, Leipzig 1771; abgedruckt in GS VI, 363–368.

Bernd Witte

Der Dichter und der Kriegsherr. Christian Fürchtegott Gellert im Siebenjährigen Krieg

Nationaldichtung

Am Beginn der neuzeitlichen Literaturgeschichtsschreibung deutscher Sprache steht mit dem Siebten Buch von Goethes *Dichtung und Wahrheit* eine höchst eigenwillige historische Konstruktion. Die Ausgangsthese dieses Textes aus dem Jahre 1812 ist aufs Engste dem Zeitgeist und damit dem eben im Kampf gegen Napoleon entstehenden deutschen Nationalgefühl verpflichtet. Einleitend konstatiert Goethe: „Betrachtet man genau, was der deutschen Poesie fehlte, so war es ein Gehalt, und zwar ein nationeller".[1] Von diesem Grundsatz ausgehend, beurteilt er die Werke Wielands und Klopstocks als unzureichend, ebenso die Gellerts, der als Fabeldichter der meistgelesene Autor der Jahrhundertmitte ist, den Goethe aber kurzerhand unter die Kategorie des „Wunderbaren" subsumiert, wie es die Schweizer Bodmer und Breitinger definiert haben.[2] Seine abwertende Charakteristik der Literatur der mittleren Aufklärung ist geprägt von den ästhetischen Maßstäben der Geniegeneration. Es sei damals – so sein Urteil – darum gegangen, „aus der wässrigen, weitschweifigen, nullen Epoche sich herauszuretten".[3]

Um so überraschender nimmt sich das aus, was er als den Ursprung der deutschen „Nationaldichtung" identifiziert: „Der erste wahre und höhere eigentliche Lebensgehalt kam durch Friedrich den Großen und die Taten des Siebenjährigen Krieges in die deutsche Poesie."[4] Aus heutiger Perspektive ebenso unerwartet sind die Namen der Autoren, die er zum Beleg seiner These anführt. An erster Stelle nennt er die „Kriegslieder" des Anakreontikers Johann Wilhelm Ludwig Gleim. Nach ihm „behaupten [sie] deswegen einen so hohen Rang unter den deutschen Gedichten, weil sie mit und in der Tat entsprungen sind".[5] Damit führt er die Fiktion weiter, die Gleim selbst in

1 Johann Wolfgang Goethe: Aus meinem Leben. Dichtung und Wahrheit, in: Goethes Werke. Hamburger Ausgabe. 7., überarbeitete Aufl., München 1974, Bd. 9, S. 264.
2 Ebd., S. 263.
3 Ebd., S. 269.
4 Ebd., S. 279.
5 Ebd., S. 280.

die Welt gesetzt hatte, als er seine Oden auf die Schlachten des Siebenjährigen Krieges in Einzelblattdrucken veröffentlichte. Gotthold Ephraim Lessing übernahm sie, als er die Gedichte 1758 gesammelt und mit einem von ihm verfassten Vorwort versehen unter dem Titel *Preussische Kriegslieder in den Feldzügen 1756 und 1757 von einem Grenadier* bei dem Berliner Verleger Christian Friedrich Voß herausgab. In insgesamt zwölf Liedern hat Gleim die Siege Friedrichs II. verherrlicht, wobei er selbst die fiktive Identität eines am Krieg beteiligten einfachen Soldaten annahm. Die erste Ode mit dem Titel „Bey Eröffnung des Feldzuges. 1756“ setzt mit der martialischen Strophe ein:

Krieg ist mein Lied! Weil alle Welt
Krieg will, so sey es Krieg!
Berlin sey Sparta! Preussens Held
Gekrönt mit Ruhm und Sieg![6]

In diesen Zeilen findet sich zum ersten Mal in der deutschsprachigen Literatur die später zu einem Leitmotiv der Preußenideologie avancierte Gleichsetzung der antiken Kriegergesellschaft mit dem kargen, sich auf das Militär stützenden Staat Friedrichs II. Die Gedichte sollen bei der unter den Kriegslasten leidenden Bevölkerung und bei dem mehr als einmal in höchster Bedrängnis sich befindenden Heer des Königs Wirkung tun. Kriegspropaganda der einfachsten Art also, wie schon die Zeitgenossen wahrnahmen. Salomon Gessner schreibt am 14. März 1759 aus Zürich an Gleim über die ihm zum Druck zugesandten Gedichte: „Wie lebhaft sind ihre Gemälde, wie gross ihre Gesinnungen! Sie müssen Wirkung thun bei der Armee“.[7] Lessing adelt diese Gelegenheitslyrik, indem er in seinem Vorwort die Fiktion aufrechterhält, der Verfasser sei „ein gemeiner Soldat“, der jedoch mit seinem „Heroismus“ eine „eigne Gattung von Ode“ geschaffen habe. „Alle seine Bilder sind erhaben, und all sein Erhabnes ist naiv.“[8]

Auch die Oden des zweiten von Goethe angeführten Lyrikers, des Berliners Karl Wilhelm Ramler, sind Durchhaltepropaganda, die sich an seine Landsleute richtet, denen er in seiner Ode *An die Stadt Berlin* von 1759 zur höheren Ehre Friedrichs zuruft:

Borussiens gerechter Held soll siegen!
Die Götter schützen ihren Sohn.
Bald wird er im Triumph zu seinen Kindern fliegen.
Er kömmt, ich seh ihn schon![9]

---

6 [Johann Wilhelm Ludwig Gleim:] Preussische Kriegslieder in den Feldzügen 1756 und 1757 von einem Grenadier, Berlin 1757. Neudruck Heilbronn 1882 (Deutsche Literaturdenkmale des 18. Jahrhunderts 4), S. 7.

7 Zitiert nach August Sauer: Einleitung, in: [Gleim] [Anm. 6], S. XXVII f.

8 Gotthold Ephraim Lessing: Vorbericht, in: [Gleim] [Anm. 6], S. 3 f.

9 Karl Wilhelm Ramler: Oden. 2. Aufl., Berlin 1768, S. 22.

Goethe adelt diese Gebrauchslyrik, indem er von solchen und ähnlichen Versen behauptet, sie erhielten durch ihre „großen, herzerhebenden Gegenstände […] einen unzerstörlichen Wert“.[10] Mit dieser Nobilitierung weist er der preußischen Kriegspropaganda den Rang von Ursprungstexten der deutschen Nationalliteratur zu.

Schließlich führt Goethe Lessings *Minna von Barnhelm* als die Vollendung dieser vaterländischen Poesie an. Dieses Lustspiel sei die „wahrste[] Ausgeburt des Siebenjährigen Krieges, von vollkommenem norddeutschen Nationalgehalt“.[11] Sein Urteil begründet er damit, dass er Lessings Komödie, die das höchst verworrene und durchaus nicht eindeutige Liebesspiel zwischen Minna und dem Major von Tellheim zum Gegenstand hat, grob vereinfachend als Allegorie der Aussöhnung zwischen den verfeindeten Sachsen und Preußen deutet, wobei „die Anmut und Liebenswürdigkeit der Sächsinnen […] den Starrsinn der Preußen“ überwunden habe.[12] Eine gröbere Geschichtsklitterung erscheint kaum denkbar, da in dieser Interpretation das von Preußen besetzte, mit Einquartierungen und unrealistisch hohen Kontributionen drangsalierte Sachsen als die überlegene, zum Frieden bereite Partei erscheint.

Verständlich wird die Literaturgeschichte des Siebten Buches erst, wenn man berücksichtigt, dass Goethe – wie überall in *Dichtung und Wahrheit* – die Geschichte als einen auf seine eigene Person und sein Werk zulaufenden, in ihm gipfelnden Prozess begreift. Deshalb stellt er einer unbedeutenden mittleren Aufklärung, zu der nach ihm Klopstock, Wieland und vor allem Gellert zählen, den Beginn einer gehaltvollen „Nationalliteratur“ gegenüber, die schließlich abgelöst wird von der eigenen, auf der inneren Erfahrung gegründeten Bekenntnisliteratur. In diesem Zusammenhang fällt auch das immer wieder zitierte Wort, alle seine Werke seien nur „Bruchstücke einer großen Konfession“.[13] Da er diesen hohen Anspruch mit den harmlosen Liedchen des Buches *Anette* aus seiner Leipziger Zeit nicht einzulösen vermag, ersetzt er sie am Ende des Siebten Buches von *Dichtung und Wahrheit* im sogenannten „Sakramentenexkurs“ durch den symbolischen Hinweis auf die Form seiner neuen symbolischen Dichtung.[14]

Die preußisch-deutsche Literaturgeschichte des neunzehnten Jahrhunderts hat aus diesem höchst diffizilen Geflecht, in dem die Geschichte vom aktuellen Interessenstandpunkt Goethes im Jahre 1812 aus gedeutet wird, vergröbernd eine „fritzische“ Legende gemacht. Exemplarisch so in Erich Schmidts Lessing-Biographie. In Wien, der Stadt des damaligen Kriegsgeg-

10 Goethe [Anm. 1], S. 280.
11 Ebd., S. 281.
12 Ebd., S. 282.
13 Ebd., S. 283.
14 Vgl. Bernd Witte: Autobiographie als Poetik. Zur Kunstgestalt von Goethes *Dichtung und Wahrheit,* in: Neue Rundschau 89, 1978, S. 384–401.

ners der Preußen, geschrieben, 1884 in Berlin publiziert, lässt sie in dem Kapitel „Leipziger Verkehr“ Gellert als „siechen Moralphilosophen“ erscheinen, der „sein mattes Auge auf irgend einem christlichen Tröster ruhen ließ“.[15] Dessen „Wasserflut, von der uns Goethe erzählt“,[16] stellt er Lessings Enthusiasmus für Friedrich II. und Preußen gegenüber, wobei er aus Lessings Einleitung zu Gleims Grenadierliedern zitiert. Über den geborenen Sachsen heißt es bei ihm: „er sprach wie ein geborener Berliner ‚von unserem glorreichen König‘ und erklärte mit dem Stolze eines freiwilligen Preußen ‚Von dem einzigen Tyrtäus könnte‘ der Dichter ‚die heroischen Gesinnungen, den Geiz nach Gefahren, den Stolz für das Vaterland zu sterben, erlernt haben, wenn sie einem *Preußen* nicht ebenso natürlich wären als einem *Spartaner*‘.“[17] Die skeptischen Äußerungen Lessings über Friedrich II. bleiben in dieser für das kleindeutsch-preußische Reich Partei ergreifenden Literaturgeschichte durchweg ausgespart.

Gellert und die Schlesischen Kriege

Gellert war schon als junger Mann ein entschiedener Kriegsgegner. Das belegen die Episoden, die er selbst aus dem Zweiten Schlesischen Krieg erzählt. Sachsen, das mit Österreich verbündet war, wurde in der letzten, den Krieg entscheidenden Schlacht von Kesselsdorf bei Dresden am 15. Dezember 1745 von den Preußen unter Friedrich II. besiegt. Gellert hielt in seiner Naivität die „Schanzen“, mit denen Leipzig verteidigt werden sollte, für uneinnehmbar und war deshalb um so überraschter, als die Preußen „frisch und gesund“ in die Stadt einmarschierten. (GS V, 316) Zehn Tage später wurde Sachsen von den siegreichen Preußen im Frieden von Dresden zu einer hohen Kontribution verurteilt, um die Kriegskosten der Sieger zu decken. Darauf spielt Gellert in seiner 1746 entstandenen Komödie *Das Loos in der Lotterie* an, in der er seinen Helden Damon sagen lässt: „Die Preussische Kontribution verwinde ich Zeitlebens nicht. Ach der Himmel behüte uns doch vor Krieg und theurer Zeit!“ (GS III, 135)

In seiner 1757, also während des Siebenjährigen Krieges, geschriebenen fragmentarischen Autobiographie *Unvollständige Nachrichten aus meinem Leben* erzählt er von der eigenen Reaktion auf den damaligen Einmarsch der Preußen und die drohende Plünderung der Stadt, die für sein Selbstverständnis als Autor außerordentlich charakteristisch ist. „Alles war in Bestürzung und suchte zu verbergen. Ich hatte damals den ersten Theil meiner Fabeln

---

15 Erich Schmidt: Lessing. Geschichte seines Lebens und seiner Schriften, Bd. 1, Berlin 1884, S. 308.

16 Ebd., S. 309.

17 Schmidt (ebd., S. 325) zitiert hier aus Lessings Einleitung in Gleims Kriegslieder. Allerdings ist der erste, nicht nachgewiesene Teil des Zitats dort nicht zu finden.

meistens zum Drucke fertig und es war mir sehr bange, dass er mir geplündert werden könnte. Ich trug ihn also, wo ich stund und gieng, in der Tasche; denn wie leicht hätte er nicht einem Preuß. Grenadier in die Hände fallen können?“ (GS V, 316) In dieser Anekdote stellt Gellert seine Fabeln, in denen die vernünftige Ordnung des privaten Raumes zum zentralen Gegenstand der bürgerlichen Dichtung gemacht wird, der kriegerischen Propagandalyrik gegenüber, die zur Zeit der Abfassung der *Unvollständigen Nachrichten* mit den *Kriegsliedern* des Preußischen Grenadiers ihren ersten Höhepunkt erreichte. Schon in einer der zahlreichen poetologischen Fabeln des ersten Bandes der *Fabeln und Erzählungen* von 1746 spielt dieser Gegensatz eine Rolle. Mit parodistischer Übertreibung rät Gellert hier den „Dichtern“:

> Singt von Beschützern ganzer Staaten,
> Verewigt euch und ihre Müh!
> Ich singe nicht von Heldenthaten,
> Der Greis sey meine Poesie. (GS I, 64)

Der Greis – „Er ward gebohren,/ er lebte, nahm ein Weib, und starb“ – verkörpert für den Fabeldichter das „bürgerliche Heldenleben“, dem seine Dichtung gewidmet ist und das er mit einer ironischen Geste den Taten der Könige und Feldherrn vorzieht.

In den *Unvollständigen Nachrichten* überträgt Gellert diesen Gegensatz in einer weiteren Anekdote auch auf das eigene Leben. In der Stube des Dichters und Gelehrten haben sich die „Verfasser der Bremischen Beyträge“ in fröhlicher Runde zur gemeinsamen Diskussion von Gellerts Fabeln versammelt, als sie von einem preußischen Offizier gestört werden, der nach dem sächsischen General Sybilski fragt. Der Kontrast zwischen den sich „critisch zankenden“ jungen Dichtern und dem martialisch auftretenden Offizier, der einen Kriegsgegner sucht, um ihn gefangen zu nehmen, gestaltet im autobiographischen Zusammenhang ein Motiv, das auch Gellerts Selbstdarstellung als Autor in seinen *Briefen nebst einer praktischen Abhandlung* von 1751 bestimmt. Den Beginn seiner Briefsammlung mit dem ersten und die Mitte mit dem fünfunddreißigsten bis vierzigsten Brief nehmen Gellerts Schreiben an einen Militär ein, an den sächsischen Rittmeister Christian August Friedrich von Bülzingsleben. Ihm, der 1742 mit der sächsischen Armee an der Seite Friedrichs II. am Feldzug gegen Österreich in Böhmen teilnahm, hatte der Dichter schon seine Ode *Sendschreiben an den Hrn. Rittmeister v. B. ins Lager nach Böhmen, im Monat Februar* gewidmet, die er im selben Jahr in den *Belustigungen des Verstandes und des Witzes* veröffentlichte. Sie ist Ausdruck seiner Freundschaft zu Bülzingsleben und gleichzeitig ein Dokument seiner Furcht, dass des Freundes „Blut die Furchen füllt“ (GS II, 17). Der Brief, mit dem Gellert die Übersendung des Gedichtmanuskripts begleitet, enthält eine durch Ironie kaum verhüllte Warnung an den Freund vor dem Kriegshandwerk: „Es haben mich schon viele Officiere versichert, der Feldzug in Böhmen hätte Sie so entstellt, daß Sie sich kaum mehr ähnlich sähen." Aus dieser Mitteilung entfaltet er die Schreckensvision, mit der er den Brief eröffnet: Er sieht den Rittmeister „als General"; „und in den Minen, wo sonst Liebe und Zärtlichkeit gewohnt hatten, herrschten itzo das Alter und der Krieg." (GS IV, 194)

Gellert sucht den adeligen Militär ins bürgerliche Leben einzubinden, indem er ihn in seine väterliche Familie nach Hainichen einlädt, wo er wie der verlorene Sohn der Bibel mit einem Festmahl empfangen werden soll, und er ermuntert ihn immer wieder zum Schreiben, wobei er betont, dass nicht die Neuigkeiten, die sie einander mitzuteilen hätten, von Wichtigkeit seien. Vielmehr sind für ihn die Briefe reiner Ausdruck der zwischenmenschlichen Kommunikation, auf die sich Freundschaft und Liebe gründen. Drei Jahre später – Bülzingsleben ist immer noch Rittmeister eines sächsischen Regiments, das inzwischen im Zweiten Schlesischen Krieg jedoch auf Seiten der Österreicher gegen die Preußen kämpft – reagiert Gellert in einem Brief auf „die Nachricht von dem unglücklichen Treffen in Schlesien", gemeint ist der Sieg Friedrichs II. über die Koalition in Hohenfriedberg am 4. Juni 1745. In diesem Schreiben, das zusammen mit den beiden vorhergehenden an denselben Adressaten die Mitte seines Briefstellers einnimmt, formuliert er seine Kriegsgegnerschaft mit einer bis dahin ungewohnten Grundsätzlichkeit und Radikalität:

> So lange Sie im Felde stehen, das ist, so lange Sie sich auf den ersten Wink eine Ehre daraus machen müssen, Ihren Feind entweder umzubringen, oder von ihm umgebracht zu werden: so lange habe ich noch alles Ihrentwegen zu fürchten. [...] Kann man nicht anders berühmt werden, als wenn man der Liebe zum Leben entsagt: so will ich lieber hinter dem friedfertigen Pfluge verzagt leben, als auf dem fürchterlichen Bette der Ehren mit Tapferkeit sterben. [...] Ist es möglich, so vergessen Sie den Lorbeer, den man durch sein Blut erkaufen muß. (GS IV, 139)

Ganz bewusst und entgegen der historischen Abfolge ihrer Abfassung rahmt Gellert diese unbedingte Verurteilung des Krieges durch die idyllische Schilderung seines Familienlebens und die fast karikaturale Betonung der kommunikativen und emotionalen Qualitäten des Briefeschreibens ein, wie er sie programmatisch auch in seinem Brief an Bülzingsleben formuliert, den er an den Anfang seiner Briefsammlung gestellt hat: „Es ist wahr, meine Briefe an Sie, enthalten beynahe einerley; immer Versicherungen, daß ich Sie von Herzen liebe, daß ich Sie hoch schätze; immer Danksagungen und gute Wünsche. [...] Mögen doch andre ihre Blätter mit täglichen Neuigkeiten anfüllen, wir wollen mit den Empfindungen unsers Herzens anfangen und beschließen." (GS IV, 155) Hier ist paradigmatisch das utopische Gegenmodell zum blutigen Morden der Kriegergesellschaft formuliert, das auf Austausch und gegenseitiger Mitteilung der Gefühle beruht.

Dass auch die Zeitgenossen diese Tendenz von Gellerts Schreiben verstanden haben, beweist die Parodie seiner Briefe in einem Schreiben Lessings, das dieser bei seinem Aufenthalt in Leipzig im Dezember 1755 an Karl Wilhelm Ramler, den Verfasser der „Preußenoden", richtet. Vier Mal – so die Fiktion Lessings – habe er zu einem Brief angesetzt. Zuerst habe er den „Landkutschenwitz des Herrn Gellert" nachahmen wollen, also den Brief, der in Gellerts Sammlung an zweiter Stelle steht und in dem die Gegenposition des Dichters zum Machthaber in der Gestalt des Henkers mit seinem Richtschwert exemplarisch vorgeführt wird.[18] Im zweiten Briefentwurf habe er Ramler versichern wollen, „wie schätzbar mir Ihre Freundschaft ist", um ihm im dritten von seinen Besuchen bei Gellert in Leipzig zu berichten und ihn dabei als „naif" und „albern" hinzustellen. Im vierten schließlich, der als erster „seine völlige Wirklichkeit erlangt hat", teilt er seinem „Freund" Ramler seine künftigen Reisepläne mit.[19] In diesen launigen Bemerkungen sucht der Jüngere nicht nur den erfolgreichen Vorgänger als moralische Person lächerlich zu machen, sondern auch dessen Auffassung vom Autor und von der Funktion des Schreibens kritisch zu vernichten.

Die Schlacht bei Rossbach

Gellert war ein sächsischer Patriot. Das wurde öffentlich sichtbar, als er im Sommer 1751 die Hauptstadt Preußens besuchte. Dorthin war er Anfang Juni 1751 auf Einladung seines Brieffreundes, des Königlich Preußischen Hofrats Ernst Samuel Jacob Borchward, gereist (GB I, 80–82). Der Besuch verlief nicht so, wie sich Gastgeber und Gast das gewünscht hatten. Nach seinem Berliner Aufenthalt ließ Gellert eine fast viermonatige Pause in seinem Briefwechsel mit Borchward eintreten, und obwohl er in seinem Brief vom 15. Oktober 1751 behauptete, dass er „an keinem Orte in ganz Deutschland so viel Freunde und Gönner habe, als eben in Berlin" (GB I, 90), sah sich sein Berliner Freund veranlasst zu bemerken, Gellert habe bei seinem Besuch „die bekanndte finstre Miene etwas zu mercklich" zur Schau getragen (GB I, 91).

Die wahre Ursache dieser Verstimmung ist dem Bericht zu entnehmen, den Gellert in den *Unvollständigen Nachrichten* von einem Gespräch in Borchwards Haus gibt. Er habe, berichtet er, in Berlin einer Gesellschaft beigewohnt. „Man redte von der Schlacht bei Kesselsdorf. Ich sagte nicht viel. Man schob die Schuld des preußischen Verfahrens auf unser Bezeigen. Ich sagte nicht viel. Ja, fieng ein alter Mann zu mir an: wenn sie nichts Böses im Sinne gehabt; warum haben sie dann das Grünische Corps an sich gezogen? Das Grünische Corps, antwortete ich hitzig, ich weis den Teufel vom Grüni-

18 Vgl. Bernd Witte: Die Individualität des Autors. Gellerts Briefsteller als Roman eines Schreibenden. In: „Ein Lehrer der ganzen Nation". Leben und Werk Christian Fürchtegott Gellerts, hg. v. Bernd Witte, München 1990, S. 86–97.

19 Lessing an Ramler, 11. Dezember 1755, in: Gotthold Ephraim Lessings sämmtliche Schriften, hg. v. Wendelin von Maltzahn, Leipzig 1857, Bd. 12, S. 45 f.

schen Corps! […] In der That war ich als ein Sachse über das Kesselsdorfische Gespräch aufgebracht; und so viel Ehre man mir damals in Berlin erwiesen, so sehr hat man mich als einen Sachsen gedemüthiget." (GS V, 316) Deutlicher kann Gellerts sächsischer Patriotismus nicht zum Ausdruck kommen als in dieser hoch emotionalen Reaktion auf die offensichtlich chauvinistischen Bemerkungen seiner preußischen Gesprächspartner über die Schlacht, die den Beginn des Niedergangs Sachsens als einer europäischen Großmacht markiert.

Unter August dem Starken, der nicht nur Kurfürst in Sachsen, sondern seit 1697 auch König von Polen war, hatte das Land eine kulturelle Blüte erlebt. Der Dresdner Hof galt als einer der vornehmsten in Europa. Seine barocke, an dem Versailles Ludwigs XIV. orientierte Prachtentfaltung brachte allerdings eine hohe Staatsverschuldung mit sich, obwohl Sachsen und insbesondere die Messe- und Handelsstadt Leipzig weiterhin zu den ökonomisch regsten Regionen Deutschlands gehörten. Nach dem Tod Augusts des Starken im Jahr 1733 wurde die Politik seines Nachfolgers, des Kurfürsten Friedrich August II., maßgeblich von Heinrich von Brühl bestimmt, der zunächst für die Außenpolitik zuständig war, bald aber auch alle anderen Ressorts übernahm und 1746 zum Premierminister ernannt wurde. Er steigerte noch die fürstlichen Ausgaben zur Sicherung der polnischen Krone, aber auch für repräsentative Bauten, Gemäldeankäufe und die barocke Hofhaltung und ruinierte damit die Staatsfinanzen Sachsens vollends, so dass er sich nach dem Zweiten Schlesischen Krieg unter anderem gezwungen sah, die Armee um fast die Hälfte ihrer Mannschaftsstärke zu verringern.[20] Auch außenpolitisch gelang es ihm nicht, durch seine wechselnden Allianzen – im Ersten Schlesischen Krieg mit Preußen gegen Österreich, im Zweiten mit Österreich gegen Preußen – Sachsens Interesse an Schlesien als Landbrücke zwischen dem Kurfürstentum und dem Königreich Polen zu wahren.

Gellerts produktive literarische Phase fällt mit der zehnjährigen Friedenszeit unter der Regierung Heinrich von Brühls zusammen. 1746, nach dem Frieden von Dresden, der auf die Schlacht bei Kesselsdorf folgte, publizierte er sein erstes und zugleich erfolgreichstes literarisches Werk, den ersten Band seiner *Fabeln und Erzählungen*. Danach erschienen in schneller Folge Komödien, Roman und Briefsteller. 1757, unmittelbar nach Ausbruch des Siebenjährigen Krieges, veröffentlichte er die *Geistlichen Oden und Lieder*, mit denen er sich als Dichter verabschiedete. In derselben Zeit unterhielt er enge Beziehungen zur Familie des Grafen von Brühl. Der Neffe des Pre-

20 Vgl. Rudolf Kötzschke, Hellmut Kretzschmar: Sächsische Geschichte, Frankfurt/Main 1965, S. 278: „Es unterstreicht zugleich den verschiedenen Entwicklungsgang beider Staaten, daß Preußen damals 83000 Mann unter Waffen hielt, Sachsen bei kaum geringerer Einwohnerzahl aber in den letzten dreißiger Jahren seine Armee von etwa 35000 Mann auf rund 17000 Mann herabsetzte. Dabei waren seine Ziele nicht niedriger gesteckt, seine Regsamkeit nicht geringer als die Preußens."

mierministers, Hans Moritz von Brühl, der im Juni 1750 als Vierzehnjähriger an der Leipziger Universität immatrikuliert wurde, war einer seiner Lieblingsschüler. Zu seinem Geburtstag am 20. Dezember 1750 widmete ihm Gellert die Ode *An den Herren Grafen Hanns Moritz von Brühl bey seinem vierzehnten Geburtstage*, in der seine ganz im Sinne des aufgeklärten Absolutismus konzipierte Auffassung von Fürstenerziehung zum Ausdruck kommt. Der junge Adelige soll zu einem tugendhaften Menschen gebildet werden, damit er seine spätere Macht im Rahmen der vom Bürgertum entwickelten Moralvorstellungen und Verhaltenskodizes ausübt:

> Du wirst, begabt mit Macht, sie nur zum Wohlthun gebrauchen,
> Und, unverblendet vom Glanze des Glücks,
> Noch gütig, wenn du gebeutst, noch liebreich, wenn du bestrafest,
> Noch groß seyn, wenn du die Bitte versagst. (GS II, 90)

Auch als der junge Brühl sein Studium beendet hatte und 1755 für zwei Jahre auf eine Kavalierstour nach Paris geschickt wurde, blieb Gellert ihm freundschaftlich verbunden. Brühl hatte ihn mehrfach gebeten, ihn nach Paris zu begleiten, was Gellert jedoch ausschlug.[21] (B I, 248) Der rege Briefaustausch zwischen dem Lehrer und seinem ehemaligen Schüler wurde jedoch fortgesetzt, auch als der spätere Botschafter in Paris und London ab 1757 am Warschauer Hof lebte, von wo er seinem ehemaligen Lehrer seit 1760 ein jährliches Gehalt von 150 Talern zukommen ließ.

Wie Gellerts Nähe zum Hause Brühl und die in den letzten Lebensjahren für den seit 1768 regierenden Kurfürsten Friedrich August III. gehaltenen Privatvorlesungen (GS V, 418 u. GS V, 422–427) sowie seine Widmung der *Sämmtlichen Schriften* (GS V, 222 f.) an ihn ahnen lassen, war seine Laufbahn als Dichter wie als akademischer Lehrer aufs Engste mit der Geschichte Sachsens und seiner Herrscher verbunden. Deswegen war er persönlich äußerst betroffen, als Friedrich II. den Siebenjährigen Krieg im August 1756 mit einem Angriff auf Sachsen begann und nach dem Sieg bei Lobositz im Oktober desselben Jahres das Kurfürstentum zur Kapitulation zwang. Am 28. März 1757 berichtet er Hans Moritz von Brühl nach Paris über die Lage in Leipzig: „Daß wir itzt viel leiden, daß ich und hundert wackere Leute keine Pension mehr bekommen, daß unsere Universität täglich mehr abnimmt, o das versteht sich.“ (GB II, 100) Im April und Mai 1757 floh er, nachdem er im März seine *Geistlichen Oden und Lieder* zum Druck gebracht hatte, vor den Kriegswirren auf das Landgut Bonau, das der befreundeten Familie des Kammerherrn Christian Ferdinand von Zedtwitz gehörte. Mitte Juli reiste er

21 Lessings abschätzige Schilderung der Abschiedsszene in seinem schon zitierten Brief an Ramler vom 11. Dezember 1755: „Das erstemal kam ich gleich zu ihm, als ein junger Baron, der nach Paris reisen wollte, von ihm Abschied nahm. Können Sie wohl erraten, um was der bescheidne Dichter den Baron bat? Ihn zu verteidigen, wenn man in Paris etwas Böses von ihm sagen sollte.“

zu einer vierzehntägigen Kur nach Bad Lauchstädt, von wo er nicht nach Leipzig zurückkehrte, sondern wieder nach Bonau auswich.

Sein zehnmonatiger Aufenthalt auf dem Landgut von Anfang August 1757 bis Mitte Mai 1758 stellt einen entscheidenden Einschnitt in seinem Leben dar. Gellert erkrankte schwer an einer Pleuritis, so dass er mehrere Tage dem Tode nahe war. Gleichzeitig wurde das Gut von österreichischen Husaren und später von der mit den Österreichern verbündeten Reichsarmee als Quartier genutzt. In den *Unvollständigen Nachrichten* berichtet er über diese Tage: „ein General logirte neben mir und die Hauptwache war im Hofe – Ein beschwerliches Schauspiel für einen Sterbenden!“ (GS V, 337) Einige Tage später, als der Dichter schon wieder auf dem Wege der Besserung war, geriet das Gut zwischen die Fronten, so dass Gellert die Schlacht bei Roßbach am 5. November 1757 aus unmittelbarer Nähe miterlebte: „Ich hörte die fürchterlichen Donner der Canonen, die Zimmer erschütterten, ich wollte für die Sterbenden und Lebenden beten, und konnte nicht; ich wollte wissen, was ich fühlte, und ich fühlte nichts als Starrheit der Seele. Ich glaubte, daß die Preussen siegen würden und erschrack doch unendlich, als ich hörte, dass sie Sieger waren.“ (GS V, 337)

Die Reaktion Gellerts auf den Sieg Friedrichs II. war der allgemeinen Stimmung in Deutschland diametral entgegengesetzt. In der Schlacht bei Roßbach hatte Friedrich der Reichsarmee und den mit ihr verbündeten Franzosen eine schwere Niederlage beigebracht. Das wurde in Preußen und darüber hinaus als der entscheidende Schlag gegen die verhassten Nachbarn im Westen gefeiert. In einem anonymen Spottvers hieß es: „Und kommt der große Friederich, und klopft nur auf die Hosen, / dann läuft die ganze Reichsarmee, Panduren und Franzosen.“ Gleim schrieb ein langes Siegeslied, das er später in den *Kriegsliedern eines preußischen Grenadiers* veröffentlichte, und verspottete darin Franzosen, Pfälzer, Schwaben, Württemberger und andere deutsche Landsleute, die an der Seite der Franzosen an der Schlacht teilgenommen hatten. Für die Zukunft sagte er voraus, dass Friedrich das „stolze Wien“ bändigen und „Deutschland frey“ machen werde.[22] Johann Wilhelm von Archenholz hat in seiner *Geschichte des Siebenjährigen Krieges* von 1793 die damalige Stimmung in den deutschsprachigen Länden zusammengefasst: „Alle Deutsche Völkerschaften, groß und klein, ohne Rücksicht auf Partei, Reichs-Beschlüsse und eigenes Interesse, waren mit diesem Siege gegen die Franzosen zufrieden, den man als einen National-Triumph ansah.“[23] Schon hier deutet sich der vom Franzosenhass getragene deutsche Nationalismus an, der 1812/13 im Krieg der mitteleuropäischen Alliierten gegen Napoleon sich voll entfalten sollte.

22 [Gleim] [Anm. 6], S. 18–26.
23 Aufklärung und Kriegserfahrung. Klassische Zeitzeugen zum Siebenjährigen Krieg, hg. v. Johannes Kunisch, Frankfurt/Main 1996, S. 115.

Gellert lagen solche chauvinistischen Töne völlig fern. Im Gegenteil, seit seiner Krankheit, die ihn an den Rand des Grabes gebracht hatte, und der gleichzeitigen Anschauung des Sterbens und Leidens der Soldaten in der Schlacht von Rossbach artikulierte er immer deutlicher die Nähe des menschlichen Lebens zum Tod. An seinen Freund und Vertrauten Andreas Wagner schreibt er am 15. November 1757: „Ich starb, und siehe, ich lebe noch." Aus dieser krisenhaften Erfahrung zieht er den Schluss, dass es notwendig sei, „daß ich noch besser sterben lerne" (GB II, 133). Drei Tage später vertraut er einem Brief an Hans Moritz von Brühl an, wie tief die existenzielle Erschütterung durch die schwere Krankheit für ihn gewesen ist: „O liebster Moritz, was ist der Schritt in die Ewigkeit für ein feyerlicher, bebender Schritt! Welch ein Unterschied zwischen den Vorstellungen des Todes bey gesunden Tagen und am Rande des Grabes!" (GB II, 136) In den *Unvollständigen Nachrichten*, die den unmittelbaren Niederschlag seines Aufenthalts in Bonau darstellen, zieht er daraus die Schlussfolgerung für die Nachwelt: „Wer du auch bist, der du einst dieses ließt, für so melancholisch du mich auch halten wirst: so laß es doch dein Geschäfte seyn, dir den Tod sinnlich zu machen, solange du noch eine lebhafte Einbildungskraft hast." (GS V, 320) Was für Gellert zuvor eine von der Religion inspirierte, eher theoretische Perspektive war, ist nun für ihn eine „sinnliche" Erfahrung geworden. In den Jahren zwischen 1757 und 1769 ist die Evokation des eigenen Todes denn auch in den Mittelpunkt seines seelischen Lebens gerückt, wie sein *Tagebuch von 1761* sowie die zahlreichen Selbstbefragungen und Gewissenserforschungen belegen, die er als Gebetstexte zur Vorbereitung auf die Beichte oder das Abendmahl niedergeschrieben hat und die sich in seinem Nachlass erhalten haben.[24]

Die Friedensbotschaft

Im Mai 1758 kehrte Gellert nach Leipzig in seine Wohnung im „Schwarzen Brette" zurück, obwohl die Stadt noch immer von den Preußen besetzt war. Im Dezember desselben Jahres besuchte ihn ein Husarenleutnant aus dem Gefolge des preußischen Generalmajors Paul Joseph Malachowsky von Malchow. Gellert schildert diese Begegnung mit ironischem Unterton in seinem Brief vom 5. Dezember 1758 an Johanna Erdmuth von Schönfeld. Der Text ist ganz nach dem Muster des „Landkutschenbriefs" stilisiert. Wie er sich dort als Schriftsteller einem Henker gegenüber sieht, dem „das Schwerdt unter einem blauen Mantel hervorragt" (GS IV, 156), so hier einem „hagren, schwarzen Mann mit drohenden Augen, kothigen Stiefeln und blutigen Sporen", der „seinen fürchterlichen Sebel [...] den Stock, ein Paar Pistolen, die Mütze und eine Korbatsche" in Händen hält (GB II, 193). Dieses Monstrum scheint geradewegs aus der Schlacht bei Zorndorf zu kommen, in der Fried-

24 Jetzt zum ersten Mal publiziert im Band VII der Gesammelten Schriften.

rich II. am 25. August 1758 die Russen besiegt hatte, und so bietet er dem Dichter aus seiner Beute, die er „mit seinem Blute erfochten“ hat, einen Rubel und ein paar Pistolen als Geschenk an. Gellert hingegen führt ihn ostentativ an seine „Bücherschränke“ und kommentiert: „Dieses ist mein Gewehr, Herr Lieutenant“ (B II, 194). Deutlicher lässt sich der Kontrast zwischen dem blutigen Kriegshandwerk und der dem Frieden dienenden Tätigkeit des Schriftstellers nicht herausstellen. Wie sehr es dem Autor in seinem Text auf diese Gegenüberstellung ankommt, lässt sich auch daran ablesen, dass der Husar, als er sich „mit seinen Pistolen u. seiner Knutpeitsche“ verabschiedet, sich als Bewunderer von Gellerts Roman *Leben der Schwedischen Gräfinn von G**** zu erkennen gibt. In diesem Text wird der russische Staat als barbarische Tyrannei geschildert, die im Gerichtsverfahren die Wahrheit durch die Prügelstrafe zu erzwingen sucht und so die englischen Kriegsgefangenen zu Tode bringt (GS IV, 53). Wenn Gellert einen Vertreter der preußischen Armee mit der Knute in der Hand auftreten lässt, die er im blutigen Kampf einem russischen Kosaken abgenommen hat, charakterisiert er damit indirekt auch die preußischen Besatzer in Sachsen als blutrünstige Barbaren. So ist es nicht verwunderlich, dass der Dichter aufs Äußerste beunruhigt war, als der „Husarenbrief“ bald in Abschriften in ganz Sachsen zirkulierte und zwei Jahre später sogar ohne Genehmigung des Autors gedruckt wurde.[25]

In demselben Brief wird dem blutigen Kriegsmann noch eine zweite Figur gegenübergestellt, die des jungen Grafen Dohna, der als Adjutant bei seinem Vater, dem preußischen General von Dohna, dient. Gellert schildert ihn als „ein gutes Kind von neunzehn Jahren mit einer sanften frommen Miene“ und unterstreicht diese positive Charakterisierung dadurch, dass er ihn als Leser der *Geistlichen Oden und Lieder* vorstellt.[26] Zudem erzählt er, dass die „sämtlichen Oberofficier“ aus dem Husarenregiment des Generals Mala-

25 Am 13. Juni 1759 schreibt Gellert an Johanna Erdmuth von Schönfeld: „Der Brief mit der Geschichte von dem Husarenrittmeister, den ich ehedem an Sie geschrieben, läuft in dem ganzen Gebirge, bey nahe in allen Städten und Dörfern, dieses ist den Worten nach wahr, in Abschrift, und vermuthlich ziemlich verstümmelt, herum. […] Ich zittre, Gnädiges Fräulein, wenn ich denke, daß er einem gewinnsüchtigen Buchführer in die Hände fallen kann.“ (GB II, 255) Zwei Jahre später erschien der Brief ohne Gellerts Genehmigung tatsächlich im Druck: *Zwey Briefe*, Leipzig, Dresden 1761, und *Vier Briefe, von Gellert und Rabener*. Frankfurt, Leipzig 1761. Im Oktober 1761 erschien eine französische Übersetzung im *Journal étranger*. Gellerts Befürchtung war um so gerechtfertigter, als die preußische Besatzungsmacht eine strenge Zensur über schriftliche Äußerungen zum Krieg verhängt hatte. Vgl. auch Gellerts Brief an Andreas Wagner vom 4. September 1757: „Schreiben – ja auch das darf man nicht, denn wer kann schreiben, ohne zu klagen?“ (GB II, 128)

26 Im Fall des Grafen Moritz Wilhelm zu Dohna hat sich die Hoffnung Gellerts auf eine Bekehrung des Kriegsmannes offensichtlich erfüllt. Er schied 1760 aus der Armee aus und heiratete die Tochter des Gründers der pietistischen Brüdergemeinde, Marie Agnes Gräfin von Zinzendorf.

chowsky sich angemeldet hätten, um seiner Vorlesung zur Moral beizuwohnen. Seinen Bericht schließt er mit der Feststellung: „Ich musste also vor der halben Armee lesen." (GB II, 195) Wie schon bei seinem Werben um den Rittmeister von Bülzingsleben stellt er sich auch hier als Lehrer dar, der die Kriegsleute zu einem besseren Leben führt. Damals in den vierziger Jahren bezog sich seine Lehre noch auf die bürgerliche Moral, jetzt nach den existenziellen Erfahrungen des Jahres 1757 vertraut er nur noch seiner christlichen, pietistisch gefärbten Religiosität.

Im selben Monat, aus dem der „Husarenbrief" stammt, schreibt er einem weiteren Offizier aus dem Malachowskyschen Husarenregiment, dem Obersten Otto Ernst Heinrich von Gersdorf, der einige seiner *Geistlichen Oden und Lieder* ins Französische übersetzt hatte: „Möchten doch viele Officiere durch Ihr rühmliches Beyspiel zu der Liebe der Wissenschaft und der Religion ermuntert werden." (GB II, 200) Und als Postskriptum fügt er an: „Die *Erinnerung des Todes* halte ich für das schönste Stück". Mit diesem Hinweis auf den von ihm bevorzugten Text aus den *Geistlichen Oden und Liedern* unterstreicht er ein weiteres Mal, dass nur die Erfahrung des Todes es vermag, den Menschen, wie es im Lied heißt, „zur Weisheit zu erwecken" (GS II, 121).

Im letzten Lebensjahrzehnt Gellerts wird der Hinweis auf seine *Geistlichen Oden und Lieder* und seine *Moralischen Vorlesungen* zum ständig wiederkehrenden Topos, mit dem er die Erziehung der Militärs zum Frieden begründen zu können glaubt. So auch in der Unterredung mit Friedrich II. in Leipzig, zu der er am 12. Dezember 1760 auf Empfehlung des englischen Gesandten am Preußischen Hof, Sir Andrew Mitchell, geladen wurde und über die er am nächsten Tag mit wörtlichen Zitaten in einem Brief an seine Konfidentin Johanna Erdmuth von Schönfeld ausführlich berichtet. Er beschließt seine Erzählung mit der Versicherung, er werde „die Ehre der christlichen Religion auch gegen alle Könige" verteidigen. Und über den als Religionsspötter und Freigeist bekannten Friedrich II. glaubt er feststellen zu müssen: „Er mag wohl schon wissen, daß ich geistliche Lieder gemacht habe; u. das ist mir sehr lieb. Wenn er spotten will, so werde ich ihm sagen: Sire, diese Lieder werden bey Ihren Armeen gesungen u. gebetet u. die christlichen Gedichte machen gute Bürger und treue Soldaten."[27] (GB III, 81)

---

27 Vgl. das ‚Memorial' an Friedrich II., ein in Erwartung einer weiteren Audienz, die dann nicht mehr stattfand, gefertigtes Memorandum Gellerts, in dem er naiverweise glaubt, den König mit „Gründen" zum christlichen Glauben zurückführen zu können. In dieser Argumentation spielen seine *Geistlichen Oden und Lieder* eine zentrale Rolle: „Sire, die christl. Religion, die Ihnen so verdächtig vorkommt, ist die Stütze der Könige, sie macht gute Bürger, fleißige Unterthanen u. rechtschaffne treue Soldaten. Ihre Armee ist der Beweis. Eben die christl. Gedichte lesen u. singen Ihre Soldaten; ich kann es erweisen. Ihr Berlin singt sie. Es ist vielleicht vom General Hülsen bis auf den Feldjäger herab kein deutscher Offizier u. Soldat unter Ihrer Armee, der mich nicht gelesen hat u. wohl auch auswendig weis." (GS VII, 144 f.)

Die Unterredung zwischen dem sächsischen Dichter und dem preußischen König fällt in eine Zeit, in der Friedrich II. nach der Schlacht bei Torgau und dem verlustreichen Sieg über die Österreicher am 3. November 1760 Leipzig zu seinem Hauptquartier gemacht hatte. Die Stadt wurde in ein großes Heerlager verwandelt, und damit rückten die Folgen des Krieges erneut in den unmittelbaren Wahrnehmungsbereich des Dichters. Mit Emphase schildert er dem jungen Moritz Wilhelm zu Dohna am 17. November 1760 seine Empfindungen: „Die Unruhen des Kriegs, ja, liebster Graf, sie sind groß, und ich beklage Sie und uns und bitte Gott, o möchte er ihn uns bald geben, um Frieden, um Frieden. Seit gestern habe ich ein Lazaret zur Rechten und eins zur Linken, und das eine stößt unmittelbar an mein Kammerfenster. Welche angstvolle Nachbarschaft! Ich kann sie nicht aushalten, das sehe ich." (GB III, 71)[28] Seine hier zum Ausdruck kommende Friedenssehnsucht bekennt er auch im Angesicht des Königs, wenn er ihn darum bittet, dass er „uns bessre Zeiten geben" möge (GB III, 79).

Gellerts mutige Antworten in dieser für ihn zentralen Frage verdienen es wörtlich zitiert zu werden:

> Der König: Sind itzt böse Zeiten?
> Ich: Das werden Ew. Majestät besser bestimmen können, als ich. Ich wünsche ruhige Zeiten. Geben Sie uns nur Frieden, Sire.
> Der König: Kann ich denn, wenn Dreye gegen Einen sind?
> Ich: Das weis ich nicht zu beantworten. Wenn ich König wäre, so hätten die Deutschen bald Frieden. (GB III, 79)

Friedrich II. plädiert hier auf Notwehr – ungerechtfertigterweise, da er es gewesen ist, der durch seinen Angriff Österreich, Frankreich und Russland zum Kampf provoziert hat. Hingegen vertritt der sonst so ängstliche Dichter im Angesicht des mächtigen Kriegsherrn tapfer und unnachgiebig seinen Standpunkt und verteidigt seine politische Grundüberzeugung von der Notwendigkeit des Friedens gegenüber der damaligen Kabinettspolitik, die den Krieg als gerechtfertigtes Mittel der politischen Auseinandersetzung ansah.

Aber auch auf seinen ästhetischen Anschauungen besteht er gegenüber dem König, der die französische Literatur der deutschen vorzieht, mit erstaunlichem Selbstbewusstsein. Zu Beginn der Unterredung weist Gellert mit seiner Bemerkung: „Vielleicht fehlen uns noch Auguste und Ludwige qvatorce" darauf hin, dass für ein Aufblühen der Künste ruhige Zeiten und ein großzügiges Mäzenatentum notwendig seien. Auf diese Anspielung auf den

---

28 Ähnlich am selben Tag an Johann Heinrich von Grabowski (GB III, 72) und am 3. Dezember 1760 an Johanna Erdmuth von Schönfeld: „Nun bin ich vollkommen gedecket. Ich habe Infantrie u. Reiterey, die Grenadier, die Garde, ich habe alles; denn ich habe vier Lazarete, so nahe als man sie haben kann, und mein ganzer Hof ist mit Soldaten angefüllt [...]. Der Eine redt von der Schlacht bei Torgau u. hält sie für die blutigste, der Andre zieht die von Collin noch vor." (GB III, 77 f.)

römischen Friedenskaiser antwortet Friedrich II. mit einer ironischen Replik: „Aber Sachsen hat ja schon zween Auguste gehabt.“[29] Was dem Dichter die Gelegenheit gibt, die Ehre der deutschen Literatur zu verteidigen: „Und wir haben auch in Sachsen schon einen sehr guten Anfang in den schönen Wissenschaften gemacht. Ich rede nicht von Sachsen allein; ich rede von ganz Deutschland.“ (GB III, 79) Im Vergleich mit den vierzig Jahre später geschriebenen Bemerkungen Goethes über die Exzellenz der norddeutsch-preußischen Literatur erweist sich Gellerts Standpunkt nicht nur als überaus selbstbewusst, sondern auch als historisch zutreffender.

Ein Selbstbewusstsein, das er auch für die eigene Person unter Beweis stellt. Auf die Frage des Königs: „Hat er den Lafontaine nachgeahmet?“ und die Einflüsterung von dessen Adjutanten, Gellert werde in Paris „der deutsche Lafontaine“ genannt, gibt er zur Antwort: „Nein, Sire, ich bin ein Original.“ (GB III, 79 f.) Was er dadurch unter Beweis stellt, dass er am Ende der Unterredung auf Bitten des Königs seine *Fabel vom Maler in Athen* vorträgt. Dieser Text, der das Ende des Ersten Buches der *Fabeln und Erzählungen* markiert, ist zunächst poetologisch zu verstehen und damit repräsentativ für die Mehrzahl der in diesem Buch enthaltenen Fabeln.[30] Gellert plädiert in ihm für eine natürliche Ausdrucksweise und spricht sich damit gegen den allzu überladenen rhetorischen Schmuck aus, der die französischen Fabeln kennzeichnet.[31] In dieser neuen Einfachheit, die ihm auch eine neue Leserschaft, die des einfachen Volkes, erschließt,[32] sieht er offensichtlich seine „Originalität“ begründet. Darüber hinaus unterstreicht Gellert jedoch mit der Rezitation gerade dieser Fabel noch einmal sein kompromissloses Eintreten für den Frieden. Denn der Maler der Fabel hat ein in der barocken Bildkunst beliebtes Sujet gewählt, er hat ein Bild des Mars gemalt. Als es vom „Kenner“ wegen seiner Künstlichkeit kritisiert und vom „jungen Gecken“ hoch gelobt wird, vernichtet er es, und so lautet die letzte Zeile der Fabelerzählung: „So strich er seinen Kriegsgott aus.“ (GS I, 130) Man kann vermuten, dass der von Gleim, Ramler und Kleist als „Kriegsgott“ verehrte König von Preußen das vernichtende Urteil verstanden hat, das in dieser Anspielung Gellerts versteckt war.

29 Gemeint sind August der Starke und sein Sohn Friedrich August II.

30 Vgl. Bernd Witte: „Die Wahrheit durch ein Bild zu sagen.“ Gellert als Fabeldichter, in: „Ein Lehrer der ganzen Nation“ [Anm. 18], S. 30–50.

31 „Der Kenner sagt ihm frey heraus,/ Daß ihm das Bild nicht ganz gefallen wollte,/ Und daß es, um recht schön zu seyn,/ Weit minder Kunst verrathen sollte.“ (GS I, 130)

32 Zur Leserschaft der Fabeln in einer „hypoliteralen“ Gesellschaft vgl. Bernd Witte: Emblematische Bilder. Die deutschsprachige Fabel des achtzehnten Jahrhunderts zwischen Oralität und Literalität, in: Daphnis 25, 1996, S. 713–738.

Claudia Neumann

‚Poetische Abrüstung'. Zur Rolle Gellerts im Kriegs- und Patriotismusdiskurs des 18. Jahrhunderts

Nach wie vor dominiert in der Forschung das Bild, Gellert habe sich gerade in den Kriegszeiten in die unpolitische Welt der Literatur zurückgezogen.[1] Häufig wird diese Ansicht durch Äußerungen Gellerts gestützt, wie etwa die folgende aus einem Brief an den Berliner Freund Borchward vom 21. März 1757: „Unsere itzigen Umstände? Lassen Sie uns einen Vorhang darüber ziehn." (GB II, 95) Tatsächlich äußert Gellert gegenüber Christian August Friedrich von Bülzingsleben während des Zweiten Schlesischen Krieges im Sommer 1745, es sei ihm „sehr gleichgültig, wer Schlesien, oder Böhmen, beherrscht" und er „gönne es jedem, dem es das Schicksal überlassen will" (GB I, 10). Daraus ließe sich jedoch nur auf eine fehlende Parteinahme innerhalb dieses Krieges schließen, nicht aber auf gänzliche Gleichgültigkeit im Hinblick auf das politische Zeitgeschehen. In den *Unvollständigen Nachrichten von meinem Leben* allerdings berichtet Gellert von seinem Besuch bei Borchward im Juni 1751, wo in größerer Runde von der Kesselsdorfer Schlacht gesprochen wurde. Nachdem sich Gellert dabei lange zurückgehalten hatte – „ich sagte nicht viel" (GS V, 316) –, meldete er sich schließlich doch „hitzig" zu Wort. Am Ende des Berichts resümiert er: „In der That war ich als ein Sachse über das Kesselsdorfische Gespräche aufgebracht; und so viel Ehre man mir damals in Berlin erwiesen, so sehr hat man mich als einen Sachsen gedemüthiget." (GS V, 316) Auch für den Siebenjährigen Krieg wird die ‚Gleichgültigkeit' durch eine Äußerung Gellerts gegenüber Johanna Erdmuth von Schönfeld aus dem Jahr 1760 relativiert, derzufolge er den Privatunterricht eines preußischen Lieutnants ablehnt, weil „so weit [...] doch wohl die Menschenliebe nicht [geht], daß man auch seine Feinde gelehrt machen müßte" (GB III, 19). Auch wenn solche expliziten Stellungnahmen tatsächlich nur vereinzelt zu finden sind, so ist doch eine fehlende Parteinahme nicht

1 Klaus Bohnen: „Was ist ein Held ohne Menschenliebe!" (Philotas, 7. Auftr.) Zur literarischen Kriegsbewältigung in der deutschen Aufklärung, in: Lessing und die Toleranz: Beiträge der internationalen Konferenz der Lessing-Society in Hamburg vom 27.–29. Juni 1985. 4. Sonderband zum Lessing Yearbook, hg. v. Peter Freimark, Detroit/München 1986, S. 23–38, hier S. 23.

ohne weiteres mit einer gänzlich unpolitischen Haltung gleichzusetzen. Wie sieht es also mit Gellerts Haltung zur Zeit des Siebenjährigen Krieges aus?

„Geben Sie uns nur Frieden, Sire!“ (GB III, 79) – dieses Zitat zählt sicher zu den ersten, an die man bei der Frage nach Gellerts Position im Kontext des Siebenjährigen Krieges denkt. Tatsächlich ist Gellerts Gespräch mit Friedrich II., aus dem dieses Zitat nach seiner eigenen Darstellung stammt, von ihm selbst, seinen Freunden und Rezipienten in einer Art und Weise berichtet und überliefert worden, dass es konstitutiver Bestandteil des Bildes vom friedliebenden, sanftmütigen Autor Gellert wurde. Gestützt wird dies durch zahlreiche Äußerungen in seinen Briefwechseln aus der Kriegszeit, in denen er immer wieder den Frieden beschwört. So wünscht er im Januar 1757, Gottlieb Wilhelm Rabener möge in dessen Gespräch mit dem König diesem „den Geist des Friedens inspiriren“ (GB II, 89), hofft im März des gleichen Jahres, „die Großen [möchten] Gedanken des Friedens bekommen, ehe Sachsen zu Grunde geht“ (GB II, 94), und bringt in seinen Briefen in leicht abgewandelter Form auch sonst immer wieder den Wunsch nach Frieden an.[2]

Dieser Wunsch rührt natürlich zum einen aus der persönlichen Betroffenheit her, auch wenn Gellert selbst nach eigener Aussage im Vergleich zu anderen die Last des Krieges nur wenig fühlt.[3] Zwar hat er in den ersten Kriegsjahren sein Gehalt von 100 Talern vom Dresdner Hof nicht mehr erhalten, bis es ihm durch eine Zuwendung vom sächsischen Hof in Warschau, hinter der sich Moritz von Brühl verbarg, ersetzt wurde, aber 1763 stellt er in einem Brief an Friedrich Eberhard von Rochow fest, dass ihm „bey aller Plage des Kriegs nichts an seiner gewöhnlichen Versorgung abgeht“ (GB II, 271). Wesentlich schlimmer hat es beispielsweise Gellerts Freund Rabener getroffen. Dessen Haus fiel ebenso wie auch ungedruckte Aufsätze und Manuskripte sowie Briefe bei der Bombardierung Dresdens durch Friedrich II. am 12. Juli 1760 dem Brand zum Opfer fielen.[4] Obwohl Gellert durch den Krieg also nur begrenzten materiellen Schaden erlitt und auch nicht wie Rabener einen Angriff unmittelbar miterlebte, sind doch die erwähnten ‚Plagen des Krieges‘ für ihn zum Teil erheblich. Vor allem 1760, bevor er Leipzig auf einige Zeit verließ, belastet ihn der Anblick der Lazarette, die unmittelbar an seine Wohnung grenzten und ihm die Schrecken des Krieges – auch wenn sie ihn selbst nicht direkt trafen – unmittelbar vor Augen führten:

2 „Nur Friede! Friede!“, schreibt Gellert an Ernst Samuel Jacob Borchward am 21. März 1757 (GB II, 95); an denselben am 9. März 1758: „Möchte uns doch Gott allen Frieden u. Ruhe schenken!“ (GB II, 156) und im Brief vom 10. Januar 1761 wiederum an denselben: „Möchte uns doch Gott bald Frieden, Frieden, schenken!“ (GB II, 93) – um nur einige Beispiele zu nennen.

3 Vgl. Gellert an Christian Friedrich Thomasius am 13. Dezember 1759 (GB II, 284).

4 Rabener berichtet den Angriff sowie den Verlust seines Hab und Guts ausführlich in einem Brief an Gellert vom 9. August 1760 (GB III, 53–55).

> Seit gestern habe ich ein Lazaret zur Rechten und eins zur Linken, und das eine stößt unmittelbar an meine Kammerfenster. Welche angstvolle Nachbarschaft! [...] Vierzig Kranke eine Woche zu speisen, das wollte ich gern thun, so wenig Vermögen ich auch habe; aber etliche hundert leiden sehen u. hören; das ist schrecklich.[5]

Worunter er demnach zu leiden hat, ist vor allem die Unfähigkeit, als Einzelner dieser Menge fremder Leiden noch helfend begegnen zu können, wie eine briefliche Äußerung gegenüber Heinrich von Grabowski zeigt:

> Einen Elenden vor seinen Fenstern sehen müssen, ist schon viel: aber hundert Elende sehen müssen, ihre Klagen hören und den giftigen Geruch der eingekerkerten Kranken in sich ziehen zu müssen; leiden sehen, ohne helfen zu können, das thut schrecklich weh (GB III, 72).

Gellerts Betroffenheit durch den Siebenjährigen Krieg ist also neben den zwangsläufigen materiellen Einschränkungen und kleineren Ärgernissen wie verspäteten Briefen vor allem durch das *Mit*leiden verursacht, durch die Sorge um Freunde und Bekannte, aber auch durch die Bestürzung beim zeitweiligen Anblick all der Verwundeten in seiner näheren Umgebung. Seine eigenen Schwierigkeiten treten dadurch immer wieder in den Hintergrund, und so schreibt er im Januar 1759 an Johann Ludwig Harscher im Rückblick auf seine schwere Krankheit, an der er zur Zeit der Roßbacher Schlacht[6] litt: „Es hat mir nichts gemangelt, und ich würde sündigen, wenn ich über mehr als das allgemeine Schicksal, das unser Vaterland betrifft, klagen wollte." (GB II, 206)

Was hier mit dem Begriff der ‚Sünde' bereits anklingt, findet sich in etlichen Briefpassagen noch wesentlich prägnanter: Immer wieder nämlich nimmt Gellert eine religiöse Deutung des Geschehens vor. Sowohl der Kriegsverlauf als auch die Herbeiführung des Friedens liegen für ihn vor allem in Gottes Hand:

> Die Vorsehung, die das Werk der Regierung weislich u. gütig führet, wird diese Stürme zur Zeit, wenn es ihr gefällt, in heitre Tage für uns u. sie, für Freunde u. Feinde verwandeln; wenigstens müssen wir so hoffen u. beten u. mit Geduld, uns allen Schickungen zu ergeben, arbeiten. (GB II, 110)[7]

---

5 Brief an Moritz Wilhelm zu Dohna vom 17. November 1760 (GB III, 71).

6 Gellert erlebte die Roßbacher Schlacht aus nächster Nähe, da er sich zu dieser Zeit schwer krank in Bonau bei der Familie von Zedtwitz aufhielt: „Ich hörte die fürchterlichen Donner der Canonen, die Zimmer erschüttern, ich wollte für die Sterbenden und Lebenden beten, und konnte nicht; ich wollte wissen, was ich fühlte, und ich fühlte nichts als Starrheit der Seele. Ich glaubte, daß die Preußen siegen würden, und erschrack doch unendlich, als ich hörte, daß sie Sieger waren." (GS V, 337)

7 Ähnlich in dem Brief an Hans Moritz von Brühl vom 12. November 1756: „Wie traurig sieht es seit unsrer unterbrochnen Correspondenz in unserm Vaterlande aus! Erwarten Sie keine Beschreibung unsers tragischen Zustandes von mir. Er ist, denke ich, der ganzen Welt bekannt. Wir sind tief gefallen, liebster Moritz, und ich weine über unser Schicksal, und sehe auf die Hand, die allein auch die allgemeinen Schicksale der Sterblichen lenkt, strafend und gütig." (GB II, 74)

In einem ihm zugeschriebenen Gedicht *Auf das Neue Jahr 1759* geht er sogar so weit zu sagen, dass Gott zwar sehr wohl den Wunsch um Frieden gehört habe, dass jedoch, obwohl „das Volk der ganzen Erden" um Frieden schreie, niemand versuche, „des Friedens werth zu werden" und es deshalb nicht verwunderlich sei, dass Gott diesen Wunsch nicht erhört, da diese „Thoren" nicht erkennten, dass sie, wären sie des Friedens würdig, diesen in ihrem Herzen tragen würden (GS II, 335f.).

Eine religiöse Deutung des Krieges sowie die Betroffenheit und immer wieder der Wunsch nach Frieden sind demnach die Grundlinien, wenn man Gellerts Äußerungen zum Siebenjährigen Krieg überblickt. Äußerungen patriotischer Begeisterung hingegen sucht man vergeblich, ja sogar der Ausdruck ‚Patriot' selbst ist in Gellerts Briefen zumindest mit Bezug auf seine eigene Person nicht zu finden, wohingegen sich beispielsweise Rabener ausdrücklich als „deutscher Patriot" (GB II, 86) bezeichnet und sich recht begeistert zu Friedrich II. äußert, obwohl dieser ihm, wie er selbst einräumt, doch schließlich sein Haus weggebrannt hat.[8] Vor dem Hintergrund der Stimmung gerade in der Zeit der ersten Siege Friedrichs II. bedeutet dies einen durchaus bemerkenswerten Befund, denn kaum ein Schriftsteller der Zeit konnte sich dem Sog der Kriegsereignisse entziehen. Die Taten Friedrichs II. forderten zumindest zur Stellungnahme heraus, und in der Folge von Ewald von Kleists *Ode auf die preußische Armee* (Mai 1755) folgten zahlreiche Kriegsgedichte wie etwa von Ramler (*An Herrn Kanonikus Gleim* oder *Auf ein Geschütz*), Kriegslieder von Gerstenberg (*Kriegslieder eines königlich dänischen Grenadiers*, 1762) und vor allem Gleims Grenadierlieder (*Preußische Kriegslieder in den Feldzügen 1756 und 1757 von einem Grenadier*), die besondere Beachtung fanden.[9] Gleims Gedichte waren dabei nicht nur beim zeitgenössischen Publikum überaus beliebt, sondern fanden durchaus auch von Seiten der Schriftsteller vielfaches Lob:

> Goethe weist ihnen einen ‚hohen Rang unter den deutschen Gedichten' an, Herder preist sie als ‚Nationalgesänge: voll des Preußischen Patriotismus', und Lessing […] schätzt die ‚Gesänge unsers begeisterten Grenadiers' (an Gleim, 21.9.1757) so sehr, daß er durch den ‚Vorbericht' seinen eigenen literarischen Ruf mit ihnen verknüpft.[10]

---

8 Vgl. Gottlieb Wilhelm Rabener an Gellert, 26. Januar 1761 (GB III, 94).

9 Vgl. Klaus Bohnen: Von den Anfängen des ‚Nationalsinns'. Zur literarischen Patriotismus-Debatte im Umfeld des Siebenjährigen Krieges, in: Dichter und ihre Nation, hg. v. Helmut Scheuer, Frankfurt/Main 1993, S. 121–137, hier S. 123 f., sowie den Beitrag von Michael Rohrwasser: Lessing, Gleim und der nationale Diskurs, in: Nationale Identität aus germanistischer Perspektive, hg. v. Maria Katarzyna Lasatowicz u. Jürgen Joachimsthaler, Opole 1998, S. 179–200.

10 Bohnen [Anm. 9], S. 124 f. – Gerade für Lessing lässt sich zwar eine zunehmende Ablehnung beobachten, weil in der Fortsetzung der *Grenadierlieder* aus seiner Sicht ‚der Patriot den Dichter zu sehr überschreit', dies ändert jedoch nichts an der anfänglichen Anerkennung. Mit seiner Verärgerung über den ausartenden Patri-

Dieser literarischen Entwicklung stand Gellert – und mit ihm beispielsweise Rabener – durchaus kritisch gegenüber.[11] Vor allem die Kriegslieder Gleims fanden keinesfalls seine Zustimmung. Als Rabener ihm am 18. Januar 1757 von Gleims Vorhaben berichtet und seine Ablehnung deutlich macht, antwortet Gellert kurz aber deutlich: „Über Gleims Unternehmen ärgere ich mich." (GB II, 89)

Zwar ist zu bedenken, dass Gellert zur Zeit des Siebenjährigen Krieges seine produktivste literarische Schaffensphase bereits hinter sich hatte, allerdings erreicht umgekehrt der Patriotismusdiskurs zu diesem Zeitpunkt einen Höhepunkt, der eine bedeutende Wegmarke innerhalb einer längerfristigen Entwicklung darstellt: Zugespitzt formuliert führte sie von einem kosmopolitischen Patriotismus hin zu einem ‚Nationalsinn', dessen ‚Geburtsstunde' Bohnen zur Zeit des Siebenjährigen Krieges verortet.[12] Vor dem Hintergrund eben dieser Entwicklung lässt sich nun fragen, ob sich entsprechende Tendenzen auch in den Texten Gellerts festmachen lassen. Seine eingangs zitierten Äußerungen zum Siebenjährigen Krieg lassen bereits vermuten, dass bei ihm keine derartige Zuspitzung einer patriotischen Haltung zu finden sein wird. Möglicherweise lassen die Texte Gellerts vielmehr eine zur patriotischen konträr verlaufende Linie erkennen: hin zu einem immer stärker ausgeprägten Pazifismus. Besonders aufschlussreiche Quellen für Gellerts Einstellung zum politischen Zeitgeschehen und insbesondere zum Krieg sind literarische Texte des Autors, in denen Angehörige des Militärs als literarische Figuren auftreten und der Krieg Gegenstand der Darstellung wird. Darüber hinaus verdienen verschiedene Briefwechsel mit Angehörigen des Militärs als relevante Quellen besondere Beachtung.

Als literarische Figuren aus dem Militär oder gar als reale Ansprechpartner interessieren Gellert freilich fast ausschließlich Offiziere, denn die in der übrigen zeitgenössischen Literatur ebenso wie in der sozialgeschichtlichen Realität vorzufindende strikte Trennung zwischen Offizier und Truppe spie-

---

otismus – nicht nur in den Gedichten Gleims, sondern auch im gesellschaftlichen Leben – stand Lessing zudem recht isoliert dar (vgl. Bohnen [Anm. 9], S. 125 f.).

11 Rabener schrieb am 18. Januar 1757 an Gellert: „Können Sie sich wohl vorstellen, daß unser Gleim den unerwarteten Einfall hat, eine Geschichte des gegenwärtigen Krieges, und die neuen Siege seines Königes zu schreiben? Gleim, der Menschen-Freund, der Freund der Freuden und des Weins, unternimmt aus freyem Willen einen blutigen Krieg, und die traurige Zerstöhrung so vieler tausend Menschen, die auch trinken und schertzen und küßen können, zu beschreiben. Durch seinen und meinen Freund den Herrn E. habe ich ihm sagen laßen, daß ich ihm diesen grausamen Witz unter keiner Bedingung verzeyhen würde, als unter dieser, daß er den gantzen traurigen Krieg in Anacreontischen Versen beschreibe, und seine Mord-Geschichte anstatt der Capitel in Trink-Lieder eintheile." (GB II, 87) Gellert wird von Rabener in diesem Brief übrigens als „mein stiller, mein friedfertiger, mein bester Gellert" (GB II, 88) verabschiedet.

12 Vgl. Bohnen [Anm. 9], S. 122.

gelt sich auch in Gellerts Texten wider. Zwar findet sich auch bei ihm das typische Bild des fluchenden und rüpelhaften ‚einfachen Soldaten (z. B. in den Fabeln *Der junge Drescher* oder *Der ungeratne Sohn*), den es durch militärische Zucht vernünftig zu machen gelte, von wirklicher Bedeutung sind für ihn jedoch die höheren Ränge, die als Subjekte und Objekte der ‚militärischen Aufklärung'[13] die eigentlichen Adressaten von Gellerts Vorstellung des idealen Offiziers sind.[14]

Kriegshelden im Sinne des Patriotismusdiskurses sucht man in den Werken Gellerts zunächst vergebens, und fast schon programmatisch liest sich in der Fabel *Der Greis* der Vers „Ich singe nicht von Heldentaten" (GS I, 64). Bei genauerer Betrachtung finden sich jedoch sehr wohl auch bei ihm zentrale Figuren, die dem Militär angehören. Analog zur Darstellung im ‚Husarenbrief', wo dem ungestümen, bärtigen Mann mit den „drohenden Augen, kothigen Stiefeln und blutigen Sporen" (GB II, 193) ein sanftmütiger Offizier entgegensetzt wird, zeichnen sich auch die Offiziere in Gellerts Texten allerdings weniger durch kriegerische Heldentaten aus – auch wenn ihre Tapferkeit nicht in Frage gestellt, sondern stets lobend erwähnt wird –, sondern vielmehr dadurch, dass sie trotz ihres Standes dem Tugend- und Freundschaftsideal entsprechen. Dies gilt vor allem für den Protagonisten in Gellerts Roman *Leben der Schwedischen Gräfinn von G****. Gleich zu Beginn des Ro-

---

13 Mit diesem Begriff bezeichnet Hohrath einerseits die Bildungsbewegung unter Offizieren, die sich in den neuen, bürgerlichen Diskurs der Aufklärung einfügt, die Errichtung von Bildungseinrichtungen, Militärbibliotheken, Gründung von Periodika und vieles mehr sowie die Beteiligung an ‚bürgerlichen' Bildungsvereinigungen wie Lesegesellschaften umfasst, und andererseits die Auseinandersetzung von Seiten der zivilen Vertreter der Aufklärung mit militärischen Themen, der Erziehung und Bildung innerhalb des Militärs sowie die Bestrebungen einer rationalen Reform, die zugleich die Schrecken des Krieges mindern sollte. Daniel Hohrath: Die „Bildung des Officiers" im 18. Jahrhundert, in: Die Bildung des Offiziers in der Aufklärung. Ferdinand Friedrich von Nicolai (1730–1814) und seine enzyklopädischen Sammlungen. Eine Ausstellung der Württembergischen Landesbibliothek 3. April bis 12. Mai 1990 in der Württ. Landesbibliothek Stuttgart, 19. Mai bis 15. Juli 1990 im Wehrgeschichtlichen Museum Rastatt, bearb. v. Daniel Hohrath, Stuttgart 1990, S. 28–63.

14 Die vereinzelt dennoch auftretenden moralisch vorbildlichen Soldaten niederer Ränge unterstreichen oftmals die Tugend ihrer Vorgesetzten. So beispielsweise auch der ‚gemeine schwedische Soldat' in Gellerts *Schwedischer Gräfinn*, der dem Grafen treu dient, und ihm aus Dankbarkeit für den Beistand im Tode ein Goldstück vererbt. Dieser wiederum hat sich demnach nicht nur dadurch als väterlicher und tugendhafter Vorgesetzter erwiesen, dass er mit ihm die ganze Nacht hindurch betete, sondern stellt einmal mehr seine Großzügigkeit unter Beweis, wenn er der Braut des Verstorbenen das Fünffache der Summe zukommen lässt. (Vgl. GS IV, 46 f.) Eine derartige Konstellation lässt sich wohl mit dem Erziehungsauftrag gegenüber Bediensteten vergleichen. Indem diesen Bildung und moralische Wertvorstellungen vermittelt werden, erweist sich zugleich der Dienstherr als vorbildlicher Vertreter des Aufklärungsgedankens.

mans wird bei der Vorstellung des Grafen erwähnt, dass er „Obrister über ein Regiment" (GS IV, 4) war. Was verstreut über die folgenden Seiten des Romans folgt, ist die idealtypische Darstellung eines aufgeklärten Offiziers, der auf seinen Reisen eine Bibliothek angesammelt hat und immer wieder als gebildeter Mann erscheint, dessen Lebensstil in Friedenszeiten allen Ansprüchen der Nützlichkeit und Tugendhaftigkeit entspricht:[15] „Er war die Gutheit und Menschenliebe selbst, und dennoch ward er im ganzen Hause so gefürchtet, daß der kleinste Wink an seine Leute die Wirkung des nachdrücklichsten Befehls tat." (GS IV, 11) Einen solchen Charakter *trotz* seines militärischen Standes zu besitzen, ist keine Selbstverständlichkeit, wie von der Gräfin ausdrücklich erwähnt wird: „Er war vernünftig und gesittet gewesen, ehe er ein Soldat geworden war, und daher hatte er nicht das geringste von dem Rohen und Wilden an sich genommen, das dieser Lebensart sonst eigen zu seyn pflegt." (GS IV, 11)[16] Die gesamte Darstellung des Grafen im weiteren Verlauf des Romans ergänzt und erweitert dieses Bild des idealen Offiziers, der gebildet, freundschaftlich und fromm ist. Gerade Letzteres nimmt eine zentrale Rolle in der Schilderung seiner Gefangenschaft ein: Nicht nur, dass er selbst als frommer Mann gezeigt wird, der angesichts seines Schicksals um Gelassenheit ringt, er steht auch anderen Soldaten in der Sterbestunde bei, indem er mit ihnen betet. Überdies setzt sich sein Bildungsstreben auch in der Gefangenschaft fort, wo er um englische oder französische Bücher bittet.

Gerade wenn man bedenkt, dass seine Abwesenheit durch die Gefangenschaft konstitutiv für das Romangeschehen ist, werden seine militärischen Taten auffällig beiläufig abgehandelt. Seine einzige erwähnte militärische Aktion ist die Verteidigung eines engen und gefährlichen Passes, die ihm – so wird vermutet – vom Prinzen gerade deshalb aufgetragen wurde, um sein Scheitern herbeizuführen. Auch die ,Freude' der Gräfin über den angeblichen ,Heldentod' des Grafen an seinen Wunden rührt nur daher, dass ihm der unehrenhafte Tod erspart blieb, zu dem ihn der Prinz durch das Kriegsrecht verurteilen ließ. Was ihn innerhalb des Romans also viel mehr als seine militärischen Erfolge auszeichnet, ist sein Verhalten im zwischenmenschlichen Bereich, sein tugendhaftes und freundschaftliches Wirken, und vor allem sein Bemühen, selbst in schwierigsten Lagen den religiösen Glauben nicht zu verlieren. Damit ist er nicht nur als Vertreter der ,militärischen Aufklärung' im Sinne Hohraths zu bezeichnen, deren Bildungsbestreben er vorbildlich verkörpert, sondern mehr noch als Vertreter der Empfindsamkeit, so dass man bei ihm von einem ,empfindsamen Offizier' sprechen könnte.

15 „Er war der ordentlichste Mann in seinen Geschäften" (GS IV, 11), gemeinsame Lektüre mit seiner Frau und ein liebevolles Eheleben sowie seine Freundschaften – vor allem die zum Herrn R*** – zeichnen sein Privatleben aus.

16 Vergleichbar äußert sich der Graf selbst über einen französischen Major, den er in der Gefangenschaft kennenlernte: „Er hatte die edlen Meinungen einer guten Erziehung im Felde nicht verlohren." (GS IV, 55)

Steeley, der ihm in vielen Charakterzügen ähnelt, gleichfalls das Freundschaftsideal erfüllt, gebildet und fromm ist, unterscheidet sich vom Grafen nicht nur durch seine Neigung zum Widerspruch, sondern er hat, wie der Graf feststellt, „bey einem redlichen und zärtlichen Herzen gewisse Fehler", die gerade für die hier behandelte Fragestellung bemerkenswert sind: „Er liebt die Verdienste seiner Nation auf Unkosten der übrigen Völker. Diese Partheylichkeit, ein natürlicher Ungestüm, und der Fehler des Widersprechens" (GS IV, 49) bieten Anlass für kleine Zänkereien und sind dennoch gerade deshalb dem Grafen mit Blick auf die Langeweile der Gefangenschaft nicht unlieb, zumal sie die guten Eigenschaften Steeleys nur noch stärker hervortreten lassen.

Obwohl also ein Offizier selbstverständlich ganz real für sein Vaterland – bzw. in Zeiten des Söldnerwesens zumindest für seinen Kriegsherrn – kämpft, ist es in der literarischen Darstellung Gellerts ein negativer Zug, die eigene Nation über andere stellen zu wollen. Selbst in Kriegszeiten sollte demnach der kosmopolitische Zug des Patriotismus nicht verloren gehen – ein in der Praxis sicher nur schwer zu realisierendes Ideal. Mindestens ebenso schwierig erscheint die Vereinbarkeit des Tugend- und Freundschaftsideals, das sich gerade auch durch sympathetisches Empfinden auszeichnet, mit der Kampfhandlung, die ein Angehöriger des Militärs in Kriegszeiten ausüben muss – gerade darin liegt möglicherweise auch ein Grund, warum heldenhafte Kriegstaten sich mit der Darstellung einer Figur wie dem Grafen eben nur schwer verbinden lassen. Dieses Problem spricht Gellert an einer Stelle seines Briefwechsels auch indirekt an, wenn er Christiane Caroline Lucius von einem Gespräch mit dem General Loudon berichtet, den er bei seinem siebenwöchigen Kuraufenthalt im Sommer 1763 in Karlsbad kennenlernte und den er zu seinen „liebsten Bekanntschaften" (GB III, 319) dort zählte. Nach einer ausführlichen Beschreibung, in der Loudon als ernsthaft, bescheiden und nachsinnend, als wenig, aber richtig und wahr von seinen kriegerischen Taten sprechend geschildert wird, fragt Gellert ihn:

> Aber sagen Sie mir erst, Herr General, wie es möglich ist, daß Sie die Schlacht bey […] *Kunnersdorf* haben gewinnen und *Schweidnitz* in einer Nacht einnehmen können. Ich kanns gar nicht begreifen, wenn ich Sie so ansehe. (GB III, 319)

Ein hinsichtlich seiner Charaktereigenschaften aufgeklärt und empfindsam wirkender General kann also offensichtlich für Gellert nicht oder nur schwer zusammengedacht werden mit einem erfolgreichen Kriegshelden.

Zugleich ist die Kampfhandlung und mehr noch der Heldentod bei Gellert nicht zu trennen von der Frömmigkeit, die für ihn einen elementaren Charakterzug des idealen Offiziers darstellt. Demnach ist der eigentliche Heldentod, der in der Patriotismusdebatte im Umfeld des Siebenjährigen

Krieges gerade durch die Schrift von Abbt[17] und durch Texte wie Lessings *Philotas* verhandelt wurde, bei Gellert zwar *auch* der Tod fürs Vaterland, mindestens ebensosehr aber ein Tod für die Ehre Gottes. Bloßer Heldenmut um der eigenen Ehre oder gar um der Selbstbereicherung willen wird vor dem Hintergrund der religiösen Wertung des Handelns – freilich nicht nur von Gellert – verworfen und als nicht ausreichende Legitimation für Blutvergießen angesehen, wie in der Fabel *Der Held und der Reitknecht* vorgeführt wird. Der Moralkatalog der christlichen Religion bleibt demnach die entscheidende Grundlage der Handlungsbewertung, auch im Kriegsgeschehen. Gott wiederum wird als höchste Instanz beschworen, die auch über dem ruhmreichen Herrscher steht, wie ein Gedicht Gellerts an Friedrich II., das sich 1760 in einem Brief an die Gräfin Schönfeld findet, in Erinnerung ruft:

> Der Ruhm, den Du im Staat, im Feld, am Hof,
> Als König, Held, Poet und Philosoph
> Erlangt, ist groß; dieß muß die Welt bekennen.
> Allein so groß Du, Friedrich, bist:
> So will ich Dir doch eine Größe nennen,
> Die mehr als Deine Hoheit ist:
> Sey klein vor Gott und werd' ein Christ. (GB III, 86)

Literarisch ausformuliert wird dies in der Fabel *Der fromme General* (GS I, 207 f.), in dem ebendieser selbst unter Androhung des Todes nicht von seinem Glauben lassen will, sondern seinem Herrscher vielmehr entgegnet, dass gerade die Ehrfurcht vor Gott ihn diese auch seinem Prinzen entgegenbringen lässt, und so wie er in der Schlacht sein Leben für den Letzteren wagt, würde er es auch zu Gottes Ehre opfern. Im ‚Memorial'[18] an Friedrich II. wird diese Argumentation – wenngleich freilich weit zurückhaltender – aufgegriffen, indem die Religion als stützende Kraft des Königs dargestellt wird, da sie „gute Bürger, fleißige Unterthanen und rechtschaffne treue Soldaten" mache

17 Thomas Abbt: Vom Tode fürs Vaterland [1761]. Wiederabgedruckt in: Aufklärung und Kriegserfahrung. Klassische Zeitzeugen zum Siebenjährigen Krieg, hg. v. Johannes Kunisch, Frankfurt/Main 1996, S. 589–650.

18 Diese Bezeichnung wird in der Gellertausgabe mit Bezug auf einen Tagebucheintrag Gellerts vom 13. Januar 1761 für den fragmentarischen Text verwendet, in dem notiert ist: „Frau aus Halberstadt, der ich ein Memorial überreichen sollte, an den König" (Chr. F. Gellerts Tagebuch aus dem Jahre 1761. Leipzig, T. O. Weigel 1862, S. 11), Das Druckmanuskript dieses ‚Memorials', das im siebten Band der Kritischen, kommentierten Gellert-Ausgabe erstmals veröffentlicht wird, wurde mir im Rahmen der Tagung von Sibylle Schönborn und Kerstin Reimann zur Verfügung gestellt, wofür beiden noch einmal herzlich gedankt sei.

(GS VII), wofür gerade die bestehende Armee als Beweis angeführt wird.[19] Die Religion ist demnach einerseits förderlich für den Gehorsam beim Militär, andererseits steht außer Frage, dass Gott die Instanz über dem Herrscher darstellt.
Im *Husarenbrief* lässt Gellert den jungen Offizier mit der ‚sanften frommen Miene', der freilich ebenso wie sein Widerpart stark stilisiert wurde, zudem versichern, „daß der wahre Heldenmuth im Treffen ein gutes Gewissen und das Vertrauen auf Gott sey" (GB II, 195). Derart zeichnet sich der Heldenmut eben nicht in erster Linie durch Wagemut und körperliche Stärke aus, wie er traditionell literarisch gestaltet wird und zugleich elementarer Bestandteil einer kriegerischen Männlichkeit ist, sondern durch Gottvertrauen und moralische Integrität. Zusammen mit der dargestellten Bildung, der Fähigkeit zu tugendhafter Freundschaft und zum Mitleiden stehen Gellerts militärische Figuren damit weniger in der langen Tradition des Kriegerbildes, dessen Eigenschaften wie Härte, Kraft und (disziplinierte) Aggressivität Elemente eines maskulinen Ideals vieler Epochen darstellte, als vielmehr im Kontext der Empfindsamkeit und der allgemeinen Aufwertung sogenannter „weiblicher" Tugenden. Denn was Gellert in einem Brief an Catherine Wilhelmine Sulzer über Frauen im Allgemeinen formuliert, „daß jene mehr feine Empfindungen, mehr Mitleiden haben, mit einem Worte mehr Herz sind, als diese" (GB I, 178 f.), verweist auf die zentrale Eigenschaft, deren Fehlen den kriegerischen Helden in seinen Augen disqualifiziert: Mitgefühl. Ist dieses vorhanden, schließt es allerdings zugleich einen hasserfüllten Blick auf den Feind aus, in dem doch ein mitfühlender Mensch in erster Linie den Mitmenschen erkennen muss.

Auf diesen beiden Ebenen wird umgekehrt auch die Wahrnehmung des Helden verändert, wenn Mitleid und Mitgefühl beibehalten werden, wie sich an Gellerts Äußerung in einem Brief an Bülzingsleben erweist: „Es ist wahr, man kann nie ohne Bewunderung an einen Helden denken; aber auch nie ohne ihn zu bedauern, daß er ein Held geworden ist. Ist es möglich, so vergessen Sie den Lorbeer, den man durch Blut erkaufen muß." (GB I, 11) Die Verbindung dieses Mitgefühls mit Weiblichkeit und dessen Verteidigung gegenüber seiner negativen Konnotation im literarischen Heldendiskurs, der vielfach auch die (weiblichen) Zurückgebliebenen umfasst, die statt Trauer und Verlust Stolz empfinden sollen und denen Tränen beim Anblick der Ver-

19 Diese Verbindung von Religiosität und militärischem Gehorsam bzw. dem Vaterland nützlichem Handeln findet sich auch später noch im Patriotismusdiskurs, wenn beispielsweise in *Der Deutsche* 1771 konstatiert wird, die Grundsätze der Religion hätten ihren größten Vorzug darin, „daß sie am geschicktesten sind, die Gemüther zu all dem zu lenken, was von wahren Patrioten erwartet werden kann" (Der Deutsche, Vier und zwanzigstes Stück. Magdeburg, am 15ten Junius, 1771, S. 367–382, hier S. 379). Eine solche Indienstnahme ist allerdings weit entfernt von Gellerts durch persönliche Überzeugung geprägte religiöser Haltung.

wundeten und heldenhaft Gefallenen ‚untersagt' werden, findet sich explizit in Gellerts *Sendschreiben an den Hrn. Rittmeister v. B., ins Lager nach Böhmen, im Monat Februar*:

> So fürcht ich, was mich schreckt, nur allzufrüh, und oft,
> Und er kann in Gefahr kaum so viel leiden müssen,
> Als ich empfinden muß, ihn in Gefahr zu wissen.
> Ist dieses Weichlichkeit: so nenn ichs doch Gewinn,
> Daß ich für einen Freund selbst weibisch-zärtlich bin (GS II, 17).

Diese offen eingestandene „Weiblichkeit" deutet Witte überzeugend als Zeichen des Dichters, „daß er aus dem als männlich verstandenen Funktionszusammenhang von Strafen und Ordnen, der allemal das Töten impliziert, herausgetreten ist".[20] Doch es soll wohl nicht nur „der Schriftsteller zur bürgerlichen Gegenfigur des adeligen Staatsmannes und Offiziers, [...] zum Antihelden"[21] stilisiert werden, sondern auch das Gegenüber seiner ‚weibisch-zärtlichen' Freundschaft soll den empfindsamen Idealen entsprechen.

Eine „Weichlichkeit", die sich positiv gewendet als ‚Zärtlichkeit' im Sinne der Empfindsamkeit zu erkennen gibt und der männlichen Härte und Tapferkeit entgegengesetzt ist, wird im *Leben der Schwedischen Gräfinn von G**** am Protagonisten idealiter vorgeführt. In der Beschreibung der Offiziere im ‚Husarenbrief' spiegelt sie sich auch im Äußeren wider: Dem Husaren mit seinen drohenden Augen und dem Bart wird die sanfte Miene des Offiziers gegenübergestellt. Vor diesem Hintergrund wird verständlich, dass Gellert gegenüber Bülzingsleben die Befürchtung zum Ausdruck bringt, dieser könnte als General, gezeichnet von Alter und Krieg, die Mienen verloren haben, „wo sonst Liebe und Zärtlichkeit gewohnt hatten" (GB I, 13). Bezeichnenderweise ist es Gellert bei dieser Vorstellung nicht möglich, den eben zitierten Brief an Bülzingsleben so freundschaftlich wie gewohnt zu beginnen, sondern er verfällt – wenngleich freilich als inszeniertes Spiel – in die förmliche Anrede. Die ‚zärtliche' Art, das Mitgefühl sind zugleich elementare Voraussetzung für Geselligkeit und Freundschaft, und Letztere ist zugleich mit Ersterer bedroht, wenn die ‚Kaltsinnigkeit' wesentlicher Charakterzug wird. So schreibt Gellert auch an Bülzingsleben: „Nein! Zu unsrer Freundschaft brauchen wir die Tapferkeit nicht; sie ist ihr vielmehr schädlich." (GB I, 11)

Vor diesem Hintergrund erscheint es auch bezeichnend, dass Gellerts Äußerungen zum persönlichen Kriegserleben geprägt sind von der Qual, das Leid anderer mit ansehen zu müssen, so dass er gegenüber Johann Friedrich von Cronegk in seinem Brief vom 15. November 1756 formuliert: „Die Last meines Vaterlandes liegt wenigstens durch Mitleiden auf mir." (GB II, 77)

20 Bernd Witte: Die Individualität des Autors. Gellerts Briefsteller als Roman eines Schreibenden, in: „Ein Lehrer der ganzen Nation". Leben und Werk Christian Fürchtegott Gellerts, hg. v. Bernd Witte, München 1990, S. 86–97, hier S. 92.

21 Ebd., S. 88.

Die Empathie als konstitutiver Bestandteil der Empfindsamkeit verbindet sich hier einmal mehr mit einer Umkehrung der traditionellen Rollenverteilung in kriegerischen Auseinandersetzungen, denn die Sorge um die Opfer – auch im praktischen Sinne, wie sie in Gellerts Äußerungen über die Lazarette in den eingangs angeführten Briefzitaten zur Sprache kam – wird traditionell vorwiegend den Frauen zugeordnet, die sich um die Verwundeten und Kranken kümmern sollten.

Hier nun, an dieser Spannung zwischen empfindsamem Freundschaftsideal und militärischem Habitus, setzt die praktische Relevanz der ‚militärischen Aufklärung' ein, die neben der zunehmenden Auseinandersetzung vor allem von Offizieren mit aufklärerischem Gedankengut, einer damit verbundenen militärischen Bildungsbewegung und der Entstehung einer militärwissenschaftlichen Öffentlichkeit vor allem auch umgekehrt das Bestreben meint, die bis dahin existierende Distanz zwischen Militär und Zivilgesellschaft über eine beide Kreise umfassende Gemeinschaft der Gebildeten zu verringern und über eine rationale Optimierung des Krieges dessen Bedarf an Menschen und Material, ja sogar dessen Schrecken zu mindern – so zumindest das angestrebte Ideal. Für Gellert muss dieses Ideal um die zentralen Aspekte der Empfindsamkeit erweitert werden: Neben diesen rationalen Elementen der Aufklärung umfasst es auch die emotionale Seite, nämlich Mitleid und Zärtlichkeit sowie die Religiosität. Kann die angestrebte praktische Wirksamkeit generell als Ziel von Gellerts Literatur angesehen werden, so zeigt sich das Bestreben darum einmal mehr auch in diesem Fall. Gellerts Briefwechsel mit Angehörigen des Militärs verdeutlichen, wie er das in seinen literarischen Texten entworfene Bild eines idealen Offiziers auch im persönlichen Umgang zu vermitteln sucht.

Dies betrifft zunächst einmal die Bildung, die bei Gellert grundsätzlich auch der Charakterbildung dient. Einer zunehmenden Verwissenschaftlichung des Militärs stellt er die Schönen Wissenschaften an die Seite, vor allem durch konkrete Lektüreempfehlungen, um die er zum Teil auch ausdrücklich gebeten wird. So schreibt er an Johanna Erdmuth von Schönfeld am 5. September 1763, er „habe dem General Laudon eine kleine Bibliotheck aufsetzen müssen", und fügt gleich mit Blick auf ihren Sohn hinzu: „Wenn also die Generale noch lesen dürfen: so wird es wohl den jungen Majoren auch noch erlaubt seyn." (GB II, 331)

Christian Friedrich von Blankenburg, der als schlesischer Offizier und Verfasser des *Versuchs über den Roman* (1774) sicher ein besonders eindrucksvolles Beispiel der Verbindung von Militär und poetischer Wissenschaft darstellt, ist – wenn man Gellerts Äußerung ernst nimmt – „wider seine Neigung" in diesem „gefährlichen Stand", den er mit „Wissenschaft und Geschmack" verbindet. (GB IV, 190) In seinem Bülzingsleben gewidmeten Gedicht *Sendschreiben an den Hrn. Rittmeister v. B., ins Lager nach Böhmen, im Monat Februar* hebt er an diesem besonders lobend hervor:

Nicht kennt sein reger Arm die Waffen nur allein,
Den Degen führt er itzt: so wird er tapfer seyn;
Faßt diese Hand den Kiel: so wird man zweifelnd bleiben,
Wozu sie stärker sey, zum Fechten oder Schreiben? (GS II, 17)

Johann Heinrich von Grabowski schließlich kann vermutlich als derjenige Briefpartner Gellerts gelten, der dessen Ideal eines aufgeklärten Offiziers am nächsten kommt. Seine Bekanntschaft mit Gellert entstand, als er dem bekannten Dichter seine Übersetzung von dessen Fabeln übersandte. Diese lieferten für Gellert den Beweis, „wie glücklich der Offizier ist, der ausser seiner Hauptwissenschaft sich mit den schönen Wissenschaften zu unterhalten gelernt hat“, und veranlassten ihn zu dem Wunsch: „Möchten doch viele von Ihrem Stande das Vergnügen des Lesens und des Studierens in den Winterquartieren kennen!“ (GB III, 22) In Hinblick auf Frömmigkeit ist es Christian Friedrich Thomasius, der nicht nur den Erwartungen entspricht, sondern diese sogar übertrifft: Denn „wenn es möglich wäre daß man zu fromm seyn könnte, so würde mein Officier diesen sonderbaren Ruhm verdienen“, weil er „der gewissenhafteste Soldat und vielleicht der erste [ist], der aus wahrer Liebe zur Religion u. aus Andacht im Gottesdienst zu einem Duelle Gelegenheit gegeben hat.“ (GB III, 285) Dessen Brief an Gellert, in dem er den Vorfall schildert,[22] reicht dieser nicht nur z. B. an die Gräfin Schönfeld weiter, sondern er liest ihn auch als Exempel in seinen Collegien vor, wie er Thomasius mitteilt.[23]

Neben den persönlichen und brieflichen Ermahnungen zu Gelassenheit und zum Gebet gegenüber Offizieren erscheint vor diesem Hintergrund die Hinwendung Gellerts zur geistlichen Literatur gerade für die Rezipienten aus dem militärischen Umfeld keinesfalls als Bruch, sondern vielmehr als willkommene Ergänzung. Die Gelassenheit im Tode zählt schließlich zu den Tugenden, die Gellert von Beginn an in seinen Texten und Briefwechseln immer wieder als Ideal vorstellt und die gerade im Kriegsgeschehen relevant wird, wie auch in der *Schwedischen Gräfinn* vorgeführt wird. So führt *Gellerts Andenken in der Campagne. Aufgerichtet von einem alten erfahrnen Officier von T*** gerade die *Geistlichen Oden und Lieder* und die *Trostgründe wider ein sieches Leben* als die Werke Gellerts an, die unter den Soldaten am meisten

22 1759 oder Anfang 1760 musste Thomasius infolge eines Duells, das er mit einem Major austrug, der ihn während eines Gottesdienstes gestört hatte, die Armee verlassen. Thomasius war bei dem Duell schwer verwundet worden.

23 „Ihr Brief, mein guter, ist so vortrefflich, daß ich ihn größtentheils meinen Zuhörern in dem Collegio, wo ich von den Briefen rede, vorgelesen habe. Erschrecken Sie nicht über diese Nachricht, sondern lassen Sie sich dieselbe vielmehr lieb seyn. Sie sind durch Ihren Brief und durch Ihr Beyspiel vielleicht vielen jungen Herrn ein unvergeßlicher Lehrer geworden, und vielleicht sollte Ihre böse Sache diesen glücklichen Erfolg nach sich ziehen.“ Gellert an Christian Friedrich Thomasius, 13. Dezember 1759 (GB II, 284).

verbreitet und ihnen die größte Wohltat seien: „Was kann ein Soldat, ich nehme die heilige Schrift aus, fürtreflichers haben? Die ersten lehren ihn leben, sich zum Tode zubereiten und sterben, und wenn er aufs langwierige Krankenlager kommt, so findet er in dem zwoten die sichersten Waffen wider ein sieches Leben.“[24] Zudem wird dadurch sein Postulat der Religion als Wertinstanz des Handelns auch für Militärangehörige vermittelt, wie sich in einem Gespräch mit einem Preußischen Feldwebel zeigt, das er Christiane Caroline Lucius am 17. September 1763 berichtet. Darin bedankt sich dieser vor allem für die letzten Werke Gellerts mit den Worten: „Sie haben mich oft vom Bösen abgehalten und zum Guten ermuntert.“ (GB III, 343)

Die breite Rezeption von Gellerts Werken in militärischen Kreisen wird nicht nur in *Gellerts Andenken in der Campagne* – wie Meyer-Krentler befindet: im Grundsatz wohl richtig[25] – behauptet, sondern auch von Gellert selbst in seinem ‚Memorial‘ stolz erwähnt: „Es ist vielleicht vom General Hülsen bis auf den Feldjäger herab kein deutscher Offizier u. Soldat unter ihrer Armee, der mich nicht gelesen hat u. auch wohl auswendig weis.“ (GS VII) Obwohl die Rückschlüsse auf eine tatsächliche Wirksamkeit neben der durch Rezeptionszeugnisse z. B. in Gellerts Briefwechseln belegbaren problematisch ist, ist es doch auch bemerkenswert, dass der vielfach rezipierte, kopierte[26] und schließlich gedruckte ‚Husarenbrief‘ nicht zuletzt der Auslöser dafür ist, dass militärische Besucher Gellerts sich von dem darin entworfenen Negativ-Bild distanzieren wollen. Der Rittmeister Kowatzsch beispielsweise, der Gellert aufsucht und ihm seine Truppe präsentieren will, betont ausdrücklich, dass er doch nicht so schrecklich aussehe wie der Husaren-Lieutnant.[27] Es ließe sich also die These aufstellen, dass zumindest in diesem Rahmen tatsächlich eine gewisse ‚militärische Aufklärung‘ durch Gellert erreicht wird, zumal er im Hinblick auf die Bildungsbestrebungen sicher ohnehin einen Beitrag leistete. Zudem jedoch führt er das empfindsame Postulat der Freundschaft nicht nur in seinen literarischen Texten vor, sondern setzt es gleichfalls in seinen Briefwechseln mit Angehörigen des Militärs um. Die Bedeutung, die er diesen Bemühungen zuerkennt, wird nicht zuletzt daran deutlich, dass Briefe an Bülzingsleben auch in Gellerts Briefsteller Eingang fanden.

---

24 Gellerts Andenken in der Campagne. Aufgerichtet von einem alten erfahrnen Officier von T**, Frankfurt und Leipzig 1770, S. 12 f.

25 Eckhardt Meyer-Krentler: „… weil sein ganzes Leben eine Moral war.“ Gellert und Gellerts Legende, in: „Ein Lehrer der ganzen Nation“ [Anm. 20], S. 221–257, hier S. 230.

26 Gellert an Johanna Erdmuth von Schönfeld, 11. Dezember 1759: „[…] der Lieutnant Hansen, der gestern Abend bey mir war, u. sich zeither in Dresden aufgehalten, hat mich versichert, daß die Copisten bey dem Kriegsdirectorio ganze Monate nichts gethan hätten, als den berufnen Brief eines gewissen Professors an die Fräulein Schönfeld abgeschrieben. Man hiesse ihn den *Krieg im schwarzen Brete*.“ (GB II, 282 f.)

27 Gellert an Johanna Erdmuth von Schönfeld, 13. Mai 1760 (GB III, 42).

In seiner Vermittlerrolle im Kontext der ‚militärischen Aufklärung', die aufgrund seines Briefwechsels und seiner persönlichen Kontakte durchaus auch praktische Relevanz hatte, verbindet Gellert einmal mehr sein literarisches Werk – in diesem Fall seine literarische Gestaltung tugendhafter, empfindsamer Offiziere – mit der gesellschaftlichen Realität. Das von ihm postulierte Ideal lässt allerdings keinen Raum für einen Patriotismus und eine Kriegsbegeisterung, wie sie sich im Umfeld des Siebenjährigen Krieges entwickelten – weder im literarischen Text noch als persönliche Haltung. Die Beobachtung einer gegenläufigen Entwicklung sowohl in der Literatur als auch im persönlichen Umfeld sind daher möglicherweise auch verbunden mit der Erkenntnis, dass sein Ideal nicht oder zumindest nur sehr begrenzt realisierbar ist:

> Für Gellerts Resignation vor einer chaotischen, schlechten Realität im Spätwerk mag nicht zuletzt die Erfahrung des Siebenjährigen Krieges als unmittelbar Betroffener zentral gewesen sein. In den Kriegsjahren 1756 bis 1763 konzentriert er sich nicht von ungefähr auf die Ausarbeitung und Verbreitung seiner Moral. So kämpft er mit Worten vor einem militärischen Publikum gegen die Unmoral des Krieges. […] Dem Scheitern des tugendhaft-empfindsamen Gesellschaftsideals an der Realität wird mit der Verheißung jenseitiger Belohnung zu begegnen versucht.[28]

Während Gellert also zunächst im Feld der Literatur – ganz besonders mit seinem Protagonisten in der *Schwedischen Gräfinn von G**** sowie mit der Stilisierung im ‚Husarenbrief' und in ausgewählten Briefen seines Briefstellers – sein Ideal vom empfindsam-aufgeklärten Offizier gestaltet und es in seinen Briefwechseln vermittelt, sieht er sich schließlich einer kriegsbegeisterten Literatur im Umfeld des Siebenjährigen Krieges gegenüber, deren Heldendarstellung mit seinen Vorstellungen nicht vereinbar ist. Nicht nur, dass zärtlich-empfindsamer Umgang ohnehin auf Konfliktvermeidung ausgelegt ist,[29] auch die Vorstellungen von Tapferkeit und Ehre, die für das Militär und die literarische Kriegsheldengestaltung eine wichtige Rolle spielen, werden von Gellert analog zu den zeitgenössischen, poetologischen Debatten um das Heroische mit den Vorzeichen Vernunft und Gefühl versehen. So besteht in der *Schwedischen Gräfinn* ‚wahre Tapferkeit' darin, „unerschrocken, tapfer, strenge und doch auch weise, vorsichtig und liebreich" (GS IV, 20) zu sein. Dementsprechend wird auch Ehre weniger durch überragende Heldentaten erworben, als vielmehr durch Pflichterfüllung und eine auch den privaten Lebensbereich umfassende vorbildlich tugendhafte Lebensführung. Gellerts Protagonist in der *Schwedischen Gräfinn* verweist damit auf den Wandel

28 Sibylle Späth: Vom beschwerlichen Weg zur Glückseligkeit des Menschengeschlechts. Gellerts Moralische Vorlesungen und die Widerstände der Realität gegen die empfindsame Gesellschaftsutopie, in: „Ein Lehrer der ganzen Nation" [Anm. 20], S. 151–171, hier S. 166.

29 Vgl. Nikolaus Wegmann: Diskurse der Empfindsamkeit. Zur Geschichte eines Gefühls in der Literatur des 18. Jahrhunderts, Stuttgart 1988, S. 48.

des Ehrbegriffs von einem aristokratischen Ehrverständnis hin zu einem bürgerlichen, das im Zeichen der Verinnerlichung steht, mit den Prinzipien der Moral- und Tugendlehre verschmilzt und in dessen Zentrum die Pflicht an die Stelle der ritterlichen Tapferkeit tritt.[30] In Lessings *Minna von Barnhelm* wird diese Entwicklung nach dem Ende des Siebenjährigen Krieges in der Klage der Protagonistin über die „wilden, unbiegsamen Männer, die immer nur ihr stieres Auge auf das Gespenst der Ehre heften! Für alles andere Gefühl sich verhärten",[31] explizit formuliert. Diese ‚Verhärtung für andere Gefühle' entspricht dabei eben jenem Problem, das Gellert auf unterschiedlichste Weise thematisierte, wenn er die Defizite eines auf Tapferkeit und Ehre fokussierten Helden veranschaulichte. In Lessings *Minna* wird das ‚Gespenst der Ehre' schließlich erfolgreich durch die ‚Tochter der Liebe', das Mitleid vertrieben – der zentralen Kategorie des bürgerlichen Dramas. Und eben dieses Mitleid war es, das auch den Mittelpunkt von Gellerts persönlicher und literarischer Auseinandersetzung mit dem Kriegs- und Patriotismusdiskurs seiner Zeit bildete und den von ihm literarisch idealiter entworfenen ‚empfindsamen Offizier' auszeichnete.

---

30 Vgl. Peter-André Alt: Der Held und seine Ehre. Zur Deutungsgeschichte eines Begriffs im Trauerspiel des 18. Jahrhunderts, in: Jahrbuch der deutschen Schillergesellschaft 37, 1993, S. 81–108, hier S. 86 f.

31 Gotthold Ephraim Lessing: Minna von Barnhelm, oder Das Soldatengück, in: Ders.: Werke und Briefe in zwölf Bänden, hg. v. Wilfried Barner, zusammen mit Klaus Bohnen, Gunter E. Grimm, Helmut Kiesel u. a., Bd. 6, Frankfurt/Main 1985, S. 84.

Katrin Löffler

Gellerts Roman *Leben der schwedischen Gräfinn von G**** im Kontext der zeitgenössischen philosophischen und theologischen Anthropologie

Der erste Teil von Gellerts Roman *Leben der schwedischen Gräfinn von G****** endet bekanntlich mit einer pikanten Konstellation: Die Gräfin, die ihren ersten Mann tot glaubt und seit einigen Jahren mit dem bürgerlichen R** verheiratet ist, steht nach der Rückkehr des Grafen plötzlich schuldlos mit zwei Ehemännern da und befindet sich in einem unlösbaren Affektkonflikt: „Einen Mann hatte ich wieder gefunden, den ich ausnehmend liebte, und einen sollte ich verlassen, den ich nicht weniger liebte. Man muß es fühlen, wenn man wissen will, was es heißt, von zween Affecten zugleich bestürmt zu werden, von denen einer so groß, als der andere ist." (GS IV, 38)

Die Entscheidung trifft nicht sie, sondern R**, der sie ihrem ersten Gatten zurückgibt und das Haus verlassen will. Die Gräfin reagiert darauf mit neuer Bestürzung und formuliert einen Widerstreit von Vernunft und Gefühl: „Mein ganzes Herz empörte sich. [...] Ich wußte, daß ich sie beyde nicht besitzen konnte; allein welcher Trieb hört die Vernunft weniger, als die Liebe." (GS IV, 40) R** lässt sich zum Bleiben bewegen und verhält sich in der Folgezeit so, als sei er niemals mit der Gräfin verheiratet gewesen. Während ihm die Affektbezwingung perfekt zu gelingen scheint, nimmt die Gräfin dies für sich nicht in Anspruch: Sie sei sich nicht sicher, ob sie ohne sein tugendhaftes Betragen nicht doch die „Schwachheit" gehabt hätte, die Liebesbeziehung mit ihm fortzusetzen, und ob sie ihm nicht trotz ihres gewissenhaften Verhaltens und ihrer Liebe zum Grafen wider Willen „durch manchen Blick ein stummes Bekenntniß" von ihrer Liebe gegeben habe (GS IV, 41). Der zweite Teil des Romans schließt mit ihrer Einsicht, ihn bis zuletzt geliebt zu haben. Das Indiz dafür ist die Trauer, die sie bei seinem Tod empfindet.[1] Zugespitzt kann man sagen, daß die Gräfin zwar äußerlich monogam lebt, aber emotional Bigamistin bleibt.

In der Forschung hat man das Verhältnis von Vernunft und Gefühl, das die Figuren an den Tag legen, vorrangig so interpretiert, dass der Roman ent-

1 Gellert lässt R** kurz nach dem Grafen sterben; dadurch bleibt offen, ob die Gräfin die Ehe mit R** wieder aufgenommen hätte.

weder die gelingende oder scheiternde Transformation bzw. die Beherrschung von Affekten vorführt.[2] Aber die „Aufklärung der Affekte“[3], die vernünftige Beherrschung der Leidenschaften, so unverkennbar sie auch auf der Textebene als Verhaltensideal intendiert ist, wird viel stärker problematisiert, als es auf den ersten Blick scheint. Das vernunftkritische Potenzial des Textes lässt sich erst richtig profilieren, wenn man sich Gellerts philosophische und theologische Prägung, die ich im Folgenden skizzieren möchte, anschaut und in den zeitgenössischen anthropologischen Diskurs einordnet.

Leipzig war in der ersten Hälfte des 18. Jahrhunderts nicht nur ein Zentrum des Wolffianismus, sondern zugleich „Mittelpunkt einer gegen die Systeme von Leibniz und Wolff einsetzenden Gegenbewegung“[4]. An der Philosophischen Fakultät lehrten Anhänger der beiden Strömungen der Frühaufklärung, die in der philosophiehistorischen Tradition mit den Namen von Christian Thomasius und Christian Wolff verbunden sind.[5] Von Leipzig aus fand der Wolffianismus „seine intensivste Verbreitung“,[6] und hier war mit Christian August Crusius (1715–1775) zugleich einer seiner profiliertesten Gegner zu Hause.

2 Erich Schön vertritt die Meinung, Gellerts Konzept für den Umgang mit den Affekten sei „das ihrer Bewältigung, indem je nach Situation ein Affekt bewußt in einen anderen überführt wird“. Erich Schön: Aufklärung der Affekte. Christian F. Gellerts Leben der schwedischen Gräfin von G***, in: Der Deutschunterricht 6, 1991, S. 31–41, hier S. 34. Helmut Schmiedt problematisiert dies stärker, sieht aber die Botschaft des Romans in der Darstellung der „Kraft abwägender Vernunft“, die selbst „das Problem rivalisierender Affekte allerhöchsten Grades im Sinne eines allseitigen Glücks bewältigen läßt“. Helmut Schmiedt: Modelle der vernünftigen Liebe: Gellerts Schwedische Gräfin, in: Ders.: Liebe, Ehe, Ehebruch. Ein Spannungsfeld in deutscher Prosa von Christian Fürchtegott Gellert bis Elfriede Jelinek, Opladen 1993, S. 30–48, hier S. 37. Am stärksten hat bisher Eckhardt Meyer-Krentler die Harmonisierung von Kopf und Herz infrage gestellt; er sieht vor allem im zweiten Teil den empfindsamen Tugendbegriff problematisiert. Eckhardt Meyer-Krentler: Der andere Roman. Gellerts Schwedische Gräfin: Von der aufklärerischen Propaganda gegen den „Roman“ zur empfindsamen Erlebnisdichtung, Göppingen 1974, S. 118.

3 Erich Schön sieht Gellerts Konzept im Ziel nicht von Gottscheds Bestrebungen unterschieden: Bedrohliche Affekte sollen bewältigt werden, allerdings nicht durch bloße Unterdrückung, sondern durch „Kultivierung und Indienstnahme“, was wiederum Erkenntnis voraussetze, so dass es um die „Aufklärung der Affekte“ gehe; vgl. Schön [Anm. 2], S. 38.

4 Detlef Döring: Die Philosophie Gottfried Wilhelm Leibniz' und die Leipziger Aufklärung in der ersten Hälfte des 18. Jahrhunderts, Stuttgart 1999, S. 102.

5 Zur thomasianischen Richtung werden Andreas Rüdiger, August Friedrich Müller, Adolph Friedrich Hoffmann und Christian August Crusius gerechnet, zur wolffianischen Richtung zählen Johann Christoph Gottsched, Carl Günther Ludovici, Christian Gottlieb Jöcher und Johann Friedrich May. Crusius ist m.E. eher als Eklektiker anzusehen, da er Elemente beider Richtungen kombiniert.

6 Detlef Döring: Der Wolffianismus in Leipzig. Anhänger und Gegner, in: Aufklärung 12, 2001, H. 2, S. 51–76, hier S. 53.

Gellert konnte bei seinem Studium in der Messestadt Vertreter beider Richtungen und somit konkurrierende anthropologische Konzeptionen kennenlernen. In komprimierter Form lassen sich die Unterschiede so benennen: Kennzeichnend für die Thomasianer sind der Anschluss an theologische Prämissen, die antidualistische Auffassung der wechselseitigen Beeinflussung von Körper und Seele, die Dominanz des Willens über die Vernunft sowie die Skepsis hinsichtlich vernünftiger Selbsterkenntnis und Handlungssteuerung. Die Wolffianer hingegen lösen sich von theologischen Vorgaben, tendieren zu einem stärker dualistischen Verständnis der Leib-Seele-Verbindung, betrachten den Willen als Derivat der Vernunft und beurteilen die Disziplinierungskraft der Vernunft wesentlich optimistischer als die Thomasianer.

Gellert hörte Vorlesungen bei den Wolff-Schülern Jöcher und Gottsched, schloss sich aber vor allem dem Thomasianer Adolph Friedrich Hoffmann an. Der Freund und Biograph Andreas Cramer berichtet, Gellert habe Hoffmanns Vorlesungen mit großer Begierde gehört, wörtlich nachgeschrieben und ihn nach eigenen Worten mehr bewundert als verstanden.[7] Hoffmanns wichtigster Schüler wiederum war der mit Gellert gleichaltrige Crusius, auf den Gellert neben anderen in der Einleitung zu den *Moralischen Vorlesungen* rekurriert. Im Jahr 1744 legte Crusius eine Ethik vor, die *Anweisung vernünftig zu leben*, deren anthropologische Konzeption im Blick auf Gellert höchst aufschlussreich ist und die ich zunächst kurz darstellen möchte, um auf diesem Hintergrund Gellerts Menschenbild zu erläutern.[8]

Das Seelenmodell, soweit es sich aus Crusius' Ethik rekonstruieren lässt, weist gegenüber dem wolffianischen Modell, wie es Gottsched vertritt, bezeichnende Veränderungen auf. Bei Gottsched gibt es eine klare Dichotomie von Erkenntnis- und Begehrungsvermögen; und beide sind wiederum in einen unteren sinnlichen und einen oberen vernünftigen Bereich geschieden. Die Vernunft nimmt in der Hierarchie der Seelenvermögen den obersten Platz ein und liefert dem Willen die Beweggründe. Der Wille ist als die vernünftige Begierde nach dem als gut Erkannten definiert; er ist von der Vernunft abhängig, die ihm die Gründe liefert. Er begehrt nie das Schlechte als solches, sondern – wenn die Vernunft sich irrt – als etwas vermeintlich Gutes.

Dem auf dieser Konzeption fußenden Erziehungsoptimismus der Wolffianer setzten die Philosophen der thomasianischen Tradition eine gehörige Portion Skepsis entgegen. Christian Thomasius beurteilte in den vier Bänden seiner Vernunft- und Sittenlehre die Möglichkeiten der Selbstaufklärung zunehmend negativ, da er den Willen für die entscheidende Kraft der Seele hielt. Nicht das Streben des Willens sei dem Verstand nachgeordnet, sondern

7 Johann Andreas Cramer: Christian Fürchtegott Gellerts Leben, Leipzig 1774, S. 16.

8 Ausführlich dazu Katrin Löffler: Anthropologische Konzeptionen in der Literatur der Aufklärung. Autoren in Leipzig 1730–1760, Leipzig 2005.

der Verstand sei „ein blosses Instrument des menschlichen Willens“[9] und befinde das für gut, was der Wille begehre. Der Wille aber, darin folgt Thomasius dem Reformator Martin Luther, sei grundsätzlich verderbt. Aus natürlichen Kräften, d. h. ohne die Gnade Gottes, könne der Mensch bestenfalls einen bösen Affekt durch einen anderen mildern und die Gelegenheit zum Bösen meiden, nicht aber wirklich tugendhaft handeln. Auch die Möglichkeit der Selbsterkenntnis wird von Thomasius aufgrund der unlösbaren Verquickung von Erkenntnis- und Begehrungsvermögen prinzipiell infrage gestellt.

Die nachfolgende Philosophengeneration knüpfte an Thomasius' Skepsis an, folgte ihm aber nicht in der durchweg negativen Bewertung des Begehrungsvermögens. Das wird bereits bei Andreas Rüdiger (1673–1731) sichtbar, der die Begierden nicht mehr als sündhaft an sich betrachtet und spezifisch menschliche Triebe – den Trieb nach Wahrheit, Menschenliebe und Glückseligkeit – annimmt. Sein bevorzugter Leipziger Schüler war der bereits als Lehrer von Crusius und Gellert erwähnte Adolph Friedrich Hoffmann (1703–1741). Crusius schreibt in der Vorrede zu seiner Ethik, Hoffmann habe als erster die Theorie des Willens als eine besondere Wissenschaft unter dem Namen der Thelematologie vorgetragen, jedoch nur mündlich.[10] Seine eigenen Bemühungen betrachtet er als Weiterentwicklung des Hoffmannschen Ansatzes und stellt seiner Ethik eine „Thelematologie“ als Lehre von den Kräften und Eigenschaften des Willens voran.

Rekonstruiert man das Seelenmodell von Crusius, dann ist das Vier-Kräfte-Schema noch gut erkennbar; es gibt obere und untere Erkenntnis- und Begehrungsvermögen. Die Vermögen sind allerdings anders definiert und zugeordnet als bei Gottsched, was hier im Einzelnen nicht interessiert. Das untere (sinnliche) Begehrungsvermögen umfasst wie schon bei Rüdiger mehr als die tradierten Affekte und Leidenschaften. Crusius unterscheidet tierische, d. h. körperliche, und menschliche Begierden. Zu letzteren gehört der Vollkommenheitstrieb, der den Menschen zu seiner von Gott gewollten Selbstvervollkommnung anspornt. Eine besondere Form dieses Triebs ist der „Trieb der moralischen Liebe“ oder Trieb der natürlichen Liebe, der wie bei Francis Hutcheson altruistisch ist. Crusius argumentiert dabei mit der Erfahrung: Der Mensch erfreue sich an Gesprächen und Gesellschaft, er empfinde Mitleid und nehme teil am Wohlergehen anderer. Im unteren Begehrungsvermögen ist außerdem der moralische Geschmack angesiedelt; er ist „derjenige Zustand der Seele, welcher macht, daß uns gewisse Dinge, welche zu dencken einige Abstractionskraft erfordert wird, angenehm oder unangenehm sind,

9 Christian Thomasius: Von der Kunst Vernünfftig und Tugendhafft zu lieben [...] Oder Einleitung zur Sitten-Lehre [...], 5. Aufl., Halle 1709, S. 37.

10 Christian August Crusius: Anweisung vernünftig zu leben, Darinnen nach Erklärung der Natur des menschlichen Willens die natürlichen Pflichten und allgemeinen Klugheitslehren im richtigen Zusammenhange vorgetragen werden, hg. von Giorgio Tonelli, Hildesheim 1969 (Nachdruck Leipzig 1744), o. S.

gut oder schlecht zu seyn scheinen, ohne daß wir zu sagen wissen warum, oder wenigstens ehe wir noch die Ursachen davon anzugeben wissen".[11]

Der moralische Geschmack hängt von Erziehung und Gewöhnung ab und muss demzufolge ausgebildet werden. Das wiederum setzt die Kenntnis des wahren Wertes der Dinge voraus, und insofern bedarf der moralische Geschmack letztlich doch des Erkenntnisvermögens. Den freien Willen versteht Crusius nicht als vernunftdependentes Vermögen, sondern wie sein Lehrer Hoffmann als eigenständige Kraft. Contra Wolff und seine Anhänger vertritt er die Auffassung, dass sich der Mensch auch zu dem als schlecht Erkannten entschließen kann. Zwar regt sich dann korrigierend der Vollkommenheitstrieb, aber der Verstand sucht nach Gründen der Entschuldigung.[12] Damit kommt, anders als bei Wolff und Gottsched, die Möglichkeit des Selbstbetrugs in Betracht.

Festzuhalten für die hier verfolgte Fragestellung sind vor allem zwei Punkte: (1) das Interesse am Begehrungsvermögen und dessen Ausstattung mit moralisch wertvollen Trieben und (2) die Auffassung des Willens als einer eigenständigen, nicht von der Vernunft abhängigen Seelenkraft. Gellert entwickelt in seinen *Moralischen Vorlesungen* sein Menschenbild nicht zusammenhängend, sondern betrachtet, seinem unsystematischen Ansatz entsprechend, nur einzelne Aspekte. Die Vernunft – er unterscheidet nicht terminologisch zwischen Verstand und Vernunft – ist einerseits durch die Erbsünde korrumpiert, andererseits kommt ihr ein hoher Stellenwert zu, denn sie dient der Gottes-, Natur- und Selbsterkenntnis, leitet zum Handeln an und unterscheidet gut und böse, Tugend und Laster (GS VI, 178). Wie im Wolffianismus hat die Vernunft als „Anführer" (GS VI, 15) eine leitende und disziplinierende Funktion innerhalb der Seelenvermögen. Allerdings überlässt Gellert moralisch gutes Handeln nicht allein der Leitung der Vernunft: Der größte Teil der Menschheit sei zu sinnlich und träge zum Nachdenken und damit zur vernünftigen Erkenntnis von Pflicht. Gott habe deshalb dem Menschen ein Moralgefühl eingepflanzt, das sich letztlich stärker geltend mache als die Vernunft (GS VI, 193). Obwohl Gellert versucht, in Übereinstimmung mit der lutherischen Orthodoxie an der Verderbtheit des Begehrungsvermögens festzuhalten, macht sich doch die Moral-Sense-Philosophie in starkem Maße geltend. Dadurch kommen wie bei Crusius positive Begierden ins Spiel: die allgemeine Menschenliebe bzw. das allgemeine Wohlwollen, die Neigung zur Geselligkeit und das Moralgefühl. Das Moralgefühl ist „Gehülfinn" (GS VI, 27) der Vernunft bei moralischen Urteilen oder kommt der Vernunft gar zuvor, und es besitzt für die Selbsterkenntnis eine wichtige Funktion, indem es die Neigungen untersucht, die Handlungen zugrunde liegen. So wie bei Wolff oder Gottsched idealiter die Vernunft in ihren mora-

11 Ebd., S. 129.
12 Ebd., S. 69 f.

lischen Urteilen nicht zu betrügen ist, so ist es bei Gellert das moralische Empfinden, das selten irrt, wenn es nicht durch Gewohnheit oder Leidenschaft gestört ist (GS VI, 66).[13] Tugend ist bei Gellert kein Resultat vernünftiger Pflichterfüllung wie im Wolffianismus, sondern kann sich auf die sympathetischen Triebe des „Herzens“ mit ihrer genuin moralischen Qualität stützen. Erklärtermaßen stimmen diese Triebe mit der Vernunft überein, und so verfügt das Herz eo ipso über ein moralisch-vernünftiges Potenzial.

In welcher Beziehung stehen nun diese anthropologischen Theoreme zum Beziehungskonflikt in der *Schwedischen Gräfinn*? Es fällt nicht schwer, zentrale Elemente des Menschenbildes, wie Gellert es im Anschluss an Crusius und andere vertreten hat, auch im Roman auszumachen: die Annahme ursprünglicher sympathetischer Neigungen, die Grenzen vernünftiger Affektkontrolle und die Problematisierung vernünftiger Affekterkenntnis.

Annahme ursprünglicher sympathetischer Neigungen

„Ich hatte von Natur ein gutes Herz“, sagt die Erzählerin über sich. Der Vetter, der sie erzog, lieh ihr seinen Verstand, das Herz „recht in Ordnung zu bringen“ (GS IV, 3). Wie in den rührenden Lustspielen werden auch in der *Schwedischen Gräfinn* die sympathetischen Neigungen durch ihre exzessive Darstellung aufgewertet. Die allgemeine Menschenliebe beispielsweise wird in der Episode von den einfachen schwedischen Soldaten angesprochen, die dem kranken Grafen „aus gutem Herzen“ helfen und nicht aus Furcht oder wegen einer Belohnung. Er habe, fährt der Graf fort, während seiner Krankheit den großen Unterschied gesehen, „der unter den Diensten ist, die man uns aus Gehorsam und Hoffnung erzeigt, und unter denen, die man dem andern aus einem geheimen Triebe der Freundschaft und des Mitleidens erweiset“ (GS IV, 47). Diese Formulierung lässt sich als Polemik gegen das Menschenbild von Hobbes und Mandeville verstehen, die den Menschen durch egoistische Begierden angetrieben sahen und Tugenden nur für deren Maskierungen hielten, die mit der Aussicht auf Belohnung oder der Furcht vor Strafe zu erklären seien. Dagegen behauptete Hutcheson ein allgemeines Wohlwollen des Menschen gegenüber anderen Menschen, das frei sei von jeglichem Eigennutz. Das Mitleid galt ihm als starker Beweis dieses naturgegebenen Wohlwollens; der Mensch verspüre den Wunsch nach Erleichterung für den Unglücklichen ohne einen Gedanken an sich selbst.[14]

13 Zu Gellerts Vorbehalten gegenüber Hutchesons Auffassung des Moral Sense vgl. Jan Engbers: Der „Moral-Sense“ bei Gellert, Lessing und Wieland. Zur Rezeption von Shaftesbury und Hutcheson in Deutschland, Heidelberg 2001, S. 123 ff.

14 Francis Hutcheson: Über den Ursprung unserer Ideen von Schönheit und Tugend, hg. v. Wolfgang Leidhold, Hamburg 1986, S. 112 f.

Herausragend ist die Bedeutung der sympathetischen Neigung der Freundschaft. Das Wiedersehen zwischen dem Grafen und seinem ehemaligen Mitgefangenen Steeley liefert die rührendste Stelle des ganzen Romans. Zuerst liegen sich der Graf und Steeley in den Armen, dann Steeley und die Gräfin, dann umarmen sich alle drei, und schließlich werden auch Caroline und R** in die Umarmung einbezogen:

> O was ist das Vergnügen der Freundschaft für eine Wollust, und wie wallen empfindliche Herzen einander in so glücklichen Augenblicken entgegen! Man sieht einander schweigend an, und die Seele ist doch nie beredter, als bey einem solchen Stillschweigen. [...] Caroline und der Herr R** theilten ihre Freude mit der unsrigen, und wir traten alle viere um Steeleyn und waren alle ein Freund. (GS IV, 74)

Die „größte Wollust des Herzens", so sagt Gellert in den *Moralischen Vorlesungen*, finde der Mensch im Vergnügen des Anderen, im Wissen und Fühlen, zu lieben und wieder geliebt zu werden. Im geteilten Gefühl finden die Figuren nicht nur das größtmögliche Vergnügen; die Empathie vermag sogar vorübergehend die Grenzen des Individuums aufzuheben: Alle waren „ein Freund", wie es heißt.[15] Die Belege für die Aufwertung des sinnlichen Begehrungsvermögens ließen sich fortsetzen.

15 Über das wolffianische Konzept der Affekte, das im Wesentlichen nur angenehme und unangenehme Affekte unterscheidet, hinausgehend, beschreibt Gellert außerdem eine „vermischte" Empfindung. Die kleine empfindsame Gemeinschaft führt noch vor dem Eintreffen von Steeley und Amalia mitunter absichtlich eine Unterbrechung des angenehmen Lebens herbei: „Wenn wir mitten in unsern Vergnügungen recht empfindlich gerührt seyn wollten: so dachten wir unserm Schicksale nach. Diejenigen, die niemals unter grossen Unglücksfällen geseufzt haben, wissen gar nicht, was für eine Wollust in diesen Betrachtungen zu finden ist. Man entkleidet sich in solchen Augenblicken von allem seinen natürlichen Stolze; man sieht, indem man sein Schicksal durchschaut, sein Unvermögen, sich selber glücklich zu machen, und überläßt sich den Entzückungen der Dankbarkeit, die uns nicht länger wollen nachdenken lassen." (GS IV, 69 f.) Gellerts spätere Schrift *Von den Annehmlichkeiten des Mißvergnügens* (1756) liest sich wie ein Kommentar dieser Romanstelle. Eine unangenehme Vorstellung (die Erinnerung an erlittenes Unglück) und die sich daran anschließende Reflexion rufen letztlich ein angenehmes Gefühl hervor. Das erinnerte Missvergnügen bewirkt einen Kontrast und dadurch die Empfindung des gegenwärtigen Glücks. Ähnlich beschreibt es Moses Mendelssohn etliche Jahre später: „Wenn zu dem Begriffe eines gegenwärtigen Glückes die wehmüthige Erinnerung jenes Elends, darin wir vorher gelebt, hinzukömmt; so vergießen wir Freudenthränen; Thränen, die der Gipfel aller Freuden sind. Warum? Der Begriff einer vergangenen Unvollkommenheit streitet nicht mit dem Begriffe der gegenwärtigen Vollkommenheit. Beide können neben einander bestehen, und jene uns zum Gefühle des Vergnügens empfindlicher machen." Ästhetische Schriften, hg. v. Otto Best, 3. Aufl., Darmstadt 1994, S. 90.

Grenzen vernünftiger Affektkontrolle

Die eingangs angeführte Passage von der „emotionalen Bigamie" kann man als kritische Replik auf eine zentrale Position der wolffianischen Philosophie lesen. Der Satz vom zureichenden Grund, den Christian Wolff von Leibniz als Vernunftprinzip übernommen hat, besagt im Hinblick auf die Operationen der Seele, dass jedes menschliche Handeln einen Bewegungsgrund voraussetzt. Wolff vergleicht mit einer Waage: Der Beweggrund entspricht dem Gewicht, das eine der Schalen sinken lässt. Dadurch sieht er die menschliche Freiheit begründet; sie sei das „Vermögen der Seele durch eigenen Willkühr aus zweyen gleich möglichen Dingen dasjenige zu wehlen, was ihr am meisten gefället [...] oder [...] sich selbsten zu demjenigen zu determiniren, dazu sie weder ihrer Natur nach, noch von etwas von aussen determiniret ist".[16]

Nach Wolffs Auffassung wäre die Grundlage der Sittenlehre zerstört, wenn für eine Handlung kein Grund angegeben werden könnte. Genau in diesem Dilemma aber befindet sich die Gräfin. Um im Bild zu bleiben: Der Stand der Waagschalen ist gleich, beide Männer besitzen vorzügliche Eigenschaften, die Gräfin liebt beide gleichermaßen und will weder den einen noch den andern verlassen. Sie ist handlungsunfähig.[17] Diese Gefühlskrise wird auf der Figuren- und Textebene allerdings nicht moralisch bewertet. Vielmehr erscheint die Liebe zu zwei Männern als ein Zugeständnis an die komplizierte Situation und die affektische Natur des Menschen, die durch die Vernunft eben nicht vollständig beherrschbar ist, sondern eine gewisse Eigenständigkeit besitzt.[18]

In der Gestaltung dieser Situation zeigt sich darüber hinaus die andersartige Fundierung moralischen Handelns: Entschieden wird nicht durch ver-

16 Christian Wolff: [Deutsche Metaphysik] Vernünfftige Gedancken von GOTT, der Welt und der Seele des Menschen, auch allen Dingen überhaupt, in: Ders.: Gesammelte Werke, hg. v. Jean École u. a., Nachdruck Hildesheim 1983, I. Abt., Bd. 2), hier S. 317.

17 Das scheint mir ein wichtiger Punkt zu sein, der die Auffassung von Bernd Witte, der Roman zeige die „absolute Freiheit der Wahl, in der die Selbstbestimmung des Subjekts ihre Bestätigung findet", etwas relativiert, zumindest in Bezug auf die Figur der Gräfin. Bernd Witte: Der Roman als moralische Anstalt. Gellerts „Leben der schwedischen Gräfin von G..." und die Literatur des 18. Jahrhunderts, in: Germanisch-Romanische Monatsschrift, N. F. 30, 1980, S. 150–168, hier S. 161.

18 Schon Meyer-Krentler hat darauf hingewiesen, daß die Gräfin ihre Liebe nicht problemlos in Freundschaft umwandeln kann und die Liebe lediglich in einem „Akt der Selbstüberwindung bezwungen und im Herzen verschlossen" bleibt. Eckhardt Meyer-Krentler: Der andere Roman. Gellerts „Schwedische Gräfin" [Anm. 2], S. 89. Meyer-Krentler sieht darin ein zwangsläufiges Ergebnis der Situation der Gräfin, die sich im Fall einer Entscheidung dem Vorwurf der Selbstsucht aussetzen würde und deshalb nur dem Entsagungsduell der Männer folgen könne (ebd., S. 80 f.). Worin die Selbstsucht der Gräfin bestehen soll, bleibt allerdings unklar.

nünftiges Abwägen von Gründen, sondern durch einen großmütigen Verzicht. Der Begriff der Großmut aber erfährt zu jener Zeit im Kreis der Bremer Beiträger eine entscheidende Umwertung. Gellerts Freund Johann Andreas Cramer verfasste darüber eine kleine Abhandlung, die ein Jahr vor dem ersten Romanteil erschien.[19] Er definierte die Großmut wie folgt:

> Die Großmuth ist eine Menschenliebe, welche ihr größtes Vergnügen in dem Vergnügen andrer Menschen findet. Alle Handlungen eines Großmüthigen haben also das Glück ihrer Nebenmenschen zum Endzwecke. Er ist darum nicht ohne Selbstliebe, allein er übt die Pflichten, die er seiner Erhaltung, und seinem Vergnügen schuldig ist, vornehmlich auch darum aus, weil er durch denselben [sic!] in den Stand gesetzt wird, andre glücklich zu machen. Ihm gefällt ein jedes Vergnügen, durch welches die Tugend nicht beleidigt wird; allein daßelbe erhält in seinen Augen einen weit grössern Werth, wenn er es mit andern theilen kann.[20]

Die Großmut ist also nicht mehr nur selbstbezogene Affektbezwingung, wie noch wenige Jahre zuvor das Zedlersche Lexikon definiert,[21] sondern eine soziale, altruistische Neigung, die das Glück anderer Menschen höher veranschlagt als das eigene und Lust primär aus dem sympathetischen Sich-mit-Freuen gewinnt. Sie baut zwar auf der allgemeinen Menschenliebe auf, ist aber keineswegs eine natürliche Neigung, sondern gegen egoistische Triebe durchzusetzen. Der bürgerliche R** ist im Spektrum der Figuren diejenige mit dem höchsten Grad an Moralität. Er wird als uneigennützig,[22] besonders vernünftig[23] und tugendstreng charakterisiert. Explizit ist von seinem „großmüthigen Bezeigen" (GS IV, 40) die Rede, und auch die Formulierung der

19 Johann Andreas Cramer: Betrachtungen über die Großmuth, in: Neue Beyträge zum Vergnügen des Verstandes und Witzes [Bremer Beiträge], Bd. 3, S. 175–195. Christel Matthias Schröder hat Cramer als Verfasser ausfindig gemacht. Christel Matthias Schröder: Die „Bremer Beiträge". Vorgeschichte und Geschichte einer deutschen Zeitschrift des 18. Jahrhunderts, Bremen 1956, S. 137.

20 Cramer [Anm. 19], S. 177.

21 Die Großmütigkeit sei eine „Tugend, welche in der Herrschafft über die Begierden bestehet". Kleine Geister ließen sich von jeder Fleisches- und Augenlust treiben; dagegen bleibe ein Großmütiger „alle Zeit einerley", sein Verstand sehe die Dinge nach deren eigentlicher Beschaffenheit, und sein Wille könne nur edlen Entschlüssen Folge leisten. [Johann Heinrich Zedler:] Grosses vollständiges Universal-Lexicon Aller Wissenschafften und Künste […], Halle, Leipzig 1732–1754, 2. vollständiger photomechanischer Nachdruck, Graz 1997, Bd. 11, Sp. 1068.

22 „Er schlug keine Vergnügung aus; allein mir kam es immer vor, als ob er sich nicht so wohl an den Ergötzlichkeiten selbst, als vielmehr an dem Vergnügen belustigte, das die Ergötzlichkeiten andern machten." (GS IV, 14) Er finde nicht nur sein Vergnügen primär im Vergnügen anderer, sondern sei in allen Handlungen „uneigennützig" (GS IV, 14).

23 „Sein Verlangen war, alle Menschen vernünftig, und alle Vernünftige glücklich zu sehen. Daher konnte er die großen Gesellschaften nicht leiden, weil er so viel Zwang, so viel unnatürliche Höflichkeiten und so viel Verhinderungen, frey und vernünftig zu handeln, darinnen antraf." (GS IV, 14)

Erzählerin, er habe ihr und des Grafen Vergnügen mit der „Aufopferung des seinigen“ (GS IV, 41) befördert, zeichnet ihn als Großmütigen aus.[24] Dem Leser bleibt allerdings eine Introspektion dieser Figur vorenthalten. Die Großmut wird nicht psychologisch ausgeleuchtet; R** fällt durch diese plakative Gestaltung gegenüber den anderen Figuren deutlich ab.

Aber nicht nur die fortgesetzte Liebe zu zwei Männern, auch andere Textpassagen zeigen die Grenzen vernünftiger Affektkontrolle. Nachdem die Gräfin den Brief erhalten hat, in dem ihr der Graf von seiner unrechtmäßigen Verurteilung und der bevorstehenden Hinrichtung schreibt, ist sie etliche Tage „ganz betäubt“ (GS IV, 16), und ihr Schmerz bei seinem Tod ist „bis zur Ausschweifung groß“ (GS IV, 95). Ein anderes Beispiel: Als der Graf nach Sibirien verbannt wird, versinkt er, wie er schreibt, „in Schwermuth und Traurigkeit“ (GS IV, 54), und nachdem er Steeley die Nachricht der Verbannung mitgeteilt hat, überlassen sich beide der Wut und Verzweiflung (GS IV, 54). Beim Gedanken, das Vaterland vielleicht nie wieder zu sehen, wird es „finster“ (GS IV, 48) in seinem Verstand, alle Gelassenheit ist dahin und muss in einer neuerlichen Anstrengung zurückgewonnen werden. Die Stärke dieser Affekte wird erwähnt, ohne zugleich kritisiert zu werden – der ausschweifende Schmerz erscheint sogar positiv als „Beweis der zärtlichsten Liebe“ (GS IV, 95) –, obwohl der Zustand der affektischen Betäubung bzw. Ausschweifung im philosophischen Diskurs, auch bei Gellert, negativ konnotiert ist.[25] Bemerkenswert ist auch die Einsicht in das Verhältnis der Seelenvermögen zueinander, die der Graf formuliert:

> Wenn wir uns bemüht haben, recht ruhig zu seyn, sind wir am unzufriedensten geworden. Man sieht, wenn man den Betrachtungen über die Vorsehung nachhängt, die Unmöglichkeit sich selbst zu helfen, deutlicher, als wenn man sich seinen Empfindungen überläßt; man sieht die Nothwendigkeit, sich ihren Führungen zu überlassen, und man will doch zugleich nicht von dem Plane seiner eignen Wünsche abgehn. Man will ihn gewiß, man will ihn bald ausgeführt wissen, und man sieht doch, daß die Umstände dazu nicht in unserer Gewalt stehn. Für diese traurige Entdeckung will sich unser Herz gleichsam durch die Unzufriedenheit rächen, und es umnebelt den Verstand, damit es von seinem Lichte nicht noch mehr zu befürchten habe. (GS IV, 49)

Es geht nicht nur um die Unmöglichkeit, ein legitim erscheinendes Begehren völlig zu unterdrücken, sondern auch um die Einsicht, dass vernünftiges

24 Eine korrespondierende Figur ist Caroline, deren Verzichtsleistung allerdings geringer zu veranschlagen ist, da sie erstens nicht mit dem Grafen verheiratet war und zweitens mit einer gesicherten wirtschaftlichen Existenz entschädigt wird.

25 Die Leidenschaften rauben dem Menschen die Freiheit, dem „Lichte des Verstandes zu folgen“ (GS VI, 71), und versklaven den Willen. Die Schwierigkeit, die Affekte und Leidenschaften zu beherrschen, sind für Gellert ein sicheres Zeichen für das „allgemeine Verderben“ der menschlichen Natur durch den Sündenfall (GS VI, 105).

Überlegen in bestimmten Situationen nicht hilfreich, sondern kontraproduktiv ist, indem es das Unglück erst recht zu Bewusstsein bringt und dadurch eine affektische Gegenreaktion provoziert.[26] Leichter, so lässt sich schlussfolgern, scheint es sich dann ohne reflexive Durchdringung der unglücklichen Lage zu leben.

Problematisierung vernünftiger Affekterkenntnis

Bekanntlich erreicht Gellert ein neues Niveau der Darstellung von Affekten im zweiten Teil des Romans mit der Beschreibung der Liebesbeziehung zwischen Amalia und Steeley. Die psychologisch fein erzählte Verzögerung des wechselseitigen Liebesgeständnisses beruht darauf, dass sich Amalia erst über ihr Gefühl klar werden muss und eine Vergewisserung für das Geliebtwerden braucht, für die sie auf die Interpretation äußerer Affektsymptome angewiesen ist. Vorübergehend suspendiert sie ihren Verstand, denn wohl *wissend*, dass ihre Hilfe für Steeley mehr als nur Mitleid ist, befindet sie es für gut, sich zu „hintergehen" (GS IV, 79). Das Seelenleben erscheint als nicht vollständig rationalisierbar. „Ich konnte mich in das Geheimniß unsrer Herzen nicht finden" (GS IV, 83), bekennt Amalia. Kein vernünftiger Entschluss, sondern die Überwältigung durch einen Affekt bewirkt schließlich das Bekenntnis der Liebe: Als Steeley von einer sicheren Reisegelegenheit erfährt, klagt er mit Tränen in den Augen über die Abreise, woraufhin sie nach dem Grund fragen kann, so dass nun endlich der Liebeserklärung der Weg gebahnt ist.

Mag das noch ein harmloser Selbstbetrug sein, indem das Hinauszögern des Liebesgeständnisses auf raffinierte Weise den Gefühlsgenuss erhöht, so hat der Selbstbetrug in der Mariane-Carlson-Episode eine ganz andere Funktion. Das Paar hält trotz des Wissens um das geschwisterliche Verhältnis an seiner Liebe fest, und Carlson sieht im Marschbefehl die Lösung des Problems, indem er sein Überleben als göttliche Billigung der Ehe verstehen will. Die erzählende Gräfin kommentiert dies so: „Welche glückselige Dienste leistet nicht der Irrthum in gewissen Umständen! Und wie gut ist es nicht oft, daß wir das Vergnügen haben, uns selbst zu betrügen!" (GS IV, 30) Das lässt sich als Antwort auf das intellektualistische Konzept der Selbsterkenntnis im Wolffianismus deuten. Die Beurteilung von eigenen und fremden Handlungen ist dort eine rein logische Angelegenheit, die sich in die Form eines Syllogismus bringen lässt. Sind die Begriffe deutlich und die Schlüsse richtig, ist

26 Ähnlich formuliert es die Gräfin, als sie den Brief des Grafen vor seinem vermeintlich baldigen Tod erhält: „Alle Trostgründe der Religion und der Vernunft waren bey meiner Empfindung ungültig, und sie vermehrten nur meine Wehmuth, weil ich sah, daß sie solche nicht besänftigen konnten." (GS IV, 16)

die Gefahr des Selbstbetrugs gebannt.[27] Die Romanepisode hingegen zeigt, dass sich die Begierden wider besseres Wissen behaupten. Mariane und Carlson überließen die Sache dem Himmel, wie es heißt, und versprachen sich von diesem Richter „nichts, als was sie wünschten" (GS IV, 30).

Die Unterschiede zur wolffianischen Konzeption der Seelenkräfte liegen auf der Hand: die Akzentuierung sympathetischer Triebe, die Schwierigkeit, sich über die eigenen und fremden Neigungen Gewissheit zu verschaffen, der wissentliche Selbstbetrug. Immer wieder zeigt der Roman in der Figurenkonzeption, dass die Vernunft beim Versuch der Affektkontrolle an ihre Grenzen stößt, und zwar – das ist der entscheidende Unterschied zu Gottscheds Texten – bei als moralisch hochstehend charakterisierten Figuren[28] und nicht bei Lasterexempeln.

Aspekte theologischer Anthropologie

In einer vor wenigen Jahren erschienenen Monographie ist über die Erziehung der Gräfin zu lesen, ihr werde durch ihren Vetter[29] eine „›vernünftige‹ Religion" beigebracht.[30] Das aber ist eine bezeichnende Fehllektüre. Im Text steht etwas anderes. Nach wenigen Sätzen kommt die Ich-Erzählerin, also die Gräfin, auf ihre Erziehung zu sprechen. Der Verwandte, bei dem sie aufwächst, erzieht sie zur Tugendhaftigkeit, und zwar *nicht* durch „eine hohe und tiefsinnige Philosophie" (GS IV, 4), wie es explizit heißt. Vielmehr habe er ihr die Religion „auf eine vernünftige Art" (GS IV, 4) beigebracht.

Nicht von vernünftiger Religion ist also die Rede, sondern von Religion, die vernünftig vermittelt wird. Das ist semantisch ein großer Unterschied. Hier geht es letztlich um nichts Geringeres als das Verhältnis von Religion und Philosophie respektive Vernunft. Rekurriert wird auf die Behauptung einer natürlichen Tugendhaftigkeit unabhängig von der jüdisch-christlichen Offenbarung, wie Christian Wolff sie 1721 in seiner Prorektoratsrede *Von der*

27 Christian Wolff: [Deutsche Ethik] Vernünfftige Gedancken von der Menschen Thun und Lassen, zu Beförderung ihrer Glückseeligkeit, den Liebhabern der Wahrheit mitgetheilet […], 5. Aufl., Frankfurt 1736, S. 129.

28 Es stehen eben nicht tugendhafte Protagonisten (Graf, Gräfin, R** usw.), „die ihre Triebe und Affekte zu steuern vermögen", den Figuren Carlson, Mariane und Dormund gegenüber, die an ihrer Gefühlshörigkeit zugrunde gehen (so Engbers, [Anm. 13], S. 48); die Darstellung ist differenzierter.

29 Unter „Vetter" hat man sich am ehesten einen Onkel vorzustellen; jedenfalls ist die erste Bedeutung, die das Zedlersche Lexikon ([Anm. 21], Bd. 48, Sp. 373) angibt, der Bruder des Vaters. Im weiteren Sinn bedeutet Vetter auch Cousin oder ein anderer naher männlicher Verwandter.

30 Hans-Joachim Maier: Zwischen Bestimmung und Autonomie. Erziehung, Bildung und Liebe im Frauenroman des 18. Jahrhunderts. Eine literatursoziologische Studie von Christian F. Gellerts *Leben der schwedischen Gräfin von G**** und Sophie von La Roches *Geschichte des Fräuleins von Sternheim*, Hildesheim 2001, S. 74.

Sittenlehre der Sineser, die den Anlass zu seiner Vertreibung aus Halle gab, vertreten hatte. Später, in den *Moralischen Vorlesungen,* polemisiert Gellert gegen diese Auffassung, indem er ein ganzes Kapitel dem Vorzug der gegenwärtigen Moral vor der antiken widmet. Die heidnische Moral ist für ihn defizitär, denn es fehle ihr u. a. an Keuschheit und Demut, sie schätze die Rache und erlaube den Selbstmord. Dem Licht der Religion und nicht der Vernunft sei zu danken, dass die gegenwärtige Moral von diesen Mängeln frei sei. Erst die Offenbarung habe die durch den Sündenfall verderbte Vernunft wieder in ihre Rechte eingesetzt. Es entspringe nur menschlichem Stolz, wenn man sich über den Sieg der Vernunft freue und die eigentliche Quelle, also die Religion, verspotte.[31] Für Gellert ist die Vernunft immer die durch die Offenbarung schon aufgeklärte Vernunft, die auch das Herz bessert.

Ähnlich kann man es in den *Geistlichen Oden und Liedern* (1757) lesen, und zwar in dem Lied mit dem bezeichnenden Titel *Das natürliche Verderben der Menschen*. Die vorletzte Strophe lautet (GS II, 130):

> Doch so verderbt wir sind, so schwach, uns selbst zu heilen:
> So steuert Gott doch der Verdorbenheit,
> Läßt durch sein heilig Wort uns neue Kraft ertheilen,
> Licht der Vernunft, dem Herzen Reinigkeit.

Bereits zehn Jahre früher, in der *Schwedischen Gräfinn*, legt Gellert diese Auffassung der Hauptfigur in den Mund. Im Anschluss an die oben zitierte Stelle heißt es weiter, eine vernünftig und gründlich unterrichtete Religion könne den „Verstand eben so vortrefflich aufklären“, als sie das „Herz verbessert“, und viele Menschen hätten mehr Verstand zu ihren Geschäften und einer guten Lebensart, wenn „er durch den Unterricht der Religion wäre geschärft worden“ (GS IV, 4). Mit anderen Worten: Religion klärt den Verstand auf, nicht umgekehrt.[32]

In seinem Elternhaus lutherisch-orthodox geprägt, studierte Gellert in Leipzig Theologie vor allem bei Heinrich Klausing, der für seine entschieden orthodoxe Haltung bekannt war. Cramer schreibt, Gellert habe sich „aus eigner Ueberzeugung zu dem Lehrbegriffe unsrer Kirche“,[33] also der evangelisch-lutherischen, bekannt. Bestimmte Elemente der auf praktische Bewährung ausgerichteten Frömmigkeit Gellerts wie das Streben nach Vervoll-

---

31 GS VI (Dritte Vorlesung), hier besonders 41 ff. Ähnlich hatte schon Crusius argumentiert.

32 Der rachgierige Pope in Moskau ist bezeichnenderweise „unwissend“ (GS IV, 52) in der griechischen, d. h. orthodoxen Religion. Diese Bemerkung ist insofern interessant, als sich der defizitäre Charakter des Popen dann nicht auf seine Konfession zurückführen lässt. Gellert vermeidet konfessionelle Polemik, die es in der zeitgenössischen Literatur, zum Beispiel in Gottscheds *Parisischer Bluthochzeit*, durchaus gibt.

33 Cramer: Gellerts Leben [Anm. 7], S. 180.

kommnung in der Gottseligkeit und die forcierte Selbstbeobachtung, die sich auch im Führen eines Tagebuchs zeigt, weisen indes eine deutliche Nähe zur pietistischen Praxis auf, und seine Hochschätzung für August Hermann Francke ist belegt (GS V, 335). Cramer erwähnt mehrfach, Gellert habe sich darum bemüht, alles gelungene Tun als Wirkung der göttlichen Gnade zu verstehen.[34] Dahinter steht das Ringen um den Ausgleich zwischen lutherischer Rechtfertigungslehre und pietistischem Vervollkommnungsstreben.

Die schroffe Konfrontation von Natur und Gnade, die Luther vorgenommen hatte, disqualifizierte von vornherein jede philosophische Morallehre, da die Anleitung zu „nur" natürlich-gutem Handeln die Gottesrelation des Menschen außer Acht ließ und somit von vornherein defizitär war. Gellerts *Moralische Vorlesungen* belegen die Schwierigkeit, die Dogmatik der evangelisch-lutherischen Kirche nicht preiszugeben und dennoch den Menschen durch moralphilosophische Belehrung zu gutem Handeln anzuleiten. Wenn er auf die Natur des Menschen im Allgemeinen zu sprechen kommt, wird deutlich, dass er am lutherischen Menschenbild der totalen *corruptio* festzuhalten sucht: „Was ist der Mensch von Natur? Sein Verstand ist durch Unwissenheit und Einfalt verfinstert, sein Herz mit bösen Neigungen und einer unmäßigen Selbstliebe erfüllt; und sein Körper ist ein zerbrechliches, schwaches und ungesundes Wohnhaus für seine Seele." (GS VI, 98) Die Erfahrung lehre, so schreibt er, dass der Mensch „eine Neigung zum Bösen" habe, die „sowohl durch die Geburt, als durch die Erziehung und durch Beyspiele erzeugt ist" (GS VI, 21). Die natürlichen Kräfte seien unzureichend, dieses Unvermögen aus eigenen Kräften zu überwinden; dazu sei göttliche Gnade vonnöten.[35]

Viele moraltheologische und moralphilosophische Schriften aus der Feder lutherischer Autoren des ausgehenden 17. und 18. Jahrhunderts zeigen das Problem, die scharfe Luthersche Grenzziehung zu überwinden.[36] Auch bei Gellert steht die skizzierte Ausstattung des Menschen mit moralisch wertvollen sympathetischen Begierden in einem unaufgelösten Spannungsver-

34 „Aus dieser Gottseligkeit, worinnen Gellert täglich vollkommner zu werden suchte, läßt sich seine so eifrige Liebe gegen die Tugend begreifen; nicht gegen diejenige, welche ihre Stärke in sich selbst zu finden meynt, sondern gegen diejenige, welche die Kraft zu allen Pflichten bey Gott sucht und seiner Gnade alles zu danken haben will […]." Cramer: Gellerts Leben [Anm. 7], S. 187 f.

35 Die Religion lehre, dass die Menschen ihr Unvermögen „nicht durch die bloßen Kräfte der Natur, sondern durch einen höhern göttlichen Beystand überwinden können" (GS VI, 21). Auf das lutherische Sola-gratia-Prinzip rekurriert Gellert auch 1755 in einem Brief an Christian Friedrich Thomasius (GB I, 268): „Müßten wir unser wahres Glück verdienen, durch Vollkommenheit verdienen; so wäre nichts gewisser, als daß wir traurig in die Einöden fliehen und da verzweifeln müßten. Aber unser Glück ist göttliche Wohlthat und Gnade; und Gott beglückt als ein Gott unter Bedingungen, die wir ihm durch seinen Beystand leisten können."

36 Siehe dazu Löffler [Anm. 8], S. 44 ff.

hältnis zur lutherischen Corruptio-Lehre. Das Bestreben, mit theologischen Prämissen nicht in Konflikt zu geraten, zeigt sich nicht zuletzt darin, dass die Moralphilosophie theonom begründet ist. Das Hauptgesetz der Moral formuliert Gellert ähnlich wie Crusius: „Thue […] aus Gehorsam und mit Aufrichtigkeit des Herzens gegen deinen allmächtigen Schöpfer und Herrn, alles, was den Vollkommenheiten Gottes, was deinem eignen wahren Glücke und der Wohlfahrt deiner Nebenmenschen gemäß ist; und unterlaß das Gegentheil". (GS VI, 17)

Allerdings wird die Religion zwar der Philosophie übergeordnet, letztlich aber in den Dienst der moralischen Erziehung des Menschen gestellt. Wie sehr Frömmigkeit mit Tugendhaftigkeit verbunden ist, demonstriert in der *Schwedischen Gräfinn* beispielhaft der Tod des alten Grafen. Er stirbt gelassen, aber nicht indem er sein Vertrauen auf die Gnade Gottes bekundet, sondern in der Gewissheit seines tugendhaften Lebens, für das Rechenschaft abzulegen er sich nicht ängstigen muss.[37] Die Frömmigkeit der Figuren wird, wenn auch nach mancherlei Prüfungen, mit reichlich irdischem Tugendlohn entgolten. Beispielsweise werden die Hilfsbereitschaft und das einträchtige Zusammenleben von der Gräfin und R** mit der Vermehrung ihrer materiellen Güter und Zuneigung belohnt, und das mäßige Leben beschert dem alten Grafen wie auch dem alten Steeley ein zufriedenes Alter.

Ein anderer Aspekt, der stärker geeignet ist, die Grenzen der natürlichen Kräfte des Menschen hervorzuheben, ist die Trost- und Konsolidierungsfunktion der geoffenbarten Religion in individuellen Krisensituationen, die Gellert gegen das philosophische Konzept der Theodizee hervorgehoben hat. Er macht dies im Roman mehrfach deutlich. Herr R** ermuntert Carlson zum Soldatenstand, da er den Tod nicht fürchten müsse, solange er Religion und ein gutes Gewissen habe (GS IV, 20). Beim Tod Marianes ist ihre Mutter Caroline gelassener als die Gräfin, denn sie tröstet sich mit der Weisheit und Güte des Schöpfers. Der Beistand der Religion habe in Unglücksfällen eine „unglaubliche Kraft" (GS IV, 36), resümiert die Erzählerin, ein expliziter Verweis auf die Überlegenheit der Gnade über die natürlichen Kräfte des Menschen. Gelassen stirbt auch der alte Steeley, da er die Freuden der jenseitigen Welt erwartet (GS IV, 92), die – das muss der zeitgenössische Leser interpolieren – die natürliche Vernunft nicht sicher wissen kann.[38] Voraussetzung ist allerdings auch hier das tugendhafte Leben, denn sonst sorgt das unruhige

37 „Also habe ich nur noch drey Tage von dem Leben zuzubringen, von dem ich meinem Schöpfer Rechenschaft geben soll? Ich werde sie nicht besser anwenden können, als wenn ich durch meine Freudigkeit den Meinigen ein Beyspiel gebe, wie leicht und glückselig man stirbt, wenn man vernünftig und tugendhaft gelebt hat." (GS IV, 12)

38 Der Zedler-Artikel „Natürliche Religion" stellt heraus, dass die Gewissheit der göttlichen Gnade und der ewigen Seligkeit nicht Bestandteil der natürlichen Religion bzw. des Deismus ist. Zedler [Anm. 21], Bd. 23, Sp. 1010 ff.

Gewissen für ein qualvolles Krankenlager oder Sterbebett, wie mit Dormund, den sein aufgewecktes Gewissen peinigt, vorgeführt wird.

Gellert ist allerdings geschickt und erfahren genug, dieses Vertrauen auf die Tröstungen der Religion nicht allzu selbstverständlich erscheinen zu lassen. Der Graf fühlt sich in der sibirischen Verbannung zwar oft durch die Religion, „die Freuden aus einer andern Welt" (GS IV, 57), getröstet, hadert aber durchaus mit Gott. Und als die Gräfin vom vermeintlichen Tod ihres Gatten erfährt, heißt es, die Trostgründe der Religion und Vernunft seien unzureichend gewesen, ihren Schmerz zu bezwingen, und hätten nur die Wehmut vermehrt (GS IV, 16). Weitere Stellen ließen sich anführen. Diese nuancierte Darstellung hat eine Entsprechung in einer gleichzeitig veröffentlichten Abhandlung Gellerts, in den *Trostgründen wider ein sieches Leben* (1747). Dort stellt er zwei aufrichtige Christen einander gegenüber, von denen der eine sein körperliches Leiden gelassen erträgt, der andere hingegen, der „von Natur empfindlicher" ist und ein „weiches Herz" (GS V, 255) hat, sein Geschick beklagt. Dabei geht es darum, eine abstrakte Norm, in diesem Fall die standhafte und gläubige Hinnahme körperlicher Leiden, ins Verhältnis zur individuellen Beschaffenheit zu setzen und die psychophysische Konstitution des Menschen bei dessen moralischer Bewertung zu berücksichtigen.

Resümierend bleibt festzuhalten: Gellert schließt sich in seiner Moralphilosophie eng an Christian August Crusius an, indem er ein Menschenbild vertritt, das in der menschlichen Triebstruktur positive Begierden verankert und die Hierarchie der Seelenvermögen in obere und untere sowie die Dichotomie von erkennenden und begehrenden Vermögen tendenziell auflöst. Die Aufwertung des unteren Begehrungsvermögens zeigt sich in der *Schwedischen Gräfinn* sowohl in der breiten Darstellung sympathetischer Triebe als auch in der neuartigen Duldsamkeit gegenüber der affektischen Natur des Menschen. Nicht jede Steigerung eines Affekts zur Leidenschaft wird gleichermaßen verurteilt, denn es fehlen weitgehend distanzierende Äußerungen durch die Figuren selbst bzw. Kontrastfiguren, die man auf der Ebene des impliziten Autors als entsprechende Steuerung der Rezipientenperspektive zu verstehen hätte. Die Affekte und der Wille, so zeigt der Text, besitzen eine gewisse, durch die Vernunft nicht vollständig zu kontrollierende Eigenständigkeit. Auch die Selbsterkenntnis ist problematisch, denn die Vernunft folgt dabei den Affekten. Beide Romanteile schließen mit dem Bekenntnis der Gräfin, sowohl den Grafen als auch R** geliebt zu haben. Gerade diese Wiederholung akzentuiert die Grenzen der Steuerbarkeit der Affekte durch die Vernunft.[39]

39 Ähnliches sagt die Gräfin noch an anderer Stelle, wo es um Marianes unbegründete Eifersucht geht: „Wie oft thut nicht die Liebe einen Schritt über die Grenzen der Vernunft! Und wenn dieser Schritt gethan ist, so hilft es nichts, daß wir eine gute Vernunft haben." (GS IV, 33 f.)

Titelkupfer zur französischen Übersetzung
*La Comtesse Suédoise ou Mémoires de Madame de G****
(Berlin und Stralsund 1766).
Die Darstellung zeigt die Gräfin mit ihren beiden Ehemännern.
Die Bildunterschrift zitiert R**, der seine Gemahlin
großmütig dem zurückgekehrten Grafen übergibt.

„Mein Gott, wie wenig vermag der Mensch über sich selbst, u. wie viel glaubt er sich doch heimlich zu seyn!“, schrieb Gellert wenige Jahre nach Erscheinen des Romans, am 19. Dezember 1753, an Borchward über seinen Seelenzustand (GB I, 164). Diese Skepsis gegenüber dem aufklärerischen Erziehungsoptimismus eines Christian Wolff wird aufgefangen durch die Vorrangstellung der Religion vor der Philosophie, die auch in der *Schwedischen Gräfinn* erkennbar ist. Schon in diesem Text gibt es nicht die *nur* philosophische Begründung moralischen Handelns; die im Offenbarungsglauben fundierte Morallehre ist keine Entwicklung des alten Gellert.[40] Die Vernunft ist eben nicht autonom; sie ist anfällig dafür, sich von Wünschen und Begierden in den Dienst nehmen zu lassen. Die Offenbarung bleibt daher für Gellert unverzichtbar, um die Vernunft „aufzuklären“; wirkliche Tugend und Frömmigkeit gehören untrennbar zusammen, und Religion übernimmt in hohem Maße moralstabilisierende Funktion.[41]

40 Meyer-Krentler hat am Beispiel von Gellerts Briefwechsel mit einem katholischen Geistlichen über die guten Werke bemerkt, dass es erstaunlich sei, „wie sehr Gellert Wert auf den Schulterschluß mit der offiziellen protestantischen Lehre legt“. Eckhardt Meyer-Krentler: Zwischen Aufklärung und Frömmigkeit. Gellert oder Über die Möglichkeit, Literatur zu leben, in: Literatur und Theologie. Vier Vorträge und eine Laudatio für Friedrich Kienecker, hg. v. Eckhardt Meyer-Krentler, Paderborn 1990, S. 13–32, hier S. 29. Aber auch wenn Gellert mit zunehmendem Alter die negativen Aspekte der lutherischen Anthropologie stärker akzentuiert haben mag, so gibt es doch keine Anhaltspunkte dafür, dass er jemals im dogmatischen Sinn davon abgerückt wäre.

41 Im Übrigen lässt sich kein konfessioneller Standpunkt auf der Textebene erkennen. Explizite konfessionelle Zuordnungen werden bei der Figurencharakterisierung meistens vermieden, aber der zeitgenössische Leser konnte selbstverständlich erkennen, dass die Romanfiguren verschiedenen Konfessionen angehören. Livland, die Heimat der Gräfin, war evangelisch-lutherisch, ebenso Schweden, woher der Graf und R** stammen. Steeley ist als Engländer der anglikanischen Kirche zuzuordnen, und Amalia kommt aus Kurland, das überwiegend evangelisch-lutherisch war. Ihre Trauung vollzieht ein Freund von R**, der Prediger bei der französischen Gemeinde ist, d. h. ein reformierter Geistlicher. Es gibt den edlen, hilfsbereiten Juden, bei dem Frömmigkeit und Tugendhaftigkeit korrelieren, denn bei seinem Aufenthalt stellt sich heraus, dass er jeden Tag eine halbe Stunde lang betet (GS IV, 72). Andreas, der Bruder Carolines, ist katholisch. Der Ort dieser friedlichen multikonfessionellen bzw. multireligiösen Begegnung sind nicht umsonst die Vereinigten Niederlande (erst Amsterdam, dann Den Haag), die im Ruf religiöser Toleranz standen. In Den Haag besaßen die calvinistischen Niederländisch-Reformierten drei Kirchen, die französische reformierte Gemeinde verfügte über eine eigene Kirche, ebenso hatten die Arminianer (auch Remonstranten genannt) ein Gotteshaus; die Deutschen und Engländer nutzten gemeinsam eine Kirche. Nur die Katholiken durften keine eigene Kirche errichten, sondern feierten ihren Gottesdienst in den Häusern katholischer Gesandter. Die aschkenasischen und die sephardischen Juden besaßen jeweils eine Synagoge. „Jedermann ist hieselbst frey / und wird niemand in seiner Religion gestöhret“, wie es in einer Stadtbeschreibung heißt (Curieuser Weg-Weiser in dem Weltberühmten Haag […] Hamburg: Thomas von Wierings Erben 1706, S. 9). Vgl. auch den Artikel „Vereinigte Niederlande“ im Zedlerschen Lexicon [Anm. 21], Bd. 47, Sp. 474, in dem ebenfalls auf das religiös vielfältige Leben hingewiesen wird.

Sibylle Schönborn

Gellert und der *homme machine*. Empfindsame Anthropologie in der Operette *Das Orakel*

Der *homme machine* funktioniert bis in die Mitte des 18. Jahrhunderts als universelle Metapher, in der sich mehrere, zum Teil divergierende Diskurse überkreuzen: So bezeichnet er seit Descartes und Leibniz[1] den philosophischen Diskurs über den Bau und die Funktionsweise des Menschen wie den gegen die höfische Gesellschaft gerichteten literarischen Aufklärungsdiskurs empfindsamer Natürlichkeit. Jenseits dieser Metaphorik wurde im mechanischen Zeitalter aber auch ganz praktisch mit künstlichen Maschinen experimentiert. 1730 konstruierte Jacques de Vaucanson einen mechanischen Flötenspieler, der in der Lage war, zwölf verschiedene Flötenstücke zur Aufführung zu bringen.

In einer Vorlesung vor der französischen Akademie der Wissenschaften liefert Vaucanson eine detaillierte Konstruktionsbeschreibung seines Maschinenmenschen und bittet um die Patentierung seiner Erfindung, die ihm von dem Schriftsteller, Mathematiker, Philosophen und Sekretär der Akademie, Bernard Le Bovier de Fontenelle, gewährt wird:

> L'Académie ayant entendu la lecture d'un Mémoire de M. de Vaucanson, contenant la description d'une Statue de bois, copiée sur le Faune en marbre de Coysevaux, qui joue de la Flute Traversiere, sur laquelle elle exécute douze airs différens, avec une précision qui a mérité l'admiration du public, & dont une grande partie de l'Academie a été témoin; elle a jugé que cette machine étoit extrémement ingénieuse, que l'Auteur avoit sçu employer des moyens simples & nouveaux, tant pour donner aux doigts de cette Figure, les mouvemens nécessaires, que pour modifier le vent qui entre dans la Flute en augmentant ou diminuant sa vitesse, suivant les différens tons, en variant la disposition des lèvres & faisant mouvoir une soupâpe qui fait les fonctions de la langue; enfin, en imitant par art tout ce que l'homme est obligé de faire; [...] en foi de quoi j'ai signé le présent Certificat. A Paris, ce 3. Mai 1738.[2]

1 Vgl. dazu: Hans-Peter Nowitzki: Der wohltemperierte Mensch. Aufklärungsanthropologien im Widerstreit, Berlin, New York 2003, S. 39 ff.

2 [Bernard Le Bovier de] Fontenelle: Extrait des Régistres de l'Académie Royale des Sciences, in: Jacques Vaucanson: Le mécanisme du flûteur automate (1738). Editions des archives contemporaines, Paris 1985, S. 18.

Vaucansons Flötenspieler

In Deutschland würdigt das Gothaer *Magazin für das Neueste aus der Physik und Naturgeschichte* Vaucanson noch in einem Nachruf aus dem Jahr 1781 mit den Worten:

> Herr v. Vaucanson, der sich durch seine bewunderungswürdigen und nützlichen mechanischen Erfindungen allgemein berühmt gemacht hat, ist zu Anfang dieses Jahrs gestorben. Man kennt über all den Flötenspieler, der wirklich in die Flöte blies, und durch das Spiel seiner Finger die Töne modulirte.[3]

Schließlich publiziert Julien Offray de La Mettrie seine medizinphilosophische Untersuchung über den Bau und die Funktionsweise des menschlichen Organismus unter dem programmatischen Titel *L'homme machine,* 1747 in Leiden, vorher schon 1731 in London. Dieser provokante Titel zitiert nicht nur die jüngste philosophische Tradition, sondern spielt auch auf den genialen Konstrukteur komplizierter Maschinen des frühen 18. Jahrhunderts an, wenn La Mettrie von den Möglichkeiten der Konstruktion eines mechanischen menschlichen Ebenbildes schwärmt:

> Wenn mehr Instrumente, mehr Räder, mehr Triebfedern notwendig waren, um die Bewegungen der Planeten anzuzeigen, als um die Stunden anzugeben oder zu wiederholen, und wenn Vaucanson bei der Herstellung seines Flötenspielers mehr Kunstfertigkeit aufbieten mußte als bei der seiner Ente, so hätte er noch mehr Kunstfertigkeit aufbieten müssen, um einen Sprecher zu konstruieren; denn eine solche Maschine ist jetzt, zumal in den Händen eines neuen Prometheus, nicht mehr als unmöglich zu betrachten.[4]

Solch prometheische Höhenflüge des menschlichen Erfinder- und Konstrukteurgeistes erschütterten in der ersten Hälfte des 18. Jahrhunderts einerseits das christliche Weltbild vom Ursprung allen Seins in der göttlichen Schöpfung, andererseits machten sie den Weg frei für die Entdeckung lebender Organismen als komplexe, selbstregulierende, autonom funktionierende Systeme. Der Arzt und Philosoph Julien Offray de La Mettrie verbindet hier die in den verschiedensten Wissenschaften vom Menschen eingeführte Metapher mit den Experimenten früher Ingenieurskunst. Im Zentrum seines Denkens steht aber eigentlich jener metaphorische Maschinenbegriff der cartesianischen Philosophie als ein erfahrungswissenschaftliches, medizinphilosophisches Beschreibungsmodell, mit dem er den Menschen als ein autonomes, selbststeuerndes psycho-physisches System entwarf:

> Eine Maschine sein, empfinden, denken, Gut von Böse ebenso unterscheiden können wie Blau von Gelb, kurz mit Intelligenz und einem sicheren moralischen In-

3 Magazin für das Neueste aus der Physik und Naturgeschichte herausgegeben von dem geheimen Sekretär und Archivar Lichtenberg zu Gotha. Ersten Bandes erstes Stück, mit Kupfer, Gotha 1781, S. 240 f.

4 Julien Offray de La Mettrie: Der Mensch eine Maschine. Aus dem Frz. übers. v. Theodor Lücke, Stuttgart 2001, S. 83.

stinkt geboren sein und trotz alledem nur ein Tier sein, sind also Dinge, die sich ebensowenig widersprechen wie ein Affe oder ein Papagei sein und dennoch verstehen, sich Vergnügen zu verschaffen.[5]

Diese Auffassung vom Menschen spaltete die Wissenschaften noch einmal in Befürworter eines erfahrungswissenschaftlich orientierten Bilds vom ‚ganzen Menschen' einerseits und entschiedene Gegner eines theologisch ausgerichteten Wissensdiskurses auf der Basis des traditionellen dualistischen Weltbilds andererseits. In der erbitterten, polemisch geführten Auseinandersetzung zwischen Albrecht von Haller[6] und La Mettrie wird dieser Kampf antagonistischer Wissenschaftsauffassungen exemplarisch ausgetragen und endete schließlich in der in Marginalisierung La Mettries als mechanischer Materialist.[7] Erst in den späten 1990er Jahren setzte mit Arbeiten von Birgit Christensen[8], Ursula Pia Jauch[9] und Hartmut Hechts erstem Forschungs-

5 Ebd., S. 86.

6 In den *Göttingischen Gelehrten Anzeigen* hatte Haller La Mettrie als gottlosen Materialisten bezichtigt: „Daß ein la Mettrie, dieser unredliche Mann, den rechtschaffenen Boerhaave zum Materialisten und Deisten machen will, ist eine strafbare Unbillichkeit. Boerhaave hat tausendmal die Spinozistische Lehre aus der physiologischen Wahrheit widerlegt, daß die Empfindungen der Seele keine nothwendige Folge der Eindrücke der Sinne, sondern eine willkührliche Sprache Gottes mit uns sey, welcher uns von allen äussern Dingen nicht die nothwendigen Eindrücke ihres wahren Wesens, sondern gewisse ihm ganz freygestandene Relationen empfinden läßt. [...] Es ist uns manchmal lächerlich vorgekommen, wenn La Mettrie von einem materiellen Wesen redet, und seine Sekte damit von unserm Abscheu befreyen will, daß er auch bei einem Naturalisten Reue und Gewissensbisse annimmt. Wenn kein Gott ist, wenn wir blosse Theile der Natur sind, wenn wir dasjenige thun müssen, was aus den Umständen folgt, in welche uns das Reich der Dinge gesetzt hat; was sollen wir uns über etwas grämen oder schämen, das wir gethan haben, und nach unsrer Natur unvermeidlich thun müssen?" Albrecht von Haller: Tagebuch seiner Beobachtungen über Schriftsteller und über sich selbst. Zur Karakteristik der Philosophie und Religion dieses Manns. Erster Theil. Bern, in der Hallerschen Buchhandlung, 1787, S. 16 f. La Mettrie seinerseits widmet Haller in einem polemischen Vorwort seinen *homme machine*.

7 Carsten Zelle diskutiert 2003 die neuere These von der „anthropologischen Wende" in der zweiten Hälfte des 18. Jahrhunderts und plädiert für eine vorsichtige Verlagerung auf die Zeit um 1750 mit den „vernünftigen Ärzten" Unzer, Krüger, Nicolai, Bolten u. a., ohne ihren unterdrückten französischen Vordenker und philosophischen Arzt überhaupt zu erwähnen. Carsten Zelle: Erfahrung, Ästhetik und mittleres Maß: Die Stellung von Unzer, Krüger und E. A. Nicolai in der anthropologischen Wende um 1750 (mit einem Exkurs über ein Lehrgedichtfragment Moses Mendelssohns), in: Reiz, Imagination, Aufmerksamkeit. Erregung und Steuerung von Einbildungskraft im klassischen Zeitalter (1680–1830), hg. v. Jörn Steigerwald u. Daniela Watzke, Würzburg 2003, S. 203–224, hier S. 222.

8 Birgit Christensen: Ironie und Skepsis. Das offene Wissenschafts- und Weltverständnis bei Julien Offray de La Mettrie, Würzburg 1996.

9 Ursula Pia Jauch: Jenseits der Maschine. Philosophie, Ironie und Ästhetik bei Julien Offray de La Mettrie, München 1998, S. 15 f. u. S. 55.

band[10] die wissenschaftliche Rezeption ein. An den überhitzten zeitgenössischen Debatten über den *homme machine* und die zeitgenössischen Experimente mit künstlichen Menschen nahmen neben den sich ausdifferenzierenden Wissenschaften auch die Künste und die Literatur teil.

So übersetzt Christian Fürchtegott Gellert in einer seiner frühen Gelegenheitsarbeiten im Auftrag des Hofes von Anhalt-Zerbst die Diskussion über die mechanischen Experimente eines Vaucanson und den wissenschaftlichen Diskurs über den *homme machine* in anschauliche Unterhaltung. Um eine Übersetzung handelt es sich dabei in einem doppelten Sinn, denn Gellert überträgt nicht nur ein in unmittelbarer Nähe zu Vaucansons Installationen im Jahre 1740 entstandenes Lustspiel von Germain François Poullain de Saintfoix aus dem Französischen ins Deutsche, sondern verwandelt die französische Prosafassung auch in eine Operette in Versen.

DAS
ORACKEL,
EINE OPERETTE
VOM HERRN PROFESSOR GELLERT,
IN MUSIK GESETZT
und
IHRER MAJEST. DER KAISERINN
VON RUSSLAND
ALLERUNTERTHÄNIGST GEWIDMET
von
FRIEDRICH GOTTLOB FLEISCHER.
BRAUNSCHWEIG,
IM VERLAGE DER FÜRSTL. WAISENHAUS-BUCHHANDLUNG. 1771.

Titelseite des Erstdrucks der Vertonung von Fleischer

10 Julien Offray de La Mettrie. Ansichten und Einsichten, hg. v. Hartmut Hecht, Berlin 2004.

Gellert hatte seinen Einakter vermutlich 1747, im Jahr seiner Erstpublikation, für den jungen Fürsten Friedrich August, den Bruder der späteren Katharina der Großen, verfasst, der in diesem Jahr erst dreizehnjährig zum Fürsten ernannt wurde. Der adoleszente Held der Operette scheint somit dem jungen Fürsten als Identifikationsfigur auf den Leib geschrieben. Die Operette sollte als unterhaltender Beitrag zur Fürstenerziehung dienen, mit dem Gellert dem jungen Adeligen durch die Beantwortung der Frage „Was ist der Mensch?" spielerisch seine Lehre vom Menschen und mithin populäre anthropologische Grundkenntnisse anschaulich vermitteln wollte. Der scheinbar einfachen Frage entspricht die simple Konstruktion der Operette, die trocken gelehrtes Dozieren gegenüber dem jungen Rezipienten und seinem höfischen Publikum vermeidet und stattdessen den komplexen Gegenstand in der anschaulich-unterhaltsamen Gestalt eines Schäferspiels reduziert: Aufgrund eines Orakelspruchs, der besagt, dass eine junge Prinzessin sich nur in einen Mann verlieben wird, den sie für einen Automaten hält, entführt eine Zauberin das junge Mädchen. Diese lässt die Prinzessin in einer hermetisch abgeschirmten Wirklichkeitssimulation, einer mechanischen ‚second world', aufwachsen, damit sie sich in ihren Sohn verliebt, der seiner auserwählten zukünftigen Partnerin gegenüber die Rolle eines Automaten spielen muss. Die darauf folgende Handlung verläuft wunschgemäß: Beide verlieben sich ineinander, ohne länger ihre Empfindungen beherrschen und verstecken zu können. Nachdem sich der junge Mann als Mensch aus Fleisch und Blut zu erkennen gegeben hat, kommt es zum wechselseitigen Liebesgeständnis und Happy End. Die Operette beweist so anschaulich die unüberbrückbare Differenz zwischen der Natur des Menschen und seiner künstlichen Reproduktion, genauer zwischen dem natürlichen und künstlichen *homme machine.*

Bei Saintfoix' Vorlage zu Gellerts Operette steht allerdings nicht dieser anthropologische Diskurs im Vordergrund, sondern jener empfindsam-bürgerlicher Affektcodierung, der den bekannten Plot von der Erweckung und Steigerung gegengeschlechtlicher Attraktion durch „Sprödigkeit" in Szene setzt. Der junge Liebhaber, der sich als Automat verstellt, um die Liebe seiner Angebeteten zu erregen und ins Unermessliche zu steigern, tritt hier als „statue", „poupée" oder „marionette" in Erscheinung. Der Begriff der „machine" wird bei Saintfoix nur einmal im Zusammenhang mit einem Klavier und künstlichen Vögeln gebraucht, die zur Ausstattung dieses künstlichen *locus amoenus* gehören und für die akustische Untermalung der Szene zu sorgen haben. Von einem Automaten oder gar einem *homme machine* ist bei Saintfoix nicht die Rede. Zwar spielt die Variante der Verstellung in eine Puppe oder Statue bei Saintfoix insbesondere im Titelkupfer auf Vaucansons Flötenspieler an, dennoch scheint die untergründige Stoßrichtung des Stücks sich ausschließlich – dem Natürlichkeitsdiskurs der empfindsamen Aufklärung verpflichtet – gegen starre höfische Inszenierungsrituale der Verstellung zu richten. Ein anthropologischer Subtext ist hier nicht ausmachbar.

Titelkupfer zum Lustspiel von Saintfoix (1740)

Erst in Gellerts kleiner Operette wird aus der Anspielung auf das Modethema Vaucansonscher Konstruktionen ein literarischer Beitrag zum anthropologischen Diskurs über die Konstruktion und Funktionsweise des menschlichen Organismus. Denn Gellert verknüpft in seiner Operette die Inszenierung der empfindsamen Natürlichkeit des gesellschaftskritischen Diskurses bürgerlicher Aufklärung mit dem frühen anthropologisch-medizinphilosophischen über den *homme machine*. Indem Gellert die aktuellen anthropologischen Diskussionen seiner Operette als Subtext einschreibt, gelingt es ihm, die psychophysische Beschreibung des *homme machine* bei La Mettrie mit dem literarischen Diskurs bürgerlicher Empfindsamkeit zu verschmelzen und seine Kulturpoetik empfindsamer Anthropologie zu entwerfen.

Zunächst aber reproduziert Gellert den von Saintfoix benannten literarischen Diskurs um die kulturelle Praxis bewusster Inszenierung von Gefühlen in der höfischen Gesellschaft, dem die bürgerlich-empfindsame Idee von der Natürlichkeit und Wahrhaftigkeit menschlicher Gefühle und deren unverstelltem Ausdruck entgegengehalten wird. In diesem Zusammenhang wird der Begriff der „Maschine" wie bei Saintfoix zur negativ konnotierten Metapher der Verstellung und Künstlichkeit menschlichen Verhaltens. Damit kann Gellert auf der einen Seite das Verständnis vom *homme machine*[11] der Konstruktionstechniker künstlicher Menschen à la Vaucanson als mechanistisches Menschenbild feudalabsolutistischer Inszenierungskultur radikal kritisieren, andererseits aber La Mettries metaphorischen Begriff des *homme machine* als Beschreibung des Menschen in Literatur übersetzen, indem er den natürlichen gegen den künstlichen *homme machine* ausspielt. Gellerts Operette erhält daher ihre Bedeutung nicht über ihre literarische Qualität, sondern durch die Verknüpfung des Empfindsamkeitsdiskurses mit der zeitgenössischen Anthropologie vom *homme machine*, wenn Gellert im Spiel die eigene lehrbuchhafte, sukzessive Entwicklung seiner Definition vom Menschen inszeniert, die seine Nähe zu La Mettries Anthropologie freilich verschweigt. Diese verdeckte empfindsame Anthropologie mag auch den anonymen Verfasser einer der vielen Gellert-Nekrologe im Jahr 1770 zur Würdigung der gemeinhin kaum wahrgenommenen Operette motiviert haben:

> Die Operette, das Orakel, hat in der That durch Gellerts reizende Übersetzung der französischen Prose des Herrn von Saintfois die Ehre vielfach erlangt, ein Meisterstück zu heissen. Gellert hat dieses Stück aus einem Nachspiele in ein

11 Ursula Pia Jauch merkt dazu richtig an: „Loten wir das Bedeutungsfeld dieser ‚Maschine' etwas aus, so geht es hier um einen semantischen Platzhalter für lebendige Abläufe, deren Wirkgesetze sich zwar nicht rein mechanisch erklären ließen – insofern sie die Nahtstelle zwischen Physik und Metaphysik bezeichneten; Platzhalter aber insofern, als sie den Körper nicht mehr dem Feld reiner metaphysischer oder theologischer Spekulation überließen." Maschinentraum und Traummaschine bei Julien Offray de La Mettrie. In: Hecht (Hg.) [Anm. 10], S. 49–62, hier S. 54.

> Singspiel verwandelt. Ueberall herrscht in den Arien satyrische Wahrheit und lehrreiche Moral. (GS III, 424)

Die der Operette hier attestierte „lehrreiche Moral" bezieht sich auf ihre publikumsbezogene Wirkabsicht, die dem höfischen Auftraggeber und seinem Kreis mit aufklärerischer Didaxe kritisch einen Spiegel vorhält, um als empfindsames Gegenmodell zur höfischen Inszenierungskultur Natürlichkeit, Wahrhaftigkeit und Naivität zu propagieren. Die Musik unterstützt und verstärkt diese Wirkabsicht, indem sie die an den Verstand des Zuschauers gerichtete Lehre zugleich affektiv erfahrbar und über die synästhetische Wahrnehmung unmittelbar rezipierbar macht. So kämpft Gellert mit dem Konzept der Natürlichkeit als neuer, empfindsamer Codierung menschlichen Verhaltens gegen die höfische Inszenierungspraxis, die er als seelenlose Künstlichkeit über den Begriff des Automatenmenschen kritisiert:

> Werd ohne Kummer zur Maschine;
> Man mag gleich stumm und hirnlos seyn,
> Man sey nur schön; so nimmt man ein.
> Wie mancher siegt durch eine feine Miene!
> Der blöder ist, als Holz und Stein. (GS III, 302)

Ganz nebenbei bemerkt, leistet Gellert in dieser Operette satirisch Kritik am (höfischen) Männlichkeitsideal. Denn Männer kommen bei der Zauberin nur im Plural vor und geben als Kollektivsubjekt Kampfmaschinen ab, die sich mit „Feuerröhren" – wer will, mag dies zweideutig lesen –, gegenseitig töten. Männer sind eindeutige Mängelwesen, unvollkommene Schöpfungen früher Automatenkunst, wie die Zauberin in der Rolle der gelehrten Erzieherin auf die Frage der jugendlichen Prinzessin – „Sagt, sind die Männer auch Maschinen?" – ausführt:

> Maschinen, liebes Kind,
> Doch bessre noch, als Eure Vögel sind,
> Die Ihr für so verständig haltet.
> Sie sind fast meistens weiß, wie wir,
> Und, wie die Statuen, gestaltet.
> Ich hatte welche sonst bey mir,
> Doch ihrer vielen Fehler wegen
> Hab ich sie nicht mehr dulden mögen. (GS III, 306)

So lautet die Antwort selbstbewusster Weiblichkeit, wie überhaupt die Organisation der empfindsamen Gemeinschaft hier das Werk einer gelehrten Frau, der Astronomin und Zauberin, ist. Soviel zur „satyrische[n] Wahrheit" des Stücks, die sich darin aber noch nicht erschöpft.

Erst auf den zweiten Blick erschließt sich der anthropologische Subtext der Operette, wenn der junge Held sich zu erkennen gibt, vom Automaten zum empfindsamen Jüngling wird, und die Zauberin den Sinn des Orakel deutet: Denn das Orakel, so die Lehre der Zauberin, führt sich selbst ad absurdum; der Versuch seiner strikten Befolgung entlarvt seinen Widersinn und seine Unnatur. Womit die Probanden erfahren haben, was zu beweisen war, nämlich dass Gefühle nicht steuer- oder kontrollierbar, schon gar nicht willkürlich herstellbar sind. Die Zauberin kommentiert die Lösung der Handlung wie folgt:

> Liebt! Eure Liebe war selbst des Orakels Ziel.
> Das Schicksal selbst erweckt und billigt eure Triebe.
> Mein Sohn, sey du durch deine Liebe
> Der itzigen Zeiten Widerspiel.
> Du warst, als ein Amant, taub, stumm und unempfindlich:
> Sey nun, als Mann, beredt, gefällig und verbindlich. (GS III, 321)

Die Worte der Zauberin enthalten eine klare Lektion: Der Mensch ist von der Natur mit einer seinem Willen nicht unterworfenen Empfindungsfähigkeit ausgestattet, gegen die alle Verstellungsversuche nichts auszurichten vermögen. Diese Auffassung vom Menschen hatte La Mettrie bereits in seiner *Histoire naturelle de l'âme* formuliert, mit der er den Menschen anstatt als Vernunftwesen als ein „empfindendes" Wesen beschrieben hatte. Denn den Verstand und den Willen begreift La Mettrie als mit der Empfindungsfähigkeit untrennbar verbunden, wie Jörn Steigerwald betont:

> Festzuhalten bleibt aber die große Bedeutung dieses Bereichs [der Empfindungen; d. Verf.] für den Menschen, der ihn als Sinnenwesen konstituiert und zugleich den menschlichen Hochmut, ein Verstandeswesen zu sein, verabschiedet. Doch ist der Mensch kein rein willenloses Subjekt äußerer oder innerer Reize. Denn der Mensch hat über die Aufmerksamkeit die Fähigkeit inne, willentliche Introspektion, d. h. eine Selbstbeobachtung vorzunehmen, die ihn zu Urteilen und Kenntnissen befähigt, wobei aber auch diese immer durch die grundlegenden ‚facultés de sentir' determiniert sind.[12]

Eben ein solches empfindendes Wesen führt uns Gellert in seiner Operette vor. In dem Namenswechsel des jugendlichen Helden von Armant oder Charmant, wie der vermeintliche Androide im beliebigen Wechsel genannt wird, zu Alcindor (Alexander) findet die Metamorphose vom unempfindlichen, sprach- und gehörlosen Höfling in das unverwechselbare Individuum statt, das sprachbegabt, „gefällig und verbindlich", d. h. empfindungsfähig und damit empathisch auf den anderen bezogen ist.

Die Handlung der Operette weist bereits hier über die bekannte bürgerlich-aufklärerische Adelskritik hinaus, wenn sie das Natürlichkeitspostulat anthropologisch herleitet und begründet. Die Affektenlehre, die mit dem Spiel um Verstellung und Täuschung zur Anschauung gebracht wird, geht von der Unkontrollierbarkeit der Empfindungen aus, die, durch äußere Reize er-

12 Jörn Steigerwald: Vom Reiz der Imagination. Theorie und Praxis der Einbildungskraft im Feld der Sexologie: das Beispiel La Mettrie, in: Reiz, Imagination, Aufmerksamkeit [Anm. 7], S. 105–125, hier S. 118.

zeugt, komplexe interdependente psycho-physische Reaktionen hervorrufen, für die Gellerts Zauberin das Schicksal und nicht die Natur, wie im wissenschaftlichen Diskurs eines La Mettrie, verantwortlich macht. So besteht die Lehre des Spiels darin, den Akteuren am eigenen Leib erfahrbar zu machen, dass jeder Versuch, die menschliche Natur durch die Inszenierung von Gefühlen zu hintergehen, scheitern muss. La Mettries Lehre von der autonomen Funktionsweise des vegetativen Nervensystems funktioniert im literarischen Empfindsamkeitsdiskurs als unhintergehbare Legitimation aufklärerischer Kritik an der höfischen Kultur. Alcindors sexuelles Erwachen liefert so das praktische Anschauungsmaterial zu einer *éducation sentimentale* für den jugendlichen Adressaten. Denn beim Anblick der schlafenden Lucinde nimmt Alcindor unwillkürliche Reaktionen an sich wahr, die zum Verlust seiner Selbstkontrolle führen. Verblüfft stellt der Adoleszent fest: „Ich fühlte, wie ihr Reiz mir alle Freyheit raubte." Endlich muss er sich von Gefühlen überwältigt eingestehen: „Ich bin nicht weiter mein." (GS III, 299) Auch Lucinde bleibt von dieser Affektation nicht verschont, die sie zutiefst verwirrt:

> Wo bin ich? Und was nimmt mich ein?
> Ein Zwang, ein Schmerz, den ich doch liebe?
> Verlaßt mich, unruhvolle Triebe!
> Doch nein, ich mag nicht ruhig seyn.
> Du siehst mich an, Charmant?
> Verstehst du etwa meine Minen?
> […]
> Gewiß, der Puls schlägt ihm, wie mir. (GS III, 312)

Die abschließende, einfache Lehre der Operette wiederholt der Chor als Conclusio dieser Beweisführung einstimmig und zur dauerhaften Einschreibung in den Wissensbestand der Zuhörer drei Mal:

> O Liebe! Deinen Schmeicheleyen,
> O Liebe! Deinen Zaubereyen
> Kann kein beseelt Geschöpf entgehn. (GS III, 322)

Damit aber aus einem unwillkürlichen Erregungszustand der Nerven und den dadurch in Gang gesetzten physischen Reaktionen, dem von Lucinde beobachteten Rasen des Pulses, der sprachlich bezeichnete kulturelle Code „Liebe" wird, bedarf es zweier weiterer unmittelbar mit dem physischen Apparat des Menschen verbundener Instanzen, nämlich der Sprache und der Seele. In Gellerts Schlusschor erreichen die Protagonisten als empfindsame Helden die höchste Stufe des Menschseins, wenn sich in ihnen der affektive Erregungszustand wechselseitiger Anziehung über die sprachliche Reflexion als Liebe codieren lässt. Denn das, was den Menschen gegenüber dem Tier bzw. der Maschine auszeichnet, ist, dass er beseelt und sprachbegabt über die Fähigkeit der Selbstbeobachtung und -reflexion und somit über die kommunikative Produktion, Vermittlung und Deutung von (Selbst-)Erfahrung verfügt.

Auszug aus der Partitur von Fleischer

Erst im kommunikativen Akt der dialogischen Selbstvergewisserung wird aus dem beobachtbaren physischen Erregungszustand ein komplexes Gefühl. Die Menschmaschine, die in Mimik und Gestik Gefühle täuschend echt zu simulieren vermag, ist dazu aufgrund ihrer Sprach- und Seelenlosigkeit nicht in der Lage. Die Zauberin führt diesen Zusammenhang aus, wenn sie in ihrer Einführung in Konstruktion und Funktionsweise des Automaten auf die gravierenden Defizite des künstlichen Menschen hinweist:

> Charmant gehört zu denen Mannspersonen,
> Die man die süssen Herren nennt,
> Und die das Denken nie gewohnen.
> Ein süsser Herr kriegt nie Verstand;
> Was dieser kann, das kann Charmant.
> Charmant kann vor Euch nieder knien,
> Und Euren Blick liebäugelnd auf sich ziehn,
> Und sich nach den verschiednen Fällen,
> Bald munter, bald betrübt,
> Bald frey, bald ehrerbietig stellen.
> Er seufzt und lacht, so bald es Euch beliebt.
> Und alle diese leeren Zeichen,
> Bey ihm, und denen, die ihm gleichen,
> Wirkt ein gewisser Drat, den man verborgen schiebt. (GS III, 317)

Unmissverständlich spielt Gellert hier auf die verschiedensten mechanischen Experimente mit künstlichen Maschinen an, die selbst in ihrer perfektionierten Form des Vaucansonschen Flötenspielers nur Töne reproduzieren, aber nicht selbst produzieren, d. h. sich ausdrücken können. In der Operette bittet Lucinde die Zauberin, den männlichen Automaten mit Gefühlen, Sprache und der Fähigkeit zu denken auszustatten:

> Bedenkt, wenn mein Charmant Vernunft und Sprache hätte,
> Verständig dächt und artig redte,
> Wie liebenswürdig würd er seyn!
> Ich bitt Euch, gebt ihm beydes ein. (GS III, 313)

Aber die Zauberin kann ihn auf Lucindes Begehren hin nur mit einer mechanischen Gesangstechnik ausstatten:

> Er soll es thun; allein vergeßt es nicht,
> Das, was ein Papagey und dieser Schwätzer spricht,
> Sind Worte, welche nichts bedeuten.
> Sie bringen sie, zu allen Zeiten,
> Ohn Unterscheid bey allen Schönen an. (GS III, 317 f.)

„Leere Zeichen" und „Worte, welche nichts bedeuten" nennt die Lehrmeisterin empfindsamer Aufklärung gegenüber ihrer Schülerin die perfekte, weil künstlich generierte und damit seelen-, ausdrucks- und bedeutungslose Zeichenproduktion des Androiden. Erst wenn die Seele die Empfindungen zum Sprechen bringt oder gar die Sprache vor der Diskursivierung des Gefühls versagt, können alle Beteiligten sicher sein, dass sie keiner leeren Gesellschaftsrhetorik erliegen: Denn im entscheidenden Moment fehlen Alcindor die Worte, mit denen er seine Empfindungen zum Ausdruck bringen könnte:

> Ja wohl, vortreffliche Lucinde,
> Dich liebt mein Herz, dich bet ich an,
> Und kränke mich, daß ich nicht Worte finde,
> Durch die ich das, was ich empfinde,
> Vollkommen dir entdecken kann. (GS III, 320)

Mit der wahren Liebe ist daher zur Abwehr höfischer Verführungs- und Überredungskünste der Unsagbarkeitstopos verbunden. Wer wirklich und wahrhaftig liebt, der kann nur schweigen, wenn er sich nicht durch den Gebrauch „leerer Zeichen" dem Verdacht des kalkulierten Gesellschaftsspiels aussetzen will. Wenn das Gefühl nicht in Worte zu fassen ist, wird aber gerade diese Unmöglichkeit sprachlicher Repräsentation zum untrüglichen Wahrheitsbeweis, wie es hier Alcindor exemplarisch vorführt. Neben der einfachen Sprachbegabung unterscheiden nämlich metasprachliche Fähigkeiten, die Möglichkeit zur Reflexion der eigenen Rede, den Menschen, genauer das empfindsame Individuum, von der Maschine.

Den Automaten fehlt es dagegen an Sprache und Seele, um Menschen zu sein. Erst wenn die Fähigkeiten zu empfinden und zu sprechen mit der Fähigkeit zur versprachlichten Selbstreflexion zusammenkommen und alle drei harmonisch ineinandergreifen, so die empfindsame Anthropologie Gellerts, können wir von einem menschlichen Lebewesen sprechen. Charmant wird zu Alcindor erst über eine entscheidende, alle Aktionen und Reaktionen des Körpers steuernde und koordinierende Instanz, jene Schaltzentrale im Gehirn, die als große *terra incognita* in den verschiedensten Diskursen des frühen achtzehnten Jahrhunderts mit dem unscharfen und schillernden Begriff der Seele umschrieben wird.

Wie die Seele als letzte entscheidende Instanz funktioniert, wie sie beschaffen und wo gar ihr Sitz im menschlichen Körper ist, darauf gibt es in der Operette wie in den Wissenschaften der Zeit keine oder nur vorläufige und unzureichende Antworten. La Mettrie hatte dazu in *L'homme machine* heuristisch festgestellt:

> Die Seele ist also nur ein nichtssagender Ausdruck, von dem man keinerlei Idee hat und den ein guter Kopf nur gebrauchen darf, um den Teil zu bezeichnen, der in uns denkt. Setzt man nur das geringste Prinzip der Bewegung voraus, so haben die beseelten Körper alles, was sie brauchen, um sich zu bewegen, zu empfinden, zu denken, zu bereuen, kurz sich in der physischen Welt ebenso richtig zu verhalten wie in der moralischen, die von ihr abhängt.[13]

13 La Mettrie [Anm. 4], S. 67.

Weiter unten präzisiert La Mettrie seine Vorstellung von der Seele als dem den ganzen Menschen steuernden Prinzip:

> Es gibt aber eine besonders feine und wunderbare Triebfeder, die sie [die anderen Triebfedern; d. Verf.] alle bewegt; sie ist die Quelle aller unserer Gefühle, aller unserer Freuden, aller unserer Leidenschaften, aller unserer Gedanken; [...]. Ich meine jenes anregende und ungestüme Prinzip, das Hippokrates (die Seele) nennt. Dieses Prinzip existiert, und es hat seinen Sitz im Gehirn, am Anfang der Nerven, durch die es seine Macht auf den ganzen übrigen Körper ausübt.[14]

In seiner ersten, die Wissenschaft vom Menschen revolutionierenden Schrift *L'histoire naturelle de l'âme* (1745), die ihm radikale Ablehnung, Arbeits- und Schreibverbote wie Verfolgung einbrachte, hatte La Mettrie die Beschaffenheit, Arbeitsweise und Funktion der Seele als einer Instanz beschrieben, in der aus Leidenschaften, triebhaften und instinktiven Regungen des Menschen angenehme oder unangenehme Gefühle entstehen:

> Les passions sont des modifications habituelles des esprits animaux lesquelles fournissent presque continuellement à l'âme des sensations agréables ou désagréables, qui lui inspirent du désir, ou de l'aversion pour les objets, qui on fait naître dans le mouvement de ces esprits les modifications accoutumées. De là, naissent l'amour, la haine, la crainte, l'audace, la pitié, la férocité, la colère, la douceur, tel ou tel penchant à certaines voluptés.[15]

Gellerts Operette vermittelt im literarischen Diskurs diese wissenschaftliche Lehre von dem psycho-physischen Zusammenhang von Reiz, Wahrnehmung und Reaktion mit der bürgerlich aufklärerischen Empfindsamkeitskultur zu einer literarisch-empfindsamen Anthropologie. Der empfindsame Mensch, den die Operette anschaulich als sich selbst durch das Zusammenspiel von Empfinden, Sprechen und Denken regulierende psycho-physische Einheit zur Darstellung bringt, übersetzt Anthropologie in den Diskurs der Empfindsamkeit.

Ein Jahrzehnt später schweigt Gellert als Hochschullehrer wie die meisten seiner Kollegen über La Mettries Lehre von dem autonomen System Mensch, die La Mettrie selbst als „Philosophie des menschlichen Körpers"[16] bezeichnet hatte und die Gellert in seiner Operette in seine empfindsame Anthropologie übersetzt hatte. Vom Katheder bekämpft Gellert unter dem Einfluss der Theologie in seinen *Moralischen Vorlesungen* radikal jede selbstständige wissenschaftliche Erkenntnis von der Natur des Menschen. Was im literarischen Transfer möglich war, darf innerhalb des moralphilosophischen Wissenschaftsdiskurses nicht mehr an- oder gar ausgesprochen werden.

14 Ebd., S. 72.
15 Julien Offray de La Mettrie: L'Histoire naturelle de l'âme ou Traité de l'âme, in: Ders.: Textes choisis, Paris 1954, S.65–146, hier S. 89.
16 Ebd., S. 94.

Wenn Gellert La Mettrie in seinen *Moralischen Vorlesungen* auf den Index setzt, dann trifft dieses Tabu gleichermaßen als Selbstzensur seine frühe Operette:

> Was ist der Witz eines la Mettrie, mit dem er frech über das Heiligste spottet, gegen den Geist eines Hallers, mit dem er die Religion und die Rechte der Vernunft vertheidiget. Vergleichen Sie den Verstand, der aus der Sittenlehre eines Mosheims spricht, mit dem Verstande, der aus der Schrift vom glückseligen Leben** redt: so ist der erste der Verstand eines Engels, und der andre der Verstand eines unsaubern Geistes. (GS VI, 47 f.)

In seinem *Discours sur le bonheur* hatte La Mettrie das Glück als eine nicht willentlich erzeugbare, flüchtige individuelle Empfindung, die durch die Erregung der Nerven zustande kommt,[17] gegen einen normativen Glücksbegriff der Vernunft oder der Moral entwickelt. Wenn auch in der Operette die individuelle Glückserfahrung nicht als Zielpunkt der Handlung explizit genannt wird, so ist es dennoch genau jene Empfindung, die die beiden Protagonisten nach ihrer Verwirrung der Gefühle verspüren. In seinen *Moralischen Vorlesungen* leugnet Gellert diesen Glücksbegriff und rechnet diese Empfindung zu den niederen „Vergnügen". Er anerkennt das Glück nun bestenfalls als eine altruistische Empfindung im Befördern und Miterleben des Glücks Anderer[18] bzw. überhöht die individuelle Glückserfahrung zur „Glückseligkeit", jenem selbst herstellbaren Dauerzustand gleichmäßiger Gemütsruhe, die der Einzelne in der völligen Übereinstimmung mit dem Moralgesetz und

---

17 Julien Offray de la Mettrie: Discours sur le bonheur. Critical edition by John Falvey, in: Studies on Voltaire and the Eighteenth Century, ed. by Theodore Besterman, Vol. CXXXIV, Banbury, Oxfordshire 1975, S. 111–218, hier S. 216. Dort heißt es zusammenfassend: „Pour former ce sentier du Bonheur et du Malheur de la vie, il suffi […] que tous les Nerfs se donassent une espèce de rendez-vous dans un endroit particulier du Cerveau, où le plus souvent ils semblent se réunir, pour mieux sentir: Et comme le coeur se contracte plus souvent ou plus fortement quand le sang et les Esprits y sont abondamment précipités par diverses causes; de même le sentiment de notre Bien, ou de notre Mal-Etre s'aiguise, et s'excite par celles qui agissent intérieurement et extérieurement sur nos Organes sensitifs. D'où il s'ensuit que celui dont les Nerfs sont constamment, les plus agréablement affectés par quelque cause que ce soit, est nécessairement le plus heureux, et vice versa."

18 In der Fünften Vorlesung heißt es dazu: „Ein noch höheres Vergnügen entsteht aus gewissen Neigungen und Handlungen, die mit der Wohlfahrt der Andern, als Ursachen oder Wirkungen, im Verhältnisse stehen. […] Wir empfinden ein Vergnügen an dem Glücke derer, denen wir gewogen sind, und ein Verlangen, ihnen dieß Glück zu erhalten. Und eben diese gesellschaftlichen Empfindungen der natürlichen Zuneigung, des Mitleidens, der Freundschaft und eines allgemeinen Wohlwollens sind es, die wir so wohl in uns als in Andern, ohne große Anleitung des Verstandes, zu billigen und zu lieben uns gedrungen finden." (GS VI, 59 f.)

in der Ergebung unter die göttliche Ordnung erfahren soll.[19] Die Theologie hat als Leitwissenschaft die interdisziplinäre Anthropologie wieder verdrängt. Kein weiteres Wort mehr zu La Mettrie und seiner Wissenschaft vom Menschen, gegen den Gellert mit Albrecht von Haller, Alexander Pope, Noel-Antoine Pluche und Johann Lorenz von Mosheim als außerordentlicher Professor für Philosophie bis in die späten 1760er Jahre vor der Jugend der Goethe-Generation zu Felde ziehen sollte.

19 „Wenn die Glückseligkeit in dem Genusse des höchsten und dauerhaftesten Guten besteht, dessen ein Mensch fähig, und in der Befreyung von den größern und kleinern Übeln, deren Abwendung in unserer Gewalt ist: so lehret uns alles, die Vernunft, unser Herz und die Erfahrung, daß die Tugend der einzige und sichre Weg zu unsrer Glückseligkeit sey; oder daß uns der Besitz und die Ausübung der Tugend die höchsten und beständigsten Freuden gewähre, und die größten Übel entweder abwende, oder uns doch die derselben erleichtern helfe." (GS VI, 58)

Vera Viehöver

Gellerts Spur in Leopold Mozarts *Versuch einer gründlichen Violinschule*

Im Unterschied zu anderen Autoren seiner Zeit, z.B. Ramler und Gerstenberg, hat sich Gellert weder als Kenner noch als Liebhaber der Musik einen Namen gemacht. Anders als viele seiner Zeitgenossen betätigte er sich nicht als Amateur der Instrumentalmusik, und in seinen Schriften finden sich keine Äußerungen zur Musik, die auf eine tiefergehende Auseinandersetzung mit der Materie schließen lassen. Die im letzten Band der Kritischen Gellert-Ausgabe zugänglich gemachten Musterbibliotheken geben keine Lektüreempfehlungen für den Bereich der Musik. Der ebenfalls in diesem Band erstmals veröffentlichen Görlitzer Nachschrift zu Gellerts Vorlesung über *Stockhausens Bibliothek der schönen Wissenschaften* ist sogar zu entnehmen, dass Gellert die Musik, die bei Stockhausen selbst als eines von neun „Fächern" innerhalb der Bibliothek ausgewiesen war, für entbehrlich hielt und dass er sie deshalb bewusst aus seiner Vorlesung ausklammerte.[1]

Allerdings wird der Eindruck, Gellert habe die Musik als Wissenschaft gänzlich ignoriert, dadurch relativiert, dass die zweite erhaltene Nachschrift zur Stockhausen-Vorlesung,[2] deren Urheber ein „Vornehmer von Adel" (GS VII, 268) sein soll, auch eine Rubrik „Von der Musik" enthält. Diese versammelt „Gellertische Urtheile" über die wichtigsten Werke der Musiktheorie von der griechischen Antike bis zum 18. Jahrhundert sowie über bedeutende Komponisten von Palestrina bis Quantz.

Inwieweit die in der Nachschrift überlieferten Urteile tatsächlich Gellerts eigene sind, ist nur schwer zu entscheiden, denn der Verfasser gibt offen zu, dass er dessen Gedanken „mit einigen Zusätzen" versehen habe, die er der Güte eines musikalisch versierten Freundes verdanke (GS VII, 290).

1 In der Nachschrift heißt es: „Diese Vorlesungen enthalten 2. weniger; das Fach vor die Philosophie, und das vor die Musick. Diese haben der Herr Professor Gellert überschlagen: vielleicht darum, weil jene einen gantz besondern Theil der Gelehrsamkeit ausmacht; diese aber für die meisten, denen diese Vorlesungen nützen sollen, entbehrlich ist." (GS VII, 205) Das „vielleicht" lässt jedoch offen, ob die Begründung für die Auslassung tatsächlich Gellerts eigene ist oder die von dem Studenten vermutete.

2 Kurze Urtheile über bekannte Schriftsteller. Von dem berühmten Herrn Gellert (ersch. 1771–1773), GS VII, 267–294.

Allerdings decken sich einige der Urteile in auffälliger Weise mit den wenigen Aussagen Gellerts zur Musik, die aus seinen Briefen bekannt sind. Wenn in der Nachschrift beispielsweise als Kommentar zu Johann Sebastian Bach zu lesen ist, dessen Komposition sei „gründlich, ganz Kunst; nur zu schwer" (GS VII, 294), so scheint hier doch Gellerts eigene Stimme zu erklingen. Denn in der Tat stellt die leichte intellektuelle Fassbarkeit auch anderen Quellen zufolge das wichtigste Wertkriterium Gellerts bei der Beurteilung von Musik dar.

Dies belegen am deutlichsten die brieflichen Äußerungen zu den Vertonungen seiner *Geistlichen Oden und Lieder* (1757) durch Carl Philipp Emanuel Bach.[3] Bach emanzipiert sich in diesen Kompositionen von den überlieferten Kirchenliedmodellen und verhilft, wie Gudrun Busch mit Recht hervorhebt, einem „neuen Typ des künstlerischen Klavierliedes zum Durchbruch".[4] Nachdem man nun Gellert die Vertonungen zum ersten Mal zu Gehör gebracht hatte, schrieb er an seine Schwester: „Sie sind schön, aber zu schön für einen Sänger, der nicht musicalisch ist."[5] Gegenüber seinem Lieblingsschüler Moritz von Brühl äußert er sich noch deutlicher: „Sie sollen für die Kenner vortrefflich gesetzet seyn; aber eben deswegen fürchte ich, daß die Welt dabey verlieren, u. daß Doles, der Cantor an der Thomasschule mit seinen Melodeyen […] das Herz mehr reizen u. erbauen wird."[6] Bezeichnenderweise wurde in der Erstausgabe der Gellert-Briefe alles, was auf das „aber" folgt, unterdrückt. Die Herausgeber wollten offensichtlich den Eindruck vermeiden, der große Gelehrte und Morallehrer sei musikalisch inkompetent gewesen. In diesem Bemühen tilgten sie aber zugleich den wichtigen Hinweis auf Johann Friedrich Doles, dessen Vertonungen Gellert offensichtlich mehr Wertschätzung entgegenbrachte als denjenigen Bachs. Doles' Vertonungen erschienen unter dem Titel „Melodien zu des Herrn Prof. C. F. Gellerts geistlichen Oden u. Liedern, die noch nicht mit Kirchenmelodien versehen sind" im Jahr 1758 bei Breitkopf in Leipzig.

Gellert und Doles

Mit Doles, der als ehemaliger Schüler von Johann Sebastian Bach im Jahr 1755 auf den Posten des Thomaskantors berufen worden war, verband Gellert, wie vor allem aus dem Lucius-Briefwechsel hervorgeht, eine enge per-

3 Herrn Professor Gellerts Geistliche Oden und Lieder mit Melodien von Carl Philipp Emanuel Bach, Berlin 1758.

4 Gudrun Busch: „Da der Gesang eine große Gewalt über unser Herz hat …" – Die musikalische Rezeption der Dichtungen Gellerts, in: „Ein Lehrer der ganzen Nation". Leben und Werk Christian Fürchtegott Gellerts, hg. v. Bernd Witte, München 1990, S. 192–220, hier S. 206.

5 An die Schwester Johanna Wilhelmine Biehle, 25. März 1758 (GB II, 162).

6 An Hans Moritz von Brühl, 22. März 1758 (GB II, 160 f.).

sönliche Freundschaft. Erhalten ist ein kurioser Briefentwurf, in dem Gellert seiner Korrespondentin Caroline Lucius den soeben verwitweten und nunmehr alleinerziehenden Vater Doles als geeigneten Ehemann schmackhaft zu machen versucht. Gellert schickte diesen Brief schließlich nicht ab, gestand aber Lucius gegenüber in einem späteren Brief sein Vorhaben, ohne Doles' Namen zu nennen.[7] Bekannt ist auch, dass Gellert sich schon kurz nach Doles' Amtsantritt für den neuen Kantor engagierte, indem er seinen Schüler Cronegk bat, Doles einen Passionstext zur Verfügung zu stellen.[8] Darüber hinaus ist belegt, dass sich Gellert gelegentlich auch in stellenpolitischen Fragen für Doles oder in dessen Sinne einsetzte. So trug er im Jahr seines Todes durch ein Gutachten dazu bei, dass das Kantorat in der Meißener Stadtkirche mit dem von Doles favorisierten Kandidaten besetzt wurde.[9]

Da ein direkter Briefwechsel zwischen den beiden am gleichen Ort Ansässigen nicht existiert, lässt sich nur schwer bestimmen, wie intensiv die *intellektuelle* Beziehung zwischen beiden war. Dass eine solche bestanden haben muss, legen aber einige musikästhetische Überlegungen nahe, die Doles im Jahr 1790 seiner auf einem Gellert-Text basierenden Kantate *Ich komme vor dein Angesicht* voranstellte. Hier entfaltet der Thomaskantor in aller Kürze ein Verständnis von Kirchenmusik, das sich wie das musikästhetische Pendant zu Gellerts in der Vorrede zu den *Geistlichen Oden und Liedern* entworfenem literarästhetischen Konzept geistlicher Dichtung liest. Gellert unterscheidet in dieser Vorrede innerhalb der geistlichen Oden zwischen „Lehroden" und „Oden für das Herz". In den ersteren herrsche „mehr Unterricht", in den letzteren „mehr Empfindung". Bei den Lehroden sei vor allem auf „Deutlichkeit und Kürze" zu achten, die „Lieder für das Herz, denen der Gesang vorzüglich eigen" sei, müssten

> so beschaffen seyn, daß sie uns alles, was erhaben und rührend in der Religion ist, fühlen lassen; das Heilige des Glaubens, das Göttliche der Liebe, das Heldenmüthige der Selbstverleugung, das Große der Demuth, das Liebenswürdige der Dankbarkeit, das Edle des Gehorsams gegen Gott und unsern Erlöser, das Glück, eine unsterbliche, zur Tugend und zum ewigen Leben erschaffne und erlöste Seele zu haben [...]. (GS II, 108 f.)

Nach Gellerts Auffassung geht es für den Dichter geistlicher Lieder nicht darum, ein Optimum an Kunstfertigkeit zu zeigen, sondern religiöse Wahrheiten fühlbar zu machen. Sogar kleine Fehler sind für ihn akzeptabel, sofern sie der Wirkungsabsicht geschuldet sind. Die Praxis des Singens geistlicher Lieder kam seinen Wirkungsintentionen nur entgegen, so dass er auch Verto-

---

7 Vgl. Briefentwurf an Caroline Lucius, 15. August 1761 (GB III, 156 f.), und Brief an dies., 18. August 1761 (GB III, 158).

8 Vgl. Brief an Johann Friedrich von Cronegk, 20. Februar 1756 (GB II, 33).

9 Stadtarchiv Meißen: A. D. D. 11, S. 114 f. Vgl. Helmut Banning: Johann Friedrich Doles: Leben und Werke, Leipzig 1939, S. 121.

nungen seiner Texte ausdrücklich begrüßte. Allerdings dachte er dabei ausschließlich an eine *melodische* Gestaltung des Textes. Wie oft die Deklamation des Redners der Rede erst das Leben gebe, schreibt er in der Vorrede, so gebe oft auch „die Melodie erst dem Liede seine ganze Kraft." (GS II, 109)

Über den Zweck der „wahre[n] Kirchenmusik" heißt es nun in Doles' „Vorerinnerung" zur Gellert-Kantate ganz ähnlich, sie müsse „Liebe, Vertrauen, freudige Dankbarkeit gegen Gott, [...] süße Ruhe und innige Wonne über das Wohlgefallen des höchsten Wesens, begeisterndes Entzücken über die frohen Aussichten in die Ewigkeit usw. ausdrücken."[10] Um ihren Zweck zu erfüllen, brauche sie „einen schönen fließenden und rührenden Gesang", „eine deutliche, faßliche und den Gesang unterstützende Harmonie, und einen leichten und verständlichen Rhythmus." Kirchenmusiken, die nur „künstliche Fugen enthalten, oder fugenartig und zu ängstlich nach den strengen Regeln und Künsteleien des doppelten Kontrapunkts ausgearbeitet sind", gehörten dagegen nicht in die Kirche.[11]

In Doles' Vorstellung von empfindsamer Kirchenmusik rangieren wie auch in Gellerts Konzept geistlicher Lieddichtung pragmatische Aspekte vor ästhetischen. Vor allem anderen wird Verständlichkeit – modern gesprochen: Eingängigkeit – verlangt, denn „die mehrsten Menschen, welche die Kirchenmusik anhören, wissen wenig oder nichts von der Setzkunst, und folgen auch nicht mehr von den intellectuellen Schönheiten eines solchen Satzes".[12] Die Rezeptionsmöglichkeiten des Publikums sollen nicht durch einen möglichen Mangel an Ausbildung begrenzt sein. Deshalb funktioniert die Kirchenmusik in erster Linie über den „schöne[n] Gesang", also die Melodie, während die Harmonie, anders als in der polyphonen Musik der vergangenen Epoche, nur „Dienerinn" sein soll.[13] Letztlich jedoch erweisen sich bei beiden – Gellert und Doles – pragmatische und ästhetische Aspekte als konvergent: Das Ideal ist eine „nicht-künstliche", d. h. schöne und zugleich einfache musikalische Sprache, die nicht die Ratio, sondern das Gefühl anspricht und den Ausdruck „leidenschaftlicher Empfindungen"[14] ermöglicht. Der Komponist erreicht dieses ästhetische Ziel um so leichter, je mehr er sich bei der Arbeit am pragmatischen Ziel der Verständlichkeit orientiert. In Gellerts Augen ist Doles' Vertonung der *Geistlichen Oden und Lieder* derjenigen Bachs vorzuziehen, weil in seinen „Melodeyen" diese *notwendige* Verbindung von Pragmatik und Ästhetik Beachtung findet.

---

10 Johann Friedrich Doles: Vorerinnerung [zu der Kantate *Ich komme vor dein Angesicht* nach einem Text von Gellert], in: Ders: Anfangsgründe zum Singen, vorgel. v. Armin Schneiderheinze, Leipzig 1989, S. 101–103, hier S. 101.

11 Ebd., S. 101 f.

12 Ebd., S. 102.

13 Ebd., S. 101.

14 Ebd., S. 102.

Dass die Musik des Thomaskantors ihre Wirkung auch bei Gellert selbst nicht verfehlte, bezeugt eine Anekdote, die auf der Partitur eines Tedeums von Doles handschriftlich überliefert ist: „Als Herr *Doles* dieses Stück zum ersten mahle in der Thomaskirche zu Leipzig aufgeführet, hat es dem seel. *Professor* Gellert so einen rührenden Eindruck gemacht, daß er aus Andacht fast in Thränen zerfloßen und nach dem Gottesdienste zum Hn. *Cant. Doles* gekommen, und ihm mit einem herzlichen Kuße für diese herrliche *Composition* gedanket hat.“[15] Doles' musikalische Kompetenzen, so kann man resümieren, interessierten Gellert da, wo sie seinem Projekt der moralisch-ästhetischen Erziehung dienlich waren. Für die Qualität der wegweisenden Vertonungen Carl Philipp Emanuel Bachs war er vor allem deswegen nicht empfänglich, weil er in ihnen keinen Nutzen sah. Doles' Vertonungen hingegen, die musikgeschichtlich bedeutungslos blieben, hielt er für wertvoll, da sie seinen Zielen förderlich waren. Die gängige Auffassung, dass das Kapitel „Gellert und die Musik“ recht schnell abgehandelt ist, bedürfte also keiner grundsätzlichen Revision, wenn man Zeugnisse eines Transfers zwischen den Künsten allein im Bereich der Vertonung suchen würde. Eine im Vergleich zur Beziehung Gellert-Doles weit produktivere Transferbeziehung eröffnet sich jedoch, wenn man den Blick ins katholische Salzburg wendet, wo Leopold Mozart um 1750 die Schriften Gellerts für sich entdeckte.

Leopold Mozart als Vermittler Gellerts in Salzburg

Lange Zeit ist der Komponist und Geiger Leopold Mozart nahezu ausschließlich als – relativ unsympathische – Nebenfigur in der Biographie der musikalischen Ausnahmeerscheinung Wolfgang Amadeus bekannt gewesen. Seit etwa fünfzehn Jahren ist jedoch eine Forschung in Gang gekommen, die sich darum bemüht, dem lange Verkannten den ihm gebührenden Platz in der intellektuellen Kultur der Aufklärungsepoche zurückzugeben.[16] Allmäh-

15 Manuskript aus der Bibliothek der Colditzer Kantoreigesellschaft, Nr. 17. Zitiert nach: Helmut Banning: Johann Friedrich Doles. Leben und Werke. Leipzig 1939, S. 62.

16 So wurde 1992 in Augsburg eine Leopold-Mozart-Gesellschaft gegründet, die sich die „interdisziplinäre Erforschung von Leben, Werk und Umfeld Leopold Mozarts“ zur Aufgabe gemacht hat. URL: http://www.leopold-mozart.de (zuletzt aufgerufen am 15. 06. 2008). Zur Einführung in Leben und Werk Leopold Mozarts eignen sich Erich Valentin: Leopold Mozart. Eine Biographie. Frankfurt/Main 1998, sowie Josef Mančal: „Der Mensch als Schöpfer seiner Wirklichkeit“, in: Beiträge des Internationalen Leopold-Mozart-Kolloquiums Augsburg 1994, hg. von Josef Mančal u. Wolfgang Platz, Augsburg 1997, S. 149–173. Ausführlicher: Josef Mančal: Mozart. Zum Verhältnis Leopold Mozarts zu Wolfgang „Amadé“ Mozart. Prolegomena zur Strukturbestimmung einer personalen Beziehung und der Wirklichkeitsorganisation im Zeitalter des Absolutismus und der Aufklärung, in: Zeitschrift des Historischen Vereins für Schwaben 84, 1991, S. 191–245.

lich wird nun das durch hartnäckige Legendenbildung verblasste Profil eines Aufklärers wieder erkennbar, der nicht nur die Diskussionen im eigenen Fachgebiet wachsam verfolgte, sondern auch Entwicklungen auf außermusikalischem Gebiet mit großer Aufmerksamkeit und Offenheit beobachtete. Bevor er Musiker am Salzburger Hof wurde, hatte Mozart an der Salzburger Universität Philosophie studiert. Regelmäßig las er die *Oberdeutsche Staatszeitung*, zu deren Mitarbeitern u. a. der Naturwissenschaftler Lorenz Hübner und der Historiker Augustin Schelle gehörten. Darüber hinaus wusste Mozart seine freundschaftlichen Kontakte zum Augsburger Musikverleger Johann Jakob Lotter zu nutzen, um sich auch Werke der protestantischen Aufklärer zu beschaffen, die ihm in Salzburg nicht zugänglich waren.[17] Er las nicht nur Friedrich Wilhelm Marpurgs in Berlin erscheinende *Historisch-kritische Beyträge zur Aufnahme der Musik* (1756–1778), in denen er auch selbst einen Beitrag veröffentlichte,[18] sondern kannte auch nachweislich Gottscheds Sprachkunst, Rabeners Satiren und verschiedene Werke Gellerts, u. a. die Fabeln und wahrscheinlich auch die 1754 erschienenen *Lehrgedichte und Erzählungen*.[19]

Dass Mozart gerade Gellert besondere Wertschätzung und Verehrung entgegenbrachte, ja dass er in ihm einen Gleichgesinnten sah und ihn als persönlichen Freund gewinnen wollte, geht aus einem Brief aus dem Jahr 1754 hervor, in dem der Leipziger Professor dem Salzburger Musiker für dessen „schönen, beredten und empfindungsvollen Brief" dankt. Nicht ohne Eitelkeit gibt er seiner Freude darüber Ausdruck, dass er auch im fernen Salzburg eine treue Leserschaft besitze:

> Also lesen Sie meine Schriften gern […] und ermuntern auch Ihre Freunde, sie zu lesen? Diese Belohnung […] habe ich von dem Orte, aus dem ich sie erhalte, ohne Eigenliebe kaum hoffen können. Wie glücklich bin ich, wenn ich glauben darf, dass ich zur Erhaltung des Geschmacks und der guten Sitten auch ausser meinem Vaterlande etwas beytrage![20]

17 Zur Beziehung Lotter-Mozart vgl. Josef Mančal: Augsburg als Herstellungs- und Handelszentrum für Druckmedien im 18. Jahrhundert: Das Beispiel Leopold Mozart, in: Augsburger Buchdruck und Verlagswesen. Von den Anfängen bis zur Gegenwart, hg. v. Helmut Gier u. Johannes Janota, Wiesbaden 1997, S. 909–945. – Zur Rolle Lotters in der Buchhandelsstadt Augsburg vgl. darüber hinaus Josef Mančal: Zum Augsburger Druck-, Verlags- und Handelswesen im Musikalienbereich im ausgehenden 17. und 18. Jahrhundert, in: Ebd., S. 873–907.

18 Leopold Mozart ist mit großer Wahrscheinlichkeit der Autor des Artikels *Nachricht von dem gegenwärtigen Zustande der Musik Sr. Hochfürstl. Gnaden des Erzbischoffs zu Salzburg*, der 1757 in der protestantischen Zeitschrift (Bd. 3, 3. Stück, Berlin 1757, S. 183–198) erschien.

19 Am 28. August 1755 bestellt er bei Lotter Gellerts Fabeln und Lehrgedichte, die er dem Schreiben zufolge auch als Kommissionshändler weiterzuvertreiben gedachte.

20 Brief an Leopold Mozart, April 1754 (GB I, 195).

Dem Briefwechsel mit Lotter ist zu entnehmen, dass Mozart nicht nur Leser der Werke Gellerts war, sondern auch an deren Verbreitung Anteil hatte. Ein Brief an Lotter vom 9. Juni 1755 belegt, dass er Werke Gellerts und andere im katholischen Österreich nicht erhältliche Werke als Unterhändler vertrieb:

> [I]ch hab in Commißis mich zu erkundigen, was die grosse Synonima der Phraseologia des Wagneri, dan alle Werke des Gottscheds und gellerts [!] zusamm im nächsten Preyse kosten. Sind sie also so gut und schreiben sie mir den preiss mit nächstem, und bringen sie dann auf dem Markt diese Bücher alle Complet mit.[21]

Neben diesen brieflichen Zeugnissen für die Wertschätzung Gellerts ist es aber vor allem Leopold Mozarts Opus magnum, der *Versuch einer gründlichen Violinschule* (1756), das Spuren einer intensiven Auseinandersetzung Mozarts mit den Schriften Gellerts erkennen lässt.

Der Musikwissenschaftler Josef Mančal hat zu Recht hervorgehoben, dass Mozart seinen *Versuch einer gründlichen Violinschule* auf „mindestens zwei verschiedenen Ebenen konzipiert [hat], auf einer konkret musikalischen und zugleich einer allgemeinen, wenigstens im Sinne der Aufklärung philosophisch-wissenschaftlichen Ebene, die erst die Verwendung des Begriffs des ‚*Gründlichen*' im Titel rechtfertigt."[22] Was die musikalische Ebene betrifft, so kam die entscheidende Anregung, eine Violinschule nach dem Vorbild der bereits vorliegenden Schulen von Quantz und Bach zu schreiben, von dem eben schon genannten Berliner Musikkritiker und -theoretiker Marpurg.[23] Was die allgemeinere Ebene angeht, so trägt die Violinschule Züge eines erzieherischen Werks im Geiste Gellerts, mit dem Mozart interessanterweise übrigens just in dem Augenblick in Kontakt trat, da er mit der Arbeit an der Violinschule begann. Mozarts Violinschule, so meine These, ist weit mehr als eine Lehre des guten Geschmacks in der Musik, sie ist zugleich eine Moral-

21 Brief an Johann Jakob Lotter, 9. Juni 1755. In: Mozart. Briefe und Aufzeichnungen, hg. v. der Internationalen Stiftung Mozarteum Salzburg, ges. und erl. von Wilhelm A. Bauer u. Otto Erich Deutsch. 7 Bde. Bd. 1: 1755–1776. Kassel u. a. 1962, S. 5.

22 Josef Mančal: Einführung in die historisch-methodische Grundproblematik, in: Beiträge des Internationalen Leopold-Mozart-Kolloquiums [Anm. 16], S. 69–82, hier S. 81.

23 Im Vorbericht zu seiner Violinschule schreibt Mozart: „Endlich erhielt ich von ohngefähr Herrn Marpurgs Historisch-kritische Beyträge zur Aufnahme der Musik. Ich las seine Vorrede. Er sagt gleich anfangs: Daß man sich über die Anzahl musikalischer Schriften nicht zu beklagen habe. Er beweiset es auch, und beklagt unter andern, daß noch eine Anweisung zur Violin fehle. Dieß machte nun meinen schon vormals gefaßten Entschluß auf einmal wieder rege, und war der stärkste Antrieb diese Blätter sogleich in meinen Vaterstadt an den Buchdrucker zu schicken." Leopold Mozart: Versuch einer gründlichen Violinschule. Faksimile-Reprint der 1. Auflage 1756, hg. v. Greta Moens-Haenen, Kassel u. a. 1995, Vorbericht, unpaginierte Seite. (Zitate aus der Violinschule werden im Folgenden im fortlaufenden Text durch die Sigle MV nachgewiesen.)

lehre für ausübende Musiker und Musiklehrer. Ihr Autor transferiert das auch für Gellert zentrale, zugleich ästhetisch und moralisch konnotierte Konzept der Natürlichkeit in den Bereich der Instrumentaldidaktik und vollzieht insofern eine Imitatio Gellerti, indem er im Gebiete der Musik nicht nur als Meister seines Faches, sondern im umfassenden Sinne als Erzieher und Morallehrer in Erscheinung tritt.

Instrumentalschulen um 1750

Kurz hintereinander erschienen in den Jahren 1752–1756 drei ambitionierte Instrumentalschulen: Johann Joachim Quantz' *Versuch einer Anweisung die Flöte traversière zu spielen* (1752), Carl Philipp Emanuel Bachs *Versuch über die wahre Art das Clavier zu spielen* (Teil I, 1753; Teil II, 1762) und Leopold Mozarts *Versuch einer gründlichen Violinschule* (1756).[24] Nicht ohne Grund werden die drei Versuche immer wieder in einem Atemzug genannt, weisen sie doch allein schon in ihrem streng systematischen Aufbau auffällige Ähnlichkeit auf. In der komplexen Gliederung wird bereits der Anspruch sichtbar, dem Schüler nicht nur die technischen Probleme des Instrumentalspiels zu erklären, sondern ihn umfassend über alle für sein Spiel relevanten Teilgebiete der Wissenschaft Musik zu informieren.

Über ihren systematischen Aufbau hinaus verbindet die drei Instrumentalschulen die bis dahin in der Instrumentaldidaktik ganz unübliche breite sprachliche Ausformulierung. Frühere Schulwerke waren nämlich in der Regel mehr oder weniger ausführlich kommentierte Etüdensammlungen gewesen. Die Schulen von Quantz, Bach und Mozart aber sind Bücher im engeren Sinne und damit Produkte hochentwickelter Schriftkultur. Sie dokumentieren, dass das aufklärerische Projekt einer vollständigen Literalisierung der Gesellschaft in der Mitte des 18. Jahrhunderts auch auf solche Gebiete ausgriff, in denen sich vormoderne Tradierungsverfahren besonders lange hatten behaupten können.[25] Hatte die Musik bereits in der Antike als Wissenschaft gegolten, so war doch das Instrumentalspiel bislang ein Handwerk geblieben, dessen Tradierung an die *face-to-face*-Situation der mündlichen Kommunikation zwischen Meister und Schüler gebunden war. Die Verfasser der drei Schulwerke hielten nun jedoch eine neue Form des Unterrichts für notwendig, die das Er-

---

24 Zu erwähnen ist in diesem Zusammenhang außerdem die 1758 erschienene, in weiten Teilen auf eine Gesangsschule des Italieners Pier Francesco Tosi aus dem Jahr 1723 zurückgehende, jedoch die Impulse der Empfindsamkeit aufnehmende *Anleitung zur Singkunst* von Johann Friedrich Agricola.

25 Vgl. dazu auch Arnfried Edler: Carl Philipp Emanuel Bachs Wirkung auf das Musikleben seiner Zeit, in: Carl Philipp Emanuel Bach. Musik und Literatur in Norddeutschland. Katalog einer Ausstellung zum 200. Todestag Bachs. Staats- und Universitätsbibliothek Hamburg – Carl von Ossietzky (23. 9.–31. 10. 1988) / Schleswig-Holsteinische Landesbibliothek Kiel (16. 11. 1988–29. 1. 1989), Heide in Holstein 1988, S. 20–35, hier S. 23 f.

lernen des Instrumentalspiels auf die Ebene wissenschaftlicher, und das hieß selbstverständlich: literaler Erkenntnisvermittlung erheben sollte, wie sie auf anderen Lehrgebieten längst Standard war: „Denn wer Musik nur auf das Gerathewohl, nicht als eine Wissenschaft, sondern nur als ein Handwerk treiben will“, urteilt Quantz kategorisch, „der wird lebenslang ein Stümper bleiben“.[26]

Zeigen sich alle drei Verfasser also dem rationalistischen Wissenschaftsideal verpflichtet, so sind sie doch zugleich Protagonisten jener „*sensualistische[n] Wende*, die die Musik aus ratiomorpher Verknöcherung zu befreien sucht, sie zur Gefühlssprache der Natur, ja zur *Natur selbst* erklärt“.[27] Am eindringlichsten hat Carl Philipp Emanuel Bach das neue Ideal eines empfindsamen Musikers formuliert:

> Indem ein Musickus nicht anders rühren kann, er sey dann selbst gerührt; so muß er nothwendig sich selbst in alle Affeckten setzen können, welche er bey seinen Zuhörern erregen will; er giebt ihnen seine Empfindungen zu verstehen und bewegt sie solchergestallt [!] am besten zur Mit-Empfindung.[28]

Auch Quantz[29] und Mozart[30] halten es für notwendig, dass der gute Musiker sich selbst von der Musik rühren lasse. Das „Sich-selber-rühren-Lassen“ ist dabei letztlich Mittel zu dem Zweck, eine musikalische Kommunikationsbeziehung zwischen Komponist und Zuhörer zu stiften.

Bei allen Gemeinsamkeiten unterscheiden sich die drei Lehrwerke jedoch auch voneinander. Während Quantz’ Werk in Aufbau und Diktion noch am stärksten der rationalistischen Wissenskultur verhaftet bleibt, öffnet sich Bach am weitesten für genuin empfindsame Vorstellungen. Mozarts Werk aber unterscheidet sich von beiden dadurch, dass auf jeder Seite der Anspruch des Autors spürbar wird, nicht nur als Musik- und Instrumentallehrer Sinnvolles zu leisten, sondern zugleich als Erzieher und Morallehrer.

---

26 Johann Joachim Quantz: Versuch einer Anleitung die Flöte traversière zu spielen. Reprint der Ausgabe Berlin 1752. Mit einem Vorwort von Hans-Peter Schmitz. Mit einem Nachwort, Bemerkungen, Ergänzungen und Registern von Horst Augsbach, München 1992, S. 11.

27 Christian Kaden: „Aufbruch in die Illusion“. Kommunikationsstrukturen in der Musik des späteren 18. Jahrhunderts, in: Ders.: Des Lebens wilder Kreis. Musik im Zivilisationsprozeß, Kassel 1993, S. 140–156, hier S. 143.

28 Carl Philipp Emanuel Bach: Versuch über die wahre Art das Clavier zu spielen. Faksimile-Reprint der Ausgaben von Teil I, Berlin 1753 […], und Teil II, Berlin 1762 […], hg. und mit einem ausführl. Register vers. v. Wolfgang Horn. Kassel 1994, S. 122.

29 „Der Vortrag also ist schlecht, […] wenn man alles ohne Empfindung, ohne Affect, und ohne selbst gerühret zu werden, vorträgt […].“ Quantz [Anm. 26], S. 110.

30 „Man muß sich endlich bey der Ausübung selbst alle Mühe geben den Affekt zu finden und richtig vorzutragen, den der Componist hat anbringen wollen; und da oft das Traurige mit dem Fröhlichen abwechselt so muß man jedes nach seiner Art vorzutragen beflissen seyn. Mit einem Wort: man muss alles so spielen, daß man selbst davon gerühret wird.“ (MV 255 f).

Mozarts Violinschule

Mozarts weitreichende Ambitionen werden zunächst im Vorbericht deutlich, in dem der Verfasser seine Schreibmotivation wie folgt erläutert:

> Ich fühlte ein grosses Beyleid, wenn ich schon gewachsene Violinisten, die sich manchmal nicht wenig auf ihre Wissenschaft einbildeten, ganz leichte Passagen, die etwa nur dem Striche nach von der gemeinen Spielart abgiengen, ganz wider die Meynung des Componisten vortragen hörte. Ja, ich erstaunte, wenn ich gar sehen mußte, daß sie auch bey mündlicher Erklärung des schon angezeigten Vortrages, und bey wirklicher Vorspielung desselben, dennoch das Wahre und Reine kaum, oder oft gar nicht erreichen konnten. (MV, Vorbericht, unpag.)

Ausdrücklich weist er darauf hin, dass er sein Werk nicht nur für „Lehrlinge", sondern auch „zum Behufe der Lehrmeister" geschrieben habe. Dabei leitet ihn durchaus ein missionarischer Eifer: Er wünsche „alle diejenigen zu bekehren [!], die durch ihre schlechte Unterweisung ihre Lehrlinge unglücklich machen; weil sie selbst solche Fehler an sich haben, die sie, wenn sie nur ihrer Eigenliebe auf eine kurze Zeit entsagen wollten, gar bald erkennen würden." Er hoffe, dass mancher „durch das überzeugende Gewissen zur Besserung gerühret" werde (MV, Vorbericht, unpag.). Mit seiner Violinschule sagt Mozart also Fehlern und Lastern auf dem Felde der Musik den Kampf an. Die Kritik an Eigenliebe, Eitelkeit, Äußerlichkeit, Oberflächlichkeit, Einbildung und ungezügeltem Geltungsbedürfnis zieht sich wie ein roter Faden durch den gesamten Text. Dabei findet Mozart immer neue Möglichkeiten, den Unterschied zwischen Schein und Sein zu demonstrieren. Sogar die Violine selbst dient ihm als Demonstrationsobjekt. In Bildern, die übrigens in auffälliger Weise an die bekannte Gellert-Fabel vom buntgefiederten, aber als Sänger unbegabten Zeisig (1746)[31] erinnern, kritisiert er im Abschnitt über die Violine die Oberflächlichkeit der zeitgenössischen Geigenbauer, die der äußeren

31 Die Fabel erzählt von einem Knaben, der sich, vom Vater aufgefordert, zwischen Nachtigall und Zeisig den schönsten Sänger zu wählen, für den Zeisig entscheidet und zur Begründung spricht: „Wie schön und gelb ist sein Gefieder!/ Drum singt er auch so schöne Lieder;/ Dem andern sieht mans gleich an den Federn an, / Daß er nichts kluges singen kann." Die Moral der Fabel dürfte Mozart aus der Seele gesprochen haben: „Wem Farb und Kleid ein Ansehn geben,/ Der hat Verstand, so dumm er ist./ Stax kömmt, und kaum ist Stax erschienen:/ So hält man ihn auch schon für klug./ Warum? Sehr nur auf seine Minen,/ Wie vortheilhaft ist jeder Zug!/ Ein andrer hat zwar viel Geschicke; Doch weil die Mine nichts verspricht:/ So schließt man, bey dem ersten Blicke,/ Aus dem Gesicht, aus der Perücke,/ Daß ihm Verstand und Witz gebricht." (GS I, 59). Ähnliche Gedanken mag Mozart auch in den 1754 erschienen Lehrgedichten gefunden haben, zu deren Lektüre ihn Gellert selbst in seinem Brief animiert. In dem Gedicht *Der Stolz* geht Gellert ausdrücklich auch auf die Mozart so verhassten „stolzen" Künstler ein, die sich Fähigkeiten einbilden, die sie in Wirklichkeit nicht besitzen, durch ihr Auftreten aber vorzuspiegeln versuchen: „So schließt des Künstlers Stolz aus seiner Tracht von Seide,/ Wie viel er besser ist, als der im wollnen Kleide." (GS II, 87).

Auszierung des Violinkörpers mehr Aufmerksamkeit widmeten als dem Klang des Instruments:

> Wer den Vogel nach den Federn, und das Pferd nach der Decke schätzet, der wird auch unfehlbar die Violin nach dem Glanze und der Farbe des Firnüsses beurtheilen [...]. Also machen es nämlich alle diejenigen, welche ihre Augen und nicht das Gehirn zum Richter wählen. Der schön gekraußte Löwenkopf kann eben so wenig den Klang der Geige, als eine aufgethürmte Quarreperücke die Vernunft seines lebendigen Perückenstockes bessern.
> Und dennoch wird manche Violin nur des guten Ansehns wegen geschätzet; wie oft sind nicht das Kleid, das Geld, der Staat, sonderbar aber die geknüpfte Perücke jene Verdienste, die manchen - - - zum Gelehrten, zum Rath, zum Doctor machen. Doch! wo bin ich hingerathen? Der Eifer gegen das so gewöhnliche Urtheil nach dem äusserlichen Scheine hat mich fast aus dem Geleise getrieben. (MV 5)

Die Violine, die nicht durch ihren Klang, sondern durch äußeren Putz zu überzeugen versucht, wird hier als Modell des Menschen erkennbar, zu dem sie sich ja auch allein schon aufgrund ihrer äußeren Form besonders eignete. Just in der Zeit um 1750, in der bekanntlich der „physiologische Umbau des Menschen von einem vorrangig *humoral* zu einem vorrangig *neuronal* definierten Organismus“[32] stattfand, wurden übrigens auch die Violinsaiten als Analogon der menschlichen Nerven entdeckt. Diese konnten ebenso wie Saiten in Schwingung versetzt werden und ermöglichten nach zeitgenössischer Vorstellung durch das Phänomen der Resonanz die typisch empfindsame Empathie der Seelen.

Mozarts Kampf gegen Äußerlichkeit und falschen Schein setzt sich in den weiteren Kapiteln der Violinschule fort. Ungelehrtheit, die auf einem Mangel an Bildungsmöglichkeiten beruht, stört ihn überhaupt nicht, Ungelehrtheit, die sich den Schein des Gebildeten gibt, jedoch um so mehr. „[W]enn nun aber einer, von dem man glauben soll er habe studiret, merkliche Proben seiner Unwissenheit ablegt, das läßt einmal gar zu ärgerlich.“ (MV 108) So sind ihm auch „Halbcomponisten“ ein Greuel, die „recht viel auf sich“ halten, obwohl sie nur „musikalischen Galimatias“ produzieren (MV 252). Ebenso missbilligt er Violinspieler, die sich in ihrer Ignoranz gleich an „Concerte und Solo“ machen, wenn sie kaum den Takt zu schlagen gelernt haben (MV 252). Gegenbegriff zum „Gekünstelten“, zum allein auf äußerliche Wirkung abzielenden scheinbar Schönen ist für Mozart der auch bei Gellert zentrale Begriff der „Natürlichkeit“, der in den Schulen von Quantz und Bach nur eine untergeordnete Rolle spielt. Für Mozart aber trifft im Konzept der Natürlichkeit die moralische Integrität mit der ästhetischen Kompetenz des idealen Musikers zusammen. Dies wird besonders in den bei-

32 Albrecht Koschorke: Wissenschaften des Arbiträren. Die Revolutionierung der Sinnesphysiologie und die Entstehung der modernen Hermeneutik um 1800, in: Poetologien des Wissens um 1800, hg. v. Joseph Vogl, München 1999, S. 19–52, hier S. 32.

den Kapiteln über die Techniken der Verzierung und über den „guten Vortrag“ deutlich. Ein guter Violinist ist für Mozart ein solcher, der sich nie aus falschem Ehrgeiz zu bloßer Akrobatik verleiten lässt, sondern sich stets am Ideal des Ungezwungenen und Ungekünstelten orientiert. Ein Mangel an Natürlichkeit im Vortrag, der mit musikalischer Empfindungsarmut einhergeht, äußert sich für Mozart ganz allgemein in einem Hang zum „närrisch[en] [V]erzieren und [V]erkräuseln“ (MV 252) in der Gestaltung von Adagio-Sätzen. Darüber hinaus ist auch der „Tremulo“, das heute so genannte Vibrato, für Mozart ein geeigneter Prüfstein der Natürlichkeit. Er darf nur mit größter Sparsamkeit eingesetzt werden: „Es giebt schon Spieler, die bey ieder Note beständig zittern, als wenn sie das immerwährende Fieber hätten. Man muß den *Tremulo* nur an solchen Orten anbringen, wo ihn die Natur selbst hervorbringen würde […].“ (MV 238 f.)

Das Postulat der Natürlichkeit gilt nun aber nicht allein für die Feinheiten der Auszierung und des Vortrags, sondern steht auch im Zentrum der Überlegungen Mozarts zum Geigespielen als einem menschlichen Bewegungsverhalten. Im zweiten Hauptstück, „Wie der Violinist die Geige halten, und den Bogen führen solle“, erläutert er zur Bogenführung: „Man bewege das Achselglied wenig, den Ellenbogen stärker, das Glied aber natürlich und ungezwungen. Ich sage: das Glied der Hand soll man natürlich bewegen. Ich verstehe hierdurch: ohne lächerliche und unnatürliche Krümmungen zu machen.“ (MV 55)

Darüber hinaus plädiert Mozart dafür, die übliche Haltung der Violine im Interesse eines natürlicheren Zusammenschlusses von Körper und Instrument leicht zu verändern: Während man bisher die Geige „an der Höhe der Brust seitwärts“ gehalten habe, und zwar so, „daß die Striche des Bogens mehr in die Höhe als nach der Seite gehen“, möge man nunmehr „die Violin so an den Hals“ setzen, „daß sie am vordersten Theile der Achsel etwas auflieget, und jene Seite, auf welcher das (E) oder die kleinste Seyte ist, unter das Kinn kömmt“ (MV 53). Die traditionelle Haltung, die noch Francesco Geminiani in seiner Violinschule aus dem Jahr 1751 empfahl, sei, so meint Mozart, nur scheinbar „ungezwungen und angenehm“. Für den Zuschauer habe sie zwar den Anschein des Einfachen und Natürlichen, für den Spieler selbst aber sei sie „schwer und ungelegen: weil, bey schneller Bewegung der Hand in die Höhe, die Geige keinen Halt hat, folglich notwendig entfallen muß“ (MV 53).

Mozart benennt hier das zentrale Problem des Violinspiels: Wie soll man verhindern, dass das nirgends fixierte Instrument zu Boden fällt, ohne es mit der linken Hand festzuhalten, die ja für die Lagenwechsel völlig frei sein muss? Da bei der traditionellen Schräghaltung der Schwerpunkt der Geige sehr tief liegt, muss die Hand notwendigerweise eine Stützfunktion übernehmen, wenn das Instrument nicht fallen soll. Die neue Haltung hat nun den Vorteil, daß „die Violin, auch bey der stärkesten Bewegung der hinauf und herab gehenden Hand, an seinem [!] Orte allezeit unverrückt bleibet“ (MV 53).

Unnatürliche Bogenhaltung nach Mozart
(Illustration aus dem *Versuch einer gründlichen Violinschule*)

Die im frühen 18. Jahrhundert übliche, noch 1751 von Geminiani in seiner Violinschule empfohlene Geigenhaltung (Frontispiz)

Von Mozart empfohlene Haltung des Instruments
(Illustration aus dem *Versuch einer gründlichen Violinschule*)

Die auf den ersten Blick unscheinbare Verrückung, die Mozart hier anrät, ist nun durchaus nicht unbedeutend. Das Instrument verliert nämlich so seinen einstigen Status als bloßes Werkzeug des Musikers und wird zu einem Glied seines Körpers. Da der Schwerpunkt nunmehr nach oben verlagert wird, kann anstelle der Hand die am Spiel nur indirekt beteiligte Schulter die notwendige Stützfunktion übernehmen. Im Akt des Spielens ergibt sich so ein geschlossener Kreislauf: Der Körper wendet sich zur Geige, die Spielbewegungen richten sich auf den Körper zurück. In letzter Konsequenz betrifft Mozarts auf den ersten Blick unscheinbare Neuerung den ästhetischen Kern des Instrumentalspiels: Die neue, kon-zentrierte Haltung, die einen natürlichen, ungebremsten Bewegungsfluss erlaubt, bereitet einem romantischen Violinspiel, bei dem der instrumental verlängerte Körper Medium des Ausdrucks individueller „Innerlichkeit“ wird, allererst den Weg. Das Konzept der Natürlichkeit, das um 1750 zum zentralen ästhetischen und zugleich moralischen Konzept avancierte, wird von Mozart somit insofern in höchst produktiver Weise umgesetzt, als er es nicht nur für den Bereich der musikalischen Ästhetik übernimmt, sondern es auch in seine ureigenste Domäne transferiert: in die Bewegungstechnik des Geigens.

Mozarts Schreibart

Neben der moralischen Thematik von Schein und Sein sowie dem Konzept eines „natürlichen“ geigerischen Bewegungsverhaltens deutet meiner Ansicht nach noch etwas anderes darauf hin, dass Mozart Gellert als Autorität akzeptierte und sich an ihm orientierte: sein enormer Ehrgeiz in Bezug auf eine „natürliche“ Schreibart beim Verfassen seines einzigen großen wissenschaftlichen Werks. Aus einer Fußnote der Werkes wird deutlich, dass Mozart die Fähigkeit des präzisen und zugleich gefälligen Schreibens auch bei einem Musiker für unabdingbar hielt, wenn dieser denn als Wissenschaftler gelten wollte: „Was kann man wohl von jenem denken, der nicht einmal in seiner Muttersprache 6. reine Wörter in Ordnung setzen und verständlich zu Papier bringen kann, dem ungeachtet aber ein gelehrter Componist heißen will?“ (MV 108) Auch der Briefwechsel zwischen Mozart und Lotter belegt, wie viel Wert Mozart auf eine gute Schreibart legte und wie wichtig es ihm war, dass sein Werk im Hinblick auf die Kunst des Schreibens mit den Werken aus dem fortschrittlichen Berlin würde konkurrieren können. Immer wieder vergewisserte er sich anhand von Gottscheds *Kritischer Sprachkunst*, ob seine Schreibweise den im deutschen Norden geltenden Ansprüchen genügte.

Interessant ist nun aber, dass er Gottsched keineswegs blind folgte, sondern auch bei der Entscheidung für oder gegen eine bestimmte Wortwahl oder Schreibweise das Kriterium der Natürlichkeit walten ließ. So schreibt er am 9. Juni 1755 an Lotter:

> Es fängt sich an von dem Tact. wo ich zweifelte ob ich schreiben sollte *von dem Tact oder musik: Zeitmaß*. oder *dem Tacte oder musik: Zeitmaße.* diess letztere liess mir sehr gezwungen. und weil in der Gottsch: Sprachkunst p. 210 bey dem Wort *Stand* im *ablativ* zwar *von dem Stande* bey *Hand* aber *von der Hand* gesagt wird, so schien mirs natürlicher *von dem Tact* als *von dem Tacte* zu schreiben. freylich weis ich, daß Stand und Hand im Geschlecht unterschieden sind. doch will mir hier das e sehr gezwungen in die ohren [!] fallen.[33]

Letztlich entscheidet nicht Gottsched, was richtig ist, sondern das Ohr des Schreibers, das allein zu beurteilen vermag, ob der Fluss der (schriftlichen) Rede natürlich und ungezwungen ist oder nicht. Es zeigt sich hier im Übrigen auch, dass Mozart sich als Autor eines wissenschaftlichen Textes an einem „mündlichen" Stilideal orientiert, wie es Gellert in seiner Brieflehre entworfen hatte. Anders als bei Quantz und Bach finden sich in Mozarts Text allenthalben Mündlichkeitsrelikte, die keineswegs versehentlich im Text stehen geblieben, sondern bewusst fingiert sind. Ausrufe wie das oben schon zitierte „Doch! wo bin ich hingerathen?" setzt Mozart ein, um seinem Text das höchst mögliche Maß an Unmittelbarkeit und Authentizität zu verleihen. Der Leser soll den Autor sprechen hören.

Mozart versuchte also seinem musikästhetischen und zugleich musikpraktischen Ideal der Natürlichkeit auch im Schreiben gerecht zu werden. Dass er sein Ziel, in punkto Schreibart den norddeutschen Protestanten Paroli zu bieten, erreicht hat, zeigt nicht nur eine positive Rezension seines Anregers Marpurg,[34] sondern auch eine Besprechung in der *Bibliothek der schönen Wissenschaften und freyen Künste*:

> Was uns zugleich bey diesem Werke wundert und erfreuet, das ist die nette und reine Schreibart und der ungezwungene fließende Vortrag, die es durchaus angenehm und nützlicher machen, und welche man aus dieser Gegend Deutschlands nicht leicht erwartet hätte. Doch ein Buch, welches zur Ausbreitung des guten Geschmacks in der Musik geschrieben worden, kann das wohl von solchen Schönheiten entblößet seyn, die wesentliche Eigenschaften eines mit Geschmack schreibenden Schriftstellers sind?[35]

---

33 Brief an Johann Jakob Lotter, 9. Juni 1755, in: Mozart. Briefe und Aufzeichnungen [Anm. 21], S. 4 f.

34 Marpurgs Urteil über die Violinschule: „Ein Werk von dieser Art hat man schon lange gewünschet, aber sich kaum getrauet zu erwarten: Der gründliche und geschickte Virtuose, der vernünftige und methodische Lehrmeister, der gelehrte Musikus; diese Eigenschaften, deren jede einzeln einen verdienten Mann macht, entwickeln sich allhier zusammen." In: Historisch-kritische Beyträge zur Musik III, Berlin 1757, S. 160.

35 M.: Anmerkungen über einige der besten musikalischen Schriften von der Ausführungskunst, insonderheit über Hrn. C. Ph. E. Bachs Versuch über die wahre Art, das Clavier zu spielen, 2. Th. 8. Berl. 1753 und 1762, in: Bibliothek der schönen Wissenschaften und freyen Künste. Bd. 10 (1763/64), 1. Stück, S. 49–65, 2. Stück, S. 270–292, hier 1. Stück, S. 53 f.

Der Verfasser kritisiert allerdings im Folgenden, dass Mozart seinen Abriss über die Geschichte der Violine nicht „mit mehrerm Fleisse und mit besserer Einsicht geschrieben" habe: „Unsere Zeiten sind zu aufgeheitert, als daß wir an einen Adam, der die Winde, die Vögel oder die Engel durch das Singen nachahmen will, [...] glauben sollten. Noch weniger wird uns jemand das Mährchen des Tevo für glaubwürdig anpreisen können, nämlich: ‚es hätte Orpheus die Violin erfunden, die Dichterin Sappho aber den mit Pferdehaaren bespannten Bogen.'"[36]

Mozart unternimmt jedoch, dies erkennt sein Kritiker nicht, seinen Ausflug ins Erzählerisch-Mythische in vollem Bewusstsein. In dem Bekenntnis zum fiktional Erzählten, das ihn bei aller Wissenschaftlichkeit immer wieder zu Bildern und kurzen Beispielerzählungen greifen lässt, gibt er sich einmal mehr als ein aufgeschlossener Leser Gellerts zu erkennen: „Daß viel fabelhaftes mir unterläuft, ist ganz gewiß: doch liegen unter diesen Fabeln auch viele Wahrheiten" (MV 15).

36 Ebd., S. 54.

Michael Mühlenhort

Das *Grammatisch-kritische Wörterbuch* von Johann Christoph Adelung: ein Gellert-Wörterbuch?

Die Frage, ob der bedeutendste Lexikograph des 18. Jahrhunderts, Johann Christoph Adelung, mit seinem *Grammatisch-kritischen Wörterbuch* ein Gellert-Wörterbuch vorgelegt habe, könnte man leicht rhetorisch abweisen, indem man feststellte, dass das *Grammatisch-kritische Wörterbuch* kein Autorenwörterbuch sei, wie dies z. B. einige Jahre zuvor (1759) Lessing zu dem Barockautor Friedrich von Logau (1605–1655) vorgelegt hatte.[1] Damit wäre aber nicht beantwortet, in welchem Umfang und in welcher Weise Gellerts Schriften Material und Grundlage des zuerst 1774–1786 als *Versuch* veröffentlichten Wörterbuchs wurden,[2] mit dem Adelung das erste durchgängig deutschsprachige Bedeutungswörterbuch zur allgemeinen deutschen Gegenwartssprache vorlegte. Zu den Neuerungen Adelungs gehört unter anderem die strikt alphabetische Anordnung der Wortartikel[3] und der Rückbezug seiner Erklärungstätigkeit auf ein literarisches Korpus herausragender Autoren seiner Zeit. Diese Wörterbuchform ist heute nichts Besonderes mehr, aber zu Adelungs Zeiten wurde ein solches Wörterbuch zwar schon lange gefordert und angestrebt (zuletzt von Gottsched), verwirklichen konnte es vor Adelung aber niemand. Diese Leistung ist um so beeindruckender, als Adelung bei seiner Konzeption kaum auf Vorarbeiten zurückgreifen konnte und vieles, was uns heute so selbstverständlich erscheint, erst entwickeln und dann konse-

1 Josef Mattausch: Das Autoren-Bedeutungswörterbuch; in: Wörterbücher. Ein internationales Handbuch zur Lexikographie, hg. v. Franz Josef Hausmann u.a., Berlin, New York 1989–1991 [3 Teilbde.], Teilbd. 2 (1990), S. 1549–1562. Lessings Logau-Wörterbuch ist abgedruckt in: Gotthold Ephraim Lessing: Wörterbuch; in: Gotthold Ephraim Lessings sämtliche Schriften, hg. v. Karl Lachmann. Dritte, auf's neue durchges. u. verm. Aufl., besorgt durch Franz Muncker, Stuttgart 1891, Bd. 7, S. 352–411.

2 Der vollständige Titel der auf dem Titelblatt ohne Autornennung erschienenen 1. Auflage lautet: [Johann Christoph Adelung:] Versuch eines vollständigen grammatisch-kritischen Wörterbuches Der Hochdeutschen Mundart mit beständiger Vergleichung der übrigen Mundarten, besonders aber der oberdeutschen [Adelung-VGKW], Leipzig 1774–1786 [benutztes Exemplar: UB Freiburg, E 3606].

3 Gerhard Dill: Johann Christoph Adelungs Wörterbuch der ‚Hochdeutschen Mundart'. Untersuchung zur lexikographischen Konzeption, Frankfurt/Main usw. 1992, S. 49.

quent durchhalten musste. Auch die für die Auswahl der Lemmata und die Formulierung der über 50.000 Wortartikel notwendigen Arbeiten hat er anscheinend weitgehend ohne fremde Hilfe durchgeführt. Das *Grammatisch-kritische Wörterbuch* zeichnet sich durch große Homogenität und präzise deutschsprachige Bedeutungserklärungen aus. Laut Adelung verweist das „kritisch" im Titel auf diese Qualität. In der „Vorrede" zur zweiten Auflage heißt es:

> Zu der kritischen Behandlung der Wörter rechne ich vornehmlich den bestimmten Begriff eines Wortes und seiner verschiedenen Bedeutungen. Die meisten Wörterbücher begnügen sich, ein Wort und dessen Bedeutungen entweder durch ein fremdes, oder nur ungefähr durch andere für gleich bedeutend gehaltene Ausdrücke zu erklären. Dieses schien mir nicht genug, und ich legte mir gleich Anfangs die Pflicht auf, den Begriff eines jeden Wortes und einer jeden Bedeutung desselben auf das genaueste zu bestimmen; eine Pflicht, deren Erfüllung mir bey dem ganzen Werke die meiste Mühe verursachte, ob es gleich scheinet, daß sie von den wenigsten bemerkt und erkannt worden.[4]

Das ab 1854 erscheinende *Deutsche Wörterbuch* der Brüder Grimm fällt in den ersten, noch hauptsächlich von Jacob Grimm betreuten Bänden gegenüber diesem Programm deutlich ab.[5] Und mit dem Grimmschen Wörterbuch wurde nie erreicht, was Adelung mit seinem Wörterbuch verwirklicht hat: die deutsche Sprache zu einem bestimmten Zeitpunkt in umfassender Form in

---

4 Johann Christoph Adelung: Grammatisch-kritisches Wörterbuch der Hochdeutschen Mundart mit beständiger Vergleichung der übrigen Mundarten, besonders aber der Oberdeutschen. Zweyte, vermehrte und verbesserte Ausgabe [Adelung-GKW²]. Reprographischer Nachdruck der Ausgabe Leipzig 1793–1801. Mit einer Einführung und Bibliographie von Helmut Henne, 2. Aufl. Hildesheim, New York 1970 (²1990), Bd. 1, S. VI (parallel benutzt wurde die Digitalisierung der 2. Auflage auf CD-ROM, Berlin 2001). Max Müller: Wortkritik und Sprachbereicherung in Adelungs Wörterbuch. Ein Beitrag zur Geschichte der neuhochdeutschen Schriftsprache, Berlin 1903 bezeugt den Erfolg von Adelungs Bemühungen: „Schon jetzt lassen sich bei einer nicht kleinen Anzahl von Wörtern Bedeutungsveränderungen feststellen, die durch blosse Beispiele nicht so sicher herauskämen" (S. 41; vgl. auch S. 47). Eine erste Einführung in den Aufbau von Adelungs Bedeutungsbeschreibungen gibt Joachim Dückert: Zur Bedeutungsdarstellung in Adelungs Wörterbuch; in: Sprache und Kulturentwicklung im Blickfeld der deutschen Spätaufklärung. Der Beitrag Johann Christoph Adelungs, hg. von Werner Bahner, Berlin 1984, S. 223–232.

5 Jacob Grimm meinte, man solle das „geschlepp langweiliger definitionen, das seit Adelung durch die deutschen wörterbücher zieht" durch die Angabe der lateinischen Entsprechung ersetzen, wie dies in der Lexikographie vor Adelung Usus gewesen sei. Jacob Grimm: [Vorwort]; in: Ders. und Wilhelm Grimm: Deutsches Wörterbuch [DWB], Leipzig 1854–1971 [16 Bde. in 32 Teilbdn. und 1 Registerbd.] (Fotomechanischer Nachdruck, München 1984; auf CD-ROM, Frankfurt/Main 2004), Bd. 1, Sp. I–XLVIII, hier XXXIX–XLI, das Zitat XL). Diese gegenüber den tieferen Problemen der Bedeutungsbeschreibung indifferente Haltung übersieht, dass selbst bei Bezeichnungen für Gegenstände des täglichen Bedarfs oder Körperteile (Grimm nennt „Tisch" und „Nase" als angeblich abschreckende Beispiele) die exakten Bedeutungen nicht selbstverständlich oder nebensächlich sind.

ausreichender Vollständigkeit aufzunehmen und nach einheitlichen Kriterien zu beschreiben.

Johann Christoph Adelung – Biographisches

Wer aber war dieser Johann Christoph Adelung?[6] Er wurde am 8. August 1732 in Spantekow bei Anklam/Pommern geboren und er starb am 10. September 1806 in Dresden. Mit 20 Jahren begann er ein Theologiestudium in Halle, aber wohl ohne ein Examen abzulegen. Danach war er für kurze Zeit Hauslehrer („Hofmeister"), um 1758 eine Stelle als Lehrer der Poesie am Gymnasium in Erfurt anzunehmen. Zu den ungeklärtesten Abschnitten in Adelungs Leben gilt der Zeitraum, als er aus Erfurt in die Bücherstadt Leipzig kommt, wo der 15 Jahre ältere Christian Fürchtegott Gellert als weithin bekannter und hoch angesehener außerordentlicher Professor seine berühmten „Moralischen Vorlesungen" hält. Bisher war in der Adelung-Forschung nur bekannt[7], dass Adelung in Erfurt publizistisch in konfessionelle Auseinandersetzungen geraten war und er die Stadt auf Druck der katholischen Geistlichkeit verlassen musste. Allerdings konnten die Angaben zu diesem Fall, die alle aus zweiter und dritter Hand stammten, nicht verifiziert werden. Anscheinend hat Adelung gleich nach seiner Ankunft in Leipzig den Kontakt zu Gellert gesucht[8], der ihm versprach, ihn in eine feste Anstellung an das Braunschweiger Carolinum zu empfehlen, an dem Gellerts langjähriger Freund Johann Friedrich Wilhelm Jerusalem (1709–1789), einer der Mitbe-

6 Eine biographische Forschung zu Adelung gibt es im engeren Sinne des Wortes nicht. Die vollständigste Zusammenfassung dessen, was meist schon seit Langem über sein Leben bekannt ist, bietet Karl Ernst Sickel in seiner 1933 vorgelegten Dissertation: Johann Christoph Adelung. Seine Persönlichkeit und seine Geschichtsauffassung, Diss. Leipzig 1933, S. 7–66. Darauf beruhen alle Angaben in späteren Nachschlagewerken oder Monographien: NDB 1 (1953), S. 63–65 (Otto Basler); Margit Strohbach: Johann Christoph Adelung. Ein Beitrag zu seinem germanistischen Schaffen mit einer Bibliographie seines Gesamtwerkes, Berlin, New York 1984, S. 3–7; Literaturlexikon. Autoren und Werke deutscher Sprache, hg. von Walther Killy, Gütersloh 1988–1993 (auf CD-ROM, Berlin 1999) [15 Bde.], Bd. 1 (1988), S. 44–47 (Bernd Naumann); Bio-bibliographisches Handbuch zur Sprachwissenschaft des 18. Jahrhunderts [BBHS]. Die Grammatiker, Lexikographen und Sprachtheoretiker des deutschsprachigen Raums mit Beschreibungen ihrer Werke, hg. von Herbert E. Brekle u. a., Tübingen 1992-2005 [8 Bde.], Bd. 1 (1992), S. 16–42, bes. 16–18.

7 Vgl. Sickel [Anm. 6], S. 13–15.

8 Dieser Tatbestand und die dazu erhaltenen Briefe sind in der Adelung-Forschung bisher anscheinend völlig unbekannt. Die Anbahnung der Bekanntschaft mit Adelung beschreibt Gellert in einem Brief an Johann Wilhelm Friedrich Jerusalem vom 15. März 1765 in nicht sehr deutlichen Umrissen: „Herr Professor Adelung aus Erfurt, der sich seit einigen Tagen hier in Leipzig aufhält, kömmt zu mir, erzählt mir, daß er wegen einer Verdrießlichkeit mit der catholischen Geistlichkeit in Erfurt, diesen Ort in Eil habe verlassen müssen, daß er sich hier bis Ostern auf-

gründer der Lehranstalt, Direktor war. Es ist ein Brief Adelungs an Gellert vom 13. März 1765 erhalten, in dem er nicht nur überlegt, das Angebot, nach Braunschweig zu gehen, anzunehmen, sondern auch etwas genauer beschreibt, welche Umstände ihn aus Erfurt vertrieben hatten:

> Ich fieng mit dem Anfange dieses Jahres in Erfurt eine moralische Wochenschrift an, und gerieth dabey von ohngefär auf eine Stelle aus den Predigten des ehemaligen sehr burlesken Pat. *Menas* [Patriarch von Konstantinopel im 6. Jh.; d. Verf.], die ich zum Beispiel des schlechten Geschmacks der damaligen Zeit anfüreten [!]. Ob nun gleich diese Wochenschrift in Gotha censiret und verleget wurde, so wurde doch dieses Stück von der catholischen Geistlichkeit in Erfurt so übel genommen, daß ich darüber die Stadt verlassen müssen. Ich gedenke, mich nunmehr bis zu meiner fernerweitigen Bestimmung allhier in Leipzig aufzuhalten. (GB IV, 103)

Zwei Tage später (15. März 1765) leitet Gellert Adelungs Brief an Jerusalem weiter und schreibt außerdem über seine neue Bekanntschaft:

> Wieder ein neuer Auftritt! […] – Ich erfahre […], daß unser Herr Professor Böhm […] ihn [Adelung; d. Verf.] als einen sehr geschickten Historicum, der Geschmack hätte, gelobet. […] Könnten Sie bald von seinem moralischen Character durch einen Ihrer Freunde in Erfurt gute Nachricht erhalten: so wüßte ich nicht, wo Sie leicht einen bessern Mann zu Ihrer Profession finden wollten. Sein Äusserliches ist gar nicht pedantisch – sein Alter mag sich auf dreissig erstrecken – er ist unverheiratet, sagt, daß er mit Wenigen [!] zu leben wüßte, u. schreibt herzlich gern, wie ich sehe. – […] Das Sicherste ist, daß Sie ohne Verzug in Erfurt Nachricht einziehen lassen. Ich kenne den Mann nicht, aber ich halte ihn für einen ehrlichen Mann. (GB IV, 105)

Interessanterweise spricht Adelung in einem weiteren Bewerbungsschreiben an Jerusalem vom 14. März 1765 etwas überschwenglich von „Hrn. Professor Gellert, meinem verehrungswürdigen Freunde“ (GB IV, 245), aber über weitere persönliche Kontakte Adelungs zu Gellert ist nichts bekannt. Auch die Braunschweiger Pläne zerschlugen sich aus unbekannten Gründen, und die briefliche Ankündigung Adelungs, „ich gedenke, mich nunmehr bis zu meiner fernerweitigen Bestimmung allhier in Leipzig aufzuhalten“ (GB IV, 103), wurde Wirklichkeit, indem Adelung über 20 Jahre in Leipzig als Wissenschaftsschriftsteller und Privatgelehrter, als Journalist, Übersetzer, Kritiker, Herausgeber und Rezensent tätig war. Erst als er 1787 zum Oberbibliothekar der Hofbibliothek in Dresden und zum Hofrat ernannt wird, verlässt er Leipzig. Sein beeindruckendes Werk auf dem Gebiet der Sprachforschung[9] hat

halten u. für den Buchladen arbeiten, […] hier abwarten u. meine Bekanntschaft suchen wolle. […] Als dieser Herr Adelung wieder zu mir kömmt und mir seine beschwerlichen Umstände entdecket: so sagte ich ihm von der Profession an Ihrem Carolino“ (GB IV, 105).

9 Neben dem *Grammatisch-kritischen Wörterbuch* verfasste er eine sehr erfolgreiche *Deutsche Sprachlehre* „Zum Gebrauche der Schulen in den Königl. Preußischen Landen“ (1781, 6. Auflage 1816) und ergänzend dazu das gelehrte *Umständliche Lehrgebäude der Deutschen Sprache zur Erläuterung der Deutschen Sprachlehre*

Adelung gleichermaßen Lob und Tadel eingebracht – vor allem bei den Schriftstellern wie Wieland, Voß oder Klopstock, die einerseits nicht umhin konnten, seine Werke durchaus anerkennend zu nutzen, andererseits aber seine Methodik oder Grundannahmen heftig ablehnten. Es fehlt hier der Raum, die komplexen Reaktionen auf Adelungs Ansichten und Leistungen auf dem Gebiet der Sprachforschung angemessen darzustellen. Aber welch rege Benutzung gerade Adelungs Wörterbuch bei den Schriftstellern fand, wird in einem Brief Goethes an Schiller vom 26. Januar 1804 deutlich:

> Hier schicke ich meinen Adelung [gemeint ist das Wörterbuch]. Verzeihen Sie daß ich den Ihrigen wohl eingepackt an Voß geschickt habe, der dessen zu einer Recension von Klopstocks Grammatischen Gesprächen höchst nöthig bedurfte.[10]

„Der Adelung" war bei aller Kritik im Einzelnen also unverzichtbar. So erklärt sich wohl auch der Eintrag im 1. Band des *Deutschen Wörterbuchs* der Brüder Grimm:

> ADELUNG, m. vir nobilis, ahd. adalunc, und gangbarer mannsname, der wolklingende eigenname eines mannes, der voraus [vorrangig; d. Verf.] durch sein wörterbuch ein hohes verdienst um unsere sprache sich errungen hat.[11]

(2 Bde., Leipzig 1782). Die *Vollständige Anweisung zur Deutschen Orthographie, nebst einem kleinen Wörterbuche für die Aussprache, Orthographie, Biegung u. Ableitung* (1788) und ein zweibändiges Werk *Über den Deutschen Styl* (1785) vervollständigen seine Veröffentlichungen zur deutschen Sprache, in denen Gebrauchswert und wissenschaftlicher Anspruch eine enge Verbindung eingehen. Schließlich folgte noch *Mithridates, oder allgemeine Sprachenkunde, mit dem Vater Unser als Sprachprobe in bey nahe fünf hundert Sprachen und Mundarten* (4 Teile, Berlin 1806-1817), ein Werk, das er aber nicht mehr selbst vollenden konnte.

10 Goethes Werke, hg. im Auftrage der Großherzogin Sophie von Sachsen, Weimar 1887–1919 (Fotomechanischer Nachdruck, München 1987; auf CD-ROM, Cambridge 1995) [IV Abteilungen, 133 Bände in 143 Teilen], Abt. IV, Bd. 17, S. 34 (Brief 4828 an Friedrich Schiller).

11 DWB [Anm. 5], Bd. 1, Sp. 178. Diese Würdigung zeigt – wie auch andere Äußerungen im Vorwort zum DWB – die große Hochachtung, die Jacob Grimm trotz aller Differenzen im Einzelnen vor seinem Vorgänger hatte. In der Forschung zu Adelung bleibt diese Ambivalenz zu Gunsten der Tradierung der (teilweise unsachgemäßen) Kritik Grimms weitgehend unbeachtet. Am ehesten noch bei Helmut Henne: Johann Christoph Adelung – Leitbild und Stein des Anstoßes. Zur Konstitutionsproblematik gegenwartsbezogener Sprachforschung, in: Sprache und Kulturentwicklung [Anm. 4], S. 98–108, hier S. 104, und Herbert Kolb: Johann Christoph Adelung, Philologe und Schriftsteller in Leipzig, in: Zentren der Aufklärung III: Leipzig. Aufklärung und Bürgerlichkeit, hg. v. Wolfgang Martens, Heidelberg 1990, S. 247–265, hier S. 252 u. Anm. 12.

Schließlich zeigt auch die Druckgeschichte des *Grammatisch-kritischen Wörterbuchs* Adelungs Ausnahmestellung. Zählt man alle Nachdrucke (inklusive der für die moderne Forschung hergestellten Faksimiles im Druck und in den digitalen Medien), kommt man auf immerhin 18 Auflagen, was für ein gelehrtes und mehrbändiges Wörterbuch des Deutschen ganz erstaunlich (und einzigartig) ist.[12] Der Adelung ist damit das erfolgreichste mehrbändige Wörterbuch des Deutschen.

Das lexikographische Beispiel in Adelungs Wörterbuch

Wie bereits erwähnt, gehört zu den Neuerungen Adelungs, dass er nicht bloß Beispiele für Wortverwendungen bringt, sondern dass er diese Beispiele wenigstens zum Teil aus einem literarischen Korpus auswählt und sie im Wörterbuchartikel mit dem Namen des jeweiligen Autors kennzeichnet. Adelung hat sein diesbezügliches Vorgehen in der Vorrede zur 1. Auflage erklärt:

> Um aber doch einige der vornehmsten Fälle zu zeigen, in denen ein Wort, oder eine Bedeutung desselben gebraucht wird, sind Beyspiele nöthig. Ich habe wahre, und wirklich aus Schriftstellern gesammelte Beyspiele den erdichteten vorgezogen, wenn ich jene in meinen Sammlungen gefunden, oder sie ohne weitläufige Mühe bekommen können. […] Weil *Luthers* deutsche Bibel in jedermanns Händen ist, und Stellen aus derselben den meisten bekannt sind, so habe ich die Beyspiele lieber aus diesen genommen, wenn ich keine andern vor mir fand, als daß ich meine Zuflucht zu selbst gemachten hätte nehmen sollen, welches letztere dessen ungeachtet noch oft genug geschehen müssen.[13]

Adelungs Unterscheidung der „Beyspiele“ in „selbst gemachte“ bzw. „erdichtete“ und „wahre, wirklich aus Schriftstellern gesammelte“ entspricht den beiden Möglichkeiten, die auch in der modernen Lexikographie zur Anwendung

12 Die Druckgeschichte von Adelungs Wörterbuch – zu der ich auch die 1807–1813 erschienene Bearbeitung durch Joachim Heinrich Campe (1746–1818) zähle – ist in den gedruckten Bibliographien nur unvollständig dokumentiert: Helmut Henne: Einführung und Bibliographie zu Johann Christoph Adelung, Grammatisch-kritisches Wörterbuch der Hochdeutschen Mundart (1793–1801), in: Deutsche Wörterbücher des 17. und 18. Jahrhunderts. Einführung und Bibliographie, hg. v. Helmut Henne, 2., erw. Aufl., Hildesheim, Zürich, New York 2001, S. 145–178 [zuerst in Adelung-GKW² [Anm. 4], S. I*–XXXII*], hier S. 170–172; Strohbach [Anm. 6], S. 8–35 (Nr. 32, 66 u. 67); BBHS [Anm. 6], Bd. 1, S. 22. Den besten Überblick über die in den Verbundkatalogen Deutschlands und Österreichs verzeichneten Ausgaben bietet der Karlsruher Virtuelle Katalog (www.ubka.uni-karlsruhe.de/kvk.html; für alle genannten WWW-Adressen gilt, dass sie am 14. 1. 2008 letztmalig geprüft wurden).

13 Adelung-VGKW [Anm. 2], Bd. 1, S. XV.

kommen.[14] Die erste Möglichkeit nennt man heute Kompetenzbeispiel, bei dem der Lexikograph eine übliche Redeweise aus der eigenen Sprachkompetenz selbst bildet und als Beispiel anführt. Die zweite Möglichkeit, den Sprachgebrauch zu illustrieren und die Bedeutungsbeschreibung des Lexikographen zu verdeutlichen, besteht darin, aus existierenden Texten angemessene Beispiele zu exzerpieren und als *Beleg* für das jeweilige Wort und die jeweils formulierte Bedeutung in den Wörterbuchartikel einzufügen. Dieser Rückgriff auf authentisches und durch die Angabe von Autorennamen prinzipiell nachprüfbares Sprachmaterial[15] ist eine Neuerung, die Adelung in seinem Wörterbuch mit großer Konsequenz in die Lexikographie des Deutschen eingeführt hat, indem er seine Wortartikel systematisch und das ganze Wörterbuch hindurch aus einem offenen Korpus mit Belegen versehen und diese in der Regel[16] auch kenntlich gemacht hat. Die Belege bestehen meist aus dem Zitat eines Satzes (manchmal auch weniger) mit dem entsprechenden Lemma und einer Belegstellenangabe, die meist jedoch nicht über die Autornennung (manchmal als Kürzel) hinausgeht, also: „Gellert" oder „Gell." Nur bei wenigen Texten wie der Bibel oder auch dem *Theuerdank* kommen regelmäßig genauere Stellenangaben hinzu, die ein schnell(er)es Auffinden der Stelle im Originalzusammenhang ermöglichen.[17] Adelung versteht seine Angaben also weder als Anleitungen zum Verständnis der zitierten Texte, noch als wissenschaftliche Angaben, denen der gelehrte Benutzer nachgehen können soll.

14 Nach moderner lexikographischer Terminologie ist „Beispiel" der Oberbegriff für jeden konkretsprachlichen Text in einem Wörterbuchartikel, der das behandelte Lemma enthält. Dies sind einerseits alle eher strukturell zu verstehenden Texte von meist hohem Abstraktionsgrad zu (1) grammatischen (z. B. „jemandem etwas geben") oder (2) idiomatisch-phraseologischen Regularitäten des Sprachsystems oder der Norm (z.B. „jemandem einen Korb geben"), andererseits (3) alle vom Lexikographen aus eigener Sprachkompetenz gebildeten Beispiele, die einen fiktiven Kontext aufrufen. (4) Beispiele, die (zumindest theoretisch) verifizierbar sind, weil sie als authentische Sprachäußerung außerhalb des Wörterbuchartikels belegt und in diesen nur hineinzitiert sind, nennt man Belege oder Zitate. Siehe Gisela Harras: Zu einer Theorie des lexikographischen Beispiels, in: Wörterbücher [Anm. 1], Teilbd. 1 (1989), S. 607–614, hier S. 608; Fritz Hermanns: Das lexikographische Beispiel. Ein Beitrag zu seiner Theorie, in: Das Wörterbuch. Artikel und Verweisstrukturen. Jahrbuch 1987 des Instituts für deutsche Sprache, hg. v. Gisela Harras, Düsseldorf 1988, S. 161–195, hier S. 163–166. Bei den folgenden Beobachtungen zu Adelungs lexikographischen Verfahren werde ich den Bezug auf die moderne Metalexikographie auf ein Minimum beschränken, da eine angemessen ausführliche Behandlung in diesem Rahmen nicht möglich ist.

15 Vgl. Hermanns [Anm. 14], S. 165, und Harras [Anm. 14], S. 608.

16 Dill [Anm. 3], S. 338, der hier und in der Folge wiederholt auf lexikographische Beispiele Adelungs hinweist, „die den Eindruck von Zitaten machen, ohne daß aber Quellenhinweise gegeben werden".

17 Nur ganz vereinzelt nennt Adelung auch einen Werktitel zusätzlich zum Autornamen: „Klopst. gel. Rep." (Adelung-GKW[2] [Anm. 4], s. v. „Herzlich") oder „Gell. Lieder" (s. v. „Überheben").

Vielmehr haben diese Belegbeispiele ihre Funktion bei der Rezeption und dem Verständnis des Wörterbuchtextes, wobei der hinzugegebene Autorname dem Benutzer eine erste Orientierung über die Eigenart des jeweiligen Belegs ermöglicht. Adelungs Zeitgenossen werden manches Zitat gerade aus der zeitgenössischen Literatur auswendig gekannt haben, und die bloße Nennung des Autornamens war für diesen Leserkreis sicher oft informativer als für uns heutige Leser; aber der zeitgenössische Benutzer von Adelungs Wörterbuch wird oft auch nicht in der Lage gewesen sein, den Beleg nur durch die Namensnennung in einen größeren Kontext einzuordnen oder ihn in einer gedruckten Ausgabe des jeweiligen Autors schnell wiederzufinden.

Man hat aus dieser für die Auffindung unzureichenden Nachweispraxis Adelungs geschlossen, dass die Belege nur „schmückendes Beiwerk" ohne größeres eigenes Gewicht darstellten.[18] Aber eine eindeutige und nachhaltige Belegstellenangabe ist nur möglich, wenn der Lexikograph auf Nachweisstrukturen zurückgreifen kann, die von der Entwicklung der Editionspraxis nicht mehr verändert werden (wie etwa bei der Bibel, die Adelung entsprechend nach Kapitel und Vers zitiert, oder der Stephanus-Zählung in Platons Texten). Sonst ist die Angabe des Autor- bzw. Werknamens eine nachhaltigere Information als die Angabe einer Seitenzahl in nicht kanonischen Ausgaben. Adelungs Verzicht auf genaue Stellenangaben ist nicht mehr als die Anerkenntnis unzureichender Voraussetzungen. Aber mit Hilfe digitalisierter Texte und dem Werkzeug der Volltextsuche können die von Adelung gemachten Belegstellenangaben jetzt in einer vertretbaren Zeit nachgeprüft und in heute maßgeblichen Ausgaben aufgefunden werden.

Das Korpus des *Grammatisch-kritischen Wörterbuchs*

Es ist in der Forschung schon länger bekannt, dass Christian Fürchtegott Gellert unter den von Adelung herangezogenen Autoren eine Sonderstellung einnimmt und dieser Autor anscheinend häufiger zitiert wird als andere. Adelung selbst schreibt dazu in der Vorrede der 2. Auflage – schon in verteidigender Absicht:

> Erst neulich machte mir jemand den Vorwurf, ich hätte meine meisten Beyspiele aus Obersächsischen Schriftstellern gewählt. Das ist völlig ungegründet, wie schon der flüchtigste Augenschein lehret. Aus Hochdeutschen Schriftstellern mußte ich sie nehmen, das lag in der Natur der Sache; übrigens war mir jede Nation gleich, und ich habe gewiß eben so viele Beyspiele aus einem Geßner, Rammler, Dusch, Opitz u. s. f. als aus Gellert, Weiße und andern Obersachsen angeführet.[19]

---

18 So Müller [Anm. 4], S. 18, der sogar die These wagt, Adelung habe mit dem Weglassen der genauen Stellenangaben „nicht zu näherer Beschäftigung reizen" wollen; dem folgt Henne [Anm. 12], S. 153 f., und noch verstärkend die Einleitung der CD-ROM-Version [Anm. 4], S. 22; ablehnend dagegen Dückert [Anm. 4], S. 227.

19 Adelung-GKW[2] [Anm. 4], Bd. 1, S. VIII.

Eine Prüfung im digitalen Volltext[20] zeigt, wie genau Adelung über sein Vorgehen Bescheid weiß, denn aus den beiden von ihm regional definierten Autorengruppen hat er tatsächlich relativ gleich häufig zitiert. 3.620 Stellen entfallen auf die Obersachsen Christian Fürchtegott Gellert (2.541) und Christian Felix Weiße[21] (1.079) und 3.072 auf die vier Autoren anderer „Nation“: Salomon Gessner (602), Karl Wilhelm Ramler (285), Johann Jakob Dusch (678)

Die 50 meistgenannten[1] Autoren bzw. Werke in Adelungs Wörterbuch

Autor od. Werk	Nennungen
Abrogans (8. Jh.)	1.153
***Hans Heinrich Bluntschli (1656-1722)**	101
Friedrich Rudolph Ludwig von Canitz (1654-1699)	123
Johann Friedrich von Cronegk (1731-1758)	102
Johann Jakob Dusch (1725-1787)	678
*Johannes Geiler von Kaysersberg (1445-1510)	72
Christian Fürchtegott Gellert (1715-1769)	2.541
Salomon Gessner (1730-1788)	602
Nikolaus Dietrich Giseke (1724-1765)	66
Johann Wilhelm Ludwig Gleim (1719-1803)	51
Johann Christoph Gottsched (1700-1766)	159
Andreas Gryphius (1616-1664)	149
Johann Christian Günther (1695-1723)	228
Friedrich von Hagedorn (1708-1754)	649
Albrecht von Haller (1708-1777)	98
***Johann Gottfried Herder (1744-1803)**	76
***Johann Timotheus Hermes (1738-1821)**	82
Hrabanus Maurus (783-856)	95
Althochdeutscher *Isidor* (8. Jh.)	388
Ewald Christian von Kleist (1715-1759)	77
Friedrich Gottlieb Klopstock (1724-1803)	94
**Rolandslied* des Pfaffen Konrad (1172)	110
Gotthold Ephraim Lessing (1729-1781)	424
Magnus Gottfried Lichtwer (1719-1783)	64
Friedrich von Logau (1605-1655)	194
Luther-Bibel	7.591
Johann David Michaelis (1717-1791)	152
*Johann Jacob Bodmer: *Sammlung von Minnesingern aus dem schwäbischen Zeitpuncte* [= *Codex Manesse* (12.-14. Jh.); Ad: „Gedichte der Schwäbischen Dichter"]	55
Notker (um 950-1022)	1.810
Martin Opitz (1597-1639)	1.507
Otfrid von Weißenburg (um 800-um 870)	2.323
Ottokar von Steiermark (um 1260/65-um 1320).	158
Gottlieb Wilhelm Rabener (1714-1771)	59
Karl Wilhelm Ramler (1725-1798)	285
Reinmar der Alte (um 1200)	93
Johann Christoph Rost (1717-1765)	104
Hans Sachs (1494-1576)	124
Johann Elias Schlegel (1719-1749)	179
Schwabenspiegel (13. Jh.)	303
***Sonnenfels, Joseph von (1733-1817)**	93
Der Stricker (13. Jh.)	304
*Althochdeutscher *Tatian* (830)	514
Kaiser Maximilian I: *Theuerdank* (1517)	519
Johann Peter Uz (1720-1796)	77
Christian Felix Weiße (1726-1804)	1.079
Christoph Martin Wieland (1733-1813)	144
Williram von Ebersberg (1000/10-1085)	492
Winsbecke (13. Jh.)	105
Wulfila-Bibel (4. Jh.)	783
Friedrich Wilhelm Zachariä (1726-1777)	528

fett = für Adelung zeitgenössisch
* = fehlt in der Liste der CD-ROM-Version [Anm. 24]

[1] Ob *jeder* Nennung im Wörterbuch ein Beleg entspricht, bleibt einer umfangreichen Einzelprüfung vorbehalten.

Graphik 1: Die 50 meistgenannten Werke bzw. Autoren in Adelungs Wörterbuch

20 Die folgenden Zahlenangaben sind Ergebnisse der Volltextsuche in der CD-ROM-Version der 2. Auflage von Adelungs Wörterbuch [Anm. 4]. Da jedes Suchergebnis nur oberflächlich auf Fehltreffer hin untersucht werden konnte, weisen die Zahlen eine Exaktheit aus, die zum gegenwärtigen Zeitpunkt der Untersuchung nicht erreicht wird; sie sind als Näherungswerte zu verstehen. Die bei direkt aufeinanderfolgenden Belegen desselben Autors nur mit „ebend.“, „eben ders.“ oder „eb.“ gekennzeichneten Belege sind eingerechnet. Nicht berücksichtigt werden konnten Belege, denen Adelung kein Quellenkürzel beigefügt hat (siehe Anm. 16 u. 40).

21 Während weitgehend unbekannt ist, welche privaten Beziehungen Adelung zu Gellert unterhalten hat, bestand zu Weiße eine feste und lange Freundschaft. Vgl. Sickel [Anm. 6], S. 22.

und Martin Opitz (1.507). Ob Adelung hiermit die kritischen Äußerungen vieler Zeitgenossen über die sprachregionale Unausgewogenheit seines Wörterbuchs wirklich entkräftet, soll hier nicht weiter erörtert werden.[22]
Unter den ausdrücklich von Adelung genannten Autoren ist Gellert bei Weitem am häufigsten vertreten. Dies zeigt auch eine Gesamtauswertung der gut 50.000 Artikel[23] der 2. Auflage des *Grammatisch-kritischen Wörterbuchs*. Von den 180 Autoren und Werken, von denen derzeit bekannt ist, dass Adelung sie im Wörterbuch nennt,[24] gehören zu den zehn am häufigsten herangezogenen Gegenwartsschriftstellern neben den im Vorwort erwähnten Gellert, Weiße, Opitz, Dusch, Ramler und Gessner: Friedrich von Hagedorn (649), Friedrich Wilhelm Zachariä (528), Gotthold Ephraim Lessing (424) und Johann Christian Günther (228).[25] Noch häufiger als jeden Autor der deutschen Literaturgeschichte zitiert Adelung aber die Bibel in Luthers Übersetzung (7.591), da diese „in jedermanns Händen ist, und Stellen aus derselben den meisten bekannt sind."[26]

Was die Leser und Benutzer also schon von Anfang an vermuteten: Christian Fürchtegott Gellert ist für *den* Lexikographen seiner Zeit *der* Schriftsteller, dessen Sprachgebrauch so exemplarisch und so vorbildlich ist, dass Adelung vor allem mit Beispielen aus dessen Schriften die Sprache am Ende des 18. Jahrhunderts in seinem Wörterbuch abbildet. Gellerts große Bedeutung für Adelung zeigt sich auch, wenn man die insgesamt fast 30.000

---

22 Siehe zu diesem Streit Henne [Anm. 12], S. 150, und Sickel [Anm. 6], S. 76–95.

23 Nach Auskunft der CD-ROM-Version [Anm. 4] besteht das *Grammatisch-kritische Wörterbuch* aus 56.484 Artikeln. Nach Abzug der Artikel, die bloß einen Verweis auf einen anderen Artikel enthalten, bleiben wohl etwas mehr als 50.000 Artikel.

24 Ausgehend von Müller [Anm. 4], S. 18–25, und der bisher längsten Liste namentlich genannter Quellen in der CD-ROM-Version von Adelungs Wörterbuch [Anm. 4], S. 23–30. Es ist zu unterscheiden zwischen den Quellen, die Adelung für Belege heranzieht (Primärquellen) und den Quellen, die er als wissenschaftliche Hilfsmittel benutzt (Sekundärquellen). Ich werde mich im Folgenden nur den Primärquellen widmen.

25 Eine Liste der öfter als fünfzigmal im Wörterbuch genannten Primärquellen bietet Graphik 1. Die sehr oft herangezogenen althochdeutschen Autoren und Werke sowie die gotische Bibel (beruhend auf mit Glossaren versehenen thesaurischen Textsammlungen aus der ersten Hälfte des 18. Jahrhunderts) nutzt Adelung ausschließlich für sprachgeschichtliche und etymologische Aussagen und nicht zur Illustration des Bedeutungsspektrums zu seinen Lebzeiten.

26 Adelung-VGKW [Anm. 2], Bd. 1, S. XV. Dabei hat Adelung nach eigener Angabe die Zahl der Bibelbelege von der 1. zur 2. Auflage reduziert: „Das gebe ich zu, daß der aus Luthers Bibelübersetzung angeführten Stellen oft zu viele sind; ich habe daher in der gegenwärtigen neuen Auflage deren viele wieder weggestrichen" (Adelung-GKW^2 [Anm. 4], Bd. 1, S. VII f.).

Belege[27] nach Großepochen zusammenfasst (siehe Graphik 2), denn auf diesen Autor allein entfallen mehr Belege (2.541 in mehr als 1.300 Wortartikeln) als auf alle anderen Zeitgenossen, deren Lebenszeit (und sprachliche Prägephase) in die erste Hälfte des 18. Jahrhunderts fällt (2.440). Über ein Viertel aller Belege aus dem 18. Jahrhundert (9.031) schuldet Adelung Gellert.[28]

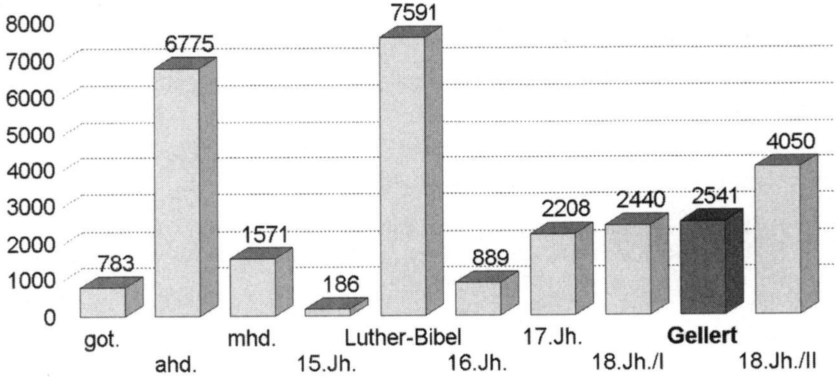

Graphik 2: Zeitliche Verteilung der Belege in Adelungs Wörterbuch

27 Nach meiner derzeitigen Zählung verweist Adelung 29.136-mal namentlich auf Primärquellen (und 3.984-mal auf Sekundärquellen). Nach Stichproben von Dill [Anm. 3] „läßt sich annehmen, daß etwa zwischen 15 % und 30 % der Belege [nach der hier verwendeten Terminologie: Beispiele; d. Verf.] aus Zitaten [= Belegen; d. Verf.] bestehen“ (S. 362, genauere Angaben zu den Stichproben S. 436, Anm. 334). Solche Schätzungen werden besonders durch Beispiele erschwert, die in Wirklichkeit wohl Belege ohne Quellenkürzel sind (siehe Anm. 16 u. 40).

28 Diese Auswertung zeigt einerseits das große Übergewicht der etymologisch bedeutsamen Belege aus althochdeutschen Texten und der Luther-Bibel, andererseits aber auch, dass Adelung Belege zeitgenössischer Autoren durchaus häufiger herangezogen hat, als man nach den entsprechenden Kritiken erwarten sollte. Vgl. z.B. Strohbach [Anm. 6], S. 218 u. S. 232, die unkritisch Jacob Grimm folgt, oder Sickel [Anm. 6], S. 82, der unzutreffend behauptet, „alles, was nach 1760 erschienen ist, berücksichtigt er [Adelung; d. Verf.] jedoch nicht“; so auch BBHS [Anm. 6], Bd. 1, S. 21. Vielmehr beschreibt Adelung sein Vorgehen angemessen so: „Ich habe die wirklichen Beyspiele aus den neuesten und beliebtesten Schriftstellern entlehnet. Zuweilen sind auch ältere angeführet worden, aber meistentheils einer besondern Ursache wegen“ (Adelung-VGKW [Anm. 2], Bd. 1, S. XV). Erst für die 20 Jahre später erschienene 2. Auflage bedeutete der Verzicht auf eine Aktualisierung und die vorrangige Berücksichtigung der Autoren aus der für Adelung klassischen Zeit zwischen 1740 und 1760 (Sickel [Anm. 6], S. 69–73; BBHS [Anm. 6], Bd. 1, S. 31 f.; Kolb [Anm. 11], S. 258), den Anschluss an die aktuelle Sprachentwicklung zu verlieren. In diese Richtung argumentiert schon Müller [Anm. 4], S. 17 u. S. 26.

Die Belege aus den Schriften Christian Fürchtegott Gellerts[29]

Die Gellert-Belege sind über das ganze Wörterbuch ziemlich gleichmäßig verteilt. Von den 2.531 ausgewiesenen Belegzitaten aus Gellerts Werk sind immerhin 678 (und damit ein gutes Viertel: 26,79 %) Wiederholungen des gleichen Zitats in verschiedenen Artikeln. Das Wörterbuch enthält also 1.853 verschiedene Belege aus Gellerts Werk. Dreimal hat Adelung den gleichen Text sogar in fünf verschiedenen Artikeln als Beleg verwendet, darunter diese tröstliche Ermunterung aus den *Zärtlichen Schwestern*:

> **Je nun**, du bist **freylich** nicht die schönste, **aber** du wirst gewiß auch **versorgt** werden[30]

Die von mir gewählte Form des Zitats kommt in genau diesem Wortlaut im Wörterbuch aber gar nicht vor.[31] Vielmehr heißt es:

> Du bist freylich nicht die schönste; **aber** du wirst gewiß versorgt werden
> Du bist **freylich** nicht die schönste, aber du wirst gewiß auch versorgt werden
> **Ie**[32] nun, du bist freylich nicht die schönste

---

29 Die folgenden Angaben zu den Belegen (und ihrem Wortlaut) beruhen auf der Auswertung einer aus der CD-ROM-Version [Anm. 4] gewonnenen Textversion des Gesamttextes der 2. Auflage von Adelungs *Grammatisch-kritischem Wörterbuch*. Die genaue Fundstelle der Textzitate Adelungs wurde mittels der vollständig bei Google Books (books.google.com) digitalisierten Kritischen Ausgabe der *Gesammelten Schriften* ermittelt. Nur bei 59 Belegen (= 2,33 %) war diese Identifizierung (bisher) nicht erfolgreich. Aufgrund verschiedener Fehler und urheberrechtlicher Beschränkungen ist Google Books kein ideales Instrument für wissenschaftliche Untersuchungen, auf das derzeit bei Textrecherchen aber nicht verzichtet werden kann. Eine genauere Beschreibung des Vorgehens zur Belegverifizierung und den dabei deutlich gewordenen Fehlerquellen der digitalen Hilfsmittel kann beim Autor angefordert werden.

30 Fett hervorgehoben sind in den Belegen hier und in der Folge die Wörter, die den Lemmata der Artikel entsprechen, in denen der jeweilige Beleg verwendet wird. Auf die nochmalige ausdrückliche Angabe der Artikel in Adelungs Wörterbuch wird verzichtet.

31 Wie die folgenden Beispiele zeigen, bedarf die Identifikation „gleicher“ Zitate in bestimmten Fällen einer gewissen Interpretation, zumal sich Adelung durchaus erlaubt hat, an den Belegen den Umständen entsprechend noch andere textliche Anpassungen vorzunehmen, auf deren Art und Umfang hier nicht ausführlich eingegangen werden kann.

32 „Ie, (sprich i,) ein Zwischenwort [Interjektion; d. Verf.], welches in Niedersachsen und im gemeinen Leben der Obersachsen für das mehr Hochdeutsche ey! gebraucht, und von manchen auch nur i geschrieben wird“ (Adelung-GKW[2] [Anm. 4], Bd. 2, Sp. 1352). In Adelungs Wörterbuch wird – ungewöhnlich für die Fraktur – in der Typographie zwischen dem großen Vokal „I“ und dem großem Konsonanten „J“ mittels eines kleinen Querstrichs beim „J“ unterschieden. Die Schreibung unter „Nun“ (siehe nächster Beleg) widerspricht allerdings stillschweigend der Aussage im „Ie“-Artikel, denn nun ist „Je“ gesetzt. Nimmt man Adelungs Anmerkung ernst, wäre wohl auch in der kritischen Gellert-Ausgabe vokalisch „Ie“ zu schreiben.

Je **nun**, du bist freylich nicht die schönste, aber du wirst auch versorgt werden
Du bist freylich nicht die schönste, aber du wirst gewiß auch **versorgt** werden

In der Edition der *Gesammelten Schriften* lautet der Text dagegen:

Je nun, du bist freylich nicht die Schönste; aber der Himmel wird dich schon versorgen. (GS III, 200,18 f.) [33]

Aber im Kritischen Apparat wird diese Version nach der 3. Auflage von 1755[34] (Sigle A) und dem 3. Teil von *Gellerts sämmtlichen Schriften* von 1769 (Sigle C)[35] geboten:

Je nun, du bist freylich nicht die Schönste; aber du wirst gewiß auch versorget werden. (GS III, 407)

Unschwer ist zu erkennen, dass Adelung als zeitgenössischer Rezipient in allen Artikeln der Lesart folgt, die in der Kritischen Ausgabe in den Apparat verbannt wurde, weshalb ich die dort gebotene Form (der Ursprung für alle Ausprägungen in Adelungs Wörterbuch) als „Normbeleg“ angesetzt habe, dem die konkreten Belege zugeordnet werden können. In den Artikeln „Freylich“ und „Versorgen“ fehlt der dort irrelevante einleitende Ausruf und im Artikel „Ie“ wird nur die erste Hälfte des Satzes zitiert (die übrigens in beiden Varianten identisch ist). Diese Kürzungen können als bewusste Entscheidungen des Lexikographen gewertet werden, das ihm vorliegende Material angemessen platzsparend zu präsentieren. Nicht methodisch begründet werden kann die Wahl zwischen den beiden aufeinanderfolgenden Adverbien „gewiß auch“ in den Artikeln „Aber“ und „Nun“. Diese Varianz ist wahrscheinlich den Unwägbarkeiten eines komplexen lexikographischen Prozesses geschuldet.[36] Bei den Lustspielen weisen A und C in der Regel gemeinsam die gleichen Abweichungen von der Lesart der Erstausgabe auf, denen Adelung bei seinen Belegen folgt. An den Stellen, an denen sich A und C unterscheiden, geht Adelung mit A: „sie ist erst sechzehn **Jahr** alt“ aus der *Betschwester* entspricht A, während C „sie ist erst sechzehn Jahre alt“ bietet (GS III, 79, 9: „sie ist erst sechzehn Jahre“). Ebenso im *Loos in der Lotterie*: „Sie

33 Der Nachweis aus den *Gesammelten Schriften* enthält auch die Angabe der Zeilenzahl(en), um die Auffindung der Stellen zu erleichtern.

34 Eine (recht fehlerhafte) digitale Reproduktion dieses Bandes nach dem Exemplar der Taylor Institution Library an der Oxford Universität ist bei Google Books als PDF abrufbar (books.google.com/books?id=lS0HAAAAQAAJ&hl=de).

35 Diese Siglen der *Gesammelten Schriften* gelten für alle in Band 3 vereinigten Lustspiele außer dem Schäferspiel *Das Band*, das in A[3] fehlt.

36 Nach meiner Schätzung ist etwa ein Fünftel bis ein Viertel der Belege von solchen Minimalveränderungen betroffen, die wohl auf Abschreibfehlern und Ähnlichem beruhen. Keine Rücksicht nimmt Adelung auf die Rechtschreibung, Zeichensetzung und Morphologie seiner Vorlagen und ändert sie in der Regel stillschweigend nach seinen Vorstellungen. So tilgt er im genannten Beispiel bei „versorget“ die „e“-Erweiterung.

sind ein gefährliches Mädel“ (Adelung-GKW [Anm. 4], s. v. „Magd“) folgt A, C hat dagegen „Sie sind ein gefährliches Mädchen“ (GS III, 149,30: „Sie sind ein gefährlich Mädel“).[37] Diese Beispiele zeigen, dass Adelung in der Regel so genau arbeitet, dass selbst bei so geringen Unterschieden die von ihm verwendete Ausgabe eindeutig identifiziert werden kann.

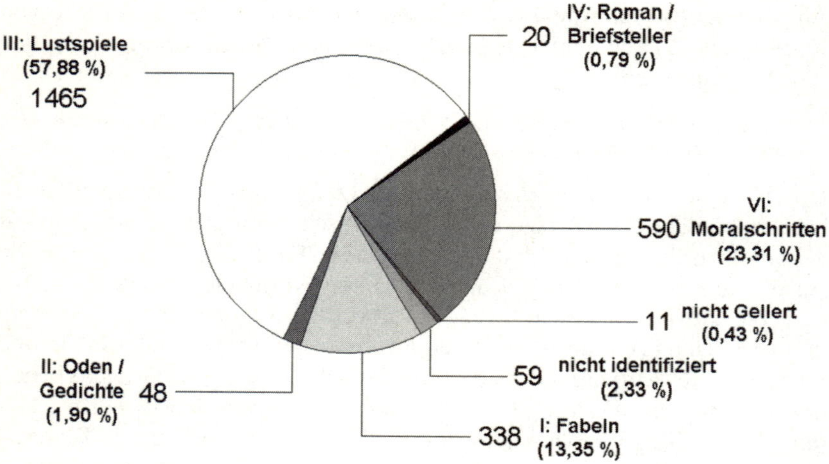

Graphik 3: Verteilung der Gellert-Belege bei Adelung auf die Bände der GS

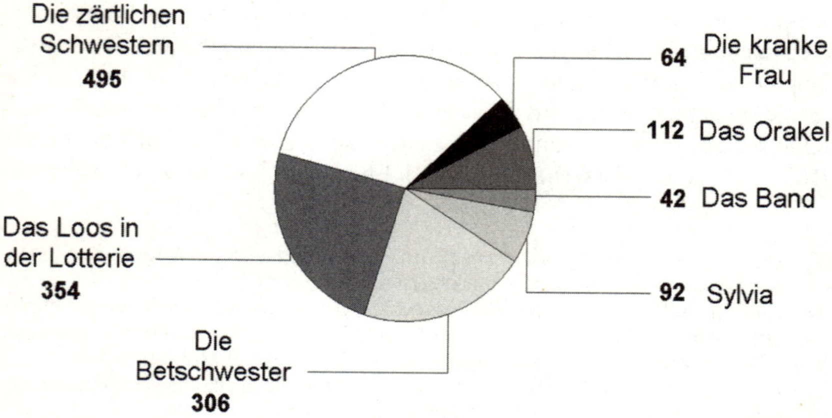

Graphik 4: Belege in Adelungs Wörterbuch aus Gellerts Lustspielen

37 Nur für das Schäferspiel *Das Band*, das in A^3 fehlt, hat Adelung anscheinend C verwendet.

Angesichts der relativ großen Zahl der Belege, die Adelung Gellert verdankt, sagt seine Entscheidung, welche Teile des Werkes er bevorzugt exzerpiert (siehe Graphik 3), etwas über die zeitgenössische Rezeption dieses Autors aus. Die meisten Belege hat Adelung neben den Lustspielen (1.465) den Fabeln (338) und den Abhandlungen zur Moral (590) entnommen. Daneben sind die anderen Teile von Gellerts Werk ohne Bedeutung, wobei aus heutiger Sicht besonders die geringe Zahl der Belege aus Gellerts Roman *Leben der Schwedischen Gräfinn von G**** (11) und den epistolographischen Abhandlungen (9) auffällt.[38] Bei den Fabeln und den Lustspielen sind die Belege über den gesamten jeweiligen Werkbereich gestreut, wobei das Lustspiel *Die kranke Frau* (64) unterrepräsentiert ist, während die „Operette" *Das Orakel* (112) bemerkenswert oft von Adelung herangezogen wird (siehe Graphik 4). Bei dem meistzitierten Werk, den postum 1770 in zwei Bänden erschienenen *Moralischen Vorlesungen*, sind die 569 Belege fast vollständig auf die Vorlesungen 16–26, die zusammen mit den *Moralischen Charakteren* (21) den zweiten Band bilden,[39] beschränkt.

Inhaltlich lassen sich die Gellert-Belege in Adelungs Wörterbuch in folgende vier Gruppen einteilen:

1. Kurzzitate von geringer Aussagekraft, die bloß einen bestimmten Sprachgebrauch anzeigen; sie ähneln stark den von Adelung selbst gebildeten Kompetenzbeispielen:

Die See **durchschwimmen** (GS I, 72, 24; *Inkle und Yariko*)
Die Tasse ging **entzwey** (GS III, 88, 16; *Die Betschwester*)
Dieses ist ***eben*** *mein Wunsch* (GS III, 92, 32; Die Betschwester)
Heute vormittage (Adelung-GKW [Anm. 4], s.v. „vormittags"; GS III, 248, 6; *Die zärtlichen Schwestern*)
Die **süßeste** Liebe der Natur (GS VI, 241, 28; *Moralische Vorlesungen*)
Ich **muß** dich doch **noch** etwas fragen (GS I, 74, 18; *Der Kukuk*)
Eh ich zu seyn **begonnte** (GS II, 144, 35; *Lied am Geburtstage*)

38 Ulrike Haß-Zumkehr: Die kulturelle Dimension der Lexikographie. Am Beispiel der Wörterbücher von Adelung und Campe, in: Sprachgeschichte als Kulturgeschichte, hg. v. Andreas Gardt, Ulrike Haß-Zumkehr u. Thorsten Roelcke, Berlin, New York 1999, S. 247–265, hier S. 259–261, weist darauf hin, dass Adelung bezüglich der Briefformalia und des Briefstils eine wesentlich konservativere Auffassung vertreten hat als Gellert. Allerdings scheint es schwer vorstellbar, dass eine solche Differenz Adelung daran gehindert haben soll, Gellerts Briefsteller für sein Wörterbuch auszuwerten, zumal der Brief das wichtigste Fernkommunikationsmittel der Zeit war, dem ein Sprachforscher wie Adelung größte Aufmerksamkeit entgegengebracht haben müsste.

39 Vgl. das Inhaltsverzeichnis (GS VI, 3–5). Die Varianten der beiden fast gleichzeitig erschienenen Ausgaben der *Moralischen Vorlesungen* (GS VI, 315 f.) bestehen aus unspezifischen und für jeden Leser leicht zu korrigierenden Fehlern (GS VI, 315 u. 317), so dass daraus nicht abgeleitet werden kann, welche Ausgabe Adelung benutzt haben mag.

> Nach **drey** Tagen (GS IV, 81, 40; *Leben der Schwedischen Gräfinn von G****)
> Er spricht ja ganz **allein** (GS III, 320,23; *Das Orakel*)

Diese Art von Belegen muss Adelung gemeint haben, als er in der Vorrede zur 1. Auflage formulierte: „Den entlehnten Beyspielen ist der Name des Verfassers meistentheils beygesetzet worden; oft ist solches unterblieben, weil auf denselben ohne hin nichts ankam.“[40]

2. Die zweite große Gruppe der Belege sind diejenigen, die programmatische Aussagen enthalten und auf diese Weise letztlich Ideologie transportieren. So heißt es unter „Kräftig“: „Die Menschenliebe ist eigentlich nichts als das aufrichtige und kräftige Verlangen, die Wohlfahrt aller vernünftigen Geschöpfe zu befördern“ (GS VI, 221,10–12; *Moralische Vorlesungen*). Das Wörterbuch bietet einen Kosmos Gellert'scher Maximen, aus dem ich hier nur weniges auswählen kann:

> **Kann** man überall Weisheit und Ordnung in der Einrichtung der Natur bemerken, und kein Verlangen fühlen, in seinem eignen **Verhalten** auch Weisheit, auch Ordnung zu beobachten? (GS VI, 194, 7–9; *Moralische Vorlesungen*)
> Keine Irrthümer sind **schwerer** zu **heben**, als die ihren Schutz in dem natürlichen Charakter unsers Geistes finden (GS VI, 294, 34–36; *Moralische Charaktere*)
> Unser Verstand ist ein kostbares **Pfund [3]**, das uns der Allmächtige zum **Wucher** anvertrauet hat (GS VI, 194, 14f.; *Moralische Vorlesungen*)
> Ein Frauenzimmer, die [!][41] Tugend und Verstand besitzt, besitzt gewiß auch **häusliche** Geschicklichkeiten (GS VI, 271, 20f.; *Moralische Vorlesungen*)

Manchmal werden auch Ansichten formuliert, die mit der Vorstellung von einem empfindsamen Aufklärer nicht so leicht in Einklang zu bringen sind:

> **Lieber** das schwächliche Kind um seiner Bosheit willen bis auf das Blut gestraft, als in ihm ein unseliges Geschöpf aufwachsen zu lassen (GS VI, 251, 13–16; *Moralische Vorlesungen*)
> Gott mehr gütig als gerecht denken, ist eben so viel, als Gott entehren, – ihn bis zum Menschen **hinab** erniedrigen (GS VI, 276, 34–38; *Moralische Vorlesungen*)

Nicht ohne Grund stammen alle hier wiedergegebenen Belege aus den Schriften zur Moral, denn dort haben diese Maximen in Gellerts Werk ihren eigentümlichen Platz. Aber auch in den Lustspielen wird Weltanschauliches erörtert, das Adelung in sein Wörterbuch übernommen hat:

---

40 Adelung-VGKW [Anm. 2], Bd. 1, S. XV. Der Anteil der Belege ohne Quellenangabe an den Kompetenzbeispielen Adelungs kann ohne aufwändige Untersuchungen nicht einmal geschätzt werden, denn nur selten gibt der Stil oder gar die Nennung einer literarischen Figur einen Hinweis darauf, dass Adelung ohne Kennzeichnung aus seinem Korpus schöpft.

41 Unter „Magd“ kritisiert Adelung den relativischen Anschluss nach dem natürlichen Geschlecht statt nach dem grammatischen Genus durch Gellert (Adelung-GKW^2 [Anm. 4], Bd. 3, Sp. 13).

Wenn wir **bey** einer zärtlichen Liebe Verstand und Tugend haben, so haben wir alles, was ein vernünftiger Ehemann fordern kann (GS III, 86,10f.; *Die Betschwester*)

Die Entscheidung Adelungs, solche Zitate auszuwählen, ist sicherlich nicht bloß sprachlich begründet. Zur Erläuterung von „Wo" bedarf es nicht zwingend des Satzes: „Wo auch mein Geist nach dem Tode seyn wird, so weiß ich doch, daß er allezeit bey Gott seyn wird" (GS VI, 277,34 f.; *Moralische Vorlesungen*). Vielmehr wäre zu fragen, ob bei einem solchen Beleg die „schwebende Aufmerksamkeit", die ein Wörterbuchbenutzer generell mitbringen muss, um „zwischen dem metasprachlichen Sinn der Beispiele [...] und ihrem objektsprachlichen Sinn, dem primären Sinn, den sie außerhalb des Wörterbuchs hatten oder hätten"[42] hin und her wechseln zu können, ob diese Aufmerksamkeit mit einem solchen Beleg nicht empfindlich aus dem Gleichgewicht gebracht wird. Adelung vermittelt mit Hilfe solcher Gellert-Belege nicht bloß „Orientierungen, die sich zunächst auf sprachliche Regeln, auf Sprachbildung konzentrieren", sondern er vermittelt „Orientierungen über die Welt".[43] Natürlich sind es nicht nur die Gellert-Stellen, mit denen Adelung dem Wörterbuch seine ganz spezielle kulturelle Prägung gibt. Auch die Belege anderer Autoren (Dusch, Weiße) steuern etwas zu dem Weltbild bei wie auch die überaus zahlreichen Stellen aus der Bibel, obwohl Adelung deren Auswahl ja rein pragmatisch begründet hatte („in jedermanns Händen").

Derartige sekundäre Motivationen bei der Auswahl der Sprachbeispiele sind nicht nur unvermeidbar, sondern beabsichtigt und auch heute lexikographischer Usus. Unter dem Aspekt der sozialen Geschlechterkonstruktion hat in den 1980er Jahren Luise Pusch Kompetenzbeispiele aus dem *Duden-Bedeutungswörterbuch* zusammengetragen, die über (angebliches) weibliches Sein und Handeln Aussagen machen.[44] Das oben bereits behandelte Gellert-Zitat „Je nun, du bist freylich nicht die schönste, aber du wirst gewiß auch versorgt werden" enthält in nuce einen ebensolchen Weltentwurf, in dem Frauen ein bestimmter Platz und eine feste Rolle zugewiesen wird. So dezidierte und sentenzenhafte Aussagen zum Leben und seiner Beurteilung fordern jeden halbwegs wachen Benutzer natürlich zur Reaktion heraus, und es wäre zu

---

42 Hermanns [Anm. 14], S. 168. Hierher gehört auch die Diskussion, wie „authentisch" ein Beispiel sein darf, um die sprachliche Funktionalität eines Wortes oder Ausdruckes angemessen darstellen und vermitteln zu können, auf die Hermanns, S. 181 f. und S. 192, Anm. 29, hinweist.

43 Haß-Zumkehr [Anm. 38], S. 250–252 u. S. 259, hier 251. Zu den interessanten Querbezügen bei der Tagung in Halberstadt gehörte die Entdeckung, dass für die Eintragung in Stammbücher um 1800 teilweise dieselben programmatischen Gellert-Stellen ausgewählt wurden, die schon Adelung in sein Wörterbuch übernommen hat (siehe den Aufsatz von Katrin Henzel in diesem Band).

44 Luise F. Pusch: „Sie sah zu ihm auf wie zu einem Gott". Das DUDEN-Bedeutungswörterbuch als Trivialroman, in: Dies.: Das Deutsche als Männersprache. Aufsätze und Glossen zur feministischen Linguistik, Frankfurt/Main 1984, S. 135–144.

fragen, ob spätestens ab 1800 solche Belege nicht die Akzeptanz des Wörterbuchs bei den Adelung-Benutzern beeinträchtigten, die die in das Wörterbuch eingeflossenen Ansichten nicht mehr uneingeschränkt teilen wollten. Dabei muss diese weltanschauliche Stellungnahme den damaligen Lesern viel störender aufgefallen sein als uns heute, die wir vieles als historisch abtun können.

Keineswegs sollte aus dem bisher Gesagten aber geschlossen werden, dass gute Lexikographie auf solche implizit-expliziten Positionierungen verzichten kann und sollte. Vielmehr erhebt die moderne Metalexikographie an gute Beispiele im Wörterbuch gerade auch die Forderung, dass sie „einen charakteristischen Aspekt des Umgangs mit oder der Einstellung zu dem Gegenstand/Sachverhalt, der mit dem Stichwort bezeichnet wird, zeigen sollen“[45]. Insofern helfen gerade auch die programmatischen Gellert-Belege dabei, Adelungs Wörterbuch eine kulturelle Identität zu verschaffen, die Vorbedingung für jedes sprachliche Verstehen ist.

3. Eine dritte (kleine) Gruppe bilden die zwölf Belege und Beispiele im *Grammatisch-kritischen Wörterbuch*, die Gellert nicht als Autor, sondern zum Gegenstand haben. Sie zeigen über die Belege aus seinen Werken hinaus, wie wichtig Gellert für Adelung war. Am häufigsten sind Kompetenzbeispiele, die die schriftstellerischen Erzeugnisse Gellerts erwähnen (8): „Gellerts Lieder waren seiner Moral **beygebunden**“ oder „Gellerts **Geschichte** des Hutes“[46]. Neben den beiden Kompetenzbeispielen „Auf welchem Planeten mag Gellert wohl das **Urbild** zu seiner kranken Frau gefunden haben?“ und „Gellerts Schriften sollten aller Schönen Leibbuch seyn“ (s. v. „Leib“) heben besonders zwei Zitate von Johann Andreas Cramer (1723–1788), einem Freund Gellerts, der nach dessen Tod eine hagiographische Biographie verfasst hat, Gellerts Bedeutung hervor. Das eine Zitat ist ein preisender Nachruf, während das andere Adelungs Wertschätzung dieses Autors als Quelle für lexikographische Belege rechtfertigt:

> Gellerts Andenken bedarf keines eitlen **Geräusches schwärmerischer** Lobeserhebungen.

und

> Gellerts Seele liebte das **Helle** im Ausdrucke.

Zu diesem Beleg formuliert Adelung für „Helle“ die Bedeutungsangabe „die Deutlichkeit, und ein hoher Grad derselben“. Gemeint ist also die rhetori-

---

45 Harras [Anm. 14], S. 612 f. (ähnlich Hermanns [Anm. 14], S. 180). Allerdings wäre noch zu prüfen, wie oft Belege im *Grammatisch-kritischen Wörterbuch* Einstellungen vermitteln, die über den „Gegenstand/Sachverhalt, der mit dem Stichwort bezeichnet wird“, weit hinausgehen.

46 Zu Gellerts *Die Geschichte von dem Hute* siehe GS I, S. 61–63.

sche Qualität der *perspicuitas*, zusammen mit der *claritas* seit der Antike die unverzichtbare Fähigkeit des guten Redners und Autors, gedanklich und sprachlich „Verständlichkeit der Rede und Sprachrichtigkeit" zu erreichen.[47] Gellert wird also ausdrücklich als klarer und deutlicher Autor gekennzeichnet, dessen Werke dem Lexikographen geeignete Sprachbeispiele liefern.

4. Dennoch gibt es Belege, die Adelung zum Anlass nimmt, sprachliche Kritik an Gellert zu üben. Schon in der Vorrede zur 1. Auflage hat Adelung sich ausdrücklich zu der Problematik geäußert, „gute" Autoren als Vorlage für sein Wörterbuch zu finden, und er geht dabei auch speziell auf Gellert ein:

> Die erste und vornehmste Pflicht eines Sprachlehrers ist, alle oder die meisten Fälle einer Art zu sammeln und aus diesen Regeln zu entwerfen und nach diesen zu entscheiden. [...] So erweislich und unleugbar diese Obliegenheit ist, so schwer, ja unmöglich wird es doch oft in einzeln Fällen, sie zu erfüllen, besonders wenn die Stimmen getheilet sind. [...] Er soll, wird man sagen, den wichtigsten Stimmen folgen. Gut; aber wer sind die? Etwa die angesehensten Männer, die berühmtesten Gelehrten, die so genannten classischen Schriftsteller? Wie aber, wenn die gelehrtesten Männer ihre Muttersprache gerade am meisten vernachläßigen? Wenn selbst die beliebtesten Schriftsteller, auch dann, wenn sie rein zu schreiben sich bemühen, nicht alle die weitläuftige kritische Kenntniß ihrer Sprache besitzen, welche dazu erfordert wird, ein triftiges Zeugniß abzulegen? Kurz, wenn wir in Ansehung unserer Sprache gar keinen classischen Schriftsteller im schärfsten Verstande haben? Und doch ist dieß wirklich der Fall. *Gellert*, der reinste Schriftsteller, den wir aufweisen können, hat eine Menge meißnischer Provinzial-Ausdrücke, und doch war *Gellert* einer von den wenigen schönen Geistern, die ihre Sprache kritisch kennen, und diese Kenntniß auszuüben suchen. [...]
> Indessen erinnere ich hier nochmal, daß wir in Ansehung der Reinigkeit der Sprache keinen eigentlichen classischen Schriftsteller haben, daher die angeführten Stellen, unstreitige Fälle ausgenommen, mehr für Beyspiele als für Beweise zu halten sind.[48]

Viele Belege aus Gellert fallen sicher unter diese „unstreitige[n] Fälle", aber wie angekündigt kann Adelung auch an Gellerts Sprachgebrauch nicht alles gutheißen. In knapp 60 Fällen sieht Adelung sich genötigt, die aus Gellert gezogenen Belege ausdrücklich zu verbessern oder gar zu tadeln.[49] In der unmerklichsten Stufe, die im Wörterbuch am häufigsten vorkommt, fügt er den

---

47 Historisches Wörterbuch der Philosophie, hg. v. Joachim Ritter, Karlfried Gründer u. Gottfried Gabriel, völlig neubearb. Ausgabe des Wörterbuchs der Philosophischen Begriffe von Rudolf Eisler, Basel 1971–2007 (auf CD-ROM, Basel 2007) [13 Bände], s. v. „Perspikuität".

48 Adelung-VGKW [Anm. 2], Bd. 1, S. XII u. XV.

49 In einigen Fällen ist nicht genau zu entscheiden, ob Adelungs Zusätze nur erläuternden Charakter haben oder ob damit auch schon ablehnende Kritik geäußert werden soll. Und manche von Adelung dokumentierte Kritik ist von der Art, dass man erwarten muss, dass er solches an anderen Stellen oft stillschweigend in seinem Sinne geändert haben wird (vgl. Anm. 36).

seiner Ansicht nach besseren Ausdruck kommentarlos in Klammern in den Beleg ein:

> Sie ist ein recht artiges Mädchen, die (für das oder welches) von den meisten Fehlern unsers Geschlechtes frey ist
> (Adelung-GKW [Anm. 4], s.v. „Magd“;
> GS III, 117, 18 f.; *Das Loos in der Lotterie*)
> Ich bezahle, und wenn mich (mir) der Monath funfzig Thaler **käme**
> (GS III, 200, 28 f.; *Die zärtlichen Schwestern*)
> Die Frau zwo (zwey)[50] **ganzer** Stunden auf ihre Kleider warten zu lassen?
> (GS III, 155, 18; *Das Loos in der Lotterie*)
> Die wichtige **Pflicht**, die (welche) uns obliegt, die Kräfte unsers Geistes auszubilden
> (GS VI, 178, 4 f.; *Moralische Vorlesungen*)

Manchmal mit einem verdeutlichendem „besser“ oder „richtiger“:

> In diesem **Selbstbetruge** wird sie ihnen (besser sie) ihr ganzes Herz sehen lassen
> (GS III, 204, 13 f.; *Die zärtlichen Schwestern*)

Adelung ist in seiner Kritik nicht immer einheitlich. Wenn ein Beleg an einer Stelle im Wörterbuch verbessert wird, kann er an einer anderen Stelle auch unkritisiert durchgehen. Genauso kommt es gelegentlich aber auch vor, dass Adelung an einer Stelle seine Kritik und Ansicht ausführlicher darstellt. Im Artikel „sehen“ heißt es nur:

> Da kann ich ihnen (sie) die Geschicklichkeit meiner Frau sehen lassen
> (GS III, 127,2; *Das Loos in der Lotterie*)

während er unter „lassen (2)“ ausführt:

> An einem andern Orte hingegen gebraucht Gellert unrichtig die dritte Endung [den Dativ; d. Verf.]: da kann ich ihnen die Geschicklichkeit meiner Frau sehen lassen, wo es sie heißen muß, weil in allen diesen Fällen bey der Auflösung die Person in der ersten Endung [Nominativ; d. Verf.] zu stehen kommt.

So ausführliche Stellen zu Gellert sind nicht sehr häufig (13), und oft hebt Adelung dann die Besonderheit hervor, dass sogar Gellert nicht das Richtige trifft, wie bei der Wendung „das verschlägt *mir* nichts“ mit der Bedeutung ‚das ist mir egal‘:

> Zwar heißt es auch bey dem Gellert: ich habe es ihnen ja schon gesagt, daß mich ein Wort nichts verschlägt; ingleichen: aber das verschlug mich nichts; […] doch das gehöret mit zu den kleinen Flecken, von welchen dieser sonst so reine Schriftsteller nicht ganz frey ist.[51]

50 Im Artikel „zwey“ wird Adelung hierzu ausführlich: „Ich habe in meinem Lehrgebäude Th. 1, S. 569, noch mehr aber in meinem Magazine B. 1, St. 3, S. 37 f. die Gründe angezeiget, warum diese Declination wider alle Hochdeutsche Analogie, folglich höchst verwerflich ist, und will sie hier kürzlich wiederhohlen“ (Adelung-GKW² [Anm. 4], Bd. IV, Sp. 1786).

51 Adelung-GKW² [Anm. 4], Bd. IV, Sp. 1121 („verschlagen“).

Liegt nach Adelungs Ansicht fehlerhaftes Deutsch vor, scheut er aber nicht vor Autoritäten: „Dergleichen Fehler werden durch kein Ansehen zu Schönheiten.“[52] Er warnt dann ausdrücklich auch vor der Nachahmung Gellerts, wie im Artikel „ander“:

> In der Declination ist dieses Wort von den übrigen Zahl- und Beywörtern nicht verschieden; nur daß die verstümmelte Form ander in der guten Schreibart nicht üblich ist. Es ist daher nicht nachzuahmen, wenn es im Gellert heißt [GS III, 92,21f.; *Die Betschwester*; d. Verf.]: wenn sie kein ander Bedenken haben, so bin ich glücklich […].[53]

Das Werk von Christian Fürchtegott Gellert ist nicht der Gegenstand des *Grammatisch-kritischen Wörterbuchs*. Aber die sprachliche Produktion dieses Autors wurde so vielfältig in das Nachschlagewerk verwoben, dass auch in diesem Beitrag vieles nur angedeutet und längst nicht alle Facetten dargestellt werden konnten. Da Adelung das *Grammatisch-kritische Wörterbuch* alleine konzipiert und verfasst hat, liegt damit die wohl am besten dokumentierte Rezeption eines Autors des 18. Jahrhunderts durch einen Zeitgenossen vor – zumindest im deutschen Sprachraum. Im digitalen Medium kann diese Rezeption jetzt über die Nachweise im Wörterbuch hinaus genau verfolgt werden. Das *Grammatisch-kritische Wörterbuch* ist kein Gellert-Wörterbuch, aber ohne eine ausführliche und gründliche Gellert-Lektüre wäre es nicht zu dem geworden, was es ist. Der Nachvollzug der Umgestaltungen, die Gellerts Text durch die Verwertung in den Wörterbuchartikeln erfahren hat, liefert der Gellert-Forschung Informationen darüber, welche Teile von Gellerts Werk von Johann Christoph Adelung, einem wichtigen zeitgenössischen Leser, auf welche Weise rezipiert wurden, wie Adelung die Gellert-Zitate dazu nutzte, die deutsche Sprache am Ende des 18. Jahrhunderts nach seinen Möglichkeiten zu beschreiben, und schließlich, wie zahlreiche pointierte Gellert-Formulierungen (und die damit verbundenen Anschauungen) auf diese Weise außerhalb der Gellert-Ausgaben Verbreitung und Leser fanden. Für die Lexikographiegeschichte erbringt eine solche Untersuchung genauere Aufschlüsse über die Arbeitsweise des wichtigsten deutschsprachigen Lexikographen des 18. Jahrhunderts bei der Korpusbildung und der Belegverarbeitung.

52 Adelung-GKW² [Anm. 4], Bd. I, Sp. 291 („anfangen“). Namentlich genannt (und getadelt) werden an dieser Stelle Gleim, Wieland und Gellert.

53 Adelung-GKW² [Anm. 4], Bd. I, Sp. 279. Unter „Umstand“ wiederholt Adelung diese Formulierung übrigens ohne jede Kritik.

Nikola Roßbach

Wissenstransfer – Lexikographie – Gender: Gottlieb Siegmund Corvinus' *Nutzbares, galantes und curiöses Frauenzimmer-Lexicon*

Das *Frauenzimmer-Lexicon* des Gottlieb Siegmund Corvinus, 1715, 1739 und 1773 erschienen, kumuliert, kompiliert und konstruiert Wissen für Frauen. Die folgende Studie möchte die Geschlechtsspezifik von Wissenstransfer, ohne die insbesondere die Auf- und Umbrüche in der Wissensvermittlung, Bildung und Aufklärung des 18. Jahrhunderts nicht angemessen verstanden werden können, untersuchen. Sie steht damit in einer Reihe von Versuchen, die geschlechtliche Codierung von Wissen exemplarisch zu analysieren.[1]

„Vor gelehrten Frauenzimmern erschrecke ich [...]"[2]

Die Frage nach Wissen, Bildbarkeit und Bildung der Frau wurde im Lauf des 18. Jahrhunderts unterschiedlich beantwortet. Eine Entwicklungsthese wird von der Forschung immer wieder reproduziert, die durch Silvia Bovenschen (*Die imaginierte Weiblichkeit*, 1979) bekannt geworden ist: Behauptet wird die Entwicklung von einem frühaufklärerischen Frauenbild, welches das noch renaissancetypische Modell der gelehrten Ausnahmefrau unbefangen integriert, hin zur spätaufklärerisch-empfindsamen Idealvorstellung der nicht gelehrten, einerseits allgemein, andererseits geschlechtsspezifisch gebildeten Frau, die sich Wissen nicht um seiner selbst willen, sondern zur besseren Erfüllung ihrer Hausmutter- und Gattinnenpflichten erwirbt.[3]

1 Die dominierende Gender-Blindheit der Wissens- und Wissenschaftsgeschichte wurde erkannt und moniert; es gibt verschiedene Versuche, dieses Desiderat aufzuarbeiten. Im Umschlagtext zum ‚Handbuch der Gender-Theorien' *Gender@Wissen* heißt es: „Auch Wissen hat ein Geschlecht. Für die Wissenschaft von der Antike bis in die Gegenwart ist Geschlecht eine Kategorie von grundlegender Bedeutung. Geschlechtercodes und Geschlechternormen sind in jeder Form des Wissens eingelagert." Gender@Wissen. Ein Handbuch der Gender-Theorien, hg. v. Christina von Braun u. Inge Stephan, Köln 2005.

2 GB III, 121.

3 Paradoxerweise kann man im Rahmen dieses Denkmodells sogar eine Feminisierung der Kultur behaupten, denn mit der Ablehnung der Gelehrten – Bovenschen

Eine Schlüsselposition in dieser Entwicklung nimmt bekanntlich Christian Fürchtegott Gellert ein, in dessen programmatischen Äußerungen sich der Frauenbildungsdiskurs der zweiten Hälfte des 18. Jahrhunderts geradezu idealtypisch konzentriert: Nach Gellert soll Lesen und Lernen, nie Selbstzweck, immer hinter häuslichen Pflichten rangierend, die Frau dazu befähigen, „eine gute Ehegattinn, eine verständige Mutter und eine sorgfältige Haushälterinn“[4] zu werden – fast klischeehaft reproduziert Gellert den sich von der Hausväterliteratur her schreibenden und in den Moralischen Wochenschriften affirmierten Dreischritt des zeitgenössischen Frauenideals. Das empfindsame Konzept von (weiblicher) Nichtgelehrtheit und desto größerer Natürlichkeit legt Gellert bekanntlich auch seiner Brieflehre und Autorpoetik zugrunde. Viel wissende, gelehrte Damen sind ihm ein Graus,[5] dem er mit restriktiven Leseempfehlungen und der Weisung, wenig und intensiv zu lesen,[6] begegnet.

> Noch ein Wort. Ihr junger Schüler will alles lernen, was seine ältere wißbegierige Schwester erlernet. Das ist nun wohl ganz gut; allein Sie müßen ihn doch kluglich zurückhalten, weil er viel zu lernen hat, das sie nicht lernen darf. (GB IV, 99)

In dem hier zitierten Brief an einen ungenannten Hauslehrer vom 24. Januar 1765 unterscheidet Gellert klar zwischen männer- und frauenspezifischem Wissen.[7] Während der Unterricht den Mann zum Gelehrten machen soll, gilt

---

spricht von der programmierten Inkompetenz der Frauen – geht die Etablierung der Frau nicht nur als häufiges Darstellungsobjekt der Literatur einher, sondern auch als ihr Subjekt, als Autorin und vor allem als Leserin. Vgl. Silvia Bovenschen: Die imaginierte Weiblichkeit. Exemplarische Untersuchungen zu kulturgeschichtlichen und literarischen Präsentationsformen des Weiblichen, Frankfurt/Main 1979, S. 158.

4 Brief an eine Ungenannte, [ohne Datum] 1765 (GS IV, 146).

5 Brief an eine Ungenannte, [ohne Datum] 1756 (GB II, 81); Brief an Johanna Erdmuth von Schönfeld, 26. Februar 1759 (GB II, 221); Brief an Christiane Caroline Lucius, 4. April 1761 (GB III, 121f.); Brief an einen ungenannten Hauslehrer, 24. Januar 1765 (GB IV, 100).

6 Derartige Empfehlungen finden sich vielfach, vgl. den Brief an Christiane Caroline Lucius vom 11. März 1761 (GB III, 111), den bereits angeführten Brief an einen ungenannten Hauslehrer vom 24. Januar 1765 (GB IV, 99 f.) sowie den ebenfalls oben schon erwähnten Brief an eine Ungenannte aus dem Jahr 1765 (GB IV, 146). – Zuweilen spricht Gellert geschlechtsunspezifisch von der Jugend, die wenige gute Bücher sorgfältig und mehrfach lesen solle (vgl. dazu nochmals GB IV, 99).

7 Das geschieht nicht immer so eindeutig. Gellerts Leseliste für seine Briefpartnerin von Schönfeld (vgl. Brief vom 26. Februar 1759; GB II, 220 ff.) erscheint zunächst als ein durchaus männertauglicher Querschnitt durch die deutschsprachige Literatur der Zeit. Doch entspricht auch hier die Schwerpunktsetzung – Poesie, Religion, Sittenlehre – ganz der Devise der (im Einzelnen freilich unterschiedlich ausgeprägten) ‚Frauenzimmer-Bibliotheken‘ der Zeit, wie sie als separate Buchpublikationen oder in Moralischen Wochenschriften zahlreich erschienen. Vgl. dazu vor allem Wolfgang Martens: Leserezepte fürs Frauenzimmer. Die Frauenzimmerbibliotheken der deutschen Moralischen Wochenschriften, in: Archiv für Geschichte des Buchwesens 15, 1975, Sp. 1143–1200.

bei der Frau „die Erlernung weiblicher Künste und Geschicklichkeiten" „mehr als alles Lesen zum Vergnügen oder Zeitvertreibe"; ihre Wissbegierde soll gezügelt werden, damit sie „nicht ein gelehrtes Frauenzimmer zu werden suche, welches eben das ist, was sie nicht seyn soll; aber verständig, tugendhaft und wirtschaftlich kann sie nie genug werden" (GB IV, 100).

Das Ideologem der natürlich-empfindsamen Frau setzt entschieden auf geschlechtliche Alterität; nicht zufällig ist die Herausbildung einer weiblichen Sonderanthropologie ebenfalls in der zweiten Hälfte des 18. Jahrhunderts zu beobachten: Dichter, Philosophen, Pädagogen und Mediziner postulieren und konstituieren einträchtig die Naturalisierung des Geschlechterunterschieds; außer Gellert sind Rousseau, Herder, Humboldt, Kant, Schiller wichtige Protagonisten in diesem diskursiven Feld.[8]

Die Wahrnehmung entsprechender Tendenzen im Geschlechterdiskurs des 18. Jahrhunderts ist sicherlich zutreffend; berechtigt sind allerdings Zweifel an der Allgemeingültigkeit entsprechender teleologischer Entwicklungsmodelle.[9]

Zahllose Beispiele für zu schnelle Vereinnahmungen von zu wenigen Quellen für zu umfassende Thesen lassen sich finden: Karin Hausens alte, aber wirkungsmächtige These von der Herausbildung der dualistischen Geschlechtercharaktere Ende des 18. Jahrhunderts wird beispielsweise von Brita Rang mit Verweis auf ähnliche Diskurse in der Frühen Neuzeit infrage gestellt.[10] Neuere Forschungen insbesondere aus dem angelsächsischen Bereich (Anne K. Mellor, Linda Colley) stellen die ‚separate spheres'-These in Frage, das heißt die lange als gültig gesetzten Zuordnungen des Mannes zur Öffentlichkeit, der Frau zur Privatheit. Wenn Dagmar Grenz eine Entwicklungslinie von der frauenfreundlichen Frühaufklärung zur frauenfeindlichen,

---

8 Außer Bovenschens Studie seien hier aus der Fülle der literaturwissenschaftlichen, soziologischen, medizinhistorischen und philosophischen Untersuchungen lediglich diejenigen Thomas Laqueurs (*Making Sex*, 1990) und Claudia Honeggers (*Die Ordnung der Geschlechter*, 1991) erwähnt. Immer noch lesenswert ist Adalbert von Hansteins materialreiche Studie *Die Frauen in der Geschichte des deutschen Geisteslebens des 18. und 19. Jahrhunderts* (1899/1900).

9 Schon von Hanstein belegt für die aus genderhistorischer Sicht eher ‚verpönte' zweite Jahrhunderthälfte, die die schöne Weiblichkeit idealisiert und gegen weibliche Gelehrsamkeit polemisiert, zugleich ein verstärktes Interesse der Universitäten an weiblichen Hörerinnen. Vgl. Adalbert von Hanstein: Die Frauen in der Geschichte des deutschen Geisteslebens des 18. und 19. Jahrhunderts, 2 Bde., Leipzig 1899/1900, Bd. 2, S. 357 f.

10 Vgl. Brita Rang: Zur Geschichte des dualistischen Denkens über Mann und Frau. Kritische Anmerkungen zu den Thesen von Karin Hausen zur Herausbildung der Geschlechtscharaktere im 18. und 19. Jahrhundert, in: Frauenmacht in der Geschichte. Beiträge des Historikerinnentreffens 1985 zur Frauengeschichtsforschung, hg. v. Jutta Dalhoff, Uschi Frey u. Ingrid Schöll, Düsseldorf 1986, S. 194–204.

da Frauen *durch Spezialliteratur* ghettoisierenden Spätaufklärung zieht,[11] ist gerade der frühaufklärerische Frauenförderer par excellence, Gottsched, in seiner Eigenschaft als Autor und Übersetzer popularisierender, zum Teil explizit an Frauen adressierter Literatur hier nicht unterzubringen. Und schließlich: Ob die Publikationsgeschichte des *Frauenzimmer-Lexicons* von Amaranthes, eigentlich Corvinus, tatsächlich so perfekt in die gängige Entwicklungsthese passt, wie es auf den ersten Blick scheint – schon von Hanstein stellt sie in diesen Kontext[12] –, und ob es wirklich so einfach ist mit dem dort propagierten Frauenbild, wird sich zeigen.

Medien der Auseinandersetzung um Frauenwissen

Der Diskurs über Frauen und Wissen fand in verschiedenen Medien statt: in Essays und Schriften, die noch der *Querelle des femmes* des 17. Jahrhunderts nahe stehen, in der Hausväterliteratur, in privaten und gelehrten Korrespondenzen und den Moralischen Wochenschriften. Auch die Präsentationsweisen sind vielfältig; neben theoretischen Traktaten entstehen literarisch-utopische Entwürfe von Frauenzimmerakademien ebenso wie praxis- und anwendungsbezogene Beiträge zur weiblichen Bildung. Zu letzteren zählen Textsorten wie Leseempfehlungslisten (‚Frauenzimmer-Bibliotheken'), Frauenzimmerkataloge, Damenkalender, an Frauen gerichtete Lehrbücher und Lexika. Entscheidend ist bei diesem ‚Generaleinsatz' für weibliche Bildung die geschlechtsspezifische Verteilung der Subjektpositionen: Es waren Männer, die sich Frauenuniversitäten ausdachten (um sie desto deutlicher im Bereich des Utopischen zu verorten),[13] die die Mehrheit in Damengesellschaften stellten und dort ihre Ehefrauen belehrten und kontrollierten,[14] die Moralische Wochenschriften herausgaben und Exempelsammlungen, Leselisten und Schriften zur weiblichen Bildung verfassten.

---

11 Dagmar Grenz: Mädchenliteratur. Von den moralisch-belehrenden Schriften im 18. Jahrhundert bis zur Herausbildung der Backfischliteratur im 19. Jahrhundert, Stuttgart 1981, S. 8.

12 Hanstein [Anm. 9], Bd. 2, S. 216.

13 Siehe dazu Bovenschens Analyse der berühmten Gottsched'schen Vision einer Frauenuniversität. Vgl. Bovenschen [Anm. 3], S. 101–107.

14 Vgl. Helga Brandes: Die ‚Literarische Damen-Gesellschaft' in Oldenburg zur Zeit der Französischen Revolution, in: Französische Revolution und deutsche Öffentlichkeit. Wandlungen in Presse und Alltagskultur am Ende des achtzehnten Jahrhunderts, hg. v. Holger Böning, München [u. a.] 1992, S. 439–452; dies.: Die Entstehung eines weiblichen Lesepublikums im 18. Jahrhundert. Von den Frauenzimmerbibliotheken zu den literarischen Damengesellschaften, in: Lesen und Schreiben im 17. und 18. Jahrhundert. Studien zu ihrer Bewertung in Deutschland, England, Frankreich, hg. v. Paul Goetsch, Tübingen 1994, S. 125–133.

Mit Gottlieb Siegmund Corvinus publiziert ebenfalls ein Mann als Erster vielfältiges Wissen in lexikographischer Form für einen weiblichen Adressatenkreis.

Gottlieb Siegmund Corvinus: Nutzbares, galantes und curiöses Frauenzimmer-Lexicon

Der Verfasser des *Frauenzimmer-Lexicons*, der Notar und Advokat Gottlieb Siegmund Corvinus (1677–1747), war ein heute unbekannter Leipziger Gelegenheitsdichter (*Proben der Poesie,* 1710/11; *Das Carneval der Liebe*, 1712; *Reiffere Früchte der Poesie*, 1720). Zu seiner Zeit genoss er regionale Popularität, verkehrte in Gottscheds Kreisen und war befreundet mit dem Frauenapologeten und -katalogschreiber Georg Christian Lehms (*Teutschlands Galante Poetinnen*, 1715).[15]

Das *Frauenzimmer-Lexicon* war im Gleditsch-Verlag gut platziert, wo in den vorangegangenen Jahren bereits mehrere bedeutende Lexika erschienen waren, in deren Tradition Corvinus sich explizit stellt. An prominentester Stelle sind Johann Hübners *Reales Staats-, Zeitungs- & Conversationslexicon […]* (1704) sowie dessen *Curieuses Natur-Kunst-Gewerck und Handlungs-Lexicon […]* (1712) zu nennen, beide erfolgreich und häufig wiederaufgelegt. 1715 erschien bei Gleditsch nicht nur Corvinus' *Frauenzimmer-Lexicon*, sondern auch die siebte Auflage des Hübner'schen Zeitungslexikons sowie ein *Compendiöses Gelehrten-Lexicon […]*, das laut Titel Persönlichkeiten „so wohl männ- als weiblichen Geschlechts" aufführt. Es wurde mitverfasst von Corvinus' Freund und lyrischem Vorbild Johann Burckhardt Mencke, der eine Gleditsch geheiratet hatte.

Auch das *Nutzbare, galante und curiöse Frauenzimmer-Lexicon* errang große Bekanntheit, was außer Rezensionen[16] nicht nur die überarbeiteten

15 Die Forschung beschäftigt sich kaum mit Corvinus. Außer Witkowskis ebenso ausführlicher wie kritischer Würdigung in der *Geschichte des literarischen Lebens in Leipzig* (1909) ist lediglich die Monographie von Lathrop Park Johnson zur Lyrik (*The Poetry of Gottlieb Siegmund Corvinus*, 1973) sowie Helga Brandes' weiter unten diskutierter Artikel *Das* Frauenzimmer-Lexicon *von Amaranthes* (1998) zu nennen. Lexikographen des 18. und 19. Jahrhunderts wie Christian Gottlieb Jöcher (*Allgemeines Gelehrten-Lexicon*, 1750), Friedrich Raßmann (*Deutscher Dichternekrolog*, 1818) und Franz Brümmer (*Deutsches Dichter-Lexikon*, 1876/77; *Lexikon der deutschen Dichter und Prosaisten*, 1884) erwähnen in ihren schmalen Corvinus-Artikeln das *Frauenzimmer-Lexicon* nicht, obgleich dessen Rezeptionsgeschichte die der galanten Dichtungen des Corvinus an Bedeutung weit übertrifft.

16 Pro und Kontra verteilen sich auf die *Deutschen Acta Eruditorum* 35, 1715, S. 891–898, und die *Neue Bibliothek oder Nachricht und Urtheil von neuen Büchern* 42, 1715, S. 139–142; 46, 1715, S. 469–471. Vgl. dazu auch Moira R. Rogers: Newtonianism for the ladies and other uneducated souls. The popularization of science in Leipzig, 1687–1750, New York [u. a.] 2003, S. 61.

Nutzbares, galantes und curiöses
Frauenzimmer-
LEXICON,
Worinnen nicht nur
Der Frauenzimmer geistlich- und
weltliche Orden, Aemter, Würden, Ehren-Stellen, Professionen und Gewerbe, Privilegia und Rechtliche Wohlthaten, Hochzeiten und Trauer-Solennitäten, Gerade und Erb-Stücken, Nahmen und Thaten der Göttinnen, Heroinen, gelehrter Weibes-Bilder, Künstlerinnen, Prophetinnen, Affter-Prophetinnen, Märtyrinnen, Poetinnen, Ketzerinnen, Quackerinnen, Schwärmerinnen und anderer Sectirischen und begeisterten Weibes-Personen, Zauberinnen und Hexen, auch anderer berufener, curiöser und merckens-würdiger Weibes-Bilder, Trachten und Moden, Küchen-, Tafel-, Wochenstuben-, Wäsch-, Nehe-, Hauß-, Speisekammer-, Keller-, Kinder-, Putz-, Geräthe und Vorrath, Juwelen und Schmuck, Galanterie, Seidne, Wollne und andere Zeuge, so zu ihrer Kleidung und Putz dienlich, Rauch- und Beltzwerck, Haar-Putz und Auffsatz, Schmincken, kostbare Olitäten und Seiffen, Bücher-Vorrath, Künste und Wissenschafften, Nahmen, Stamm-Nahmen und besondere Benennungen, absonderliche Gewohnheiten und Gebräuche, Eigenschafften, sonderbare Redens-Arten und Termini, Abergläubisches Wesen, Tändeleyen und Sprüchwörter, Häußliche Verrichtungen, Divertissements, Spiele und andere Ergötzlichkeiten, allgemeine Zufälle, Beschwerungen und Gebrechen der Weiber, Jungfern und kleinen Kinder, Gesinde-Ordnung und Arbeit, weibliche Straffen und absonderliche Züchtigungen, und alles dasjenige, was einem Frauenzimmer vorkommen kan, und ihm nöthig zu wissen,
Sondern auch
Ein vollkommenes und auf die allerneueste Art verfertigtes
Koch-Torten- und Gebackens-Buch,
Samt denen darzu gehörigen Rissen, Taffel-Auffsätzen und Küchen-Zettuln,
Ordentlich nach dem Alphabeth kurtz und deutlich abgefaßt und erkläret zu finden,
Dem weiblichen Geschlechte insgesamt zu sonderbaren Nutzen, Nachricht und Ergötzlichkeit
auff Begehren ausgestellet
von
Amaranthes.

Leipzig, 1715.
bey Joh. Friedrich Gleditsch und Sohn.

Frontispiz und Titelseite des *Frauenzimmer-Lexicons* (Leipzig 1715)

Neuauflagen von 1739 und 1773, sondern auch seine quasi obligatorische Nennung in den Frauenzimmerbibliotheken vielgelesener Moralischer Wochenschriften dokumentieren. Im 18. Jahrhundert blieb es beispiel- und konkurrenzlos. Erst viel später folgten Carl Herloßsohns *Damen-Conversations-Lexikon* (1834–1838), das *Neueste Damen-Conversations-Lexikon. Ein Inbegriff des Gesammtwissens für die Frauenwelt* (1856), das *Illustrierte Konversations-Lexikon der Frau* (1900) und das *Grosse illustrierte Frauen-Lexikon* (1900).

Werden Frauen in Corvinus' Lexikon nun also zu Subjekten eines Wissens, über das sie autonom verfügen können? Ist es ein emanzipatorisches Förderinstrument für das bis dato kaum gebildete weibliche Geschlecht? In der Forschung ist zu lesen, das *Frauenzimmer-Lexicon* gebe „dem Frauenzimmer nur noch einmal die Gelegenheit, sich über bestimmte Namen, Ausdrücke, Begriffe oder Fragen […] schnell und in knapper Form Auskunft zu holen";[17] geliefert werde „spezifisch auf den weiblichen Alltag zugeschnittenes Wissen", wodurch frauenspezifische Literatur und Bildungsmittel zur Verfügung gestellt würden.[18]

Oder – Gegenthese – ist das *Frauenzimmer-Lexicon* ein Instrument zur Lenkung, Kontrolle und Beschränkung weiblichen Wissens, das gerade den Ausschluss der Frau aus der männlichen Wissenswelt und damit ihre diskursive Ghettoisierung betreibt?

Gefragt wird im Folgenden nach der Selektivität der Wissensinhalte, der Quantität der Wissensinhalte, der Vermittlung des Wissens und den transportierten Geschlechtermodellen.[19] Die schmale Corvinus-Forschung hat diese Aspekte bisher nicht annähernd ausgelotet.

Selektivität der Wissensinhalte

Corvinus präsentiert in seinem Lexikon Wissen aus verschiedenen Bereichen: Geschichte, vor allem weibliche Personengeschichte, Literatur, Kunst, Religion, Philosophie, Mythologie, Medizin, Recht, Kindererziehung, Kosmetik, Mode, Schmuck, Haushalt, Kochen, Handarbeiten, Freizeitgestaltung. Realien stehen neben Aberglauben, nüchterne Deskription neben Anekdoten und Legenden – was bezeugt, dass das *Frauenzimmer-Lexicon* wie andere zeitgenössische enzyklopädische Werke, etwa Zedlers *Universal-Lexicon* (1731–1754), in bestimmten Teilen noch stark einem voraufklärerisch-frühneuzeitlichen Wissensbegriff verpflichtet ist.

Übergreifend ist der Frauenbezug all dieser Themen. Der Lexikograph nimmt in der Vorrede für sein „Real-Lexicon" in Anspruch, den „Inbegriff alles desjenigen, was zum weibl. Geschlechte gehöret" (FZL 1715, Vorrede unpag. [6]), versammelt zu haben, und unterteilt seine Adressatinnen in das haushältige, das curiös-galante und das gelehrte Frauenzimmer. All diese sollen Lesenswertes zu Belehrung und Unterhaltung finden.

Besonders interessant sind die Leerstellen des aufgespannten Wissenskosmos. Es fehlen beispielsweise Artikel zur naturwissenschaftlich-mathematischen und staatspolitisch-historischen Bildung; derartige männliche Wissensdomänen werden nicht betreten. Wenn dies einmal geschieht, wie

17 Peter Nasse: Die Frauenzimmer-Bibliothek des Hamburger ‚Patrioten' von 1724. Zur weiblichen Bildung in der Frühaufklärung, Stuttgart 1976, S. 411. Nasse bezieht sich mit dieser Aussage auch auf zwei weitere vom *Patrioten* empfohlene Konversationslexika.

18 Christiane Brokmann-Nooren: Weibliche Bildung im 18. Jahrhundert: „gelehrtes Frauenzimmer" und „gefällige Gattin", Oldenburg 1994, S. 74.

19 Zitate aus den verschiedenen Auflagen des Lexikons werden im fortlaufenden Text durch die Sigle FZL und die entsprechende Jahreszahl nachgewiesen.

hinsichtlich Jura und Medizin, werden entsprechende Artikel – etwa über Ehescheidung oder Brustkrebs – reduziert auf für den weiblichen Alltag zugeschnittenen, lebenspraktischen und nicht gelehrten Wissenstransfer. Weitere Leerstellen fallen auf. Obgleich die als typisch weiblich kodierten Themen Ehe, Liebe, Kinder ausführlich vertreten sind, fehlen Artikel zu relevanten biologisch-physiologischen Phänomenen und Prozessen. Und dies, obgleich jene in der zeitgenössischen Lexikographie durchaus einen Ort haben. Im zweiten Hübner, dem *Curieusen Natur-Kunst-Gewerck und Handlungs-Lexicon*, erscheinen Artikel zu Clitoris,[20] Coitus, Gynaeceum, Gynaeceia (d.i. Frauenkrankheit), Gynacomastum (d.i. Anschwellen der Brüste), Hermaphroditus, Penis, Semen, Sperma und Vagina. Corvinus hingegen stellt seinen Leserinnen von diesen Begriffen lediglich „Gynaeceum" und „Hermaphroditus" vor. Der Artikel „Gynaeceum" zeigt große Übereinstimmung zu dem analogen bei Hübner. Corvinus hat die früheren Gleditsch-Lexika zumindest partiell zu Rate gezogen und geschlechtsspezifisch gefiltert.

Seine Selektionsentscheidungen signalisieren, dass eigentliche Sexualaufklärung als für Frauen ungeeignet angesehen wurde. Das für sie hinsichtlich Liebe, Ehe, Partnerschaft, Kinder Wissenswerte wird nach moraldidaktischen Gesichtspunkten ausgewählt. Mit der Vermittlung von Wissen geht seine Kontrolle Hand in Hand. Übrigens empfehlen die Frauenzimmerbibliotheken der Moralischen Wochenschriften den von Corvinus so sorgfältig redigierten Hübner durchaus; über einen anderen Weg gerät das ausgeschlossene Wissen also erneut in den Fokus zeitgenössischer Leserinnen.

Dass Corvinus in erster Linie Moraldidaxe, nicht Wissensvermittlung anstrebt, zeigt auch die gegenüber Hübner neue Aufnahme von Lemmata wie „Schwächen" (für Schwängern) und „Abtreiben Kinder" – als „gottlose und verfluchte Art der Huren" (FZL 1715, 28). Oftmals gehen auch in diesem thematischen Bereich Faktizität und Legende eine unauflösliche Verbindung ein. So informiert der Artikel „Brüste": „Etlichen Indianischen Weibern wachsen sie fast biß auf den Schos herunter, hingegen findet man auch wieder andere, so selbige können über die Achseln werffen." (FZL 1715, 269) Im Artikel „Zwillinge" folgen der biologischen Erklärung Geschichten von Hundertlingen und Dreihundertfünfundsechziglingen. Zedler, dessen aufklärerischer Impetus mystisch-mythische Elemente im Allgemeinen durchaus integriert, ist hier wesentlich deskriptiver: Die Brust beschreibt er – übrigens

20 Die Klitoris wird als „penis mulieris" oder „Weiber-Ruthen" bezeichnet (Curieuses Natur-Kunst-Gewerck und Handlungs-Lexicon […]. Nebst einer ausführlichen Vorrede Herrn Johann Hübners […], Leipzig 1712, Sp. 342): Wie weiter unten auch am *Frauenzimmer-Lexicon* gezeigt werden kann, erfasst die zeitgenössische Lexikographie seismographisch den kulturgeschichtlichen Transfer vom one- zum two-sex-model (Laqueur).

ohne Unterscheidung der Geschlechter – rein anatomisch-pathologisch; bei Mehrlingsgeburten geht er nicht über die realistische Zahl fünf hinaus.[21]

Wenn die Forschung sich für Corvinus' Lexikon interessiert, dann vor allem für den – tatsächlich sehr instruktiven – diachronen Vergleich der drei Auflagen 1715, 1739 und 1773. Die Publikationsgeschichte des *Frauenzimmer-Lexicons* gilt als modellhaft für die Entwicklung von einem gelehrtenfreundlichen Frauenbild hin zum Ideal der leidlich gebildeten Gattin, Hausfrau und Mutter ebenso wie dem der schönen Weiblichkeit. Allerdings muss nach einem genaueren Vergleich, der über die Vorreden hinausgeht, dieses Bild modifiziert werden.

Die zweite Auflage nämlich, fast 25 Jahre nach der ersten erschienen, ist zwar quantitativ weniger umfangreich, weist jedoch (abgesehen von der Vorrede) inhaltlich kaum Abweichungen vom Geschlechtermodell des Erstdrucks auf: Die überwiegende Zahl der stichprobenartig überprüften relevanten Lemmata enthält identische Wortlaute.

In den 34 Jahren zwischen der zweiten und der dritten Auflage passiert dann allerdings Entscheidendes. Die anonym bleibenden Nachfolger des verstorbenen Corvinus schlagen eine abweichende, hinsichtlich des Diskurses über weibliche Bildung rückschrittliche Richtung ein: In der Vorrede polemisieren die Herausgeber gegen weibliche Gelehrte und tilgen konsequent einen Großteil der Artikel zu berühmten Frauen bzw. ersetzen sie durch Informationen zur Kochkunst – der indirekte Verweis auf eine zwischenzeitlich teilweise erschienene *Geschichte berühmter Frauenzimmer* (1772–1775) ist dafür nur eine magere Entschuldigung (vgl. FZL 1773, Vorbericht unpag. [2]). Getilgt wird außerdem zuweilen Polemisch-Derbes und Legendenhaftes, um es durch sachlich-nüchtern präsentierte Fakten zu ersetzen: Das Wort ‚Hure' fehlt in der Erläuterung zu „Abtreiben der Leibesfrucht", Brüste werden nicht mehr über die Schulter geworfen, und Hexen, die noch 1739 als böse, gottlose Weiber, die mit dem Teufel im Bund stünden, charakterisiert werden, gibt es nun nicht mehr – höchstwahrscheinlich jedenfalls: „Heut zu Tage giebt es entweder keine mehr, oder man glaubt doch keine." (FZL 1773, 1388)

Quantität der Wissensinhalte

Geschlechtsspezifisches Wissen wird nicht nur selektiert, sondern auch reduziert. Zwar ist das *Frauenzimmer-Lexicon* ein stattlicher Band (1715 sind es 2176 Spalten ohne den Anhang „Küchen-Zettul und Tafel-Riße"), umfangreicher als das Hübner'sche Zeitungslexikon; dennoch legt es selbst Wider-

21 Vgl. [Johann Heinrich Zedler:] Grosses vollständiges Universal-Lexicon Aller Wissenschafften und Künste […]. 68 Bde., Halle, Leipzig 1732–1754, 2. vollständiger photomechanischer Nachdruck, Graz 1997, Bd. 4, Sp. 1659; Bd. 64, Sp. 1648.

spruch gegen zuviel Wissen von Frauen ein. Dezidiert geschieht dies ab der zweiten, im Umfang reduzierten Auflage, die in der Vorrede umständlich den Wissenstransfer an Frauen legitimiert. Die dritte, quantitativ wieder anschwellende Auflage postuliert im Artikel „Frauenzimmer“:

> Die unentbehrlichen weiblichen Wissenschaften schränken sich auf gute Kenntnisse in der Religion, Erziehungskunst der Kinder, und allem, was zum häuslichen Wesen gehöret, vorzüglich ein [...]. Keine Frauenspersonen sind unerträglicher, als die phantastisch-zärtlichen Schäferinnen und schulgelehrten Pedantinnen. (FZL 1773, 1076)

In der zweiten Auflage des *Frauenzimmer-Lexicons*, also noch unter Corvinus' Ägide, kommt ein neuer Artikel hinzu, und zwar zur „Frauenzimmer-Bibliotheck“. Diese soll ausdrücklich nur Hauswirtschafts-, Koch- und Handarbeitsbücher enthalten (vgl. FZL 1739, 501 f). Die dritte Auflage fordert schließlich rigoros: „Eine Frauenzimmer-Bibliothek darf nicht zahlreich seyn“ (FZL 1773, 412) und empfiehlt dabei vor allem sich selbst und drei Leselisten, darunter die *Conseils pour former une bibliothèque peu nombreuse, mais choisie* (3. Aufl. 1755) von Jean Henri Samuel Formey.

Vermittlung des Wissens

Das im *Frauenzimmer-Lexicon* vermittelte Wissen wird geschlechtsspezifisch selektiert und limitiert. Mit dem dritten Aspekt, der Wissensvermittlung, gehört es in den Kontext geschlechtsspezifischer Zurichtung ‚originaler‘ Inhalte, die im Lauf des 18. Jahrhunderts immer populärer wurde. In der Nachfolge von Fontenelles *Entretiens sur la pluralité des mondes* (1686) entstanden für Adressatinnen gedachte Texte, die Wissen in vermeintlich frauengerechter Form vermittelten; außer Francesco Algarottis ‚Newton für Damen‘ (*Il Newtonianismo per le dame*, 1737, deutsche Übersetzung 1745) nenne ich nur noch das erste von einer Frau verfasste derartige Lehrbuch, Johanna Charlotte Unzers *Grundriß einer Weltweißheit für das Frauenzimmer* (1751). Insbesondere die Moralischen Wochenschriften spielen eine zentrale Rolle bei jenem popularisierenden Wissenstransfer.[22]

Mit der auf ungebildete, nicht lateinkundige Schülerinnen zugeschnittenen Wissensdidaktisierung, von Ursula Pia Jauch treffend als „Metaphysik häppchenweise“[23] bezeichnet, wird nicht lediglich Unverständliches durch formale Modifizierungen verständlich gemacht, sondern es entstehen neue, genderspezifisch konstruierte Wissensinhalte. Der Vergleich zur Kinderliteratur drängt sich auf – und drängte sich schon Amalia Holst im Jahr 1802 auf,

22 Vgl. dazu Martens [Anm. 7], Sp. 1143–1200, hier Sp. 1153 f.

23 Ursula Pia Jauch: Metaphysik häppchenweise – zur Damenphilosophie im 18. Jahrhundert, in: Studia Philosophica 48, 1989, S. 77–95.

die klagte, Frauen würden in diesen Büchern „wie große Kinder behandelt". Dagegen forderte sie echtes Wissen: „Diese Bildung werde uns gründlich und aus den ächten Quellen; so wie den Männern gegeben, nicht aus den Büchern, die für Damen geschrieben sind, worin wir eigentlich nur wie große Kinder behandelt werden."[24]

Das *Frauenzimmer-Lexicon* von Corvinus nun zielt auf Nutzen für die lesende Frau, aber „nicht sonder merckliches Vergnügen [...] und Zeitvertreib" (FZL 1715, Vorrede, unpag. [4]). Das Lexikon transferiert seinem Publikum Wissen auf unterhaltsame Weise. Die deskriptive Darstellung trockener Fakten wird aufgebrochen durch Metaphernreichtum, Anekdoten, Curiosa, Exempla. Helga Brandes urteilt: „Dieses Lexikon, anschaulich und abwechslungsreich, mitunter ironisch-witzig, kam dem Geschmack des zeitgenössischen weiblichen Lesepublikums entgegen, das für diese Gattung ja erst gewonnen werden mußte."[25] Wie Martens nimmt Brandes Texte wahr, die passend für Frauen gemacht wurden: leicht, anschaulich, unterhaltsam. Diese Attribute kommen dem *Frauenzimmer-Lexicon* zweifellos zu, und zwar in einer spezifischen Weise, die über die generelle Relevanz des Unterhaltungswertes zeitgenössischer Informations- und Sachliteratur hinausgeht.

Dennoch scheint es mir hier adäquater, nicht von für Frauen passend gemachten Texten zu sprechen, sondern von für und durch Texte passend gemachten Frauen. Ein als typisch weiblich deklariertes Interesse und Lektüreverhalten, so die Gegenthese, wird durch Publikationen wie Corvinus' Lexikon erst konstruiert.

Transportierte Geschlechtermodelle

Wenn das *Frauenzimmer-Lexicon* somit Inhalte geschlechtsspezifisch auswählt, beschränkt und zurichtet, werden zugleich bestimmte Geschlechtermodelle transportiert. Der Artikel „Frau oder Weib" beginnt: „Ist eine verehlichte Weibes-Person, so ihres Mannes Willen uñ Befehl unterworffen, die Haushaltung führet, und in selbiger ihrem Gesinde zu befehlen hat" (FZL 1715, 572). Nach knappen juristischen Erläuterungen werden nur noch die misogynen Einstellungen von Juden, Türken und Persern erwähnt. Dennoch ist das vom *Frauenzimmer-Lexicon* transportierte Geschlechtermodell nicht

24 Amalia Holst: Ueber die Bestimmung des Weibes zur höhern Geistesbildung, Berlin 1802, S. 65, hier zitiert nach: Ingrid Wiede-Behrendt: Lehrerin des Schönen, Wahren, Guten. Literatur und Frauenbildung im ausgehenden 18. Jahrhundert am Beispiel Sophie von La Roche, Frankfurt/Main [u. a.] 1987, S. 107.

25 Helga Brandes: Das *Frauenzimmer-Lexicon* von Amaranthes, in: Enzyklopädien. Lexika und Wörterbücher im 18. Jahrhundert. Das achtzehnte Jahrhundert 22, 1998, H. 1, S. 22–30, hier S. 25.

eindeutig. Neben der Propagierung der häuslichen,[26] dienenden Gattin und Mutter werden ganz im Sinne barocken Frauenlobs Heroinnen der Tat und des Geistes einschränkungslos bewundert und gelobt.[27]

Brandes sieht in diesen Widersprüchen die Diskrepanz des frühen 18. Jahrhunderts allgemein zwischen aufklärerischen Fortschrittsentwürfen und konservativen Gesellschaftsstrukturen, zwischen Ansätzen zu Frauenemanzipation und geltendem patriarchalischem Recht ausgeprägt.[28] Anstelle derartiger dichotomischer Gegenüberstellungen sollte man eher von einer Verdichtung verschiedenster, eben auch heterogener und widersprüchlicher Diskurse, Konzepte und Themen sprechen. So läuft zum Beispiel der juridische Diskurs über die Frau als Rechtsperson[29] konträr zu dem des barocken Heldinnenlobs ebenso wie zum galant-poetischen Diskurs der Vorrede, der sich vor der Damenwelt verbeugt, „demjenigen Geschlechte, dem alles, was Männlich heißt, gleichsam zu dienen gebohren" (FZL 1715, Vorrede unpag. [12]).

Programmatisch verdichtet sich die Diskussion von Geschlechterkonzepten in den Vorreden. Ihre Stationen sind Adressierung der gelehrten Frau (1715), defensive Legitimation eingeschränkter und zweckorientierter Frauenbildung (1739) und Forderung rigoroser Beschränkung weiblicher Wissenschaften (1773).

Die Heroinnen, die die erste Auflage des *Frauenzimmer-Lexicons* noch rühmend auflistete, passen immer weniger ins (Frauen-)Bild. Während 1739 „diejenigen tapfern und virtuosen Weiber" als „Männinnen" bezeichnet werden, „so ein männliches und heroisches Gemüthe bey ihren Verrichtungen und Thaten hervor blicken lassen" (FZL 1739, 996), wird 1773 bezeichnenderweise hinzugefügt:

> ein Charakter, der bey wichtigen Vorfällen zwar sehr großen Nutzen schaffen kann, weil sich auch wohl muthige Männer vor einer Furie scheuen, welche die

---

26 Siehe dazu das Lemma „Häußlichkeit": „Ist eine dem Weibesvolck absonderlich wohl anstehende Tugend und Eigenschafft, vermöge deren sie sich in ihrem Hause stets eingezogen halten und ihres Hauswesens pflegen sollen. [...]." (FZL 1715, 722; in der 1739er Auflage identisch, 1773 leicht abgewandelt)

27 So wird eine philologisch, philosophisch und theologisch bewanderte blinde Gelehrte als „Ausbund und Muster aller Vollkommenheit" (FZL 1715, 2057) gerühmt.

28 Vgl. Brandes: Das *Frauenzimmer-Lexicon* [Anm. 25], S. 27.

29 Laut Karin Hausen wurde die Frau in Lexikographie und Hausväterliteratur vornehmlich nach ihrer sozialen Position, ihren Rechten, Pflichten und Verrichtungen definiert; erst im letzten Drittel des 18. Jahrhunderts überwögen (Geschlechts-) Charakterdefinitionen. Vgl. Karin Hausen: Die Polarisierung der ‚Geschlechtscharaktere'. Eine Spiegelung der Dissoziation von Erwerbs- und Familienleben, in: Sozialgeschichte der Familie in der Neuzeit Europas, hg. v. Werner Conze, Stuttgart 1976, S. 363–393, hier S. 369 f.

Waffen von beiden Geschlechtern braucht, der aber gemeiniglich von Männern weder geliebet wird, noch geliebt zu werden begehren kann. (FZL 1773, 2061)

Die zweite Auflage apostrophiert weiterhin „Amazoninnen" als „tapffere Heldinnen" (FZL 1739, 54); und noch die dritte Auflage lobt sie – ob aus redaktioneller Nachlässigkeit oder als bewusste Entscheidung der Herausgeber, sei dahingestellt – als „kriegerische und tapfere Frauen" (vgl. FZL 1773, 113). Erneut zeigt sich, dass Corvinus' *Frauenzimmer-Lexicon* ein merkwürdig vielschichtiges Gebilde ist, das verschiedene Konzepte und Denkrichtungen nebeneinander stellt und somit Veränderungsprozesse, Bewegung und Stagnation, seismographisch aufzeichnet.

Eine besonders interessante Reflexion eines solchen Wandlungsprozesses durch das *Frauenzimmer-Lexicon* verdient Aufmerksamkeit. Nach Laqueur (*Making Sex*, 1990) hat im 18. Jahrhundert eine umwälzende Veränderung der Geschlechterordnung stattgefunden. Zu dieser Zeit ereignete sich der allmähliche Übergang vom Modell eines nur graduell unterschiedlich ausgeprägten Geschlechts hin zur Idee zweier prinzipiell verschiedener Geschlechter.[30]

Das *Frauenzimmer-Lexicon* bewegt sich zunächst ganz im Rahmen des Ein-Geschlecht-Modells, wenn es beispielsweise spontane Geschlechtertransformationen für möglich hält:[31] Der Artikel „Bärtiges Frauenzimmer" informiert darüber, dass zuweilen, „wie offt ein Männer-Hertze in einer Weiberbrust, also auch ein männlicher Bart in einem Weiber-Kinn stecke" (FZL 1715, 170). Der 1739 identisch abgedruckte Artikel erfährt 1773 markante Modifikationen. Argumentiert wird plötzlich mit biologisch-physiologischer Geschlechterdifferenz: „Bärtiges Frauenzimmer, soll nach der Naturkündiger Ausspruche mehrentheils ein zorniges und böses Gemüthe vermuthen lassen; inzwischen ist es wegen der kalten Natur der Weiber bekanntlich nur selten anzutreffen […]" (FZL 1773, 304). Interessanterweise wird hier die weibliche Natur zwar gesetzt und als solche im Sinne einer weiblichen Sonderanthropologie von der männlichen unterschieden, jedoch als eine verstanden, die sich „inzwischen" herausgebildet habe: Das neue Zwei-Geschlechter-Modell wird nicht als Postulat einer anthropologischen Konstante wahrgenommen, sondern als ein die aktuelle Konstitution der Frau erfassendes Beschreibungsmodell – so als habe davor nicht nur das Ein-Geschlecht-

30 Laqueur weist diese Entwicklung medizinhistorisch und begriffsgeschichtlich überzeugend nach, obgleich seine Datierung als thesenhafte Setzung, nicht als bewiesenes Faktum verstanden werden sollte.

31 Vgl. zum frühneuzeitlichen Diskurs über spontane Geschlechtertransformationen Thomas Laqueur: Auf den Leib geschrieben. Die Inszenierung der Geschlechter von der Antike bis Freud. Aus dem Englischen v. H. Jochen Bussmann, Frankfurt/Main, New York 1992, S. 144–150.

Modell theoretisch gegolten, sondern als habe es realiter nur ein Geschlecht gegeben.[32]

Die Artikel zum „Zwitter“ können als Nagelprobe des herrschenden Geschlechtermodells herangezogen werden. 1715 wie 1739 ist ein Zwitter, „der so wohl weibliche als männliche Gebuhrts-Glieder hat“ (FZL 1715, 2176). 1773 wird seine Existenz dann geleugnet; die Durchlässigkeit der Geschlechtergrenzen ist ebenso wie das ihr zugrunde liegende one-sex-model stark abgeschwächt: „Unter den Menschen (und Thieren) zweifelte man schon seit langer Zeit billig an der Existenz wahrer Zwitter; und heut zu Tage läugnet man sie völlig.“ (FZL 1773, 3996)

Und doch ist auch hier von Konsistenz der Geschlechtermodellierung keine Rede. Noch 1773 finden wir einen Artikel zu „Gorgippa“, jenem „Weibes-Bild, so nach einem etliche Tage lang anhaltenden Schmertz einen männlichen Leib, rauhe Stimme und langen Bart bekam, und also auf einmahl in ein Manns-Bild verwandelt ward“ (FZL 1773, 1193).

Corvinus’ einzigartiges Lexikon ist ein Markstein in der weiblichen Bildungs- und Wissensgeschichte – gewissermaßen ein Aufklärungsinstrument, insofern es Frauen zum Lesen herausfordert. Dennoch wird Frauen keineswegs lediglich bisher unzugängliches ‚männliches‘ Wissen verfügbar gemacht. Das *Frauenzimmer-Lexicon*, das geschlechtlich codiertes Wissen in selektierter, limitierter und speziell aufbereiteter, geschlechtsideologisch verbrämter Form transferiert, eröffnet Frauen einen separaten, von Männern kontrollierten Wissenskosmos, der nicht für bereits vorhandene Rezipientinnen konstruiert wird, sondern für den diese erst konstruiert werden. In seiner Komplexität ist Corvinus’ Werk ein spannungsgeladener Großtext, der heterogene Diskurse, Konzepte, Modelle und Themen nebeneinander stellt und sich harmonisierenden teleologischen Thesen, wie sie die Geschlechterforschung zuweilen (re-)produziert, widersetzt.

32 Bezeichnend dafür ist das Erstaunen über eine spät auftretende bärtige Frau: „Nur noch 1732 starb zu Dreßden eine Jungfer von 64 Jahren, Rosina Margaretha Müllerinn, welcher in ihrer zwölfwöchentlichen Krankheit ein großer über 2 Zoll langer Bart gewachsen war, daher man sie auch etliche Tage lang im Sarge sehen, und abmalen, sodann aber das Gemälde zur churfürstlichen Naturalienkammer bringen ließ.“ (FZL 1773, 304)

Katrin Henzel

Zwischen Gelehrtentum und „Populärkultur“: Gellert-Zitate in Stammbucheinträgen des 18. Jahrhunderts

Zum Medium Stammbuch

Als Stammbücher bezeichnet Michael Schilling „Alb[en] mit Einträgen von Freunden oder Bekannten“.[1] Sie können in gebundener Form (meist im Queroktav) oder als lose Blattsammlung vorkommen. In der Regel werden die Inskribenten vom Albumbesitzer um einen Eintrag gebeten. Sie haben darauf zu achten, dass sie sich standesgemäß positionieren: Je höher der soziale Status der Person ist, desto weiter vorn trägt sie sich ins Album ein. Die Einschreibung dient damit vorrangig der Selbstrepräsentation des Inskribenten. Als Hauptbestandteile eines Stammbucheintrags gelten der Name des Einträgers und die Inskription im engeren Sinne, oft werden auch Ort und Datum angegeben.[2] Mit der Inskription im engeren Sinne ist der Teil des Eintrags gemeint, der sich in der Regel im oberen Teil des Stammbuchblatts befindet und meist aus einem Zitat besteht. Er unterliegt zeit- und schichtenabhängigen Vorstellungen.[3] Nicht zwingend für einen Eintrag sind Ausschmückungen, es „handelt […] sich bei den Beigaben um fakultative Ergänzungen, die das Strukturschema der Inskriptionen um zusätzliche inhaltliche, vor allem aber gestalterische Möglichkeiten erweitern.“[4] Auch diese orientieren sich an zeit- und schichtgebundenen Moden.

1 Michael Schilling: Stammbuch, in: Reallexikon der deutschen Literaturwissenschaft. Neubearbeitung des Reallexikons der deutschen Literaturgeschichte, hg. v. Jan-Dirk Müller, Berlin, New York 2007, Bd. 3, S. 496–497, hier S. 496.

2 Werner Wilhelm Schnabel bemerkt zurecht, dass man im Zusammenhang mit Stammbüchern weniger von Mustern sprechen sollte als vielmehr von Normen und Abweichungen, denn: „Eine Poetik des Albumeintrags hat es in der Frühneuzeit bekanntlich nicht gegeben, so daß der jungen Textsorte nicht nur die Dignität einer Herkunft aus der Antike, sondern auch ein aus jahrhundertelanger Praxis erwachsenes Regelwerk fehlte. […] Konformität und Abweichung können deshalb bei der Analyse und Bewertung nicht über die Messung an bestimmten autorisierten Textmustern und Mustertexten, sondern nur durch den steten Vergleich mit dem jeweils Üblichen festgestellt werden.“ Werner Wilhelm Schnabel: Das Stammbuch. Konstitution und Geschichte einer textsortenbezogenen Sammelform bis ins erste Drittel des 18. Jahrhunderts, Tübingen 2003, S. 568 f.

3 Vgl. ebd., S. 156.

4 Vgl. ebd., S. 101.

Eine eindeutige literaturwissenschaftliche Einordnung des *album amicorum*, wie es auch genannt wird, fällt schwer. Werner Wilhelm Schnabel prägte den Terminus der „textsortenbezogenen Sammelform“.[5] So wird er dem additiven Charakter des Stammbuchs gerecht, das eine Zusammenstellung verschiedener Texte bzw. Textsorten mit unterschiedlichen Urhebern darstellt und „nicht primär auf Einheitlichkeit“[6] angelegt ist.

Ihren Anfang nahm die Stammbuchsitte Mitte der 1530er Jahre in Wittenberg. Begrifflich leitet sich das Stammbuch von den mittelalterlichen Geschlechterbüchern Adliger ab, die diese als genealogischen Nachweis führten.[7] Träger der Stammbücher im literaturhistorischen Sinne waren während der Reformationszeit Studenten und Gelehrte. Schnell fanden auch Adlige Gefallen am Gebrauch der Alben.[8]

Auch wenn sich im Laufe der Jahrhunderte in den Stammbüchern formale Verschiebungen ergeben haben, können auf inhaltlicher Ebene trotz großer individueller Vielfalt nach Schnabel[9] fünf Themenkomplexe festgestellt werden, die konstitutiv für Stammbucheinträge sind: 1. die Äußerung von Wertvorstellungen (geknüpft an bestimmte Lebensziele), 2. lebenskluge Formulierungen (als eher nüchterner Blick auf den Lauf der Welt), 3. die Darlegung von Gedanken zu persönlichen oder kollektiven Lebenssituationen (wie etwa der wirtschaftlichen oder sozialen Lage), 4. die Bekundung der Beziehung zwischen Einträger und Stammbuchbesitzer (in der Regel als Freundschaftsbeteuerung) und 5. Überlegungen zum konkreten Eintragsvorgang.

Die Stammbuchsitte im Zeitalter der Empfindsamkeit

Im Laufe des 18. Jahrhunderts entwickelte sich die Stammbuchkultur zu einem Massenphänomen, wobei zunehmend auch Frauen Eintragungen vornahmen und selbst Alben besaßen. Sich in ein Album einzutragen galt als besondere Form der Freundschaftsbekundung, wie es die damals häufig

---

5 Damit distanziert er sich von vorausgegangenen Kategorisierungsversuchen als Gattung, literarische Gebrauchsform, Textsorte, Anthologie, Memorialliteratur oder Dokumentationsform. Vgl. Schnabel [Anm. 2], S. 24–35. Auf den Seiten 36–45 stellt er seine eigene Position dar.

6 Ebd., S. 38.

7 Vgl. Schilling [Anm. 1], S. 496, und Wolfgang Klose: Corpus Alborum Amicorum. Ein Bericht über die Sammlung und Beschreibung von Stammbüchern der frühen Neuzeit, in: Internationales Archiv für Sozialgeschichte der deutschen Literatur, hg. v. Wolfgang Frühwald, Georg Jäger u. Alberto Martino, Tübingen 1985, Bd. 10, S. 154–169, hier S. 165.

8 Vgl. Schilling [Anm. 1], S. 496.

9 Im Folgenden Schnabel [Anm. 2], S. 63–66.

verwendete Bezeichnung ‚Denkmal der Freundschaft‘ veranschaulicht. „In dem sogenannten ‚Zeitalter der Empfindsamkeit‘ mit seinem neuen Freundschaftsideal entfaltete es [das Stammbuch; d. Verf.] eine ungeheure Breitenwirkung, die, durch die Romantik fortgetragen, bis über die nächste Jahrhundertmitte anhalten sollte.“[10] Zwar besaß das Stammbuch bereits im 16. und 17. Jahrhundert einen halböffentlichen Charakter, weil es Nicht-Einträgern (dazu zählten meist auch Verwandte) gezeigt wurde.[11] Doch gewann die Sitte eine neue Qualität, wenn die Bücher nun auch in Freundschaftszirkeln und in der Familie herumgereicht und Familienangehörige vermehrt aktiv einbezogen wurden.

Mit der Popularisierung der Stammbuchsitte im 18. Jahrhundert gingen formale und funktionale Veränderungen einher. Herkömmliche Einschreibepraktiken wurden zunehmend als unpersönlich empfunden, Inskribenten wichen immer mehr von starren Vorlagen ab. Laut Perk Loesch wurde die bis dahin verwendete Devise mit dazugehöriger Erläuterung (meist in Form eines Epigramms), die sich auf den *Einträger* bezog, vom Motto bzw. „Symbolum“ und der Sentenz, welche sich nun auf den *Besitzer* bezogen, abgelöst.[12] Plausibel wird damit der Umstand, dass nun auch Widmungen quantitativ mehr Raum als die Inskription einnehmen konnten und oft freier in der Wortwahl waren. Auch sprachlich veränderte sich der Eintrag: Neben den bis dahin dominierenden klassischen Latein- und Griechisch-Zitaten wurden im Laufe des 18. Jahrhunderts insbesondere auch zeitgenössische deutschsprachige Texte in den Inskriptionen sowie auf Deutsch verfasste Widmungen immer beliebter.

All diese Faktoren mögen dazu beigetragen haben, dass das Stammbuch nun auch negative Kritik erfuhr. Vom beginnenden Niedergang der Stammbuchkultur und Sittenverfall war die Rede – ein Vorwurf, der sich zum Teil bis heute zu Unrecht in der Bewertung von Stammbüchern des 18. und 19. Jahrhunderts gehalten hat. Vertreter der Depravationsthese sehen das Poesiealbum als unterste Stufe dieser Entwicklung an. Doch worin bestand die negative Kritik am Stammbuch im 18. Jahrhundert? Aufschluss bietet der dazugehörige Artikel des Zedler-Lexikons.[13] Dieser setzt sich fast ausschließlich mit dem *Missbrauch* der Alben auseinander und der durch sie geförderten Lasterhaftigkeit. Heuchelei, Prahlerei und Hochmut bildeten die Motive

10 Perk Loesch: Einleitung zu dem Katalog: Der Freundschaft Denkmal. Stammbücher und Poesiealben aus fünf Jahrhunderten. Eine Ausstellung im Buchmuseum der SLUB, 25. 02.–27. 06. 1998, hg. v. Jürgen Hering, Dresden 1998, S. 8.

11 Vgl. Schnabel [Anm. 2], S. 157.

12 Vgl. Loesch [Anm. 10], S. 7.

13 [Johann Heinrich Zedler:] Grosses vollständiges Universal-Lexicon Aller Wissenschafften und Künste […]. 68 Bde., Halle, Leipzig 1732–1754, 2. vollständiger photomechanischer Nachdruck, Graz 1997, Bd. 39, Sp. 1062–1071.

statt der aufrichtigen Freundschaftsbekundung: wahre Freundschaft bedürfe keiner schriftlichen Versicherung, man maße sich an, mit Personen befreundet zu sein, die lediglich eine zufällige Bekanntschaft darstellten. Unlautere Absichten wie Vorteilsverschaffung und überhöhte Selbstdarstellung werden zumeist beiden Seiten unterstellt, dem Albumbesitzer wie dem Einträger. Zudem verrieten anzügliche Bildchen den schlechten Geschmack. Insgesamt verurteilt der Autor des Artikels die Stammbuchsitte als Jugendsünde und schwächt so immerhin den Vorwurf der Lasterhaftigkeit zu einem der Torheit ab. In seiner Argumentation scheint er jedoch nur *eine*, wenn auch wachsende Gruppe der Stammbuchhalter zu berücksichtigen: die der Studenten.

Dass die Alben des 18. Jahrhunderts jedoch vielfältiger sind, ist offensichtlich. Derbe Kneipenszenen und erotische Schilderungen im Rokoko-Stil stellen lediglich einen Teilbestand der Themenkomplexität dar. Viele Einträger versuchen praktische Lebenshilfen in Form moralisierender und/oder appellierender Sinnsprüche zu geben. Für diese auf das Leben anzuwendenden Texte eignen sich deshalb insbesondere Werke eines Autors wie Christian Fürchtegott Gellert, der selbst Literatur unter lebenspraktischen Gesichtspunkten betrachtete. Zitate aus seinen Werken erfreuten sich tatsächlich in allen Einträgerschichten ausgesprochener Beliebtheit.

Literatur im „Dienst eines im Moralischen fundierten Lebenskonzepts"

Welchen Beitrag können Stammbücher für die Gellert-Forschung leisten?

Stammbücher können als stille Zeugen jener Zeit dienen, in der Gellert als populärster deutschsprachiger Autor galt. Das spiegelt sich auch im häufigen Zitieren des Dichters in diesen Alben wider. Setzt man literarisches Zitat und literarischen Kanon zueinander in Beziehung, „zeigen sich Bezüge und Wertungen, die anders verlaufen als der spätere wissenschaftliche Kanon der Literatur"[14], wie Jörg-Ulrich Fechner treffend konstatiert. Für die Gellert-Rezeption trifft dieser Umstand in ganz besonderem Maße zu. „Nicht der ‚Erwartungshorizont der Leser' im Sinne von Hans Robert Jauß, sondern die faktische Wirksamkeit von Literatur an einem ausgewiesenen historischen und sozialen Moment und Ort wird hier [d. h. in den Stammbüchern; d. Verf.] dokumentiert."[15]

Im Folgenden soll gezeigt werden, welche Werke Gellerts als literarisches Zitat in Stammbüchern Verwendung fanden und welche Funktion sie dabei erhielten. In den Blick genommen wurden dabei Stammbucheinträge, die

14 Jörg-Ulrich Fechner: Stammbücher als kulturhistorische Quellen. Einführung und Umriß der Aufgaben, in: Stammbücher als kulturhistorische Quellen, hg. v. Jörg-Ulrich Fechner, München 1981, S. 7–21, hier S. 18.

15 Ebd., S. 19.

zwischen 1760 und 1799 in den kursächsischen Bildungszentren Freiberg, Leipzig und Wittenberg sowie in der Residenzstadt Dresden vorgenommen wurden.[16] Die untersuchten Stammbucheinträge befinden sich in Alben aus dem Bestand der Sondersammlungen der Universitätsbibliothek Leipzig. Stammbuchhalter wie auch -einträger sind auf das städtische Bürgertum und deren Kontaktkreis begrenzt. Doch stellt dies eine durchaus heterogene Mischung dar, bestehend aus Studenten, Gelehrten, Bildungsbürgern, Kaufleuten und deren Familien. Gellert-Zitate sind nicht ausschließlich einer dieser Gruppen zuzuordnen, sondern fanden in unterschiedlichen Teilen der städtischen Gesellschaft Anklang. In den sechziger Jahren des 18. Jahrhunderts stand Gellert in seiner Beliebtheit noch vor Horaz und Cicero, den im doppelten Sinne klassischen Autoren, deren Texte ebenfalls besonders häufig Verwendung in den Freundschaftsalben fanden. „Gellert begriff Literatur als wesentliches Element gesellschaftlicher Praxis, als Institution und damit Richtschnur, als Orientierungshilfe im bürgerlichen Alltag; wie seine aufklärerischen Dichterkollegen stellte er sie in den Dienst eines im Moralischen fundierten Lebenskonzepts.“[17] Dies mag einer der Gründe für seine außerordentliche Popularität sein.

Welche Werke Gellerts – die als solche identifiziert werden konnten – fanden in Stammbüchern besonderen Anklang? Man möchte vermuten, dass in erster Linie das Epimythion einer Fabel für die Inskription diente, da dieses Genre sich durch einen komplexen moralisch-sittlichen Sachinhalt in komprimierter Form auszeichnet und in allen Schichten der Bevölkerung rezipiert worden ist, also im Sinne der Volksaufklärung breite Massen der Bevölkerung erreichte[18] und zudem gerade wegen seiner Kürze auch aus dem Gedächtnis heraus jederzeit abrufbar war. Bei genauerer Betrachtung der Stammbucheinträge wird jedoch deutlich, dass sich die Verwendung von Gellert'schen Texten in Freundschaftsbüchern keinesfalls auf nur *eine* literarische Form beschränkte, sondern unterschiedlichste Bereiche seines Œuvres

16 Die zeitliche Eingrenzung bei der Suche nach Gellert-Zitaten in Stammbucheinträgen lässt sich derart begründen, dass sich vor 1760 und ab 1800 bisher keine Zitate aus Gellerts Werk nachweisen ließen, was allerdings ein Vorkommen in den genannten Zeiträumen nicht ausschließt.

17 Rafael Arto-Haumacher: Verehrt – verkannt – vergessen. Christian Fürchtegott Gellert zum 280. Geburtstag, hg. v. Gellert-Museum Hainichen, Egelsbach, Frankfurt/Main, St. Peter Port 1996, S. 16.

18 Vgl. dazu etwa Eckhardt Meyer-Krentler: „… weil sein ganzes Leben eine Moral war“. Gellert und Gellerts Legende, in: „Ein Lehrer der ganzen Nation.“ Leben und Werk Christian Fürchtegott Gellerts, hg. v. Bernd Witte, München 1990, S. 221–257, hier S. 227.

abdeckte.[19] Noch beliebter als Passagen aus den Fabeln und Erzählungen (*Herodes und Herodias*, *Die schlauen Mädchen*, *Selinde*, *Das Testament*) waren lyrische Formen: Gelegenheits- und Lehrgedichte (*An den Herrn Grafen Hanns Moritz von Brühl*, *Die Weisheit*), „weltliche" Oden (*Die Freundschaft*) und geistliche Oden und Lieder (*Bitten*, *Ermunterung, die Schrift zu lesen*, *Das Glück eines guten Gewissens*, *Der Kampf der Tugend*, *Vom Tode*, *Wider den Aufschub der Bekehrung*, *Zufriedenheit mit seinem Zustande*). Doch auch aus Gellerts Vorlesungen stammen in Freundschaftsalben zitierte Passagen (aus der fünften und der 15. der *Moralischen Vorlesungen*), wobei hierunter auch in den Vorlesungen als Beispiele angebrachte Strophen fallen sowie die Übersetzung eines Ovid-Zitats (*Epistulae ex Ponto* 2.9, 47–48) in der Antrittsvorlesung des Leipziger Gelehrten.

Das Hauptaugenmerk soll allerdings im Folgenden auf zwei der *Geistlichen Oden und Lieder* gerichtet werden, nämlich auf *Vom Tode* und *Zufriedenheit mit seinem Zustande*[20], da diese Texte sich besonderer Beliebtheit in Stammbüchern erfreuten. Die Popularität gerade dieser beiden Werke Gellerts ist deshalb erstaunlich, weil sie dem religiösen Diskurs zuzuordnen sind. Christian Fürchtegott Gellert begann 1755 mit der Niederschrift der *Geistlichen Oden und Lieder* und schickte sie 1755 an Johann Andreas Cramer und Christian Gärtner zur Begutachtung. Im Winter 1756/57 überarbeitete Gellert die Lieder, die Ausgabe letzter Hand wurde aufgrund seiner fortschreitenden Krankheit von Friedrich Ferdinand Gödike und Christian Felix Weiße editorisch betreut (GS II, 397 f.). Gellert selbst bezeichnete die *Geistlichen Oden und Lieder* als „Schwahngesang"[21] und sah in ihnen sein zentrales Werk. Wenn sie auch heutzutage weniger (außerwissenschaftliche) Beachtung finden als andere Werke Gellerts – im Schulunterricht werden, wenn überhaupt,

19 Auf konkrete Zahlen wird an dieser Stelle bewusst verzichtet, da es sich bei der Ermittlung der Zitate um ein (zuweilen unterschätztes) Problem handelt, auf das auch Gilbert Heß aufmerksam macht: „Bislang fehlt ein Verzeichnis der in Stammbüchern zitierten Literatur völlig, so daß der Forscher die Verifizierungsarbeit der Quellen selbst leisten muß, die die unerläßliche Grundlage darauf aufbauender Interpretationen bildet." Gilbert Heß: Literatur im Lebenszusammenhang. Text- und Bedeutungskonstituierung im Stammbuch Herzog Augusts des Jüngeren von Braunschweig-Lüneburg (1579–1666), Frankfurt/Main u. a. 2002, S. 12. – Erschwert wird diese Arbeit zudem durch den Umstand, dass die Kennzeichnung von Zitaten durch die Einträger auch noch im 18. Jahrhundert nicht die Regel war.

20 *Vom Tode* wird im Folgenden als geistliches Lied und *Zufriedenheit mit seinem Zustande* als Ode eingestuft. Diese Einteilung erfolgt deshalb, weil nur *Vom Tode* mit einer Kirchenmelodie versehen wurde (GS II, 402), *Zufriedenheit mit seinem Zustande* jedoch nicht. Auch wenn dies sicher kein ausreichendes Kriterium darstellt, soll diese Einteilung vorerst genügen, zumal der Begriff der Ode im 18. Jahrhundert beliebig verwendet wurde und sich nicht eindeutig von anderen Genres abgrenzen lässt.

21 Zitiert nach: Heidi John, Carina Lehnen, Sibylle Späth: Gellerts Leben. Eine Übersicht, in: „Ein Lehrer der ganzen Nation" [Anm. 18], S. 11–29, hier S. 21.

nur noch seine Fabeln behandelt –, so darf diese Beobachtung nicht darüber hinwegtäuschen, dass die Oden und Lieder tatsächlich breit rezipiert wurden und noch im 19. Jahrhundert zu den bekanntesten Texten Gellerts gehörten, da viele von ihnen Aufnahme in Kirchengesangbücher fanden und von namhaften Komponisten vertont wurden.

Stoisches Lebensprinzip und christliche Jenseitsvorstellung: *Vom Tode*

Im regelmäßig gebauten, aus sieben Strophen bestehenden geistlichen Lied *Vom Tode* (GS II, 158 f.) vergegenwärtigt sich das artikulierte Ich lediglich in den ersten vier Versen seine eigene Vergänglichkeit, sodann bezieht es sich auf den unausweichlichen Tod des explizit angesprochenen Adressaten: „Denk, o Mensch, an deinen Tod, / Säume nicht; denn Eins ist noth.“ (GS II, 158, V. 14 f.) Über den Rezipienten des Lieds hinaus schließt dieser Appell jeden einzelnen Menschen mit ein und behauptet so einen Allgemeinheitsanspruch. In der zweiten Strophe wird auf die Vergänglichkeit irdischer Güter eingegangen, angesichts derer allein „ein Herz, das Gutes liebt“ (GS II, 158, V. 22) und ein „ruhiges Gewissen“ (GS II, 158, V. 23), thematisiert in der dritten Strophe, die Angst vorm Tod nehmen und „dir deinen Tod versüssen“ (GS II, 158, V. 25) können; es ist gar von „des Todes Freudigkeit“ (GS II, 158, V. 27) die Rede. Das Vertrauen *in,* aber auch die gläubige Furcht *vor* Gott, der Glaube an die eigene Erlösung durch die Kreuzigung Christi garantieren die Überwindung des Todes (GS II, 158, V. 28–35 / 159, V. 1–10). Am Ende bleibt die Hoffnung darauf, „ihn [den Erlöser] [zu] schaun“ (GS II, 159, V. 7). Das Lied, das stark von Imperativformeln durchdrungen ist, wandelt sich in der letzten Strophe zu einem indirekten Gebet, das „Du“ ist nun an Gott adressiert, welcher als „Herr“ angesprochen wird. Dieses Lied, das Gellert mit der Kirchenmelodie *Jesus meine Zuversicht* (GS II, 402) gesungen wissen wollte, steht fest in der Tradition des protestantischen Kirchenlieds. Formal lässt sich das an der regelmäßigen Gestaltung der Strophen – sieben Strophen mit je sechs Versen, Schweifreim und wechselnder Kadenz, wobei jede Strophe mit einer männlichen beginnt – zeigen. Auch die das Lied abschließende Gebetsform ist typisch. Inhaltlich wird es von den Gegensätzen Leben und Tod dominiert, die Trennung in materielle und geistige Güter spielt dabei eine wesentliche Rolle. Deutlich kommt der Memento-mori-Gedanke zum Vorschein, mit welchem dem Menschen eine passive Rolle zugesprochen wird. Doch auch das Carpe-diem-Prinzip, das wiederum die Aktivität des Menschen betont, ist für dieses Lied konstitutiv. Beide bedingen einander. Der Mensch ist somit dem Tod nicht hilflos ausgeliefert. Diese Gestaltung verleiht dem Lied einen barocken Grundton. Die Furcht vor Gott, das unbedingte Vertrauen in ihn können als starke Wiederannäherung an die lutherische Lehre gedeutet werden. In diesem Kontext wird dem „ruhigen Gewissen“, in

Anspielung auf den Römerbrief 9.1 (vgl. GS II, 467), eine zentrale Rolle zuteil.

Wie erklärt sich nun, dass ausgerechnet aus einem Kirchenlied, welches den Tod zum Gegenstand hat, immer wieder gern in Stammbüchern zitiert wurde? Auffallend ist, dass die Einträger, die sich für Verse dieses Lieds entschieden, allesamt die gleichen wählten: die ersten beiden Verse der zweiten Strophe: „Lebe, wie du, wenn du stirbst, / Wünschen wirst, gelebt zu haben.“ (GS II, 158, V. 16 f.). Dies ist sicher nicht dem Zufall geschuldet: Hier wird die aktive Rolle des Menschen im Diesseits betont. Ziel eines Lebens sollte es sein, zufrieden mit der eigenen Lebensplanung und -umsetzung zu sein. Bereits zu einem frühen Zeitpunkt sollte der eingeschlagene Weg auf den Prüfstand gestellt und hinsichtlich seiner Folgen durchdacht werden. Dem Menschen kommt so im Hinblick auf sein Leben eine gestaltende Rolle zu, innerhalb der von Gott gesetzten Ordnung wird ihm Freiheit zugestanden.

Der in diesem Satz formulierte Appell ist als Rat auf Lebenszeit gültig. Auf gerade einmal zwei Zeilen wird hier ein sehr komplexer Zusammenhang vermittelt, der sich so für eine Inskription ins Stammbuch besonders gut eignet. Die beiden Verse werden durch ihre Verwendung in Stammbucheinträgen aus ihrem ursprünglich religiösen Kontext gelöst und erhalten durch diese Transferleistung ihre neue, säkulare Bedeutung.

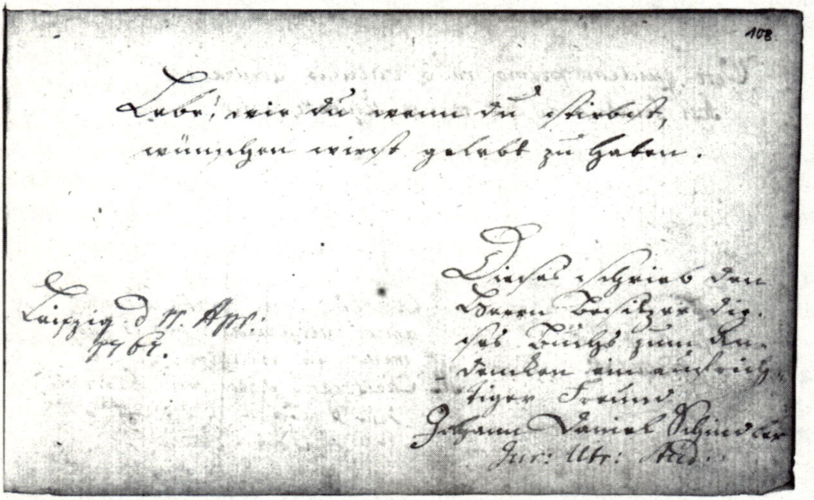

Eintrag des Leipziger Jurastudenten Johann Daniel Schindler am 11. April 1767 in das Stammbuch C. G. Doelitzsch’, ebenfalls Student der Rechte. Seine Zitatwahl fiel auf die ersten beiden Verse der zweiten Strophe aus Gellerts Lied *Vom Tode*.[22]

22 Quelle: Universitätsbibliothek Leipzig, Sondersammlungen, Stammbücher, Ms 2644, fol. 108r.

Von der großen Beliebtheit dieses Satzes aus Gellerts *Vom Tode* zeugt auch der Umstand, dass er im (umgangssprachlich so betitelten) *Büchmann*, dem vielleicht populärsten deutschsprachigen Zitatenlexikon, noch als geflügeltes Wort zu finden ist.[23] Damit wurde dem Wunsch Gellerts, als Volksdichter auch mit seinen geistlichen Liedern nachhaltig zu wirken, wenigstens insofern entsprochen, als Liedteile in Form von geflügelten Worten Eingang in Anthologien und Lexika erhielten und ebenda auch heute noch zu finden sind.

Gellert schöpfte – wie viele seiner Zeitgenossen – aus dem literarisch-philosophischen Œuvre der antiken Dichter, insbesondere der römischen. Viele seiner Texte zeigen eine Nähe zu den Werken der antiken Vorbilder, nicht selten handelt es sich dabei um Bearbeitungen, die bis zur Form des Zitierens oder der wörtlichen Übersetzung reichen. Die erwähnten ersten beiden Verse der zweiten Strophe aus *Vom Tode* weisen eine Affinität zu einer Passage aus den *Selbstbetrachtungen* Marc Aurels auf, wo es in Buch V, 29 heißt: „Wie du am Ende deines Lebenslaufes wünschest gelebt zu haben, so kannst du jetzt schon leben.“[24] Die logische Konsequenz aus der Nichterfüllung dieser Maxime aufgrund äußerer Zwänge besteht für Marc Aurel im Freitod. Für einen gläubigen Christen wie Gellert darf diese Schlussfolgerung nicht zutreffen, verständlicherweise blendet er diesen Gedanken aus und enthebt das Zitat somit gänzlich aus seinem ursprünglichen Kontext. Aus der antiken Philosophie entlehnte Gedanken zum Sinn und Wert des Lebens vermischen sich vielmehr (nicht nur) in diesem Lied mit christlichen Moralvorstellungen – auch in dieser Hinsicht bleibt Gellert einer Konstante der deutschsprachigen Aufklärungsliteratur treu.

Aus Schmerz erwachsende Glückseligkeit: *Zufriedenheit mit seinem Zustande*

Die geistliche Ode *Zufriedenheit mit seinem Zustande* (GS II, 157 f.) folgt einem ähnlichen Muster. Sie besteht aus acht regelmäßig gebauten Strophen mit je vier Versen, in denen der Kreuzreim mit wechselnder Kadenz (beginnend mit einer weiblichen) verwendet wurde. Das Ich thematisiert in der ersten Strophe die „Beschwerden“ (GS II, 157, V. 13) des in der zweiten Person Singular angesprochenen Adressaten über seinen Stand. Letztgenannter kann in seiner Polysemantik als soziale Schicht, Berufsstand, Geschlechtszugehörigkeit, Familienstand wie auch als politische oder moralische Gesinnung

---

23 Geflügelte Worte. Der klassische Zitatenschatz, ges. u. erl. v. Georg Büchmann, fortges. v. Walter Robert-Tornow u.a., unveränderte Taschenbuchausgabe der 43., neu bearb. u. aktual. Ausgabe von Winfried Hofmann, Berlin 2007, S. 103.

24 Marcus Aurelius Antoninus: Selbstbetrachtungen, Übers. v. Albert Wittstock, Stuttgart 1995, S. 71. Den wichtigen Hinweis auf den Ursprung des Zitats gab Dietmar Till. Die Verbindung zum römischen Kaiser und Stoiker wird auch im *Büchmann* gezogen, vgl. Büchmann [Anm. 23], S. 103.

verstanden werden.[25] Ausgehend von dieser Klage sinniert das artikulierte Ich über das wahre Glück. Dieses gehe eben nicht von Stand und materiellen Gütern aus, sondern beruhe auf „Tugend und Genügsamkeit“ (GS II, 157, V. 24). Es folgt der Appell des Sprechers an den Adressaten, das Leben, wie man es vorfinde, zu genießen, tüchtig zu sein und die Verteilung, wie sie durch Gott geschehen, nicht in Frage zu stellen (GS II, 157, V. 25–36 / 158, V. 1–4). Auch diese Ode schließt traditionsgemäß mit einer Bitte ab:

Bey Pflicht und Fleiß sich Gott ergeben,
Ein ewig Glück in Hoffnung sehn,
Dieß ist der Weg zu Ruh und Leben.
Herr, lehre diesen Weg mich gehn! (GS II, 158, V. 5–8)

Die Bezeichnung „Gott“ wechselt also im Schlussvers über in die für das Kirchenlied typische Anredeform „Herr“. Stärker als das Lied *Vom Tode* ist *Zufriedenheit mit seinem Zustande* auf die aktive Gestaltung des Lebens im Diesseits gerichtet. Ohne die letzte Strophe würde man die Ode nicht unbedingt im Gesangbuch vermuten. Die Metaphysik der Aufklärung wird hier in populärer Form vermittelt. Zentral ist die Verteidigung der Theodizee: Der Gläubige sollte sich nicht über die zugeteilte Rolle beschweren, sondern das Leben selbst gestalten und mittels Tugend und Genügsamkeit, was sich mit Bescheidenheit umschreiben lässt, zur Glückseligkeit gelangen. Um jedoch den Ansprüchen an eine geistliche Ode gerecht zu werden, wechselt der Autor vom anfänglichen philosophischen Ton im Verlauf der Ode zum religiösen Ton. Der liebende Gott, der als „der Herr“ (GS II, 157, V. 29) umschrieben (wenn auch an dieser Stelle noch nicht unmittelbar, sondern erst wie oben erwähnt im Schlussvers so angesprochen) wird, „[v]ertheilt […] stets mit weiser Hand“ (GS II, 157, V. 30). Erst ab dieser Strophe finden sich bezeichnenderweise auch direkte Bibelbezüge.

Interessanterweise wird gern die gesamte dritte Strophe in Stammbucheinträgen zitiert:

Nie schenkt der Stand, nie schenken Güter
Dem Menschen die Zufriedenheit.
Die wahre Ruhe der Gemüther
Ist Tugend und Genügsamkeit. (GS II, 157, V. 21–24)

Wie schon im Lied *Vom Tode* wird den materiellen Gütern eine Absage erteilt: Einzig sittsames, der Gesellschaft Nutzen bringendes Verhalten und Bescheidenheit können zum Glück führen.

Auch die vierte Strophe war als Stammbuch-Inskription zu finden:

Genieße, was dir Gott beschieden,
Entbehre gern, was du nicht hast.
Ein jeder Stand hat seinen Frieden,
Ein jeder Stand auch seine Last. (GS II, 157, V. 25–28)

---

25 Vgl. den dazugehörigen Artikel im Zedler [Anm. 13], Sp. 1093–1107.

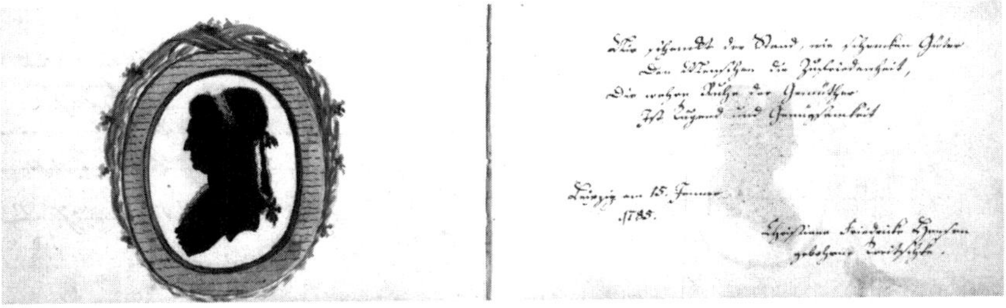

Christiana Friedricke Hansen (geb. 1743), Ehefrau des Leipziger Kaufmanns Justus Heinrich Hansen (geb. 1746), entschied sich bei ihrem Eintrag vom 15. Januar 1785 in das Stammbuch eines Unbekannten für die dritte Strophe aus Gellerts *Zufriedenheit mit seinem Zustande*. Über die Gründe ihrer Zitatwahl kann an dieser Stelle nur spekuliert werden: Indem die Kaufmannsfrau auf die „wahren Werte“ verweist, deutet sie moralische Überlegenheit an und rechtfertigt damit in gewissem Sinne die Arbeit ihres Mannes und den damit verbundenen Wohlstand der Familie, der schließlich auch zum gesellschaftlichen Gesamtwohl beitragen kann.[26]

Diese Verse lassen sich im Zusammenhang mit ihrer Verwendung in Stammbüchern als Wegweiser für das künftige Leben deuten, sie können sich dabei auf die soziale Zugehörigkeit, vielleicht aber auch auf den künftigen Beruf beziehen. Aufschlussreich ist, dass sich diese Strophe auch in einem anderen Werk Gellerts findet: am Ende der 19. der *Moralischen Vorlesungen*, welche eine Abhandlung über die Kontrolle der Begierden (als Fortsetzung der 18. Vorlesung) und über die Gelassenheit und Geduld darstellt (GS VI, 213).[27] Im dortigen Zusammenhang betont Gellert die Notwendigkeit von „Beschwerlichkeiten“ und Schicksalsschlägen als Schulung für das weitere Leben: nur wer diese mit Fassung zu tragen wisse, könne die kleinen Freuden des Lebens genießen, erkenne die geringe Wertigkeit materieller Güter und erlerne so das Prinzip der Gelassenheit. „Wir müssen uns endlich auch oft erinnern, [...] daß wir durch große Mühseligkeiten nicht selten zu einem dauerhaften Glücke geführet werden, welches wir ohne jene nie auf eine rühmliche Art würden haben tragen lernen.“ (GS VI, 213) Glückseligkeit könne nur derjenige erlangen, welcher auch die schlechten Seiten des Lebens kennen gelernt habe.

26 Quelle: Universitätsbibliothek Leipzig, Sondersammlungen, Stammbücher, Rep. IV 88z, fol. 17v / 18r.

27 Für diesen Hinweis danke ich Sibylle Schönborn. Die vierte Strophe tritt in der 19. Vorlesung zusammen mit der in derselben Ode vorkommenden sechsten Strophe auf. Etliche (Strophen) seiner Lieder dienen Gellert in den *Moralischen Vorlesungen* zur Veranschaulichung. Diese intertextuellen Bezüge als Autoreferenzen wären eine eigene Untersuchung wert.

Die vierte Strophe ist ebenfalls heute noch im *Büchmann*[28] belegt, wohingegen die damals weitaus beliebtere dritte Strophe – die allerdings auch in den *Moralischen Vorlesungen* ausgespart blieb – nicht mehr darin zu finden ist.

Gellert-Zitate im Dienst der Volksaufklärung

Anhand der ausgewählten Beispiele ist deutlich geworden, wie vielfältig in Stammbüchern aus Gellerts Werken zitiert wurde. Dabei hat sich gezeigt, dass sich Einträger besonders häufig der *Geistlichen Oden und Lieder* des Autors bedienten. Diesen entnommene Strophen oder Verse wurden aus ihrem ursprünglichen, religiösen Kontext herausgehoben und in einen neuen, säkularen eingebettet. Damit erfuhren die zitierten Passagen einen Funktions- und Bedeutungswandel, indem sie auf einen konkreten Adressaten – den Halter des Albums – und seine Lebenssituation bezogen wurden, sei es als Ratschlag, Wunschäußerung oder Situationsbeschreibung. Zudem zeigen sich in diesen Zitaten moralische Wertvorstellungen, mit denen sich der Einträger repräsentiert sehen wollte. Dabei zählten vielleicht weniger ästhetische Kriterien als vielmehr die Nutzbarmachung von Literatur für den praktischen Alltag.

Die *Geistlichen Oden und Lieder* sind Gellerts „zweiter" Schaffensphase zuzuschreiben, die von Krankheit und der Erfahrung des Siebenjährigen Kriegs geprägt wurde und Gellerts Frömmigkeit noch stärker werden ließ. Sibylle Späth verweist auf den Einfluss dieses Kriegs auf Gellerts Moralkonzept und die daran gebundene Verschiebung der „Werteskala des Tugendsystems" hin zu Tugenden und Pflichten, die stärker auf das Jenseits gerichtet sind und dem Menschen im Diesseits eher eine passivere Rolle im Sinne eines Durchhaltens und Ausdauerns zuschreiben sowie das Individuum und dessen Seelenheil zulasten der gesellschaftlichen Nützlichkeit in den Vordergrund stellen.[29] Inwieweit diese Feststellung auf die beiden behandelten Texte übertragen werden kann, ist schwer zu beantworten. Sie vermengen beide – pas-

28 Büchmann [Anm. 23], S. 103.

29 Sibylle Späth: Vom beschwerlichen Weg zur Glückseligkeit des Menschengeschlechts. Gellerts Moralische Vorlesungen und die Widerstände der Realität gegen die empfindsame Gesellschaftsutopie, in: „Ein Lehrer der ganzen Nation" [Anm. 18], S. 151–171, hier S. 167. Dort heißt es ausführlich: „Zunehmend verzichtet seine [Gellerts; d. Verf.] christliche Moral auf innergesellschaftliche Legitimations- und Durchsetzungsstrategien. Damit verschiebt sich auch die Zielperspektive moralischer Lebensführung, sie richtet sich nicht mehr vorrangig auf die Konstitution einer moralisch-bürgerlichen Gesellschaft, sondern auf die Verheißungen der christlichen Religion auf ein Leben nach dem Tode. […] Dem Scheitern des tugendhaft-empfindsamen Gesellschaftsideals an der Religion wird mit der Verheißung jenseitiger Belohnung zu begegnen versucht. Der Preis, den es jetzt zu gewinnen gilt, liegt nicht mehr in dieser Welt, sondern schöpft sich aus dem zuversichtlichen Glauben an die Wahrheit der Offenbarung über die Unsterblich-

sive als auch aktive – Rollenzuschreibungen, wobei das Lied *Vom Tode* stärker dem gewandelten moralischen Konzept Gellerts entspricht.[30]

Trotz dieser Veränderungen bleibt das Schaffen Gellerts der Aufklärung verschrieben, wie die Analyse der beiden Texte *Vom Tode* und *Zufriedenheit mit seinem Zustande* deutlich gemacht hat. Mit Eckhardt Meyer-Krentler lässt sich für die *Geistlichen Oden und Lieder* Gellerts festhalten: „Insgesamt werden in den Geistlichen Liedern Traditionen von Frömmigkeit und auch Motiv-Traditionen des Kirchenlieds mit neuer Weltzugewandtheit und mit aufgeklärten Moralvorstellungen verknüpft."[31]

Da die hier ausgewerteten Quellen ausschließlich sächsischen Ursprungs sind, kann nicht ausgeschlossen werden, dass die dargelegte Gellert-Rezeption in Stammbüchern möglicherweise so nur in Sachsen existiert haben könnte, wo Gellert als Gelehrter tätig und ausgesprochen populär war. Doch verweisen Arbeiten wie die von Gertrud Angermann[32] auf eine auch über Kursachsen hinausreichende Akzeptanz des in Leipzig tätigen Schriftstellers. Nur eine vergleichend angelegte Studie könnte genaueren Aufschluss darüber geben, inwieweit die Ergebnisse auch für andere Regionen Deutschlands relevant sind.

---

der menschlichen Seele. Dem entsprechend wandelt sich auch die Werteskala des Tugendsystems. Auf sie, die ferne, imaginierte Rechtsinstanz, werden nun alle Tugenden und Pflichten bezogen. Demut, Dankbarkeit, Gelassenheit auch bei gesellschaftlicher Ächtung, Zufriedenheit mit dem mißlichen Schicksal heißen die Durchhalteparolen fürs Jenseits, wo der Kontakt mit dem Diesseits abgerissen ist. Die Forderungen, die nun das Alltagsleben einfassen, heißen Selbstüberwindung, Selbstbeherrschung, Selbstkontrolle. Ihr ständiger Feind werden die Leidenschaften, die Affekte und die Einbildungskraft."

30 Leider ist über die konkrete Entstehungszeit der *Geistlichen Oden und Lieder* im Einzelnen nichts bekannt, sodass lediglich Signale *innerhalb* der Texte selbst Aussagen zulassen zu ihrer Einordnung ins Gesamtwerk sowie der Umstand, dass sie im Winter 1756/57 einer Bearbeitung durch den Autor unterlagen. Passagen aus *Zufriedenheit mit seinem Zustande* befinden sich auch in den *Moralischen Vorlesungen* [vgl. Anm. 27], was auf das Lied *Vom Tode* nicht zutrifft und meines Erachtens die Vermutung erhärtet, dass gerade dieses Lied im Kontext der unmittelbaren Kriegserfahrung des Autors zu sehen ist.

31 Eckhardt Meyer-Krentler: Zwischen Aufklärung und Frömmigkeit. Gellert oder Über die Möglichkeit, Literatur zu leben, in: Literatur und Theologie. Vier Vorträge und eine Laudatio für Friedrich Kienecker, hg. v. Eckhardt Meyer-Krentler, Paderborn 1990, S. 13–32, hier S. 22.

32 Gertrud Angermann: Stammbücher und Poesiealben als Spiegel ihrer Zeit. Nach Quellen des 18.–20. Jahrhunderts aus Minden-Ravensberg, Münster 1971. – Doch muss an dieser Stelle kritisch angemerkt werden, dass sich in der Arbeit Angermanns keine zuverlässigen Angaben über die Häufigkeit der Benutzung von Gellert-Zitaten im Raum Minden-Ravensberg über zwei Jahrhunderte finden lassen, da sie keine Angaben darüber macht, wie viele Einträge sie insgesamt ausgewertet hat, sondern lediglich die Anzahl der Alben benennt.

Anne-Kathrin Winkler

Gellert und das *Journal étranger*. Akteure und Mechanismen eines transnationalen Transferprozesses um 1760

1756 schreibt Gellert an Hans Moritz Graf von Brühl: „So bald die Franzosen Deutsch verstehen: so müssen wirs uns gefallen lassen, daß sie von uns urtheilen; aber eher nicht." (GB II, 7) Brühl[1], ein ehemaliger Schüler von Gellert, der von 1755 bis 1759 zur Vervollständigung seiner Ausbildung in Paris weilt, ist in jenen Jahren Gellerts enger Vertrauter in Paris und fungiert als Verbindungsmann zum *Journal étranger*. Die zitierte Briefpassage ist als eine deutliche Kritik am Gebaren des französischen Literaturkritikers Élie-Catherine Fréron[2] zu interpretieren, der zwischen September 1755 und Oktober 1756 verantwortlicher Redakteur des *Journal étranger* ist. Gellert zeigt sich mit dessen Literaturkritiken nicht einverstanden und benutzt, wie im Folgenden zu zeigen sein wird, seine Kontakte, um dies wirksam zu demonstrieren.

Bislang wurde den französischsprachigen Vermittlungs- und Rezeptionsvorgängen um Gellert geringe Aufmerksamkeit zuteil.[3] Dieser Beitrag bean-

1 Brühl, 1736 als Neffe von Heinrich von Brühl geboren, studiert zwischen 1750 und 1755 an der Universität Leipzig, wo seine außergewöhnliche Begabung schon bald für Erstaunen sorgt. Nach seinem Studium hält er sich in Paris auf, um sich für die Diplomatenlaufbahn vorzubereiten, die ihn anschließend nach Warschau und London führen wird, wo er aufgrund seiner astronomischen Untersuchungen Mitglied der Royal Society wird. Vgl. Peter Brosche: Der Astronom der Herzogin. Leben und Werk von Franz Xaver von Zach (1754–1832), Frankfurt/Main 2001, S. 30 ff.

2 „L'adversaire le plus talentueux de Voltaire." Zitiert nach: Jean-Christoph Vayssette: Fréron, in: Dictionnaire général de Voltaire, Paris 2003, S. 536. Der mit diesen Worten ausgezeichnete Fréron (1718–1776), Herausgeber der *Lettres sur quelques écrits de ce temps* (1749–1754) sowie der einflussreichen *Année littéraire* (1754–1776), ist einer der einflussreichsten Journalisten und Kritiker der ‚philosophes', insbesondere von Voltaire, Rousseau und Grimm. Die Auseinandersetzungen mit Voltaire beeinflussen auch seine Tätigkeit beim *Journal étranger*. Vgl. Paul Benhamou: Fréron, in: Jean Sgard: Dictionnaire des journalistes 1600–1789. Grenoble 1976, S. 162 f.; Jean Balcou: Le Dossier Fréron. Correspondances et documents, Paris 1975; Jacqueline Biard-Millérioux: L'esthétique d'Élie-Catherine Fréron 1718–1776. Littérature et critique au XVIIIe siècle, Paris 1985.

3 Theodor Süpfle: Geschichte des deutschen Kultureinflusses auf Frankreich. Mit besonderer Berücksichtigung der litterarischen Entwicklung, Gotha 1886–1890 [Reprint Genève 1971]; Charles Joret: Des rapports intellectuels et littéraires de

spruchte nicht, das noch wenig bearbeitete Thema in seiner Gänze zu behandeln.[4] Im Mittelpunkt stehen vielmehr diejenigen Personen, die im Umkreis des *Journal étranger* wesentlich an der Vermittlung der Werke Gellerts als Übersetzer, Kritiker und Herausgeber oder als Mediatoren zwischen den literarischen Systemen Deutschland und Frankreich beteiligt sind. Außerdem soll die Rolle Gellerts bei der Vermittlung seines eigenen literarischen Werkes in Frankreich näher beleuchtet werden.

Das *Journal étranger*

Dem *Journal étranger* (1754–1762) kommt eine herausragende Bedeutung bei der Bekanntmachung deutscher Literatur in Frankreich zu.[5] Die Konzeption ist wesentlich von den Überlegungen im Umkreis der Enzyklopädisten, besonders aber durch Friedrich Melchior Grimm, den Verfasser des Vorwortes der ersten Ausgabe, beeinflusst. Darin heißt es, das Ziel der Zeitschrift sei es, alle durch bloße Ländergrenzen getrennten Teile der ‚République des Lettres' in ihren besten Geisteserzeugnissen im *Journal étranger* zu versammeln, um so nicht nur den Wissensaustausch zu fördern, sondern auch dem Interessierten schnelleren Zugang zu Kenntnissen und Überlegungen anderer Länder zu erleichtern. So sei ein auf ‚raison' und ‚rationalisme' beruhender

---

la France avec l'Allemagne avant 1789, Paris 1884; Louis Reynaud: L'influence allemande en France au XVIIIe siècle et XIXe siècle, Paris 1922; Paul Van Tieghem: Les influences étrangères sur la littérature française 15501880, Paris 1961. – Auch in neueren Transferstudien wird Gellert allein in Zusammenhang mit einzelnen Vermittlern erwähnt.Vgl. u.a. Michel Espagne: Michael Huber, in: Frankreichfreunde. Mittler des französisch-deutschen Kulturtransfers (1750–1850), hg. v. Michel Espagne u. Werner Greiling, Leipzig 1996, S. 94f.

4 Dieser Aufsatz basiert auf meiner Magisterarbeit sowie Untersuchungen im Rahmen meiner Tätigkeiten für das Gellert-Museum in Hainichen. Anne-Kathrin Winkler: „Gellert-Freunde". Eine Studie zu den Mittlern im deutsch-französischen Kulturtransfer in der 2. Hälfte des 18. Jahrhunderts am Beispiel der Vermittlung C. F. Gellerts. Magisterarbeit. Institut für Kulturwissenschaften der Universität Leipzig. Leipzig 2006; Dies.: C. F. Gellert. Brieftheorie und Briefpraxis, Hainichen 2006, S. 53–57.

5 Vgl. Süpfle [Anm. 3], T. 1, S. 153–164; Johannes Gärtner: Das *Journal étranger* und seine Bedeutung für die Verbreitung deutscher Literatur in Frankreich. Mainz 1905; Jean Sgard: Dictionnaire des journaux 1600–1789, Bd. 2, Genève 1976, S. 731 f.; Marie Rose de Labriolle: Le *Journal étranger*, in: Australian Journal of French Studies 18, 1981, S. 143–163; Dies.: Le *Journal étranger* dans l'histoire du cosmopolitisme littéraire, in: SVEC 56, 1967, S. 783–797; Jean Sgard: Les souscripteurs du *Journal étranger*, in: La diffusion et la lecture des journaux de langue française sous l'Ancien Régime. Actes du Collogue international Nimègue 3–5 juin 1987, Amsterdam Maarssen 1988, S. 89–99; Norbert Jonard: Le *Journal étranger* comme intermédiaire en France de la littérature italienne, in: Revue de la littérature comparée 39, 1965, S. 577–588.

Vergleich überhaupt erst möglich.[6] Der dahinter sich verbergende Kosmopolitismus eines Grimm lässt sich an der erklärten Absicht des Verfassers erkennen, ausländische schöngeistige Literatur in Frankreich bekannter zu machen. Um den Austausch der Beteiligten organisatorisch zu unterstützen, bietet er den Beiträgern an, ihre Texte in den jeweiligen Nationalsprachen einzusenden, da es in Paris genügend Übersetzer gebe. Die Intention der Herausgeber ist es, nicht als Richter, sondern nur als Kommentator der eingesandten Werke aufzutreten.[7] Genau dies wird sich im Tagesgeschäft der Zeitschrift als unrealistisch herausstellen, kann sich doch das *Journal étranger* nicht aus den intellektuellen Debatten jener Jahre heraushalten. In der Konstellation der Herausgeber wie der Redakteure wird deutlich, wie eng die Verbindungen zwischen ‚Philosophes' bzw. ‚Anti-Lumières'[8] sind, wie ähnlich ihre Auffassungen zu Aufklärung und Kosmopolitismus im Grundsätzlichen sind, wie unterschiedlich allerdings im Detail. Die Berufung Frérons als Chefredakteur etwa ruft das Entsetzen aller ‚Philosophes' hervor, gilt er doch als der einflussreichste und gleichwohl kritischste Gegner der *Encyclopédie*.[9] Die Intention der Herausgeber der Zeitschrift zielt von Beginn an auf eine interkulturelle Gemeinschaft der ‚Beaux-Esprits' und ‚Savants', die sich in einem länderübergreifenden Netzwerk von Korrespondenzen verständigen sollen,

6 „C'est alors que jettant avec admiration les yeux sur les productions de nos voisins, nous ne tarderons pas à nous enrichir de toutes les découvertes utiles qu'ils avoient faites, tandis que nous ne songions presque qu'à des études de pur amusement. L'un nous fournira l'agriculture, l'autre le commerce, l'autre architecture, l'autre la marine, l'autre la minéralogie; parties importantes dans lesquelles il faut commencer par connoître des maître, pour apprendre à les surpasser." Zitiert nach: Journal étranger, April 1754, S. XIV f.

7 „Il ne dépendra pas de nous, que notre critique ne soit toujours judicieuse; mais nous sommes sûrs au moins que notre jugement sera toujours impartial. Guidés par le seul amour de la justice & de la vérité, & par un zele ardent pour le progrès des lettres, & naturellement plus portés à louer qu'à blamer, admirant & contemplant avec plaisir les belles choses, ne ensurant qu'à regret les mauvaises, nous nous acquitterons des devoirs que notre travail nous impose, avec la dignité qui convient à l'importance de notre entreprise, mais avec la réserve plus convenable encore à la continuelle défiance de nos lumières." Zitiert nach: Journal étranger, April 1754, S. XXV.

8 Vgl. Jacques Domenech: Anti-Lumières, in: Michel Delon: Dictionnaire européen des Lumières, Paris 1997, S. 84–89, bes. S. 86 ff.

9 „Le *Journal étranger* est prédestiné à être abandonné et à errer. M. l'abbé Prévost l'a quitté. C'est M. Fréron qui est maintenant à la tête de cet ouvrage. Il a commencé son respectable ministère par rendre à une pièce chinoise et à une tragédie anglaise toutes les beautés qui se trouvent dans l'Orphelin de M. de Voltaire." Zitiert nach: Correspondance Littéraire, Philosophiques et Critiques par Grimm, Diderot, Raynal, Meister, etc. Revue sur les textes originaux. Notices, notes, table générale par Maurice Tourneux. T. 2, Paris 1877 [Reprint 1968], 1. 9. 1755, S. 88. Grimm wirft hier Fréron eine geistige Übereinstimmung mit Voltaire vor, den er sonst so eifrig bekämpft.

um so zum Gelingen des Projektes als Medium der ,République des Lettres' beizutragen.[10] Beim *Journal étranger* handelt es sich in erster Linie um ein literarisches Übersetzungs- und Rezensionsorgan, was symptomatisch am obersten Leitungsgremium, den Herausgebern und Redakteuren, fassbar wird. Dieses besteht aus Literaten bzw. Literaturkritikern, die den aufgeklärten Kreisen zuzurechnen sind. Sowohl Friedrich Melchior Grimm als auch François Vincent Toussaint, Abbé Prévost, Élie-Catherine Fréron, Alexandre Deleyre bzw. die von Januar 1760 bis September 1762 wirkenden Abbé Arnaud und Jean-Baptiste-Antoine Suard sind vorher durch publizistische oder literarische Arbeit bekannt geworden.[11] Ähnlich verhält es sich auch mit den Korrespondenten, die entweder Dichter oder aber anderweitig im Literaturmarkt beschäftigt sind.[12] Die Versorgung mit ausländischen Nachrichten ist für das Überleben der Zeitschrift essenziell. Daher ist die Gewinnung ausländischer Mitarbeiter bzw. Korrespondenten die erklärte Hauptaufgabe des verantwortlichen Redakteurs, der zu diesem Zweck neben einer vorurteilslosen Haltung gegenüber ausländischer Literatur sowohl ausreichender Sprach- und Literaturkenntnisse als auch guter Kontakte bedarf. Als erfolgreichste Redakteure müssen in dieser Hinsicht Abbé Prévost (Chefredakteur im Jahr 1755) sowie Chevalier d'Arcq (Herausgeber von 1755 bis 1757) bezeichnet werden, denen es aufgrund ihrer persönlichen Beziehungen gelingt, zahlreiche Mitarbeiter in Italien, Deutschland sowie England zu gewinnen. D'Arcq hat selbst zwar nur als Militär im Ausland geweilt, kann sich aber als Verantwortlicher für die diplomatische Korrespondenz am Hofe[13] auf das bestens funktionierende Postsystem der europäischen Hofkanzleien verlassen, weshalb unter seiner Mitherausgeberschaft das Kommunikationsnetz eine erste Hochphase erreicht.[14] Problematisch entwickelt sich dies unter den Bedingungen des Siebenjährigen Krieges, der jene diffizilen, störungsanfälligen Verbindungen nahezu zum Erliegen bringt. Die Klage der Herausgeber, man könne einen reibungslosen sowie inhaltsreichen Fortbestand nicht gewährleisten, auch wenn man als Gegenmaßnahme Boten nach Deutschland,

10 Vgl. Hans Bots, Françoise Waquet: La République des Lettres, Paris 1997, S. 56–61.

11 Bei Grimm, Prevost und Fréron handelt es sich um Journalisten bzw. Herausgeber. Grimm, Toussaint, Deleyre sind Mitarbeiter an der *Encyclopédie*, Prévost und Arnaud übersetzen selbst aus dem Englischen. Toussaint, Prévost, Fréron sowie Arnaud schließlich betätigen sich auch in größerem Umfang schriftstellerisch. Vgl. zu diesen Angaben die einschlägigen Artikel in Sgard [Anm. 2].

12 Hier ist u. a. der Verleger Friedrich Nicolai zu nennen.

13 Vgl. Sgard [Anm. 2], S. 9.

14 Eine zweite Phase der Elaboration des internationalen Kommunikationsnetzes muss zwischen 1760 und 1762 angesetzt werden. Da in diesem Zeitraum Gellert nur eine marginale Rolle spielt, findet diese Phase hier weniger Beachtung, auch wenn sie allgemein für den Transfer deutscher Literatur als besonders erfolgreich bezeichnet werden muss.

England sowie Italien geschickt habe,[15] gipfelt schließlich in der Einstellung des Journals Ende 1758 und Anfang 1760.

Gellert und das Journal étranger

Für die Vermittlung Gellerts ist besonders der Zeitraum von 1755 bis 1758 von Interesse.[16] Als Redakteure zeichnen in diesem Zeitraum Abbé Prevost (Januar bis August 1755), Fréron (September 1755 bis Oktober 1756), Deleyre (November 1756 bis März 1757) sowie Anne-Gabriel Meusnier de Querlon (April 1757 bis Dezember 1758) verantwortlich. Als Herausgeber fungieren der Finanzmagnat de Courcelles sowie seit Ende 1755 der Chevalier d'Arcq.[17] Besondere Berücksichtigung erfährt Gellert unter Fréron, der dessen Lustspiele übersetzt[18] und diese gemeinsam mit dem Roman[19] bespricht. Von Gellert werden außerdem wiederholt Fabeln sowie kürzere moralische Abhandlungen abgedruckt. Insgesamt gehört er zu den am häufigsten besprochenen deutschsprachigen Dichtern.[20] Trotzdem ist es nicht Gellert, der den ‚Reigen' deutscher Literatur im Journal eröffnet, sondern dessen Freund Rabener, dessen Satiren auf breites Interesse beim französischen Publikum stoßen.[21] In rezeptionsgeschichtlicher Hinsicht hingegen muss Klopstock[22] sowie Winckelmann[23] eine nachhaltigere Wirkung beigemessen werden. Insgesamt nimmt die Beachtung deutschsprachiger Literatur im Erscheinungsverlauf der Zeitschrift sukzessive zu, bis sie zwischen 1760 und 1762 eine wesentliche Rolle spielt, was sich nicht zuletzt daran ablesen

---

15 Vgl. Journal étranger, Januar 1758, S. 2f.

16 1761 werden im Journal vier Briefe von Gellert und Rabener von Michael Huber übersetzt. Vgl. Lettres choisies de M. Gellert, 1770, Avertissement, in: Journal étranger, Okt. 1761, S. 169–195.

17 Die Angabe bei Labriolle, der Chevalier d'Arcq hätte erst ab August 1756 „mitgearbeitet" (!), ist aufgrund der Nachrichten von Moritz von Brühl an Gellert nicht haltbar. Brühl hält sich seit Oktober 1755 in Paris auf, wo er sehr schnell Zugang zum *Journal étranger* findet und ein enges freundschaftliches Verhältnis zu d'Arcq aufbaut. Vgl. Brühl an Gellert, GB I, 260f; Ders., GB II, 232.

18 Vgl. „Les tendres sœurs", in: Journal étranger, Sept. 1755, S. 51–92. „La Dévote", in: ebd., Nov. 1755, S. 39–89. „Le billet de Lotterie", in: ebd.; Nov. 1756, S. 3–49. Die letzte Übersetzung fällt zwar schon unter die Ägide von Deleyre, ist jedoch noch von Fréron verfasst.

19 Der Roman *Leben der Schwedischen Gräfinn von G**** wird nur in einer Zusammenfassung wiedergegeben, erhält aber von Fréron höchstes Lob. Vgl. ebd., Febr. 1756, S. 41–89.

20 Vgl. Süpfle [Anm. 3], T. 1, S. 158.

21 Journal étranger, Mai 1754, S. 144–188.

22 Vgl. Gärtner, Journal étranger, S. 30 u. S. 33–37.

23 Vgl. ebd., S. 68ff.

lässt, dass sie nun in dem nach Ländern geordneten Journal überwiegend an vorderster Stelle rangiert.[24]

In das skizzierte Spannungsgefüge zwischen ideellem Anspruch, Abonnementverpflichtung sowie der Suche nach geeigneten ausländischen Korrespondenten müssen die Vermittler Gellerts eingeordnet werden. Als wichtigster Akteur ist hier Gellert selbst zu nennen, der gezielt seine eigene Rezeption sowie die deutscher Literatur im Allgemeinen im *Journal étranger* mit Hilfe weiterer, teils von ihm eingesetzter Redakteure steuert. Um die innere Struktur des *Journal étranger* in seiner interkulturellen Vernetzung zu begreifen, wende ich mich nun verstärkt den deutschen Entwicklungen zu, die als Korrelativ zu den Ereignissen in Paris gedacht werden müssen.[25]

Mehrfach ist die Ansicht geäußert worden, dass Gellert selbst am Journal mitgearbeitet habe.[26] In der November-Ausgabe 1756 heißt es, dass neben Christian Ludwig von Hagedorn in Dresden sowie Abraham Gotthelf Kästner in Göttingen ein ‚Gönner' aus Leipzig beitrage, der selbst namentlich nicht genannt werden wolle.[27] Verbirgt sich dahinter Gellert? Aufgrund der Hinweise ist diese Frage nicht eindeutig zu beantworten, da Gellert nicht der einzige Mitarbeiter aus Leipzig gewesen zu sein scheint, ja zahlreiche Verflechtungen zwischen der Seinemetropole und Leipzig nachgewiesen werden können. Als frühester Mitarbeiter aus Leipzig muss Eleazar Mauvillon, der Verfasser der *Lettres françaises et germaniques*[28] genannt werden, worauf eine Erwähnung in der Zeitschrift selbst hinweist.[29] Seit 1756 steuert auch Gottsched die eine oder andere Nachricht bei.[30] Um eine adäquate Berichterstattung zu gewährleisten, nehmen Gottsched und der Übersetzer Wächtler, der in Paris für das *Journal étranger* arbeitet, einen Briefwechsel auf. Darin werden neben Übersetzungsfragen auch Literaturhinweise, Rezensionen und neue Entwicklungen in Paris behandelt. Auch übt Wächtler (vorsichtig) Kritik an einem allzu forschen Eingriff in die literarischen Debatten der franzö-

---

24 Vgl. die Einschätzung von Labriolles, dieser Teil sei „la partie la plus originale du *Journal étranger*". Zitiert nach: Sgard, Dictionnaire des journaux [Anm. 5], S. 732.

25 Zur Geschichte des *Journal étranger* vgl. die Angaben in Anmerkung 5.

26 Vgl. u. a. Süpfle [Anm. 3], T. 1, S. 157.

27 „A Léipsic. Notre Bienfaiteur veut ajouter au mérite de sa générosité, celui de ne pas la publier." Zitiert nach: Journal étranger, Nov. 1756, Préface, S. XIX.

28 Eleazar Mauvillon: Lettres française et germaniques ou Reflexions militaires, littéraires et critiques sur les Français et les Allemans. Ouvrage également utile aux Officiers et aux Beaux-Esprits de l'une et de l'autre Nation. A Londres 1740.

29 Vgl. Journal étranger, April 1754, Préface.

30 Vgl. Histoire de la Poesie Dramatique Allemande. Extrait, in: Journal étranger, Oktober 1757, S. 73 ff. Dabei handelt es sich um die Übersetzung von Gottscheds Schrift: Nöthiger Vorrath zur Geschichte der deutschen Dramatischen Literatur 1450–1751. Leipzig 1757.

sischen Hauptstadt.[31] Anhand der Quellen kann man demnach davon ausgehen, dass Mauvillon zumindest in der sehr frühen Phase, etwa bis Anfang 1755, Kontakte zum *Journal étranger* hat, während Gottsched um 1756 im Austausch mit Wächtler steht, wahrscheinlich aber auch noch darüber hinaus bis etwa 1758. Wie lässt sich nun Gellert einordnen?

Gellerts Beziehung zum *Journal étranger* ist diffizilerer Natur. Aus dem erhaltenen Briefwechsel geht hervor, dass Gellert selbst die Rolle eines Vermittlers übernimmt, und zwar in doppelter Hinsicht. Einerseits liegt ihm die Berichterstattung über seine eigenen Werke sehr am Herzen, so dass er nötigenfalls korrigierend einzugreifen versucht, falls deren Interpretation der eigenen Sichtweise widerspricht. Andererseits vermittelt er aktiv andere Korrespondenten für eine gezielte, nach Themen geordnete Berichterstattung. Eine wesentliche Rolle übernimmt in diesem Zusammenhang sein „liebster Schüler" Brühl, der sich zwischen Oktober 1755 und März 1759 in Paris aufhält. Er erhält schon direkt nach seiner Ankunft Zutritt zu den Kreisen um das *Journal étranger*, zum Haus Johann Georg Willes[32] sowie zum literarischen Salon der Mme de Graffigny[33] aufgrund seiner Freundschaft mit Gellert. Über diesen Briefwechsel,[34] der – als Bestandteil der diplomatischen

---

31 Wächtler an Gottsched, in: Gottsched-Briefsammlung in der Universitätsbibliothek Leipzig. Ms 0342, Bde. XVIII–XXI [1753–1756], Bd. XXI, 18. 7. 1756, S. 430 f.

32 „[Wille] ist mir Ihrentwegen gut. Was für ein glückliches Vorurtheil ist doch Ihre Freundschaft." Brühl an Gellert (GB I, 253). Für die Gellertvermittlung in Paris ist das Haus des königlichen Kupferstechers Johann Georg Wille von zentraler Bedeutung, verkehren doch bei ihm alle wesentlichen Gellertvermittler. Zu ihnen zählen der Sprachlehrer Michael Huber, der Übersetzer Wächtler, der Enzyklopädist Friedrich Melchior Grimm sowie die Paris-Besucher M. v. Brühl, J. F. v. Cronegk, C. H. v. Gleichen, C. F. Weiße. – Vgl. Johann Georg Wille (1715–1808). Briefwechsel, hg. v. Elisabeth Decultot, Michel Espagne u. Michael Werner. Tübingen 1999; H. Th. Schulze Altcappenberg: „Le Voltaire de l'Art" J. G. Wille (1715–1808) und seine Schule in Paris, Diss. Münster 1987; Michael Werner: Kupferstecher und Zeichner in Paris: Johann Georg Wille (1715–1808), in: Frankreichfreunde [Anm. 3], S. 39–61. – Für Gellert ebenfalls von einiger Bedeutung ist Georg Adam Junker, Sprachlehrer an der Ecole Militaire. Näheres dazu bei Winkler, „Gellert-Freunde" [Anm. 4], S. 63–67.

33 Vor Brühl machen mit Carl Heinrich von Gleichen und Johann Friedrich von Cronegk ebenfalls zwei ehemalige Schüler von Gellert die Bekanntschaft mit dem Salon der Graffigny. Zu den Leipziger Bekannten zählen ebenso die Gottschedin, die 1753 die *Cénie* in Deutsch veröffentlicht hatte, und Friedrich Melchior Grimm, der sie wiederholt besucht. In den Briefen zwischen Brühl und Gellert wird wiederholt die moralisch-empfindsame Autorität der Graffigny erwähnt. Vgl. GB I, 253, 257, 260 f.; GB II, 5 f., 11 f., 20 f., 23, 174.

34 Der Briefwechsel aus den Pariser Jahren umfasst insgesamt 22 Briefe, wovon 21 in GB I bzw. GB II veröffentlicht sind; ein weiterer befindet sich in der Universitätsbibliothek Leipzig. Der Briefwechsel zwischen Hans Moritz Graf von Brühl und Gellert bildet eine der wichtigsten Quellen für die Beziehungen Gellerts nach Paris zwischen 1755 und 1759. Jedoch ist dieser nur noch in der von Gellert bereinig-

Post zwischen Versailles und Dresden – trotz Kriegsgeschehen eine große Kontinuität aufweist, übermittelt Gellert seine Botschaften an das *Journal étranger*, insbesondere an Wächtler, d'Arcq sowie (indirekt) an Fréron bzw. erhält Aufträge. 1755 wendet sich Wächtler mit der Bitte an Gellert, ihm doch einen geeigneten Korrespondenten für Theaterkritiken zu nennen.[35] Gellert sieht sich selbst außer Stande, diese zu verfassen, wenn er schreibt: „Zu seiner [Wächtlers; d. Verf.] kritischen Nachricht vom Theater hab ich noch Niemanden; denn wenn ich sie ihm nicht gut schaffen kann: so will ich sie ihm lieber gar nicht schaffen."[36] Gleichwohl versucht er, einen kompetenten Mitarbeiter zu benennen, und wendet sich an Lessing, der 1754 in der *Theatralischen Bibliothek* Gellerts Antrittsvorlesung über das Rührende Lustspiel gemeinsam mit Chassirons Polemik gegen die Comédie larmoyante veröffentlicht und zugunsten von Gellert besprochen hatte.[37] Lessing lehnt aus Arbeitsüberlastung ab, weist jedoch Gellert darauf hin, dass der bis dahin anonyme Verfasser der *Briefe über den itzigen Zustand der schönen Wissenschaften in Deutschland*, Friedrich Nicolai, der geeignete Mann dafür wäre.[38] In

ten Form in den *Sämmtlichen Schriften* enthalten (C. F. Gellerts Sämmtliche Schriften. Achter Theil. Neue verbesserte Auflage, Leipzig 1784, S. 54–105), aus denen John Reynolds, der Herausgeber des Gellert-Briefwechsels, diese Teilkorrespondenz kritiklos übernommen hat. Vergleicht man einige noch erhaltene Schreiben mit den nur gedruckt vorliegenden, so bemerkt man sehr schnell, dass es sich bei den letzteren um literarisierte Briefe handelt, die zwar in ihrer Faktizität nicht falsch sind, jedoch in ihrem Ausdruck und damit in ihrer rhetorischen Stoßkraft nicht den tatsächlich gewechselten Briefen entsprechen. Vielmehr sind diese Schreiben als Beispiele für die von Gellert selbst noch massiv betriebene „Selbstbereinigung" seiner literarischen Werke im letzten Lebensjahrzehnt zu betrachten.

35 Ein entsprechendes Schreiben ist nicht erhalten, jedoch lässt sich dies indirekt aus Gellerts Antwort an Brühl vom 24. November 1755 erschließen. Anscheinend muss sich Wächtler direkt mit der Bitte an Gellert gewandt haben, weil sich im Gellert-Brühl-Briefwechsel kein Hinweis darauf findet.

36 Gellert an Brühl, 24. November 1755 (GB I, 257).

37 Gotth. Ephr. Lessings Theatralische Bibliothek. Erstes Stück, Berlin 1754.

38 Nicolai empfindet dies als Indiskretion, weil er Lessing aus persönlichen Gründen (Pensionsverlust) um Stillschweigen über die Verfasserschaft gebeten hatte. Vgl. Nicolai an Lessing, 31. August 1756, in: Gotthold Ephraim Lessing: Werke und Briefe, hg. von Wilfried Barner u. a. Bd. 11/1: Briefe von und an Lessing 1743–1770, hg. v. Helmuth Kiesel, Frankfurt/Main 1987, Nr. 97. – Gellert lobt die „Briefe", wenn er schreibt: „Der Verfasser der Briefe über den Geschmack ist Nicolai, ein junger Buchführer von 18 Jahren in Berlin, ein Bruder des Professors. Ich hab lange Zeit nichts von der Art gelesen, das mir richtiger u. angenehmer geschienen hätte. Diese Nachricht hab ich von Lessingen." Gellert an Rabener, 24. Januar 1756 (GB II, 15).

dem sich nun entspannenden Briefwechsel[39] zwischen Gellert, Nicolai, dem Chevalier d'Arcq sowie Brühl vermischen sich literarische Prämissen, wirtschaftliche Überlegungen sowie patriotische Sentenzen. Nicolai selbst muss man ein distanziertes Verhältnis zur Konzeption des *Journal étranger* bescheinigen.[40] In den *Briefen über den itzigen Zustand* polemisiert Nicolai deutlich gegen die kulturelle Hegemonie Frankreichs, die sich seiner Meinung nach auch und gerade im *Journal étranger* zeigt:

> Das Journal étranger ist [...] ein grosser Saal in einer Schule, worinnen die Gelehrten aller Nationen auftreten, die Franzosen hingegen sizzen, und dieselben examinieren, in wie weit sie ihnen ähnlich geworden sind. Ein solches Verfahren ist allen Nationen schimpflich, und wird nichts als einer ungemessenen französischen Eigenliebe gebilliget werden. Wir würden uns nicht beschweren, wan man das Journal étranger sein liesse, was es wirklich ist, nämlich eine magere Nachricht von den gelehrten Verdiensten anderer Völker, und von dem was die Franzosen von ihnen noch lernen könten. Aber wir werden es gewiß nie für einen Richterstuhl unserer Gelehrsamkeit, unserer Gewohnheiten, und unseres Geschmakks, annehmen.[41]

Gellert greift, wenn auch jetzt positiv gewendet, genau diese Argumentation auf, indem er Nicolai bittet, er solle Beiträge liefern „nicht aus Liebe für die Franzosen, nicht aus Autoreneigennutze, sondern aus Liebe für unser Vaterland."[42]

Die Verhandlungen zwischen Nicolai, Brühl und d'Arcq ziehen sich bis Ende 1756 hin, als Nicolai schließlich einwilligt, zweimal jährlich Nachrichten über die Neuerscheinungen der Leipziger Buchmesse zu senden.[43] Die Zuarbeiten Nicolais sind insgesamt recht spärlich, jedoch insgesamt für die Rezeption deutscher Literatur in Frankreich bedeutend. Neben der Übersicht über die Entwicklung des Zeitschriftenwesens erscheint 1761 ein „Essai sur la Poésie Allemande"[44], der ebenfalls von Nicolai stammt.[45] Dieser, der u. a. auch

39 Der gesamte Briefwechsel, das *Journal étranger* betreffend, muss nach Angaben des Archivs der Staatsbibliothek Berlin bis 1945 im Nachlass Nicolai vorhanden gewesen sein. Der Band 91, der diesen enthielt, ist seit 1945 als Kriegsverlust verzeichnet, auch in Krakau hat sich nichts Dementsprechendes erhalten. Vgl. die etwas uneindeutige Angabe bei: Nachlass Nicolai, bearb. v. Eva Ziesche, Berlin 2001 [Manuskript]. – Einige Passagen aus der Korrespondenz sind bei Franz Ludwig Ernst Altenkrüger: Friedrich Nicolais Jugendschriften, Inaug.-Diss, Berlin 1894, Bd. 1, verzeichnet.

40 Vgl. die ausführliche Kritik im 4. bzw. 16. Brief in: Friedrich Nicolai: Briefe über den itzigen Zustand der schönen Wissenschaften in Deutschland, S. 32–45 bzw. S. 171–178.

41 Zitiert nach: ebd., S. 171–174.

42 Gellert an Nicolai, 8. Mai 1756. Zitiert nach: Altenkrüger [Anm. 39], S. 19.

43 Die erste Zuarbeit Nicolais beinhaltet Nachrichten über die aktuellen Zeitschriften in Deutschland: „Lettre d'un Correspondant, sur l'état actuel des lettres en Allemagne", in: Journal étranger, Nov. 1756, S. 1–49.

44 Journal étranger, Sept. 1761, S. 95 ff.

45 Vgl. Choix de Poésies allemandes, par M. Huber. Tome premier. A Paris, chez Humblot, Libraire, rue Saint-Jacques, près Saint-Ives. 1766, S. XLIV.

Gellerts Schäferspiel „Sylvia" erwähnt, dient Michael Huber als Hilfestellung bei der Konzeption der vierbändigen *Choix des Poésies Allemandes* (1766), deren Erscheinen den Höhepunkt der ‚deutschen Mode' in Paris markiert.[46] Außerdem gelingt es Nicolai, d'Arcq als Mitarbeiter für sein eigenes, ganz ähnlich aufgebautes Zeitschriftenprojekt, die *Bibliothek der schönen Wissenschaften und freyen Künste*, zu gewinnen.[47] Wie eng beide Zeitschriften eine Zeit lang durch die Personalunion Nicolai – d'Arcq zusammenarbeiten, wird daran deutlich, dass etwa das Preisausschreiben der *Bibliothek* für das beste deutschsprachige Drama im *Journal étranger* ausführlich besprochen wird.[48] Der Gewinner, Johann Friedrich von Cronegk, erlebt zwar selbst die Entscheidung nicht mehr, findet dafür jedoch mit mehreren Gedichten zwischen 1761 und 1762 Eingang ins Journal. Daran wird deutlich, wie verflochten die Verbindungen zwischen Paris, Leipzig und Berlin sind, welche Rolle Gellert bei der Installierung geeigneter Korrespondenten spielt und wie sich bestimmte Literaturkonzepte durch interkulturelle Einflüsse verändern.

Gellert bittet auch seinen ehemaligen Studenten Cronegk, der die Verhältnisse in Paris aus einem Aufenthalt von 1753/54 her gut kennt,[49] um Beiträge für das *Journal étranger*: „Der Chevalier d'Arcq will gerne gute recensionen [!] haben. O schicken Sie doch ihm, oder gleich Wächtlern, etwas. Meine Freunde[50] haben mich unter den öffentl. Unruhen mit ihrem Beystande verlassen. Ich bitte nicht für das *Journal étranger* als Journal, sondern für mein Vaterland, damit nicht schlechte Werke noch schlechter recensiret werden." (GB II, 77) Ähnlich wie bei Nicolai greift Gellert wieder auf eine Begründung zurück, die an den Patriotismus *aller* aufgeklärten Deutschen appelliert – hält sich doch Cronegk zu diesem Zeitpunkt als Hofrat in Ansbach auf. Auch hier wird deutlich, dass es ihm nicht, wie etwa Gottsched, nur um die Berichterstattung über Literatur aus seinem lokalen Umfeld geht, sondern um die Darstellung einer sich von französischen Vorbildern abgrenzenden literarischen Entwicklung in den (protestantischen) Gebieten durch deren Protagonisten. Die angesprochenen Literaten gehören dabei nicht Gellerts Generation an, sondern sind vielmehr Repräsentanten einer sich nun zunehmend selbstbewusster artikulierenden Aufklärerschicht, der zwar ein distanziertes Verhältnis zur Verbindlichkeit französischer Literaturmodelle unterstellt werden kann, nicht jedoch anti-französische Tendenzen.

46 Vgl. ebd.
47 Nicolai an Lessing, 2. März 1757, in: Lessing [Anm. 38], Nr. 117.
48 Vgl. Journal étranger, März 1757, S. 32–41.
49 Vgl. English Showalter: Françoise de Graffigny. Her life and works. *SVEC* 11, Oxford 2004, S. 256–273.
50 Gemeint ist hier sicherlich Nicolai, es könnte sich allerdings ebenso um Rabener oder J.A. Schlegel handeln, die Gellert ebenfalls für eine Mitarbeit gewinnen wollte. Beide sind jedoch durch den Krieg verhindert.

Gellert im *Journal étranger*

Gellerts Mitarbeit beschränkt sich nicht allein auf die Vermittlung geeigneter Zuarbeiter, sondern es sind ab 1760 vereinzelte Beiträge im *Journal étranger* nachzuweisen, die mit großer Wahrscheinlichkeit von ihm selbst stammen. So verfasst er aus Anlass von Kleists Tod eine Eloge auf ihn, die im *Journal étranger* im Juli 1760 veröffentlicht wird.[51] Zur Weitervermittlung greift er auch hier wieder auf einen seiner ehemaligen Studenten zurück: Christian Felix Weiße. Dieser hält sich von Ende 1759 bis Mai 1760 als Begleiter des Grafen Geyersberg in Paris auf,[52] wo er sich besonders in den Kreisen der dort ansässigen Deutschen bewegt. An diesen übersendet Gellert die Würdigung Kleists, wohl wissend, dass sie so über Wille und Huber Eingang ins Journal finden wird.[53] Auch die Nachricht über Johann Adolf Schlegels Batteux-Übersetzung[54] sowie die Übersetzung seines an Gellert gerichteten Vorwortes lassen sich mit großer Wahrscheinlichkeit als Zuarbeiten Gellerts identifizieren.[55]

Problematisch verhält es sich mit Gellerts eigenen Werken im *Journal étranger*. Wer tatsächlich den Anstoß zur Übersetzung gibt, lässt sich nur vermuten, vielleicht ist es Gellert selbst, vielleicht ist Wächtler die entscheidende Initiative zu verdanken.[56] Mit Sicherheit lässt sich jedoch nachweisen, dass Gellert seine Übersetzungen überwacht, nötigenfalls auch eingreift, wenn er fürchten muss, dass gewisse literarischen Konstellationen beim französischen Publikum auf Unverständnis stoßen,[57] oder aber wenn die Kritiken ihn

51 Zwischen Kleist, Gellert und Lessing entwickelt sich 1757 eine enge Freundschaft, als Kleist sich verwundet in Leipzig aufhält und von beiden oft besucht wird. Nach Gellerts vermeintlichem Tod im Jahr 1758 dichtet Kleist eine Eloge, die man als eine wesentliche Ursache für den bald einsetzenden Gellert-Kult bezeichnen kann (vgl. GB I, 308, Anm. Z. 7).

52 Vgl. Christian Felix Weißens Selbstbiographie, herausgegeben von dessen Sohne Christian Ernst Weiße und dessen Schwiegersohne Samuel Gottlob Frisch. Mit Zusätzen von dem Letzern, Leipzig 1806, S. 59.

53 Gellert an Nicolai, 24. Januar 1760: „Herr Weise, wie Sie vielleicht schon wissen werden, ist itzt mit seinem Grafen in Paris und wenig mit seinem Aufenthalte daselbst zufrieden. So bald ich eine bequeme Gelegenheit finde, will ich ihm des sel. Kleists Leben, das noch bei mir liegt, zuschicken." (GB III, 6)

54 J. A. Schlegel und Gellert verbindet eine lebenslange Freundschaft, die auf die Literaturproduktion beider einen entscheidenden Einfluss hat. Vgl. Winkler, Brieftheorie [Anm. 4], S. 35–38.

55 Vgl. Journal étranger, Sept. 1760.

56 Eine Briefsentenz Gellerts lässt vermuten, dass Brühl einen sehr engen Umgang mit Wächtler hat: „Herr Wächtlern wünsche ich Glück zu Ihrer Bekanntschaft, und überlasse Sie ihm itzt mit der Bedingung, daß er Sie binnen anderthalb Jahren gesund und zufrieden [...] wieder zurück bringt, und zuerst zu mir." Gellert an Brühl, 24. November 1755 (GB I, 257).

57 „Wenn ein Auszug aus dem Loose in der Lotterie [Lustspiel Gellerts; d. Verf.] gemacht werden sollte: so sagen Sie Herrn Wächtlern, daß er die letzten Scenen, wo Caroline ihrem Geliebten das Loos gibt, wegläßt, und die Handlung da endiget,

derartig verstimmen, dass er die Grundlage für seine Mitarbeit gefährdet sieht.[58]

So kommt es fast zum Bruch zwischen Gellert und dem *Journal étranger*, als Fréron dessen Lustspiele als langatmig, regelfern und in ihrer religiösen Aussage zweifelhaft kritisiert, auch wenn er allen Lustspielen zumindest einen "germe d'intérêt",[59] meist jedoch „beaucoup d'esprit, de sentiment, de délicatesse […] & d'heureux développemens du cœur humain"[60] attestiert. Dieses etwas kühl anmutende Lob dient weitaus mehr als Auftakt zur kritischen Auseinandersetzung mit den Lustspielen, wobei Fréron die *Zärtlichen Schwestern* – Gellerts letztes Lustspiel, welches am umfassendsten das Konzept des Rührenden Lustspiels verfolgt[61] – noch am positivsten bewertet. Die ausführlichste Kritik jedoch erhält die *Betschwester*.[62] Nicht nur, dass Gellert es versäume, die Exposition in den ersten Akt zu verlegen, auch die Entscheidung der armen, aber tugendhaften und gewitzten Christiane, auf die Hand des reichen Simon, des Verlobten der einfältigen Tochter der Betschwester, zu verzichten, sei unglaubwürdig und dem Theater wesensfremd. Als problematisch beurteilt der Redakteur auch die Figur der Betschwester, die er zwar facettenreich gezeichnet sieht, in ihrer Rolle als Heuchlerin, nicht als Geizige, zugleich jedoch als heikel einschätzt. Genau hier sieht Fréron eine Gefahr, da die Verspottung einer Heuchlerin zugleich auch gewisse fest in der Gesellschaft verankerte religiöse Praktiken angreift. Daher warnt er junge Autoren wie Theaterleute, das Stück als Vorbild zu nehmen bzw. es aufzuführen: Die frömmelnden Zeitgenossen – deren Existenz Fréron durchaus nicht anzweifelt – seien naturgemäß empfindlich und rachsüchtig, so dass Gellerts Stück entweder ein ähnliches Schicksal bevorstehe wie Molières *Tartuffe* oder aber der Autor seinen Glauben selbst erst der Heuchelei aussetzen müsste,

---

wo die Frau Damon ihr das Billet zurück giebt. Man wird sonst sagen, daß der Geliebte, der in dem ganzen Stücke nicht vorkömmt, Deus ex machina, und die Handlung nicht gehörig geschlossen sey." Gellert an Brühl, GB I, 231.

58 „[Fréron] tadelt also, ohne daß ers will und weis, vielleicht aus Stolz und Vorurtheil für seine Nation. Ich wollte, daß ihm Herr Wächtler nichts mehr von meinen Arbeiten gäbe. Er wird in eben dem Tone fortfahren." Gellert an Brühl, 14. Januar 1756 (GB II, 7).

59 Zum *Loos in der Lotterie* bemerkt Fréron: „Il y a un germe d'intérêt, mais il n'y a un germe; & l'action & le dénoûment ne produisent aucun mouvement dans le spectateur. A travers ces défauts que nous ne pouvons déguiser, on reconnoît toujours l'esprit inventif de M. Gellert." Zitiert nach: Journal étranger, Okt. 1756, S. 49.

60 Aus der Kritik zu den *Zärtlichen Schwestern*. Zitiert nach: Journal étranger, Sept. 1755, S. 90.

61 Vgl. Anne-Kathrin Winkler: C. F. Gellert. Dramatische Werke. Hainichen 2005, S. 21 f.

62 Vgl. Journal étranger, Nov. 1755, S. 85–89.

wollte er eine Betschwester zeichnen, ohne die fragwürdige Figur des Tartuffe zu benutzen.[63]

An der *Betschwester*-Kritik Frérons entzündet sich auch Gellerts ausführlichste Gegendarstellung, die er einem Brief an Brühl anfügt (GB II, 5–7) Diese liest sich selbst als eine Gegenrezension: Sowohl inhaltlich wie formal arbeitet Gellert sämtliche Vorwürfe Frérons ab, um schließlich zu der Einsicht zu gelangen: „Herr Freron urtheilet, ohne das Stück ganz gelesen zu haben, und ohne Deutsch zu verstehen.“ (GB II, 6) Am ausführlichsten widmet er sich dem Vorwurf, der erste Akt besitze keine Exposition, wohl wissend, dass hier sein Ruf als Dichter – aus scheinbarer Unkenntnis der Regelpoetik – zur Disposition steht. Hingegen spielen religiöse Bedenken eine zweitrangige Rolle, auch wenn Gellert darauf beharrt, es sei „nicht scheinheilig, wenn sie [die Betschwester; d. A.] auf Pfänder leiht. Es ist ein Zug ihres Geizes [...] Das Rachgierige fehlt dem Charakter der Betschwester [...] nicht ganz.“ (GB II, 6) Indem sich Gellert jeglicher Äußerung zu einem eventuellen Angriff auf religiöse Praktiken enthält, verweist er zugleich auf (scheinbar) allgemein menschliche Schwächen, die sich nur in der Figur der Betschwester besonders theaterwirksam herauskristallisieren lassen.[64] Diese Argumentation muss vor dem Hintergrund der schon seit dem Erscheinen der *Betschwester* (1745) immer wieder aufflackernden Kritik orthodoxer Kreise interpretiert werden, wiewohl Gellert weder mit einem Verbot – ähnlich wie Luise Adelgunde Victorie Gottsched im Fall der *Pietistery im Fischbeinrocke* – noch mit ernsthafteren Verwarnungen seitens kirchlicher Obrigkeiten belegt wird.[65] Zugleich macht Gellert jedoch den Vorgang des Übersetzens für den Verlust „tausend kleiner Striche des Charakters“ (GS III, 363–385) der Betschwester verantwortlich, der überdies aus einem spezifischen kulturellen Kontext entstamme und darauf zugeschnitten sei.[66] Auch der Gellert-Übersetzer Michael Huber sieht darin die eigentliche Begrenztheit des Stückes, wenn er schreibt:

> Man würde zwar in dieser Comödie den Pinsel des Moliere vergeblich suchen, der im Tartüffe glänzt; aber man findet doch Aehnlichkeit und Wahrheit drinnen. Sonst hat dieses Lustspiel noch den Fehler der meisten Stücke des Autors, daß es

---

63 Vgl. Journal étranger, Nov. 1755, S. 88 f. – Dieser Vorwurf trifft Gellert auch in Deutschland, vgl. Freymüthige Nachrichten Von Neuen Büchern und andern zur Gelehrsamkeit gehörigen Sachen. XXVIII. St., 1746, S. 221. Zitiert nach: GS III, 367. Vgl. auch Willem Johannes Noordhoek: Gellert und Holland. Ein Beitrag zur Kenntnis der geistigen und literarischen Beziehungen zwischen Deutschland und Holland im achtzehnten Jahrhundert, Amsterdam 1928.

64 Vgl. C. F. Gellerts Lustspiele. Leipzig 1763, Vorrede.

65 Ein ausführlicher Überblick über die Rezensionen der Betschwester sowie Gellerts Reaktionen darauf findet sich in GS III, 363–385.

66 Zur Übersetzung der Gellert-Stücke und deren kulturell bedingten Bedeutungsverlusten vgl. François Genton: La découverte du théâtre allemand (1750–1772): Contribution à une étude de la fortune et de l'image de la literature allemande en France au XVIIIe siècle. Thèse doctorat d'Etat. T. 1, Grenoble 1995, S. 198 ff.

> zu lokal ist, und zu wenig Handlung hat. Es bleibt ihm indessen allezeit das Verdienst übrig, daß er den dramatischen Schriftstellern seiner Nation einen neuen Weg zeugte, und daß er Muth genug hatte, der Heucheley die Maske zu entreißen.[67]

Insgesamt reagiert Gellert sehr heftig, zugleich aber auch taktisch gut durchdacht auf die Vorwürfe Frérons: Indem er seine Darstellung über die Dresdener Diplomatenpost an Brühl verschickt, der zudem noch Zugang hat zu wichtigen literarischen wie gesellschaftlichen Vermittlerkreisen, kann sich Gellert sicher sein, dass sein Protest eine gewisse Öffentlichkeit, etwa durch die Freundschaft zwischen Brühl und d'Arcq, erhält. Zudem droht Gellert – zwar indirekt, jedoch deutlich – mit dem Rückzug von einer weiteren Mitarbeit, wenn sich Fréron weiterhin eine „kleine Monarchie der Kritik über die Werke der fremden Nationen" (GB II, 7) anmaße, die seiner Meinung nach auf dessen Unkenntnis, vielleicht auch auf „Stolz und aus Vorurtheil für seine Nation" (GB II, 7) beruhe.

Gellert zeigt mit einer für ihn ungewöhnlichen Offenheit die Grenzen einer von ihm gebilligten Vermittlung auf.[68] Sie kommt nicht ohne einen ersten Anflug von nationalpatriotischen Tendenzen aus, die zugleich eine Absage an die unbedingte Verbindlichkeit französischer Dichtungsnormen darstellt. Gleichzeitig erweist er sich auch hier insofern wieder als geschickter Anwalt seiner selbst, als er – wenn er denn schon Kritik ertragen musste – alle weitere zu unterbinden weiß. Daher nimmt es kaum wunder, dass sich Fréron um eine öffentliche Schadensbegrenzung bemüht. Der sowohl positiven als auch ausführlichen Rezension des Romans[69] fügt er an „Le caractère doux et sociable de M. Gellert qui se montre ici, comme dans tous ses ouvrages, nous fait espérer qu'il nous pardonnera une critique légère qui peut tourner à l'avantage des Lettres, & qui n'ôte rien de la haute estime que nous faisons de ses talens."[70]

Das Verhältnis zwischen Fréron und Gellert bleibt insgesamt recht ambivalent. So sehr der französische Kritiker den Fabelautor schätzt[71] – nicht zuletzt auch aufgrund der Anregung, die Claude-Joseph Dorat dadurch für

---

67 Zitiert nach: Herrn Hubers Lobschrift auf den Herrn Professor Gellert. Aus dem Französischen übersetzt, Leipzig, Schleiz 1771, S. 24.

68 Vgl. GB II, 7.

69 „Das Leben der schwedischen Gräfin von G***", in: Journal étranger, Febr. 1756, S. 41–89.

70 Zitiert nach: ebd., S. 89.

71 Vgl. auch die Rezension zu G. A. Junkers: Introduction à la lecture des Auteurs Allemands pour l'usage de l'Ecole Royale Militaire. Paris, chez Musier fils Libraire Quai des Augustins, 1764: Junker „a choisi pour texte plusieurs Lettres, Fables & Contes de M. Gellert, auteur si estimable par l'élégance & la pureté de son style, mais plus encore par les graces de son esprit & par la noblesse de ses sentiments." Zitiert nach: Année littéraire, 1764, T I, S. 136–139, bes. S. 137.

seine eigene Fabelproduktion erfährt[72] –, so sehr kritisiert er den Lustspieldichter, der ihm einfach zu langatmig ist und zur „simplicité d'intrigue"[73] neigt. Fréron lässt sich auch in seinen weiteren Lustspielkritiken nicht von seiner reservierten Haltung abbringen, sondern verschärft im Gegenteil seinen Ton noch. Die Rezension zu *Das Loos in der Lotterie* etwa umfasst kaum mehr als eine halbe Seite, auf der er dem Autor zwar eine gute Idee, jedoch zu viele Worte bescheinigt.[74] Diese Kritik erscheint genau in dem Monat, in dem sich Fréron aus gesundheitlichen Gründen von der Leitung des *Journal étranger* zurückzieht. Es ist zwar augenscheinlich, dass die Doppelbelastung mit *Année littéraire* und *Journal étranger* den sonst so eloquenten Redakteur mehr als auslastet, andererseits sind die Herausgeber an einem störungsfreien Erscheinen der Zeitschrift interessiert. Die Querelen mit Gellert, mit dessen Pariser ‚Stellvertreter' Brühl sowie dessen engem Freund Chevalier d'Arcq, dem Herausgeber der Zeitschrift einerseits, sowie die sich zuspitzenden Konflikte mit Voltaire, Grimm und Diderot andererseits müssen m.E. als Hauptgrund für den Rückzug Frérons aus dem *Journal étranger* eingeschätzt werden.

Sein Interesse für deutsche Literatur und Dichtung wird jedoch auch in Zukunft ungebrochen sein, wobei sich die Argumentationsmuster grundsätzlich nicht ändern.[75] Fréron muss als einer der elaborierten Vermittler Gellerts eingeschätzt werden, auch wenn sich zwischen Rezensent und Rezensiertem eine brüchige Beziehung entwickelt. Allein aber schon die Tatsache, dass Fréron Gellert nicht nur im *Journal étranger* – wo Gellert ja als ausländischer Korrespondent einen Sonderstatus genießt –, sondern auch wiederholt in der

72 Dorat, Claude-Joseph: Fables Nouvelles. À la Haye, et se trouve à Paris, chez Monory, rue de la Comédie Françoise. 1773. Dorat erweist sich deutscher Poesie aufgeschlossen gegenüber, wenn er hymnisch verkündet „O germanie! Nos beaux-jours sont évanouis, les tiens commencent. Tu renfermes dans ton sein tout ce qui éleve un Peuple au-dessus des autres, des moeurs, des talens & des vertus: ta simplicité se défend encore contre l'invasion du luxe, & notre frivolité dédaigneuse est forcée de rendre hommage aux grands Hommes que tu produis." Zitiert nach: L'idée de la Poésie allemand, in: Sélim et Sélima, Poème imité de l'allemand, suivi du rève d'un Musulman, traduit d'un poète arabe, seconde édition. Revue & corrigée. A Leipsik, et se trouve à Paris, chez de Lalain, Libraire, rue St. Jacques. MDCCLXIX, S. 26 f.

73 Zitiert nach: Journal étranger, Nov. 1755, S. 85.

74 Vgl. Journal étranger, Okt. 1756, S. 49.

75 Vgl. die positive Rezension der Übersetzung von Gellerts Fabeln in Junkers *Introduction à la lecture des Auteurs Allemands pour l'usage de l'Ecole Royale Militaire* [1764], sowie die Kritik zum *Loos in der Lotterie*, in: Théatre allemand, ou recueil des meilleures pièces dramatiques, par MM. Junker & Liebault, T II, Paris 1785, S. 187–388. [Erstausgabe Paris 1772.]: „L'histoire de ce billet pourroit être plaisante si elle étoit refferé en un acte; mais cette petite aventure est noyée dans cinq grands actes qui tiennent la moitié d'un volume." Zitiert nach: Année litéraire, T II, 1772, S. 217–247.

Année littéraire bespricht, dessen Werke vorstellt, verhelfen dem bis dato vom breiteren französischen Publikum unbeachteten Autor zu einer gewissen Bekanntheit.

‚Doppelte Vermittlungen'

Deutlich wird, dass Gellert ein geschickter ‚Selbst-Vermittler' seiner französischsprachigen Rezeption ist, diese über ein Netzwerk seiner ihm aus Leipzig bekannten Freunde, Studenten etc. kontrolliert und darüber hinaus nötigenfalls sogar korrigierend einzugreifen versucht. Andererseits rezensiert bzw. vermittelt Gellert Literaten, die nicht seinem unmittelbaren Umfeld entstammen, mit denen ihn jedoch eine persönliche Bekanntschaft verbindet. Die Empfehlung von Nicolai bzw. Cronegk sowie sein diesbezüglicher Briefwechsel lassen Gellert sowohl in der Rolle eines Multiplikators deutscher Literatur in Frankreich als auch als Agent im Netzwerk der sich darin Betätigenden erscheinen. Zu dem örtlichen Netzwerk in Paris gesellt sich ein zweites, von Leipzig aus installiertes hinzu, welches sich mit dem ersteren verzahnt und sich teils komplementär, teils widersprüchlich dazu verhält. Mit der Auftragsübermittlung an junge ‚Leipziger', die als Vermittler in eigener Sache auftreten, wird ein fremdes Element in der im Wesentlichen durch französische Aufklärer getragenen Zeitschrift installiert.

So lässt sich letztlich noch nach der Intention der deutschen Korrespondenten, Mitarbeiter und Vermittler fragen. Ein wesentlicher Grund ist sicherlich die wiederholt auftauchende Bemerkung, man wolle selbst zu einem Abbau der Vorurteile gegenüber deutschsprachiger Literatur jenseits des Rheins beitragen, indem man über die Entwicklung in deutschen Territorien aus eigenem Ermessen berichte. Doch sollte man vorsichtig sein, darin nur den Versuch zu sehen, das französische Publikum kompetent zu informieren. Ein zweiter, m.E. mindestens ebenso beachtenswerter Grund erschließt sich, wenn man die Subskribentenliste heranzieht,[76] einer der raren Möglichkeiten, Genaueres über die Sozialstruktur der Leserschaft zu erfahren. Nach Jean Sgard muss der Leserkreis in einer vergleichsweise kleinen sozialen Elite gesucht werden, da allein die Abonnementskosten als Ausschlusskriterium gewertet werden müssen.[77] Die geographische Verteilung macht dem Namen des *Journal étranger* alle Ehre: Allein ein Viertel aller Leser befinden

76 Journal étranger, April 1755, S. I–XXXI. 980 Namen sind hier abgedruckt sowie 541 anonyme Abonnementen nach Städten geordnet. Bei etwa 80 % der namentlich Verzeichneten sind entweder sozialer Stand oder Profession angegeben. Insgesamt erscheint das *Journal étranger* in einer Auflagenhöhe von etwa 2000 Stück pro Monat. Eine detaillierte Auswertung der Liste findet sich bei Sgard, Les souscripteurs du *Journal étranger* [Anm. 5], S. 89–99.

77 Das Abonnement kostet 24 Livres, was laut Sgard etwa 2400 Livres (1988) entspricht. Vgl. Sgard, Les souscripteurs du *Journal étranger* [Anm. 5], S. 94.

sich im Ausland, wobei die großen Zentren des ausländischen Buchmessewesens, London (63), Leipzig (50) sowie Warschau (35), am häufigsten vertreten sind.[78] Etwa 900 der Subskribenten sind in Paris ansässig, während nur 188 in der französischen Provinz zu verzeichnen sind.[79] Komplementär zum Korrespondenten- verhält sich das Subskribentennetz, in dem Sachsen als hervorragender Ort repräsentiert ist: Insgesamt lassen sich 75 sächsische Subskribenten nachweisen.[80] Das ergibt einen statistischen Anteil an der Gesamt-Subskribentenzahl (1521) von etwa 7 %, an den ausländischen Subskribenten von über 27 %, also mehr als ein Viertel. Hieraus wird ersichtlich, dass ein nicht zu unterschätzender Leserkreis sich in unmittelbarer Umgebung von Gellert selbst befindet, ja dass er mit vielen Lesern des Journals selbst Umgang hat (Graf von Brühl bspw.). Eine negative Berichterstattung in einem französischen Journal kann sich auf diese Weise fatal auswirken. In Anbetracht der Tatsache, dass um 1750 der überwiegende Anteil der deutschen Aristokratie sich noch immer am französischen Vorbild orientiert, lässt sich vermuten, dass Wächtler, Gellert, Nicolai u.a. auch die Absicht hatten, sich durch eine Mitarbeit am *Journal étranger* neue Leserkreise, vielleicht auch finanzielle Unterstützung in den eigenen Territorien zu erschließen.[81]

Beim *Journal étranger* handelt es sich somit um einen exponierten ‚Ort' der Gellertvermittlung. Das Vermittlungszentrum konstituiert sich dabei wesentlich durch einen interkulturellen Bezug zwischen Paris und Leipzig. Sowohl das Publikum wie auch der temporäre Mitarbeiterstab befinden sich überwiegend in der französischen Hauptstadt, sind jedoch auf das engste mit den Akteuren in Leipzig und darüber hinaus verbunden. Von dort aus wird auch die Frage nach geeigneten Mitarbeitern reguliert. ‚Gellert-Vermittlung' funktioniert hier in einem doppelten Sinn: zum einen durch die Übersetzung seiner literarischen Schriften im *Journal étranger*, zum anderen jedoch durch die von Gellert selbst betriebene Vermittlung deutscher Literatur. Gellert muss daher die Rolle eines Mediators zuerkannt werden. Persönlicher Kontakt, Lehrer-Schüler-Verhältnisse, Übersetzeranfragen, Literaturaustausch sowie Briefe dienen in diesem Netzwerk als Medien des gegenseitigen Austauschs, der Kritik oder aber der Verweigerung. Auch wenn sich das organisatorische Zentrum in Paris befindet, liegt eine der Steuerungszentralen in Sachsen, der es durch die Implantierung wechselnder, teils sich vor Ort aufhaltender Protagonisten gelingt, ein fremdes Element in Paris zu installieren. Daher sollte man dem *Journal étranger*, das als Zeitschrift einerseits einen Ort

78 Journal étranger, April 1755, S. XXXI. Laut Sgard sind es in Warschau 45 Subskribenten, im Journal sind hingegen nur 35 verzeichnet.

79 Sgard, Les souscripteurs du *Journal étranger* [Anm. 5], S. 96 u. S. 99.

80 Vgl. Journal étranger, April 1755, S. XXXI.

81 Allein in Leipzig und Dresden lassen sich 75 Subskribenten verzeichnen, während in Berlin nur 31, in Danzig und Frankfurt jeweils nur 15 zu verzeichnen sind. Vgl. Journal étranger, April 1755, S. XXXI.

bildet, andererseits auch den Status eines Netzwerks zuerkennen, welches weder notwendigerweise über ein einziges Zentrum noch über einen geschlossenen Kreis von daran Partizipierenden verfügt.[82] Das *Journal étranger*, das sich durch permanenten Austausch erst konstituiert, muss daher als Ort und Netzwerk zugleich bezeichnet werden.

82 „Un réseau est un système d'élaboration collective d'une idéologie et plus particulièrement d'une référence interculturelle. Il désigne un ensemble de personnes entre lesquelles fonctionne un circuit d'échanges épistolaires ou oraux justifiés, par exemple, par le souci de faire paraître régulièrement une revue. [...] la notion de réseau n'implique ni clôture ni même la prééminence d'un centre." Zitiert nach: Michel Espagne/M. Werner: La construction d'une référence culturelle allemande en France. Genèse et histoire (1750–1914). In: Annales E. S. C. 42, 1987, S. 985.

Sikander Singh

Goethes Antike
oder Die Geburt der Klassik aus dem Geiste Gellerts

I.

Als der junge Goethe im Oktober 1765 auf Wunsch des Vaters das Studium in der sächsischen Universitätsstadt Leipzig aufnahm, zählte Christian Fürchtegott Gellert neben Johann Christoph Gottsched zu den berühmtesten akademischen Lehrern der Zeit und zu den bedeutendsten noch lebenden Vertretern der Leipziger Aufklärung. Wenngleich die wissenschaftliche Reputation der in der ersten Hälfte des 18. Jahrhunderts angesehenen Hochschule im Schwinden begriffen war und bereits zahlreiche bedeutende Gelehrte, wie der Altphilologe Christian Gottlob Heyne oder der Theologe und Orientalist Johann David Michaelis, dem Ruf an die wenige Jahre zuvor neugegründete Göttinger Universität gefolgt waren, vermochte Gellert einen großen Kreis von Studenten um sich zu versammeln. Der Mann von fünfzig Jahren, den Goethe im Oktober 1765 kennenlernte, verdankte seinen Ruhm jedoch nicht nur der Tätigkeit als akademischer Lehrer, sondern auch und vor allem seinem literarischen Werk. Und es ist wahrscheinlich, auch wenn dies nicht unmittelbar belegt werden kann, dass Goethe Werke Gellerts bereits während der frühen Frankfurter Jahre gelesen hat, denn sie befanden sich, wie Franz Götting dokumentiert hat, in der Bibliothek seines Vaters. Dies legt Goethe auch in seiner Schilderung im Zweiten Buch des Ersten Teils seiner autobiographischen Schrift *Dichtung und Wahrheit* nahe.[1]

Vor diesem Hintergrund ist sein Wunsch zu verstehen, in Leipzig nicht nur historische, staatsrechtliche und philosophische Vorlesungen zu belegen, sondern auch die Lehrveranstaltungen Gellerts zu besuchen. Wenngleich sich die Darstellung der diesem Entschluss vorausgegangenen Auseinandersetzung mit seinem Mentor, dem Hofrat und Leipziger Professor Johann Gottlob Böhme, im Sechsten Buch von *Dichtung und Wahrheit* ein wenig zu mühelos in das dem Werk zugrunde liegende Konzept der Selbststilisierung als

1 Vgl. Franz Götting: Die Bibliothek von Goethes Vater, in: Nassauische Annalen 64, 1953, S. 23–69. Vgl. hierzu auch Goethes Werke, hg. im Auftrage der Großherzogin Sophie von Sachsen, Weimar 1887–1919, 1. Abt., Bd. 26, S. 122f. (im Folgenden mit der Sigle WA zitiert).

Dichter und dem damit verbundenen Bildungsideal einfügt, um gänzlich glaubwürdig zu sein, so beinhaltet die Darstellung dennoch den einzigen überlieferten Hinweis auf die Vorlesungen Gellerts, die Goethe besucht hat.[2] Im siebten Kapitel ist zudem ein Hinweis auf den Besuch der *Moralischen Vorlesungen* zu finden, die neben dem literarischen Werk Gellerts weit über das Herzogtum Sachsen verbreiteten Ruhm begründet hatten.[3]

Da im 18. Jahrhundert gedruckte Vorlesungsverzeichnisse noch nicht gebräuchlich waren und die Universitätsakten, wie Albert Leitzmann untersucht hat, keine Hinweise auf die Vorlesungen enthalten, die Gellert während Goethes Leipziger Zeit gehalten hat, ist nicht zu bestimmen, in welchem Semester Goethe welche Lehrveranstaltung besucht hat, zumal Gellert die Vorlesung über Johann Christoph Stockhausens *Critischen Entwurf einer auserlesenen Bibliothek für den Liebhaber der Philosophie und schönen Wissenschaften*, das Stilpraktikum sowie die *Moralischen Vorlesungen* in der zweiten Hälfte der 1760er Jahre jährlich hielt.[4] Ein Brief an seine Schwester Cornelia aus dem Oktober 1767 belegt lediglich, dass Goethe auch in dem zweiten an der sächsischen Universität verbrachten Winter eine Vorlesung Gellerts besucht haben muss.[5] Ohnehin vermittelt die Darstellung der Studienjahre in *Dichtung und Wahrheit* nicht den Eindruck dokumentarischer Genauigkeit, vielmehr sind die den Jahren 1765 bis 1768 gewidmeten Kapitel als eine retrospektive Zusammenschau der Goethe zum Zeitpunkt der Niederschrift im Jahr 1811 wesentlich erscheinenden Erlebnisse und Erfahrungen zu verstehen, welche das autobiographische Detail dem Gesamtentwurf unterordnen.

Über die persönliche Begegnung zwischen Goethe und Gellert gibt es ebenfalls keine Dokumente, sondern nur die literarisch überformte Darstellung in *Dichtung und Wahrheit*. In einem auf den 30. Oktober 1765 datierten Briefgedicht an Johann Jacob Riese kündigte Goethe zwar an „Ich schaute Gellerten, Gottscheden auch/ und eile jetzt sie treu dir zu beschreiben“, die folgenden Verse beschränken sich jedoch auf eine ironisch-gebrochene, die Schilderung in *Dichtung und Wahrheit* präfigurierende Charakterisierung Gottscheds, welche parodierend mit Elementen und Motiven der Commedia dell'arte spielt.[6] Gleichwohl kommt er in seiner fast ein halbes Jahrhundert später verfassten Erinnerungsschrift auch auf die Person und die äußere Erscheinung Gellerts zu sprechen. Die Passage ist jedoch als ein Gegenbild zu dem Abschnitt über Gottsched angelegt. Denn während der morgendliche Besuch bei diesem genutzt wird, dessen äußere Erscheinung in ein metapho-

2 WA 1. Abt., Bd. 27, S. 52.

3 WA 1. Abt., Bd. 27, S. 128.

4 Vgl. Albert Leitzmann: Goethe und Gellert, in: Goethe. Viermonatsschrift der Goethe-Gesellschaft. Neue Folge des Jahrbuchs 8, 1943, S. 115–125, hier S. 118.

5 WA 4. Abt., Bd. 1, S. 108.

6 WA 4. Abt., Bd. 1, S. 17.

risches Feld zu überführen, so dass die Kleidung und die Allongeperücke dem Leser als Chiffren einer in der Tradition erstarrten und überkommenen Dichtungs- und Denkungsart entgegentreten, wird Gellert nur indirekt, mit einer leisen, wenngleich nicht zu überlesenden Ironie, durch das Zitat eines „durchreisenden Franzosen" charakterisiert.[7]

Diese Tendenzen spiegeln sich auch in der Korrespondenz zwischen Goethe und seiner Schwester. So gesteht er in einem auf den 11. Mai 1767 datierten Schreiben nach Frankfurt, in dem er von seinen literarischen Arbeiten berichtet: „Ich muß dir bekennen daß ich lieber von einem Mädgen als von einem Kriticker gerichtet werden will. Es ist hier der Ort dir meine Gründe alle hinzusetzen die mich hindern Gellerten etwas zu zeigen [...]."[8] In der Folge erinnert er daran, dass er ein Jahr zuvor ein Gedicht, das er anlässlich der Hochzeit von Johann Jost Textor, eines Bruders seiner Mutter, geschrieben hatte und das der Schwester daher bekannt gewesen sein muss, Christian August Clodius vorgelegt habe, der, wie Gellert, Stilpraktika abhielt. Die „scharfe Critick" des Professors für Philosophie und Dichtkunst habe ihn lange Zeit davon abgehalten, weitere Gedichte zu schreiben.[9] Ferner notiert Goethe über Gellert auf Ernst Wolfgang Behrisch anspielend:

> Mein Freund, der Gellerten sehr genau kennt, sagt oft wenn ich ihm ein Stück bringe: das sollte er Gellerten zeigen, wie würde der ihm ein saubres Loblied singen. Ich weiß nicht ob das nicht Gründe genug sind, daß man mich dispensiren könnte ihm etwas zu zeigen, ist's aber nicht anders, so will ich ihm etwas durch eine dritte Hand schicken, er soll es öffentlich striegeln, ich will zuhören, und euch alles schreiben.[10]

Auf das Stilpraktikum verweist Goethe auch in *Dichtung und Wahrheit*. Hatte er jedoch gegenüber seiner Schwester behauptet, das Hochzeitsgedicht Clodius vorgelegt und vor Gellert zurückgehalten zu haben, berichtet er in der Autobiographie von Gellerts Urteil über diese nicht überlieferte Gelegenheitsdichtung.[11] Ob Goethe im Jahr 1767 gegenüber Cornelia nicht eingestehen wollte, dass Gellert das Gedicht abgelehnt hatte, oder ob er in *Dichtung und Wahrheit* die Episode fingiert hat, um den Einfluss der ästhetischen Anschauungen Gellerts auf die eigene Entwicklung exemplarisch aufzuzeigen, ist aufgrund fehlender Zeugnisse nicht zu klären. Gleichwohl ist das Detail ein charakteristisches Beispiel für die literarische Überformung lebensgeschichtlicher Ereignisse in Goethes autobiographischer Schrift.

---

7 WA 1. Abt., Bd. 27, S. 128.
8 WA 4. Abt., Bd. 1, S. 88.
9 WA 4. Abt., Bd. 1, S. 88.
10 WA 4. Abt., Bd. 1, S. 89.
11 WA 1. Abt., Bd. 27, S. 136–137.

II.

In seiner Vorlesung über Johann Christoph Stockhausens *Bibliothek für den Liebhaber der Philosophie und der schönen Wissenschaften* bot Gellert einen Überblick über das Wissen seiner Zeit. Die erhaltene Mitschrift belegt zum einen, dass Gellert die Bereiche Philosophie, schöne Wissenschaften, historische Wissenschaften, Romane, Dichtkunst, Beredsamkeit, vermischte Werke des guten Geschmacks, Musik, Gemälde und Kupferstiche, zu denen der Helmstedter Professor in seinem *Entwurf* Quellenwerke und Hilfsbücher referierend vorstellt, in den wesentlichen Zügen übernommen hat. Zum anderen vermittelt die Mitschrift den Eindruck, dass Gellert, ebenso wie Stockhausen, sein wertendes Urteil auf die Auswahl der vorgestellten Werke beschränkte und diese auf qualifizierende Urteile verzichtend behandelte. Er bot den Studierenden die Möglichkeit, sich umfassend im Gebiet der schönen Künste zu orientieren und auf dieser Grundlage eigene Anschauungen zu entwickeln. Dies kommt auch in seiner Behandlung der antiken Literatur zum Ausdruck. In diesem Sinne unterteilt er seine Darstellung der römischen Literatur in ein goldenes und ein silbernes Zeitalter, deren Zäsur durch die augusteische Epoche gekennzeichnet wird. Im Kontext der Lektüreempfehlungen zur Beredsamkeit verweist er ebenfalls auf die seit der Scholastik als kanonisch geltenden Werke der römischen Rhetorik. Diese stehen jedoch gleichberechtigt neben den Schriften der Neuzeit und werden lediglich in dem Sinne vorangestellt, als Gellert in seiner Darstellung einem chronologischen Ordnungsschema folgt.

Während Johann Christoph Gottsched in der Vorrede zu dem *Versuch einer Critischen Dichtkunst* betont, die „Regeln und Lehrsätze des griechischen und römischen Alterthums" zu referieren und „keine neue Kunstgriffe in der Poesie erdacht" zu haben, und damit in der Tradition einer in der Renaissance formulierten Sicht auf die Antike als Muster literarischen Schreibens steht, hat Gellert sich in seinen Vorlesungen bereits von der bis in das 18. Jahrhundert nachwirkenden Vorstellung gelöst, die Autoren der griechischen und römischen Antike als Autoritäten zu betrachten und ihre Werke als normative Leitbilder nicht zu hinterfragen.[12] Dies spiegelt sich nicht nur in der Vorlesung über Stockhausens *Bibliothek*, sondern auch in seinem literarischen Werk sowie den *Moralischen Vorlesungen*.

Seit der Aufnahme seiner Lehrtätigkeit an der Leipziger Universität im Jahr 1744 bis zu seinem Tod 1769 las Gellert über die Moral und unterzog seine Vorlesungsreihe einer beständigen Überarbeitung, Erweiterung und Vertiefung. Seine Vorlesungen verfolgen jedoch nicht nur den popularphilosophischen Ansatz, die menschliche Glückseligkeit zu befördern, sondern

12 J. C. Gottsched: Versuch einer Critischen Dichtkunst, durchgehends mit den Exempeln unserer besten Dichter erläutert. Leipzig 1751, S. VIII f.

können auch, den Entwurf einer Poetik beinhaltend, als eine theoretische Reflexion über sein literarisches Werk angesehen werden. In der dritten dieser Vorlesungen betrachtet Gellert die Frage, warum sich die moralischen Prinzipien des Christentums nicht bereits den Philosophen der griechischen Antike erschlossen haben, da doch das Christentum im Sinne einer natürlichen Religion vernünftig ist. Vor diesem Hintergrund formuliert er eine nicht nur auf den Bereich der Morallehre bezogen kritische Position gegenüber der paradigmatischen Perspektive seiner Zeit auf das Altertum. „Unsere heutige Moral", schreibt er, „hat vor der Moral der alten Griechen und Römer keinen geringen Vorzug; einen Vorzug, der leicht in die Augen fällt, wenn man sich nicht durch eine übermäßige Verehrung des Alterthums selbst blendet." (GS VI, 33) Aus moralischer Sicht ist die Antike kein fragloses Paradigma, vielmehr zeigt Gellert die Differenzen zwischen der christlich fundierten Ethik und den Anschauungen der epikureischen und stoischen Philosophie auf. Für die Ästhetik ergibt sich aus dieser Perspektive der Gedanke, dass das moralisch Gute zugleich auch schön sei. In diesem Sinne argumentiert Gellert bereits in seiner Antrittsvorlesung, die er am 14. Juli 1751 in der Leipziger Universität hielt und in der er seine These an den Beispielen Ciceros und Plinius' belegt (GS V, 185).

Indem jedoch der Widerspruch zwischen den Alten und den Modernen durch den Verweis auf die christliche Offenbarung aufgehoben wird, erlangen nicht mehr einzelne Epochen der Kulturgeschichte paradigmatische Bedeutung, sondern diejenigen Erscheinungen, welche dem moralischen Anspruch der christlichen Lehre genügen. Gellerts *Fabeln und Erzählungen* geben hiervon Zeugnis. Wenngleich in diesem Kosmos menschlicher Komödien und Tragödien das Erhabene neben dem Lächerlichen, die Tugend neben dem Laster steht, wenngleich Tiere und Menschen, Bauern und Höflinge, Hirten und Kaufleute, Männer und Frauen, Griechen und Römer, Tartaren und Juden gleichberechtigt nebeneinander stehen und Gellerts in der ersten *Moralischen Vorlesung* formulierten Leitgedanken illustrieren, es gebe nur „Eine Tugend" und diese sei „der lebendige, kräftige, von dem Gewissen und der Vernunft erzeugte Vorsatz, überall gut und der göttlichen Bestimmung ohne Ausnahme gemäß zu handeln, weil wir nichts seligers thun können", verweist allein die Häufigkeit antiker Motive, die beständige Verwendung antikisierender Namen, die auch in den *Moralischen Vorlesungen* auffällt, auf eine besondere Stellung, die dem Altertum zwar nicht direkt, aber mittelbar zugewiesen wird (GS VI, 17).

Gellert akzentuiert den antiken und den christlichen Diskurs nicht als alternative, sondern als komplementäre Paradigmen. Indem sein Werk die Emanzipation des Menschen unter dem Primat der Vernunft betrachtet, sind seine ästhetischen wie moralischen Reflexionen über die Relation von antiker und christlicher Tradition der Versuch, diese seit der Querelle des Anciens et des Modernes als konkurrierend und einander ausschließend betrachteten Paradigmen vor dem Hintergrund des aufgeklärten Deismus zu einer Synthese zu führen.

III.

Die Abhandlung *Von den Ursachen des Vorzugs der Alten vor den Neuern* zählt zu den wenigen Werken, in denen Gellert diesen für den ästhetischen Diskurs der Zeit zentralen Dualismus unmittelbar thematisiert. An die Öffentlichkeit trat er mit der Schrift am 12. Oktober 1767, als er sie in Gegenwart des sächsischen Kurfürsten Friedrich August III. in der Leipziger Universitätsbibliothek vortrug. Ein auf den selben Tag datiertes Schreiben an die Schwester Cornelia belegt, dass Johann Wolfgang Goethe als Student bei dieser öffentlichen Vorlesung Gellerts anwesend war, was in der Goethe-Forschung bislang nicht wahrgenommen worden ist.[13] Weder seine Briefe, noch die Erinnerungsschrift geben jedoch darüber Auskunft, welchen Eindruck der Vortrag bei ihm hinterlassen hat. Bekannt ist lediglich, dass am nächsten Tag, dem 13. Oktober, Ernst Wolfgang Berisch die sächsische Universitätsstadt in Richtung Dessau verließ und dass Goethe in den folgenden Wochen die meisten seiner Frankfurter Jugenddichtungen verbrannte, ein Vorgang, den er in *Dichtung und Wahrheit* auf die Zeit nach seiner Rückkehr nach Frankfurt datiert und als „ein großes Haupt-Autodafé" über seine Arbeiten in Szene setzt.[14] Das Hochzeitsgedicht für Johann Jost Textor, von dem er in seiner Autobiographie berichtet, er habe es Gellert im Stilpraktikum vorlegt und es sei von diesem kritisch rezensiert worden, erweist sich vor diesem Hintergrund als ein symbolischer Text. Gellert lehnt das antike Motive zitierenden, in den Konventionen der allegorischen Bildsprache des Rokoko befangenen Carmen vor dem Hintergrund seiner kritischen Perspektive auf das Formelhaft-Inhaltsleere der Nachahmungspoetik seiner Zeit ab.[15] Und Goethe, dessen literaturgeschichtliche Darstellung in *Dichtung und Wahrheit* auf einem dialektischen Prinzip beruht und die Differenz zwischen den ästhetischen Positionen der Aufklärung und der Poetik einer neuen Zeit betont, als deren erster Vertreter er sich selbst begreift, Goethe verschweigt, dass einer der ersten Impulse, die zur Entwicklung des klassischen Kunstideals beigetragen haben, seinem Leipziger Lehrer zu verdanken ist. In der Erinnerungsschrift findet sich lediglich das Eingeständnis:

---

13 „Das elendeste Octoberwetter das wir diese Messe über gehabt haben, wäre sehr geschickt gewesen, Briefe, Gedichte und andre, unglückliche Geburten auszubrüten; hätte uns nicht der Hof, immer hübsch auf den Beinen, selbst im größten Kohte, erhalten. Bald läßt er sich etwas auf der Akademiebibliotheck vorlesen, und das muß man doch auch hören, bald besucht er die Mahlerakademie […]." (WA 4. Abt., Bd. 1, S. 107.)

14 WA 1. Abt., Bd. 27, S. 216.

15 Vgl. hierzu WA 1. Abt., Bd. 27, S. 133 f.

> Da mir jedoch seine Kritik, wenn ich seinen Standpunct annahm, ganz richtig zu sein schien, und jene Gottheiten, näher besehen, freilich nur hohle Scheingestalten waren, so verwünschte ich den gesammten Olymp, warf das mythische Pantheon weg, und seit jener Zeit sind Amor und Luna die einzigen Gottheiten, die in meinen kleinen Gedichten allenfalls auftreten.[16]

Bereits die zentrale Frage, die Gellert in seiner Abhandlung zu beantworten sucht, warum die neuere Poesie und Beredsamkeit nicht den antiken Vorbildern gleichzukommen vermag, zeigt, dass er mit seinen Überlegungen die in seiner Zeit bislang gültigen kunsttheoretischen Anschauungen hinterfragt. Die Entgegensetzung von „Alten“ und „Neuern“, welche seit der Renaissance zur Ausbildung einer normativen Nachahmungspoetik geführt hatte, erscheint in Gellerts Betrachtung als ein unproduktives Paradigma. Er stellt jedoch nicht die Bedeutung der Antike in Frage, sondern ihre Funktion für den literarischen Diskurs seiner Zeit. Hatte Gottsched seiner *Deutschen Schaubühne* noch den Untertitel *nach den Regeln und Mustern der Alten* gegeben und damit das griechische und römische Altertum als Muster literarischen Schreibens funktionalisiert,[17] betrachtet Gellert den beispielhaften Charakter der antiken Literatur:

> Wir müssen es also nicht genug seyn lassen, nur die Alten nachzuahmen. Die Natur war ihre Lehrmeisterinn; und so soll sie auch die unsrige seyn! Wir müssen es nicht bloß den Alten gleich thun wollen, und ihnen nur Schritt vor Schritt folgen, wir werden sonst eben deswegen unter ihnen bleiben.[18]

Gellert anerkennt damit zwar die Vollendung der Antike, betont aber zugleich deren Einzigartigkeit und Unwiederholbarkeit. Während Goethe sich einerseits in seinen Leipziger Jahren mit den Schriften Winckelmanns auseinandersetzt, der in der „Nachahmung der Alten“ den „einzigen Weg für uns groß, ja, wenn es möglich ist, unnachahmlich zu werden“ erkannte, begegnet er andererseits in den Vorlesungen und literarischen Werken seines akademischen Lehrers einer Perspektive auf die antike Kultur, welche bereits Anschauungen antizipiert, die Johann Gottfried Herder, dessen Bekanntschaft Goethe während seines Straßburger Studienaufenthaltes machen sollte, erst einige Jahre später im Kontext seiner kulturhistorischen Reflexionen über die Unterschiede zwischen der Antike und der Moderne formulieren sollte.[19] Gellert betont zwar das Ganzheitliche und Vollkommene der antiken Welt, sein Entwurf stilisiert das Altertum jedoch nicht zu einem ahistorischen Ideal

16 WA 1. Abt., Bd. 27, S. 133 f.

17 Die Deutsche Schaubühne nach den Regeln und Mustern der Alten. Ans Licht gestellt von Johann Christoph Gottscheden, Leipzig 1746–1750.

18 GS V, 220.

19 Johann Joachim Winckelmann: Gedanken über die Nachahmung der griechischen Werke in der Malerei und Bildhauerkunst, in: Ders.: Sämtliche Werke. Einzige vollständige Ausgabe, hg. v. Joseph Eiselein, Donaueschingen 1825–1829, Bd. I, S. 8.

von gänzlicher Fraglosigkeit, sondern hebt dessen Funktion als Erinnerungs- und Reflexionsraum für die Gegenwart hervor. Diese Position ist bereits im Kontext der zwischen 1760 und 1770 sich entwickelnden Genie-Ästhetik zu verstehen und dokumentiert, dass die jüngere Generation nicht nur in der Negation auf die Poetik der Aufklärung bezogen ist.

Das literaturgeschichtliche Urteil über die Beziehung zwischen Goethe und Gellert ist bislang von der in *Dichtung und Wahrheit* formulierten Perspektive auf die Aufklärung geprägt worden. Vor dem Hintergrund des kontrapunktischen, auf These und Antithese basierenden Kompositionsprinzips der Erinnerungsschrift, werden jedoch, im Sinne der Autobiographie als Bildungsgeschichte, die Leipziger Jahre auf die Straßburger Zeit bezogen. In den erinnerten Begegnungen mit den literarischen Autoritäten und Institutionen der Aufklärungszeit spiegelt sich daher die Perspektive einer jüngeren Generation auf die ältere ebenso wie die Absicht, eine Emanzipation von dem Selbst- und Weltverständnis der vorangegangenen Epoche zur Anschauung zu bringen. Individual- und Zeitgeschichte fallen deshalb in dieser Darstellung in eins, und Goethe lässt sein vergangenes Ich in der autobiographischen Erinnerung exemplarisch die Krisen, Umbrüche, Neuerungen und Entwicklungen durchlaufen, welche aus der Perspektive der Jahre 1810 bis 1812, in denen die Schrift entstanden ist, als die relevanten Tendenzen der Literaturgeschichte der vergangenen fünfzig Jahre betrachtet werden konnten. Das dialektische Verständnis der Entwicklung der deutschen Literatur, welches Goethe vertritt, sowie der Umstand, dass die Autobiographie mit dem Aufbruch von Frankfurt nach Weimar schließt, fokussieren den Blick des Lesers auf die Entwicklung der Goethe'schen Kunstanschauung bis zur Ausarbeitung des *Egmont*. Die Genese der klassischen Ästhetik, die Goethe zum Zeitpunkt der Niederschrift als die eigentliche und zentrale Leistung seines literarischen Lebens betrachtete, ist jedoch ebenso in der Erinnerungsschrift angelegt. Goethe zeigt in *Dichtung und Wahrheit*, dass die deutsche Literatur sich in der Aufklärung vom Einfluss des französischen Klassizismus löst und stilistisch wie semantisch eine neue Eigenständigkeit gewinnt. Er dokumentiert die Aporie, in welche die Aufklärung in den sechziger Jahren des 18. Jahrhunderts die deutsche Literatur führte und die sich exemplarisch in den ästhetischen Anschauungen des autobiographischen Erzählers widerspiegelt. Dies bildet den Hintergrund für die in den folgenden Büchern entwickelte Autonomie-Ästhetik, der zufolge das Kunstwerk – und dies ist das Paradigma, das Goethes Autobiographie historisch entwickelt und zugleich ästhetisch einlöst – die Subjektivität seines Schöpfers, dessen in der Wirklichkeit uneinlösbares inneres Sein artikulieren soll. In der Phase des Sturm und Drang verweist er in Bezug auf dieses Ideal des genialen und schöpferischen Menschen auf den griechischen Prometheus-Mythos. Einerseits ist Goethes Bezug auf die literarische Tradition der Aufklärung damit der eines „Traditionsbruches", der gleichzeitig „ganz individuell und ganz symbolisch" ist, wie

Wilfried Barner herausgearbeitet hat.[20] Andererseits jedoch ist der Erinnerungsschrift bereits die Einsicht implizit eingeschrieben, dass die Vorstellungen von Kunstvollendung und -begrenzung, Welterfahrung und Bildungsideal, die Goethe in der Klassik entwickelt, nur möglich werden konnten auf der Grundlage der von Gellert entwickelten und vertretenen Anschauungen der griechischen und römischen Antike.

Jochen Schmidt hat in einem Vortrag von „Metamorphosen der Antike in Goethes Werk" gesprochen.[21] Er bezeichnet damit den Umstand, dass Goethe sich zwar von den frühen Anfängen bis zu den späten Erscheinungen mit dem griechischen und römischen Altertum ebenso intensiv wie produktiv auseinandergesetzt hat, dass diese Auseinandersetzung aber je unterschiedliche Schwerpunkte setzt und je unterschiedliche Perspektiven auf dieses die abendländische Kulturgeschichte grundlegend bestimmende Paradigma eröffnet. Die Jahre 1796 bis 1805, in denen Goethe und Schiller in einem beständigen Dialog ihren zunächst unabhängig voneinander entwickelten ästhetischen Anschauungen jenes Profil gaben, das aus der Retrospektive der Literaturgeschichtsschreibung seit Georg Gottfried Gervinus als klassisch bezeichnet worden ist, waren für Goethe von der Auseinandersetzung mit kunst- und literaturtheoretischen Fragen geprägt. Vor dem Hintergrund einer erneuten und vertieften Beschäftigung mit dem Altertum gibt er die Zeitschrift *Die Propyläen* heraus, die zwar nur von 1798 bis 1800 erscheint, in der er jedoch wiederholt auf das Menschenbild und Kunstideal der Antike als Vor- und Leitbild der eigenen Zeit hinweist. Und in der gemeinsam mit Heinrich Meyer und Friedrich August Wolf verfassten Schrift *Winckelmann und sein Jahrhundert* greift Goethe Gellerts aus der Auseinandersetzung mit der Antike entwickelten und von Winckelmann fortgeführten Gedanken einer Synthese des ästhetischen und anthropologischen Diskurses auf und erklärt das griechische Altertum nicht zum unerreichbaren Muster, das es nachzuahmen gilt, sondern zum Beispiel für die eigene Gegenwart.[22] Zugleich betont er, dass die Antike nicht das alleinige Ideal sein darf. Vielmehr fordert er aus einem kulturhistorischen Bewusstsein, das sich bereits in Gellerts Abhandlung *Von den Ursachen des Vorzugs der Alten vor den Neuern* abzeichnet, ein komplementäres Nebeneinander unterschiedlicher kulturgeschichtlicher Paradigmen zur Verwirklichung eines harmonischen Humanitätsideals. In diesem Sinne notiert er in den Anmerkungen zu seiner Übersetzung des Romans

---

20 Wilfried Barner: Goethes Bild von der deutschen Literatur der Aufklärung, in: Zwischen Aufklärung und Restauration. Sozialer Wandel in der deutschen Literatur (1700–1848). Festschrift für Wolfgang Martens zum 65. Geburtstag, hg. v. Wolfgang Frühwald u. Alberto Martino, Tübingen 1989, S. 283–305, hier S. 305.

21 Jochen Schmidt: Metamorphosen der Antike in Goethes Werk. Vorgetragen am 5. Mai 2001. Heidelberg 2002.

22 WA 1. Abt., Bd. 46, S. 38.

Rameaus Neffe von Denis Diderot: „Wir haben uns andrer Voreltern zu rühmen und haben manch anderes Vorbild im Auge.“[23]

IV.

Wenige Tage nach dem Tod Friedrich Schillers am 9. Mai 1805 erscheint in Tübingen im Rahmen des *Entwurfes einer Kunstgeschichte des achtzehnten Jahrhunderts* die Schrift *Winckelmann und sein Jahrhundert*. Im Achten Buch von *Dichtung und Wahrheit* beschreibt Goethe, wie er vermittelt durch Adam Friedrich Oeser, den sächsischen Hofmaler und Direktor der Zeichenakademie in der Pleißenburg, bei dem er Zeichenunterricht nahm, auf die frühen Schriften Winckelmanns aufmerksam wurde, die im Austausch und Dialog mit Oeser entstanden waren.[24]

Wahrscheinlich hat Goethe während seines Studiums die Gedanken über die Nachahmung der griechischen Werke in der Malerei und Bildhauerkunst (1755), die Schrift *Von der Grazie in Werken der Kunst* (1759), die *Erinnerung über die Betrachtung der Werke der Kunst* (1759), die *Beschreibung des Torso im Belvedere zu Rom* (1759) und das *Sendschreiben von der Fähigkeit der Empfindung des Schönen in der Kunst* (1763) gelesen und damit einen umfassenden Überblick über die Entwicklung der ästhetischen Positionen Winckelmanns gewonnen. Winckelmann hebt in diesen Schriften zwar, in der Tradition des französischen Klassizismus wie der Kunstanschauung der frühen Aufklärung, die paradigmatische Bedeutung der antiken Kunst hervor, hinterfragt aber bereits in dem 1756 veröffentlichten Sendschreiben über die Gedanken von der Nachahmung die eigene Position, indem er die ästhetischen Leistungen der niederländischen Malerei des Goldenen Zeitalters der Hypostasierung der Antike als Ideal entgegenstellt. In seinem 1764 und 1767 in zwei Bänden veröffentlichten Hauptwerk, der *Geschichte der Kunst des Alterthums*, differenziert er diesen Gedanken weiter aus und akzentuiert nicht mehr das Idealtypische und Vollendete der griechischen und römischen Kunst sondern deren geschichtliche Entwicklung. Diese neue, die Historizität kulturgeschichtlicher Erscheinungen einbeziehende Perspektive wirkt sich auch auf die in den frühen Schriften zentrale Vorstellung der Nachahmung aus. Im Kontext der sich in den sechziger Jahren des 18. Jahrhunderts entfaltenden Genie-Ästhetik betont auch Winckelmann nunmehr die Präferenz der Schöpfung vor der Nachahmung. Wenngleich Goethes Kunstanschauung durch die Auseinandersetzung mit der gotischen Kunst, während seines Straßburger Studienaufenthaltes, vorerst eine andere Richtung nahm, so war es die Vorstellung eines unnachahmbaren, von Winckelmann in die Utopie

23 WA 1. Abt., Bd. 45, S. 176.
24 WA 1. Abt., Bd. 27, S. 161 f.

entrückten Ideals der antiken Kunst, auf das er im Kontext der Genese der Poetik der Klassik zurückgreifen konnte. Gerade weil Goethe sich während seiner Leipziger Zeit mit den Schriften Winckelmanns auseinandergesetzt hat, konnten auch die von Gellert zur Frage des *Vorzuges der Alten vor den Neuern* entwickelten Gedanken auf ihn wirken.

Geistesgeschichtlich betrachtet, bezeugt die Parallelität der von Gellert und Winckelmann unabhängig voneinander entwickelten Vorstellungen, dass das Nachahmungspostulat zwar von der Genie-Bewegung dekonstruiert, aber bereits in der mittleren Aufklärung infrage gestellt und relativiert wurde, so dass der Traditionsbruch, welchen die den ästhetischen Diskurs ab den späten 1760er Jahren bestimmende Generation betont, ein programmatisches Konstrukt ist, das die Absicht verfolgt, die eigenen Positionen von denen der literarischen Väter abzusetzen. Zudem betrachtet Goethe die Literaturgeschichte in seiner Erinnerungsschrift nicht nur als eine dialektische Folge von Traditionsbrüchen, sondern auch als die Bildungsgeschichte seiner eigenen Persönlichkeit. Indem er die Bedeutung Winckelmanns für die Entwicklung des eigenen Bildes der antiken Kultur wie die Genese der klassischen Ästhetik herausstellt, betont er zugleich die Dominanz des Visuellen, die ein charakteristisches Element seines literarischen und naturwissenschaftlichen Werkes ist. Goethe überträgt aus der Beschäftigung mit bildnerischen Werken gewonnene theoretische Einsichten auf den Bereich der literarischen Ästhetik. Hierbei geht es ihm jedoch weniger um die Erweiterung und Diversifizierung der Möglichkeiten des Mediums Schrift, als um die Darstellung des in der Klassik postulierten Bildungsgedankens: Literatur und Kunst, Text und Bild tragen gleichermaßen zu einer ganzheitlichen und umfassenden Ausbildung des Menschen bei. Auch in diesem Kontext gestaltet Goethe seine Einsichten nicht als theoretische Erkenntnis, sondern exemplifiziert sie, dem Grundgedanken der autobiographischen Schrift folgend, an der eigenen individuellen Entwicklung.

Weil *Dichtung und Wahrheit* mit dem Aufbruch von Frankfurt nach Weimar schließt, bringt Goethe zwar die geistesgeschichtlichen Voraussetzungen für die Entwicklung der klassischen Kunstauffassung zur Darstellung, betont jedoch nicht die partielle Kontinuität, welche die neuen ästhetischen Anschauungen mit denen der vorangegangenen Generation verbinden. Dass er die Erfahrungen seines italienischen Aufenthaltes, welcher die Entwicklung der klassischen Kunstanschauung sowohl im Bereich der ästhetischen Theorie wie der praktischen literarischen Arbeit grundlegend bestimmt hat, gemeinsam mit *Dichtung und Wahrheit* als Teil einer autobiographischen Gesamtdarstellung begriffen hat, zeigt sich darin, dass er beide Erinnerungswerke in der Erstveröffentlichung durch den gemeinsamen Titel *Aus meinem Leben* miteinander verbindet. Indem aber der ästhetische Diskurs in *Dichtung und Wahrheit* auf Italien bezogen ist, verweist die Erinnerungsschrift bereits auf die ihr nachfolgende Reisebeschreibung. Im Fluchtpunkt der kunsttheoretischen Betrachtungen steht somit nicht die Ästhetik des Sturm und Drang, sondern die der Klassik, weshalb in der Kapitelfolge des zweiten Teils drei geistige Einflüsse dargestellt werden, welche deren Entwicklung wesentlich befördert haben: im Siebten Buch Gellert, im Achten Buch Winckelmann und im Zehnten Buch Herder.

Dass *Dichtung und Wahrheit* die Voraussetzungen der klassischen Ästhetik lebens- wie geistesgeschichtlich veranschaulicht und insofern bereits auf die *Italiänische Reise* verweist, wird besonders im Zehnten Buch deutlich, welches das Zusammentreffen mit Johann Gottfried Herder in Straßburg beschreibt. Während Goethe einerseits von der im Oktober 1770 im Straßburger Gasthof „Zum Geist" stattgefundenen Begegnung sagt, sie sei „das bedeutendste Ereigniß, was die wichtigsten Folgen für mich haben sollte", findet sich in diesem Kontext andererseits keine Darstellung der geschichtsphilosophischen und ästhetischen Gedanken Herders, welche in der Folge einen nachhaltigen Einfluss auf Goethe ausübten.[25] Die Vorstellung von der Einheit des Historischen und des Theoretischen, zu der Herder durch die Beschäftigung mit den Schriften Winckelmanns gelangt war und die er Goethe vermittelte, sowie die Einsicht in die Historizität der Dichtung und aller kulturgeschichtlicher Erscheinungen, die wesentlich dazu beigetragen hat, die normative Ästhetik und abstrakte Systembildung der Aufklärung zu hinterfragen und zu überwinden, thematisiert Goethe im Rahmen seiner autobiographischen Schriften erst in der *Italiänischen Reise*. In *Dichtung und Wahrheit* beschränkt er sich lediglich auf den Hinweis: „Ich ward mit der Poesie von einer ganz andern Seite, in einem andern Sinne bekannt als bisher, und zwar in einem solchen, der mir sehr zusagte."[26]

Herder setzte an, die Geschichte der Literatur und Kunst nicht als „bloße Erzählung der Zeitfolge und der Veränderungen in derselben" zu verstehen und zu beschreiben, sondern fasste Geschichtsschreibung als den „Versuch eines Lehrgebäudes" auf.[27] Seine Vorstellungen über die Bedeutung des Historischen für die Literaturgeschichte, die in der 1782/83 erschienenen Abhandlung *Vom Geist der ebräischen Poesie* zur Entfaltung kommen, finden sich bereits in den frühen Schriften *Über die neuere Deutsche Literatur* aus den Jahren 1766/67 sowie den 1769 veröffentlichten *Kritischen Wäldern*. Die weitreichenden Auswirkungen dieser geschichtsphilosophischen Reflexionen spiegeln sich nicht nur in der Perspektive der klassischen Ästhetik auf die Antike als Beispiel und nicht als Muster für die eigene Zeit, sondern prägen auch Goethes Anschauung der literarischen Erscheinungen seiner Gegenwart, die er in ihrer historischen Bedingtheit zu verstehen und einzuordnen bemüht

25 WA 1. Abt., Bd. 27, S. 302.
26 WA 1. Abt., Bd. 27, S. 313.
27 Herders Sämmtliche Werke, hg. v. Bernhard Suphan, Berlin 1877–1913, Bd. I, S. 294.

ist.[28] In diesem Sinne ist *Dichtung und Wahrheit* als Darstellung der Entwicklungen und Erscheinungen der deutschen Literatur des 18. Jahrhunderts auch als ein Versuch zu verstehen, die unterschiedlichen Tendenzen und Strömungen zu dem Gesamtentwurf einer Epoche zusammenzufassen und „den Menschen in seinen Zeitverhältnissen darzustellen".[29]

Indem Goethes Autobiographie als Literaturgeschichte die Wechselwirkung von Kunst und Geschichte – und dieses Konzept spiegelt sich bereits in dem Titel *Dichtung und Wahrheit* – darstellt, wird deutlich, dass die Reflexionen über Gellert als Vertreter der Leipziger Aufklärung nicht nur von dem Gedanken bestimmt werden, die eigenen ästhetischen Anschauungen vor dem Hintergrund einer zu ihnen im Widerspruch stehenden Poetik zu konturieren und zu stilisieren. Vielmehr entwickelt Goethe die Vorstellung einer linearen Entwicklungsgeschichte der Literatur, weshalb er die diesem Konzept zuwiderlaufenden Tendenzen nivelliert. Erich Trunz konstatiert, dass Goethes Geschichtsschreibung ein „Auswählen" ist, „aus der unendlichen Fülle des Lebens werden eine kleine Anzahl von Tatsachen den Späteren zum Symbol".[30] Dies meint auch, dass die im Siebten Buch um die Zentralgestalt Gellerts angeordneten geschichtlichen Betrachtungen der deutschen Literatur in den mittleren Jahrzehnten des 18. Jahrhunderts als eine auf Goethes geistige Entwicklung bezogene Abstraktion zu verstehen sind und nicht, wie dies im 19. Jahrhunderts geschehen ist, als Paralipomena einer Literaturgeschichte. Die ästhetischen Positionen Gellerts, welche geistesgeschichtlich den Paradigmenwechsel von der Nachahmung zur Schöpfung vorbereiten und die Goethe in der Auseinandersetzung mit den Vorlesungen und Schriften seines akademischen Lehrers während seiner in Leipzig verbrachten Studienjahre wahrgenommen hat, werden in der autobiographischen Erinnerung deshalb nicht thematisiert, weil sie der inneren Folgerichtigkeit der linearen Entwicklung der deutschen Literatur, die Goethe in der Retrospektive darzustellen bemüht ist, widersprechen. Indem Gellerts Vorstellungen über die Beziehungen der Alten zu den Neuern einerseits parallel zu den von Winckelmann entwickelten Positionen zu verstehen sind und anderseits die geschichtsphilosophischen Vorstellungen Herders präfigurieren, denen Goethes autobiographisches Unternehmen in der Verschränkung von Individuellem und Gesellschaftlichem, Bildung und epochenspezifischem Einfluss verpflichtet ist, in *Dichtung und Wahrheit* nicht thematisiert werden, zeigt sich, dass Gellerts Person und Werk nicht deshalb ab den letzten Jahrzehnten des 18. Jahrhunderts historisiert worden ist, weil seine Positionen historisch ge-

28 Vgl. hierzu Klaus C. Haase: Goethe und die Anfänge der deutschen Literaturgeschichte, in: Goethe. Neue Folge des Jahrbuchs der Goethe-Gesellschaft 27, 1965, S. 231–252.

29 WA 1. Abt., Bd. 26, S. 7.

30 Goethes Werke. Hamburger Ausgabe, hg. v. Erich Trunz, München 1981. Bd. 11, S. 633.

worden wären. Vielmehr ist er als ein Wegbereiter der ästhetischen Anschauungen zu verstehen, die mit dem Sturm und Drang in der deutschen Literatur zur Entfaltung kamen und bis in die Gegenwart wirkungsmächtig geblieben sind. Gellert ist ein Schriftsteller am Übergang zweier Epochen; in seinem Werk kommen die tradierten Dichtungsideale noch einmal zur Entfaltung und zugleich sind die Vorstellungen einer neuen Zeit bereits angelegt.

Dorothea Böck

Gellert, August Apel und die sächsische Romantik

I.

Es mag als Binsenweisheit gelten, dass das Leipzig des 18. Jahrhunderts den Zeitgenossen als „Klein Paris“ erschien, somit als Inbild einer im damaligen Deutschland einzigartigen Weltstadt. Auch darüber, dass diese Buch- und Kommerzmetropole eines der wichtigsten Zentren der Aufklärung war und kaum einer der sogenannten ‚Klassiker‘ der literarischen Moderne – sei es nun Lessing, Goethe oder Jean Paul – ohne dieses „Pleißathen“ recht eigentlich vorstellbar ist, besteht seit Langem Konsens.

Weniger bekannt, da weitestgehend unerforscht, ist freilich noch immer, welch exzeptionelle Bedeutung dieser sächsischen Bibliopolis nicht nur bei der Herausbildung eines modernen Literaturmarktes schlechthin, sondern darüber hinaus auch bei der Etablierung einer an das Medium Schrift gebundenen breitenwirksamen Kulturindustrie in Deutschland zukommt. Wurde doch diese spätestens seit dem letzten Drittel des 18. Jahrhunderts unübersehbare Entwicklung – gleichsam der Auftakt unserer gegenwärtigen Medien-, Pop- und Unterhaltungskultur – von einer traditionell klassikfixierten Germanistik schlichtweg ignoriert, wie auf geradezu exemplarische Weise Georg Witkowskis *Geschichte des literarischen Lebens in Leipzig* vergegenwärtigt. Das Paradoxe an diesem ansonsten bis heute unübertroffenen Standardwerk ist ja die Tatsache, dass es just in dem Moment endet, da Leipzig zum „Centralplatz“ des deutschen Buchhandels avancierte,[1] und zwar mit dem Argument, dass das literarische „Eigenleben“ der Messe- und Universitätsstadt von nun an – „nach Gellert“– zum „Spittel invalider Poeten“ verkommen und insofern keiner weiteren Betrachtung mehr wert sei.[2]

Das hatte natürlich weitreichende Konsequenzen, wie allein schon die Rezeptionsgeschichte der sog. *Sächsischen Romantik* vor Augen führt: jener bislang so gut wie unbefragten kulturgeschichtlichen Phase zwischen 1800 und 1830/50 also, die gemeinhin mit den Sehnsuchtslandschaften Caspar

---

1 Vgl. Hazel Rosenstrauch: Leipzig als ‚Centralplatz‘ des deutschen Buchhandels, in: Zentren der Aufklärung III. Leipzig. Aufklärung und Bürgerlichkeit, hg. v. Wolfgang Martens, Heidelberg 1990, S. 103–124.

2 Vgl. Georg Witkowski: Geschichte des literarischen Lebens in Leipzig, Leipzig, Berlin 1909, Vorwort und S. 1–5 sowie S. 385 u. S. 466–467.

David Friedrichs oder aber dem triumphalen Erfolg von Carl Maria von Webers *Freischütz* verbunden wird, deren literarisches Komplement jedoch, sofern es überhaupt Beachtung findet, noch immer ausschließlich unter dem Stigma des Trivialen oder auch Pseudoromantischen firmiert.[3]

Die Rede ist von sogenannten *poeta minores* wie Johann Friedrich Kind, Friedrich Rochlitz, Johann August Apel, Adolph Wagner, August Mahlmann, Carl und Minna Spazier oder auch Friedrich Laun und ihrer Bedeutung für die Konsolidierung und weitere Ausfaltung einer schriftdominierten Unterhaltungskultur im ersten Drittel des 19. Jahrhunderts. Diese genuin Leipziger – später auch Dresdner – Gruppierung ist, was bisher kaum registriert wurde, programmatisch unmittelbar im Kontext so wirkungsmächtiger und langlebiger Unterhaltungsblätter des ‚Biedermeier' wie der 1801 in Leipzig von Carl Spazier, Jean Pauls Schwager, begründeten illustrierten *Zeitung für die elegante Welt* (1801–1859),[4] der seit 1798 von dem Goethe-Freund Friedrich Rochlitz herausgegebenen *Allgemeinen Musikalischen Zeitung* (1798–1848)[5] oder aber der von Friedrich Laun (1805–1806) bzw. Friedrich Kind und Theodor Hell redigierten *Dresdner Abend-Zeitung* (1817–1857)[6] zu situieren. Sämtliche dieser Periodika verfolgten im bewussten Reflex auf dezidiert romantische Positionen à la Jean Paul, Schlegel oder auch Tieck ein auf die breitenwirksame Kultivierung von Genuss als imaginativem Hedonismus – also auf virtuellen bzw. phantastischen Gefühlskonsum – setzendes Konzept von Ästhetik,[7] das weit über den mitteldeutschen Raum hinaus kulturell prägend werden sollte[8] und dessen Bedeutung für die belletristische ‚Kultivierung' (Habitualisierung) eines ‚breiten', insbesondere auch weiblichen Publikums gar nicht hoch genug zu veranschlagen ist.[9] Während Spaziers Zeitung – gleichsam als Archetyp des ‚Formats' Unterhaltungsmagazin in Deutsch-

---

3 Vgl. Otto Eduard Schmidt: Die Romantik in Sachsen, Dresden 1938; Hermann Andres Krüger: Pseudoromantik. Friedrich Kind und der Dresdner Liederkreis. Ein Beitrag zur Geschichte der Romantik, Leipzig 1904. – Vgl. zum Gesamtkontext Dorothea Böck: Im Schatten großer Namen. Über Tageblätter, Taschenbücher und Almanache oder die vergessene Karriere der Minna Sp., in: JJPG 39, 2004, S. 141–164.

4 Vgl. Hans Halm: Die Zeitung für die elegante Welt (1801–1844). Ihre Geschichte, ihre Stellung zu den Zeitereignissen und zur zeitgenössischen Literatur, Diss. München 1924.

5 Vgl. Marta Bruckner-Bigenwald: Die Anfänge der Allgemeinen Musikalischen Zeitung, Hilversum 1965.

6 Vgl. Werner Hanspach: Die periodische Presse der Stadt Dresden in der ersten Hälfte des 19. Jahrhunderts. Ein Beitrag zur Geschichte des Sächsischen Zeitungswesens, Dresden 1939.

7 Vgl. zum Gesamtkontext Böck [Anm. 3].

8 Wie nicht zuletzt Cottas *Morgenblatt für gebildete Stände* (1807–1865) belegt.

9 Robert Prutz: Über die Unterhaltungsliteratur, insbesondere der Deutschen, in: Ders.: Zur Theorie und Geschichte der Literatur, hg. v. Ingrid Pepperle, Berlin 1981, S. 108–128, hier S. 121.

land – dieser ganzen Richtung „die Bahn brach“,[10] besteht das Verdienst des von Rochlitz redigierten Periodikums v. a. darin, Klassiker der ‚musikalischen Moderne‘ wie Mozart, Beethoven, E. T. A. Hoffmann oder auch Richard Wagner unter eben diesem ‚sentimentalischen‘ Vorzeichen popularisiert zu haben.[11] Entsprechendes gilt für im engeren Umfeld dieser Zeitungen anzusiedelnde belletristische Almanache wie das damals so beliebte und auflagenstarke Beckersche *Taschenbuch zum geselligen Vergnügen* oder aber die von Minna Spazier betreuten *Herbstbluminen*[12] (Jean Paul) – neben jenen großformatigen *Tagblättern* bis weit in die dreißiger Jahre hinein *das* Forum solcher Art von Poesie für „müssige Stunden“ überhaupt.[13]

Als „heimliches Oberhaupt“[14] dieses Literatenkreises muss der Leipziger Ratsherr und Rittergutsbesitzer Johann August Apel (1771–1816) angesehen werden, wohl einer seiner konzeptivsten Köpfe und zugleich auch einer der einflussreichsten Mediatoren dieser sächsischen Unterhaltungsaktivitäten.

Neben Friedrich Kind ist Apel offensichtlich der einzige aus dieser Runde, der bis heute über einen gewissen Bekanntheitsgrad verfügt. Ungeachtet dessen ist das Wissen über ihn – wie über das Leben und Wirken der meisten dieser sogenannten „Wasserpoeten“– eher spärlich.[15] Angesichts dessen mag es als Glücksumstand gelten, dass Apels seit dem Ende des Zweiten Weltkrieges vermisster Nachlass wieder aufgefunden werden konnte und mit ihm ein überaus aufschlussreiches Tagebuch aus den Jahren 1809 bis 1816. Das eigentlich Interessante an diesem akribisch geführten fünfbändi-

---

10 Indem sie einen pragmatischen Literatur- bzw. Kunstbegriff wie ihn v. a. die Berliner Spätaufklärer um Friedrich Nicolai vertraten, radikal in Frage stellte, was am Ende einen ‚Kulturkrieg‘ provozierte. – Vgl. Lutz Vogel: „Ästhetische Prügeleien“. Literarische Fehden in Berlin und Weimar (1800–1803), in: Debatten und Kontroversen. Literarische Auseinandersetzungen in Deutschland am Ende des 18. Jahrhunderts, hg. v. Hans-Dietrich Dahnke u. Bernd Leistner, Berlin, Weimar 1989, Bd. 2, S. 358–416. – Vgl. Richard Otto Spazier: Jean Paul Friedrich Richter. Ein biographischer Commentar zu dessen Werken, 2. Aufl., Leipzig 1840, Bd. 3, S. 133 f.

11 Entsprechendes gilt für die dieses Konzept – gleichsam in zweiter Generation – fortsetzende *Dresdner Abend-Zeitung*.

12 Das betrifft vor allem die von ihr betreuten Jahrgänge des renommierten *Taschenbuchs der Liebe und Freundschaft* und der *Urania*. Sämtliche dieser Taschenbücher galten geradezu als ‚Klassiker in Duodez‘. – Vgl. Böck [Anm. 3].

13 Vgl. auch Jean Paul *Ueber Tagblätter und Taschenbücher*, in: Ders.: Sämtliche Werke. Historisch-kritische Ausgabe, hg. v. Eduard Berend u. a., Berlin 1927 ff., Abt. 1, Bd. 16, S. 454–457 (fortan sigliert als JPSW).

14 Thomas Wolf: Pustkuchen und Goethe. Streitschrift als produktives Verwirrspiel, Tübingen 1999, S. 60.

15 Vgl. Klaus Günzel: Romantik in Dresden. Gestalten und Begegnungen, Leipzig 1997, S. 103–115; Ders.: Die deutschen Romantiker. 125 Lebensläufe. Ein Personenlexikon, Düsseldorf, Zürich 1995, S. 7–8.

gen Diarium (ca. 1000 Seiten)[16] freilich ist, dass ihm so etwas wie eine chronologisch ‚nachholende Selberlebensbeschreibung' August Apels eingefügt ist: beginnend 1771 (zwei Jahre nach Gellerts Tod) mit seiner Geburt und endend 1808 (zwei Jahre nach dem Untergang des Ancien Régime) im Todesjahr der Mutter. Dieser rund 175 Quartseiten umfassende Text ist zwischen dem 20. Mai und dem 23. Dezember 1815 entstanden und dem ‚eigentlichen' Tagebuch in Form längerer oder auch kürzerer Einschübe eingeschrieben, in denen sich Apel der ersten 37 Jahre seines Lebens erinnert, indem er das „Charakteristische" dieses Zeitraums – nämlich den medial und ästhetisch so gravierenden Übergang in die kulturelle Moderne – gleichsam am Leitfaden der eigenen Vita thematisiert. Allein schon insofern gerät diese ‚Autobiographie' zu einer Art ‚Mikro-Historie' einer der wohl faszinierendsten Epochen nicht nur in der sächsischen Kulturgeschichte.

Es liegt in der Natur der Sache, dass damit – zumindest indirekt – zugleich auch die Frage nach dem Stellenwert aufgeworfen ist, der Christian Fürchtegott Gellert und mit ihm der sogenannten empfindsamen Aufklärung[17] in diesem Kontext zukommt.

II.

Johann August Apel wurde am 17. September 1771 als jüngster von zwei Söhnen[18] des wohlhabenden Juristen Heinrich Innozenz Apel (1732–1802)[19] in Leipzig geboren und führte im Verhältnis zu den übrigen Angehörigen des sächsischen Romantikerkreises ein durchaus privilegiertes Leben. Seine Mutter Johanna Christiane (geb. Kirsten, 1731–1808) war die Witwe eines vermögenden Chemnitzer Kaufmanns. Die Familie bewohnte eines der repräsentativen Bürgerhäuser im Zentrum der Stadt, wobei die Sommermonate im Allgemeinen auf einem der weitläufigen Landgüter verbracht wurden, die Innozenz Apel im Laufe der Zeit erworben hatte.

---

16 Der erste Band (1809–1811) scheint verloren. – Im Kontext des von der DFG geförderten Forschungsprojekts *Von der Aufklärung zur Unterhaltung – Mediale Transformationen der literarischen Kultur in Deutschland zwischen 1780 und 1840* (Leiter: Jürgen Fohrmann) ist eine systematische Auswertung dieses in Privathand befindlichen Quellendokuments vorgesehen. Seine editorische Erschließung ist in Vorbereitung. – Die folgenden Zitate stammen durchweg aus dem vierten Band des unpaginierten Tagebuchs.

17 Vgl. in diesem Zusammenhang bis heute grundlegend: Gerhard Sauder: Empfindsamkeit. Voraussetzungen und Elemente, Bd. 1, Stuttgart 1974.

18 Ein dritter älterer Sohn verstarb bereits im frühen Kindesalter.

19 Auf dessen Großvater, den von August dem Starken protegierten Großkaufmann und Luxusfabrikanten Johann Dietrich Apel (1662–1718) geht nicht nur der von Goethe als ‚elysisch' gepriesene Barockgarten zurück, sondern auch das berühmte Königshaus am Markt.

Heinrich Friedrich Innozenz Apel, Gemälde von Anton Graff, 1770[20]

Schon bald nach dem Studium hatte Apels Vater eine vergleichsweise steile Verwaltungslaufbahn absolviert, die ihm nicht nur den Titel eines Hofrats einbrachte, sondern darüber hinaus auch zahlreiche lukrative Ämter. Hinzu kamen hohe Posten im Konsistorium und im Stadtmagistrat. 1801, gut ein

20 Abdruck mit freundlicher Genehmigung der Apelschen Kulturstiftung.

Jahr vor seinem Tode, wurde er schließlich zum ersten Bürgermeister der Messemetropole gewählt.[21]

Innozenz Apel verkehrte nicht nur mit weiten Kreisen der ortsansässigen Honoratiorenschaft, sondern pflegte darüber hinaus auch Umgang mit Literaten wie dem jungen Goethe,[22] dem Steuereinnehmer Weiße oder aber dem „Praeceptor Germaniae“ Gellert. Zu seinen „amicii“ gehörten vor allem einflussreiche Verwaltungsbeamte, die wie er wichtige Stellen im Churfürstlich Sächsischen Gouvernement bekleideten. Hinzu kamen Professoren der Leipziger Alma Mater, allen voran so prominente Gelehrte wie der Altphilologe Johann August Ernesti (1707–1781) und dessen geistiger Antipode, der Anwalt des „Dunkels“ (Goethe), Christian August Crusius (1715–1775).[23]

Am meisten jedoch, so der Eindruck, hielt sich Innozenz Apel auf die Freundschaft des 1769 verstorbenen Gellert zugute,[24] in dessen Stilisticum sowie berühmte Vorlesungen über Moral, „elegantoris litteraturae“ und „maxime poeseos“ er schon als Student gepilgert war.[25] Wobei gewiss auch für ihn – und zwar zeit seines Lebens – gegolten haben mag, was die *Frankfurter gelehrten Anzeigen* 1772 „in Ansehung der allgemeinen Orthodoxie des Geschmacks“ konstatierten: „An Gellert, die Tugend und die Religion glauben, ist bei unserm Publico beinahe eins.“[26]

Wie in diesen Kreisen üblich, verlief die Erziehung der Kinder streng reglementiert und lag so gut wie ausschließlich in den Händen von Dienstboten. Der ohnehin eher förmliche Umgang mit den Eltern reduzierte sich

---

21 Sein von Anton Graff gemaltes Altersporträt (1798) prangt noch heute im Großen Saal des Alten Rathauses. Vgl. Ekhart Berckenhagen: Anton Graff. Leben und Werk, Berlin 1967, S. 51, Nr. 20.

22 Vgl. Johann Wolfgang Goethe: Dichtung und Wahrheit, Teil 1, Buch 7, in: Ders.: Werke (Berliner Ausgabe), hg. v. Siegfried Seidel, Berlin 1960 ff., 3. Aufl., Berlin 1971, Bd. 13, S. 330.

23 Vgl. zum Gesamtkontext Detlef Döring: Die Philosophie Gottfried Wilhelm Leibniz' und die Leipziger Aufklärung in der ersten Hälfte des 18. Jahrhunderts, in: Abhandlungen der Sächsischen Akademie der Wissenschaften zu Leipzig. Philologisch-historische Klasse, Bd. 75, H. 4, Leipzig 1999, S. 102–128.

24 Hierauf lässt z. B. der Umstand schließen, dass „Herr Doktor Apel“ ganz oben auf der von Cramer publizierten Spendenliste der „Gönner und Freunde“ für das Gellert-Monument auf dem Johannisfriedhof steht. Vgl. Johann Andreas Cramer: C.F. Gellerts Leben, Carlsruhe 1818, S. IV. Erst recht jedoch spricht dafür die Tatsache, dass sich eine Replik des 1769 von Philipp Erasmus Reich in Auftrag gegebenen Gellertbildes von Anton Graff bis heute in Besitz der Familie befindet. – Es ist zu vermuten, dass das berühmte Gemälde mehr oder weniger zeitgleich mit den ebenfalls von Graff gemalten Porträts Apels (1770) und seiner Frau (1768) entstanden ist. Vgl. Berckenhagen [Anm. 21], S. 140–142, Nr. 433, und S. 51, Nr. 19 und Nr. 21.

25 Vgl. Memoriam viri illustris Henrici Friderici Innocentii Apelii, Leipzig [1802], S. 6.

26 Vgl. Frankfurter gelehrte Anzeigen 1772. Auswahl, hg. v. Hans-Dietrich Dahnke u. Peter Müller, Leipzig 1971, S. 67 (Rezension von Mauvillons und Unzers 1771 erschienener Philippika gegen Gellert).

daher von früh an auf ein Minimum – von Begegnungen mit Gleichaltrigen ganz zu schweigen. Kaum dass August Apel und sein um drei Jahre älterer Bruder Friedrich das dritte Lebensjahr erreicht hatten, wurden sie der Fürsorge ihrer „Muhme" entzogen und der Obhut von Hauslehrern übergeben. Ihnen hatten sie nicht nur eine gediegene Bildung und damit einhergehend die frühzeitige Ermutigung zum ‚Selbstdenken' zu verdanken, sondern – mehr oder weniger en passant – zugleich auch die Bekanntschaft mit zeitgenössischer Literatur, Musik und Publizistik.

Ein Umstand, der um so bemerkenswerter erscheinen muss, als es in einem so wohlhabenden, ja reichen Elternhause wie dem seinen zu einer Zeit, da Leipzig als *die* Literaturfabrik Deutschlands galt, mit Ausnahme der Bibel, diversen Gesangbüchern oder aber den gelehrten Folianten des Vaters offensichtlich nicht nur an Büchern, sondern generell an jeglicher Form geistiger, gar schöngeistiger Anregung mangelte. Von verschwenderischem Luxus oder ausschweifender Lebensführung, wie sie für das Leipziger Bürgertum geradezu sprichwörtlich waren, keine Spur. Ganz im Gegenteil: Im Hause des Hofrats Apel galten andere Werte, hier waren Disziplin, „Oeconomie" und Frömmigkeit oberstes Gebot.

Schon einer von August Apels ersten Lehrern (1776–1779), Thubald aus Crimmitschau, „der den Unterricht sehr angenehm zu machen wußte, ohne zu kindern",[27] vermochte es, ihn bereits in diesem frühen Alter für historische und naturgeschichtliche Fragestellungen, aber auch physikalische Experimente zu begeistern. Zugleich verstand er es, den eben Siebenjährigen nicht nur für die Schönheit der deutschen Sprache, sondern auch der antiken Dichtung – namentlich die Oden des Horaz – empfänglich zu machen. Ein anderer (1781–1783), Müller aus Chemnitz, brachte mit seinem Pianoforte die Musik in den eher tristen und einförmigen Familienalltag und eröffnete dem inzwischen Zehnjährigen mit Oratorien von Rolle, Graun und Benda oder aber Liedern und Serenaden von Hiller und Reichardt förmlich eine neue, gleichsam lichte Welt: „[...] sowenig ich in der Musik etwas weiß oder leisten kann, so ist doch von Müllers Zeit an Musik fast die Feder im Gange meines Schicksals gewesen, und alles Bedeutende ward durch sie veranlaßt, Böses und Gutes." Doch nicht nur das. Über die Musik und das Erlernen des Klavierspiels wurde August Apel, mehr als das "außer dem der Fall gewesen wär", zugleich auch „mit den Werken deutscher Dichter [...] bekant." Ein Interesse, das dann in der Folge nicht nur durch andere Hauslehrer, sondern auch durch im Hause der Eltern wohnende Studenten vertieft wurde. Diese waren Mitglieder von Lese- oder Journalgesellschaften und gewährten den lektürehungrigen Teenagern bereitwillig Zugang zu den von ihnen entliehenen Büchern. Einer von ihnen, der ein eifriger Besucher der 1766 eingeweihten Komödie auf der

27 Thubald war also anscheinend ein Anhänger philanthropischer Erziehungsmaximen.

Rannischen Bastei war, vermittelte ihm zudem nicht nur so manches über das „Theaterwesen“, das ihm bis dahin „ein ganz unbekanntes Land“ war, sondern auch den „Genuß“, Shakespeares *Macbeth*, Goethes *Götz* oder aber Schillers *Räuber* wenigstens lesen zu dürfen. „Ich kannte“, so Apel,

> weder die Verfasser noch den Wert der Werke, denn von neuerer u anderer als röm. u griech. Literatur kam keine Notiz in meinen Kreis. Meinem Bruder machte sogar Jaspis [ein Informator; d. Verf.] Vorwürfe, daß er statt zu arbeiten sich hinsetze und Romane lese, als den Dante von Algier (wie er ihn aus Unbekanntschaft nannte) und Andere dergleichen.

Derart wurden die Jungen freilich nicht nur mit belletristischen Werken wie Klopstocks *Messias*, Miltons *Paradise Lost*, Herders *Zerstreuten Blättern*, Geßners *Idyllen* oder aber Abenteuer-, Räuber- und Schauerromanen à la Miller, Cramer und Vulpius bekannt,[28] auf gleiche Weise erhielten sie auch Zugang zu Zeitschriften wie dem *Teutschen Merkur* (1773–1789), der *Jenaischen Allgemeinen Literatur-Zeitung* (1785 ff.), *der Berlinischen Monatsschrift* (1783 ff.), dem *Deutschen Museum* (1776–1788), dem Moritz'schen *Magazin für Erfahrungsseelenkunde* (1783–1793) oder aber dem Meißnerschen Journal *Für aeltere Litteratur und neue Lectüre* (1783–1785) – und damit Anschluss an die sich – nicht zuletzt auf dem Sektor der Unterhaltungsliteratur – gerade in diesen Jahren frappant vermehrende „Welt der Bücher“ (A.W. Schlegel), die ihnen von Hause aus so gut wie verschlossen war.

Von 1783 bis 1785 besuchte Apel parallel zu seinem Privatunterricht die Leipziger Thomasschule (1783–1785) und kam damit erstmals in nähere Beziehung zu Gleichaltrigen, so u. a. zu den Söhnen des Stadtrichters Kind, zu Adolph Wagner (1774–1835) oder auch zu Friedrich Rochlitz (1769–1842), dem späteren Herausgeber der *Allgemeinen Musikalischen Zeitung*.

Speziell mit dem um drei Jahre älteren Friedrich Kind (1768–1743) sollte ihn schon bald darauf eine „innige und schwärmerische“ Freundschaft verbinden, deren tiefster Grund in beider sentimentaler Begeisterung für die zeitgenössische Literatur, insbesondere auch das Theater bestand. Zu ihren Vorlieben zählten historische oder auch mystisch-phantastische Stoffe, wie sie ihnen in Klingers *Zwillingen*, Goethes *Götz von Berlichingen*, Benedikte Naubers *Hermann von Unna*, Schillers *Don Karlos* oder aber dessen *Geisterseher* begegneten. Kinds „Genius“, so Apel,

> war damals eben in der jugendlichen, fast stürmerischen Periode der Entfaltung. Er dichtete ungeheuer viel, und mir war es ein hoher Genuß, ihn seine Dichtungen lesen zu hören, ihm selbst war natürlich ein so empfänglicher Zuhörer ebenfalls willkommen […] Von der Zeit an waren wir fast täglich beisammen, entweder zu Haus, oder im Freyen und lasen.[29]

---

28 Über frühere Hauslehrer waren sie auch mit Kinderliteratur wie Campes *Robinson Crusoe* oder Weißes *Kinderfreund* bekannt geworden.

29 Ähnlich auch Kind, vgl. Hermann Anders Krüger: Pseudoromantik. Friedrich Kind und der Dresdener Liederkreis, Leipzig 1904, S. 53.

Johann August Apel, Gemälde von Moritz Retzsch, um 1800[30]

In jene Zeit fallen dann auch Apels erste und in der Folge regelmäßige Besuche des Schauspiels, der Konzerte im 1781 eingeweihten Gewandhaus und – ab 1788 – dann auch der Oper, wobei ihn neben Dramen wie Dycks *Graf von Essex*, Schillers *Fiesco* oder Albrechts *Masaniello* v. a. Aufführungen von Mozarts *Figaro* oder *Don Giovanni*, von vielgespielten Repertoirestücken wie Vicente Martín y Solers *Una cosa rara*, Giuseppe Sartis *Fra due litiganti il terzo*

30 Abdruck mit freundlicher Genehmigung der Apelschen Kulturstiftung.

gode oder auch Salieris *Axur, König von Hormus* begeisterten. All das vermittelte ihm eine bis dahin unbekannte, gleichsam „bezauberte" Sphäre: „Ich vergaß alles um mich und lebte bloß in der neu geöffneten Welt". Daneben wurden im Kindschen Hause theatralische und deklamatorische Übungen abgehalten, die schließlich in dem Versuch mündeten, „in möglichster Verborgenheit ein, ja zwei Privattheater" zu schaffen. „Bälle und größere Gesellschaften" – somit für eine Weltstadt wie Leipzig charakteristische Vergnügungsorte – wurden bezeichnenderweise nicht aufgesucht. „Unsere Ergötzlichkeiten", so Kind, „bestanden in Lesen, in Gesprächen darüber, in etwas Fechtenlernen, im Schlittschuhfahren, in kürzern Spaziergängen".[31] Hinzu kamen nach Ende des Schulbesuchs Studien an der Leipziger Alma Mater, in denen Apel neben anderen die weit über Sachsen hinaus berühmten Vorlesungen des Anthropologen und Ästhetikers Ernst Platner (1744–1818) hörte.[32] In diese Zeit fällt auch seine nähere Bekanntschaft mit dem Schneidersohn Friedrich Rochlitz. Beide sollte fortan eine lebenslange Freundschaft verbinden, die in ihrer gemeinsamen Leidenschaft für die Literatur, vor allem jedoch die Welt der Töne gründete. Durch ihn wurde er nicht nur „auf manches in der Musik aufmerksam gemacht", was ihm bei seinem „früheren Unterricht nie vorgekommen war", sondern darüber hinaus auch mit einem Wissenschaftsverständnis konfrontiert, das sich von der „düsteren, mürrischen" Schulgelehrsamkeit, wie er sie von zu Hause kannte, grundsätzlich unterschied.

Entgegen dem sehnlichsten Wunsch des Vaters, dass der Sohn Theologe werden möge, absolvierte August Apel schließlich zwischen 1789 und 1793 in Leipzig, später dann in Wittenberg, ein Jurastudium. 1795 promovierte er zum Doktor der Rechte und bemühte sich schon bald darauf, als Anwalt selbstständig zu werden sowie juristische Seminare zu halten. Nebenher besuchte er gemeinsam mit August Heinroth (1773–1843), dem späteren „philosophischen Arzt",[33] chemische, medizinische und andere naturwissenschaftliche Vorlesungen an der dortigen Universität. Auch mit Adolph Wagner, dem Sohn eines Steuereinnehmers und geistigem Ziehvater Richard Wagners, dessen Theaterbesessenheit er teilte, wurde Apel in dieser Zeit näher bekannt. Im übrigen frönte er weiterhin ausgiebig seinen ausgeprägten literarischen, musikalischen und philosophischen Neigungen, wobei neben Schiller der zu dieser Zeit aufkommenden Romantik von Anfang an eine Favoritenrolle zukam. Einem gründlichen Studium der Kant'schen Philosophie schlossen sich ab etwa 1798 nicht weniger intensive Lektüren Fichtes und

31 Vgl. Krüger [Anm. 29], S. 52–54.

32 Vgl. Ernst Bergmann: Ernst Platner und die Kunstphilosophie des 18. Jahrhunderts. Nach ungedruckten Quellen dargestellt, Leipzig 1913.

33 Johann Christian August Heinroth (1733–1843), erster Inhaber eines Lehrstuhls für Psychiatrie in Deutschland (1811). – Vgl. auch Friedrich Laun: Memoiren, Bunzlau 1837, Bd. 1, S. 105–107.

Schellings an, wobei ihm dessen *Von der Weltseele* im Vergleich zu den bislang betriebenen naturwissenschaftlichen Studien wie „Physiologie gegen Anatomie, lebendige Glieder gegen totes Gerüst" erschien. Das *System des tranzendentalen Idealismus* sollte schließlich zu einer Art Erweckungserlebnis werden, indem es ihn zu eigener literarischer und kunstphilosophischer Tätigkeit animierte. Im *Neuen teutschen Merkur* bzw. in der *Allgemeinen Musikalischen Zeitung* erscheinen Abhandlungen wie die *Ueber musikalische Behandlung der Geister* oder auch die über *Ton und Farbe*. In diese Zeit fallen dann auch seine ersten dichterischen Versuche.

Neben seiner Konzert- und Theaterliebhaberei las Apel, wie schon all die Zeit zuvor, mehr oder weniger intensiv alles, was der Buchmarkt – genauer gesagt: das Beygangsche Museum – an Belletristik hergab, vor allem jedoch Romane. Die restliche Zeit war dem Musizieren, teils auch in privater Runde, gewidmet, wobei er neben dem Klavierspiel inzwischen ein wahres Faible für die süß-melancholischen Klänge der Glasharmonika oder auch der Aeolsharfe entwickelt hatte. Mit Rochlitz und Heinroth, seinen eigentlichen Intimi, verband ihn in jenen Jahren ein gemeinsamer literarischer Sonntagszirkel, der schon recht bald in einem größeren Gesprächskreis künstlerisch dilettierender Intellektueller aufgehen sollte.

1801 fiel Apel dann dank der Protektion seines inzwischen zum Bürgermeister avancierten Vaters der einträgliche Posten eines Senators im Leipziger Stadtrat zu sowie nach dessen Tod im November 1802 ein stattliches Vermögen. Bereits kurz zuvor war das Rittergut Ermlitz, das bis dahin dem Vater gehört hatte, in seinen Besitz übergegangen. All das erlaubte ihm von nun an bis zu seinem frühen Tode im Jahre 1816, das sorgenfreie Leben eines Landedelmannes zu führen und sich ausschließlich seinen musisch-schöngeistigen Interessen sowie dem Sammeln von Büchern oder auch kostbaren Musikinstrumenten zu widmen. Eine Existenz, um die ihn verständlicherweise nicht wenige seiner zu Lohnschreiberei und poetischer Selbstausbeutung verdammten literarischen Freunde beneideten – allen voran Kind und Rochlitz.[34]

Ab jetzt verfasste er in mehr oder weniger regelmäßiger Folge kunstphilosophische Aufsätze für Rochlitz' Musikblatt oder auch Rezensionen für die *Jenaische Allgemeine Literaturzeitung,* unter denen diejenigen zu Schillers *Jungfrau von Orléans* (1802) und Jean Pauls *Vorschule der Ästhetik* (1807) die bemerkenswertesten sind. Seine Hauptbeschäftigung bestand freilich im Dichten. Neben drei antikisierenden Dramen[35] und dem Trauerspiel *Kunz*

34 Kind lebte seit 1792 in Dresden, wo er sich inzwischen als Rechtsanwalt etabliert hatte und nebenbei als Schriftsteller betätigte. Rochlitz lebte von seinen Einnahmen als Schriftsteller sowie seit 1798 als Herausgeber der bei Breitkopf & Härtel, dem ältesten Musikverlag Deutschlands, erscheinenden *Allgemeinen Musikalischen Zeitung.*

35 *Polyidos* (1805), *Die Aitolier* (1806) und *Kallirhoe* (1806).

von Kauffung (1809) entstehen Gedichte, Romanzen, Elegien, Volkssagen, Feenmärchen und andere kürzere Prosastücke, die in Almanachen und Taschenbüchern mit so blumigen Namen wie *Aglaja*, *Luna*, *Malven*, *Urania, Agrionien, Die Musen, Hortensia* oder auch im *Frauentaschenbuch*, dem *Journal von und für Frauen* sowie dem *Taschenbuch der Liebe und Freundschaft gewidmet* erschienen. Ab 1810 gibt Apel dann unter dem Titel *Cicaden* eine eigene Taschenbuchserie (1810–1812) heraus, der sich die posthum erschienene Sammlung *Zeitlosen* (1817) anschließt. Sein größter schriftstellerischer Erfolg sollte freilich das gemeinsam mit Friedrich Laun verfasste *Gespensterbuch* (1810–1811) werden, dem nicht von ungefähr schon bald darauf zwei weitere, *Wunderbuch* (1815–1816) überschriebene Bände folgten. Die Titelgeschichte des *Gespensterbuches*, die von Apel nacherzählte *Freischütz*-Sage, diente als Vorlage für Kinds Libretto zu Carl Maria von Webers (1786–1826) gleichnamiger Oper – der ersten romantischen überhaupt. Apels umfangreichstes und wohl auch wichtigstes Opus ist indes die 1814 und 1816 in zwei Bänden erschienene *Metrik*. In seinem Nachlass befinden sich weitere, meist fragmentarische Werke, so u. a. die Vorarbeiten zu einer *Zauberoper*, einem *Musikalischen Intermezzo* und einem Oratorium (*Weltgericht*). Im Übrigen ist davon auszugehen, dass ein beträchtlicher Teil seiner häufig anonym oder pseudonym erschienen Zeitungs- und Zeitschriftenpublikationen bis heute nicht identifiziert ist.

Bereits Anfang 1801 – also zu Beginn seiner eigentlichen „poetischen Phase" (Heinroth) – war Apel mit Friedrich Laun bekannt geworden. Im selben Jahr lernte er auch Schelling und den Herausgeber der *Zeitung für die elegante Welt*, Carl Spazier (1758–1805), kennen, mit dem er spätestens seit 1803 in ausgesprochen freundschaftlichem Umgang stand. Man gründete einen Lesezirkel, zu dem neben Spazier und dessen Frau Minna (1776–1825) noch Rochlitz und weitere musisch enthusiasmierte Laien gehörten. Auch Besuche auf Apels Landsitz fanden statt, so dass Spazier schon bald zu seinen wichtigsten Gesprächspartnern zählte. Mit Minna Spazier bahnte sich bereits 1803 eine Liebesbeziehung an, die – neben anderen Amouren – mit Unterbrechungen bis ins Jahr 1808 dauerte. Zur großen Enttäuschung der Anfang 1805 verwitweten ‚Hofräthin' heiratete Apel dann am 8. Oktober 1808 die um zwanzig Jahre jüngere Emilie Hindenburg, eine Professorentochter. Aus dieser wenig glücklichen Verbindung ging der Sohn Guido Theodor (1811–1867) hervor, der nicht nur einer der engsten Jugendfreunde Richard Wagners war, sondern zugleich auch dessen erster Mäzen. Eine Tochter namens Marie Ottilie scheint frühzeitig aus dem Elternhaus gegeben worden zu sein.[36]

---

36 Vgl. Arno Schmidt: Fouqué und einige seiner Zeitgenossen, 2. Aufl., Frankfurt/Main 1975, S. 292.

In diese späteren Jahre fallen schließlich auch Apels Bekanntschaften mit Friedrich de la Motte Fouqué, Carl Maria von Weber und Heinrich Voß. In seinen letzten Lebensjahren verband ihn darüber hinaus eine engere Freundschaft mit dem sächsischen Romantiker Carl Borromäus von Miltitz (1781–1845). August Apel starb am 9. August völlig unerwartet an den Folgen einer Halsentzündung.

Bildeten Leipzig und seine das Leben in der sächsischen Metropole auf ganz spezifische Weise prägende pragmatisch-hedonistische, ebenso auf Kommerz wie auf Konsum fixierte „Cultur des Kaufmanns" (Garve) den Ursprung und insofern das Zentrum dieser kulturgeschichtlich so folgenreichen ästhetischen Bewegung, so muss Apels unmittelbar vor den Toren der Stadt gelegenes Rittergut Ermlitz als ihr – im eigentlichen Sinne – romantischer ‚Fluchtpunkt' begriffen werden. Abgesehen davon, dass in diesem barock-idyllischen Ambiente nachweislich die meisten seiner theoretischen und belletristischen Schriften entstanden sind, ist dieses ‚Traumschloss' als eine Art Refugium zu begreifen, in dem die Freunde zusammenkamen, um ihren Vorstellungen von „Gemüthererregungskunst" (Novalis) zu frönen. Sei es nun im persönlichen Gespräch, im intellektuellen Diskurs, im Rahmen phantastischer Seancen (*Gespenstertee)*[37] oder aber im Rausch entrückender Klangwelten, wie sie nicht zuletzt die Virtuosität eines Carl Maria von Weber hervorzuzaubern wusste.

III.

Soweit ein knapper, im Wesentlichen auf dessen nachträglichen Tagebuchbericht gestützter Abriss von August Apels Biographie. Am auffälligsten daran – sieht man einmal von den privilegierten Lebensverhältnissen ihres Protagonisten oder auch dessen wie auch immer zu bewertender schriftstellerischer Leistung ab – scheint ihre Unauffälligkeit zu sein, das durch und durch Unspektakuläre, ja Ereignis- und Erlebnislose dieser Lebensgeschichte – ihre sich mehr oder weniger in ‚Müßiggang' erschöpfende Nullität. Das freilich nur auf den ersten Blick, wie eine nähere Betrachtung der autobiographischen Beschreibung belegen soll. Geht es doch Apel – verglichen etwa mit Goethes kurz zuvor erschienenen Memoiren[38] – von vornherein weniger darum, sein *äußeres*, wahrlich eher „plattes"[39] Leben Revue passieren zu lassen, als vielmehr darum, seine *innere* – primär als Geschichte der Prägung und Ausbildung seiner ‚poetischen', also geistigen und phantastischen, Individualität begriffene – Biographie so genau wie möglich zu rekonstruieren. Ein in

37 Vgl. Laun [Anm. 33], Bd. 2, S. 20 ff.
38 Die ersten drei der insgesamt vier Bände von Goethes *Dichtung und Wahrheit* waren zwischen 1811 und 1814 erschienen.
39 JPSW II, 4, 363, Nr. 5.

der Tat ambitioniertes Anliegen, nicht zuletzt insofern, als es ja in der Konsequenz darauf hinausläuft, die eigene Vita als Geschichte der Sozialisation eines *homo* bzw. *felix aestheticus* (Baumgarten) im Lichte jenes gravierenden Umbruchs vom rhetorischen zum ‚druck- und geldpapiernen Weltalter' (Jean Paul) zu spiegeln, wie er sich zu Ausgang des 18. Jahrhunderts vollzogen hat.[40]

Nicht nur die Verfahrensweise, sondern auch das damit verbundene Erkenntnisinteresse rückt Apels ‚aisthetische Erfahrungsseelenkunde' in unmittelbare Nähe nicht nur zur ‚poetischen Biographik' Karl Philipp Moritz', sondern insbesondere zu derjenigen Jean Pauls,[41] speziell zu dessen im Jahr darauf in Angriff genommener *Selberlebensbeschreibung*.[42] Nicht von ungefähr. Begriff sich der Autor des auflagenstarken *Gespensterbuchs*, der wie die meisten in seiner Generation sämtliche Stadien der Empfindsamkeit, der Reflexionsphilosophie und des Ich-Kultes durchlaufen hatte, inzwischen doch längst als ebenso enthusiastischer wie reflektierter Parteigänger – Jean Paul spricht von „Nachahmer" (Epigone)[43] – jener neuen ästhetischen Schule, deren oberstes Credo darin bestand, die Welt zu ‚romantisieren'. „Romantisieren ist nichts als eine qualit[ative] Potenzierung", so Novalis' wohl bündigste Formel dieser anfangs geradezu revolutionären Kunst-Welt-Anschauung. „Indem ich dem Gemeinen einen hohen Sinn, dem Gewöhnlichen ein geheimnißvolles Ansehen, dem Bekannten die Würde des Unbekannten, dem Endlichen einen unendlichen Schein gebe, so romantisiere ich es."[44]

Jean Pauls 1826 posthum erschienene Autobiographie ist nun allerdings über die Zeit der Kinder-Idyllen und Knaben-Olympiaden nicht hinausgelangt. Sie blieb – wie ja auch Moritz' *Anton Reiser* – Fragment. Anders im Falle August Apels. Dessen Erinnerungsprojekt wurde erfolgreich absolviert. Es reicht quasi von der Wiege bis zur Bahre, von der ersten bewusst erlebten ästhetischen Wahrnehmung des eben Dreijährigen bis hin zu den kunstphilosophischen Reflexionen, die der Siebenunddreißigjährige im Vorfeld seines ästhetischen Hauptwerkes, der *Metrik*, anstellte.

Gleichwohl handelt es sich bei der hier dokumentierten *éducation sentimentale* um alles andere als eine gleichförmige, geschweige denn „gemächliche" (Wendt) Entwicklung, wie vielleicht im ersten Moment zu vermuten

40 JPSW I, 11, 16, 318. – Vgl. zum Gesamtkontext Jochen Hörisch: Eine Geschichte der Medien. Von der Oblate zum Internet, Frankfurt/Main 2004, S. 156–157.

41 Vgl. Dorothea Böck: Phantastische Epistelexperimente. Poetische Biographik im Umfeld Jean Pauls, in: Jahrbuch der Jean-Paul-Gesellschaft 41, 2006, S. 131–151.

42 Erste Vorarbeiten datieren seit 1816, die eigentliche Ausarbeitung erfolgte dann 1818 und 1819, somit nach Apels Tod. Vgl. JPSW II, 4, 69–132; 357–383.

43 JPSW II, 7, 398.

44 Novalis: Logologische Fragmente, in: Schriften. Die Werke Friedrich von Hardenbergs, hg. v. Paul Kluckhohn u. Richard Samuel, Stuttgart u.a. 1960–1999, Bd. 5, S. 545.

wäre. Wir haben es vielmehr, so paradox das zunächst auch klingen mag, mit einer ,Welten-Reise' zu tun, einer höchst abenteuerlichen und konfliktreichen dazu. Im Grunde genommen handelt es sich um eine Art „Himmelfahrt" (Jean Paul),[45] die man freilich ebensogut als Fluchtbewegung begreifen kann: den Prozess der inneren, schließlich auch der äußeren ,Emigration' August Apels aus einer von frühester Kindheit an als defizitär – „von Uibel" – erfahrenen ersten realen Welt des Lebens, wie sie ihm in seinem Elternhaus, konkret in Gestalt des vermeintlich omnipotenten Vaters, als zutiefst wesensfremde, ja feindliche entgegentritt, in eine zweite, sich quasi zeitgleich mit seiner Geburt (1771, „nach Gellert") etablierende und im Verlaufe seines Lebens geradezu rasant ausweitende virtuelle Welt des Mediums Schrift[46] – genauer gesagt: die imaginäre Universalrepublik der Bücher[47] (und Töne).

Es geht also um einen in seinen historischen Ausmaßen wie auch den psycho-physischen und soziokulturellen Konsequenzen für den Einzelnen geradezu exorbitanten Vorgang, der hier von Apel minutiös als Erfahrung eines das Individuum gleichsam von außen erfassenden, nicht nur dessen ,natürliche' Sinneswahrnehmungen, sondern mehr und mehr auch dessen gesamtes Leben überformenden und grundlegend verändernden Prozesses – und nicht zuletzt insofern als *Sensation* – vergegenwärtigt wird.[48] Auch das nicht von ungefähr, gehörte der Selbstbiograph doch faktisch zur ersten Generation überhaupt, die „ihre Identität in der Literatur" gesucht und „durch Literatur" gebildet hat.[49]

45 JPSW II, 16, 473.

46 „Literale [mediatisierte; d. Verf.] Kommunikation – um diesen langwierigen Prozess schlagwortartig abzukürzen – verhält sich zur mündlichen nicht mehr subsidiär, sondern substitutiv", so Albrecht Koschorkes Kurzformel für diesen mediengeschichtlich überaus komplexen Sachverhalt. – Vgl. Ders.: Alphabetisation und Empfindsamkeit, in: Der ganze Mensch. Anthropologie und Literatur im 18. Jahrhundert, hg. v. Hans-Jürgen Schings, Stuttgart 1994, S. 605–628, hier S. 606.

47 JPSW I, 16, 99.

48 Vgl. zum Gesamtkontext Böck [Anm. 41], S. 135–137. – „Innerhalb großer geschichtlicher Zeiträume verändert sich mit der gesamten Daseinsweise der menschlichen Kollektiva auch die Art und Weise ihrer Sinneswahrnehmung. Die Art und Weise, in der die menschliche Sinneswahrnehmung sich organisiert – das Medium, in dem sie erfolgt –, ist nicht nur natürlich, sondern auch geschichtlich bedingt", so Walter Benjamin in *Das Kunstwerk im Zeitalter seiner technischen Reproduzierbarkeit*, in: Ders.: Lesezeichen. Leipzig 1970, S. 379.

49 Hazel Rosenstrauch: Von der Peripherie ins Zentrum zur Peripherie. Dorothea Schlegel und Henriette Mendelssohn, in: Deutsche Schwestern, hg. v. Katharina Raabe, Berlin 1997, S. 90.

IV.

Im Unterschied zur Mutter, die als zwar wenig gebildete, aber freundliche, reichlich mit „Herz“ und „Witz“ sowie „guter Erziehung“ und „Sinn für Ordnung und Nettigkeit“ ausgestattete Frau beschrieben wird, charakterisiert August Apel den Vater nicht nur als düster-verschlossenen und strengen Despoten, sondern zugleich auch als einen zutiefst frustrierten und emotional verunsicherten Mann, den die Furcht vor jeglicher Art von Veränderung fast noch mehr umtreibt als seine geradezu panische Angst vor Gespenstern, Höllenstrafen oder auch gefährlichen Krankheiten. So z.B. schreckten ihn an der Französischen Revolution weniger ihre „Greuel“, als vielmehr die „Tendenz“ selbst: „weil sie angriff, was lange gegolten hatte“. Nicht nur was sein Äußeres oder die Unbeholfenheit und „pedantisch fürnehme Förmlichkeit“ im Betragen angeht, sondern was seinen Habitus insgesamt betrifft, scheint Innozenz Apel zeit seines Lebens auf einem Niveau verharrt zu haben, das der steifen „Art der Gelehrten von 1770“ – ja einer Welt weit davor – entsprach. Daran vermochte offenbar auch die Tatsache nichts zu ändern, dass in seinem Hause für die geistige und kulturelle Entwicklung im 18. Jahrhundert so bedeutende Persönlichkeiten wie Ernesti, Crusius, Gellert oder auch Weiße verkehrten. Pflegte er doch, wie sein jüngster Sohn zu berichten weiß, ‚Connexionen‘, wenn überhaupt, ohnehin einzig und allein aus „amtlichen oder conventionellen“ Erwägungen sowie im Hinblick darauf, dass diese „einem im Nothfall“ einmal dienlich sein könnten.

Als überzeugter Lutheraner und Parteigänger der Leipziger Orthodoxie[50] war Innozenz Apel nicht nur ein „abgesagter Feind“ der Aufklärung, somit allen „freien Selbstdenkens“ überhaupt, sondern auch felsenfest von der Verderbtheit der menschlichen Natur überzeugt und ließ anscheinend keine auch noch so geringe Gelegenheit aus, gegen jedwede Form „grober oder subtiler Ketzerei“ zu wettern oder aber über Erbsünde, Jüngstes Gericht u. ä. m. zu dogmatisieren und polemisieren. Zutiefst in „orthodoxem Obscurantismus“ befangen sowie eine „Art Dilettantismus mit positiver Theologie“ betreibend, witterte er anscheinend nicht nur überall Heterodoxie und Kryptokatholizismus, sondern suchte darüber hinaus mit geradezu missionarischem Eifer – und was die Söhne anbetrifft, brutaler Gewalt – alle und jeden von seinen selbst für damalige Verhältnisse hochgradig antiquierten Positionen zu überzeugen.[51] Eine Haltung, die indes nicht nur sein Weltverhältnis im Allgemeinen oder auch seine Glaubensinhalte im Besonderen betraf, sondern ebenso die Frage der sogenannten *Adiaphora*, jener so schwer zu fixierenden ‚Mitteldinge‘ jenseits von Gut und Böse also, in der Innozenz Apel bis ans Ende seiner Tage auf der von Pietisten wie Lange oder auch Francke ge-

50 Vgl. Döring [Anm. 23], S. 44–55.
51 JPSW III, 1, 30, 20–32.

wiesenen *richtigen Mittel-Straße* wandeln und als unerbittlicher Kritiker sämtlicher sog. Lusthandlungen die Prinzipien des *Antibarbarus orthodoxiae dogmatico-hermeneuticus* verteidigen sollte.[52] All das ließ ihn in den Augen seines jüngsten Sohn schon von frühester Kindheit an als einen wahren Meister des Verbots erscheinen und machte ihn letztlich zu dessen ärgstem Feind.

August Apel tritt uns in der retrospektiven Darstellung des Biographen Apel als hellwaches, sensibles, ebenso introvertiertes wie phantasiebegabtes Kind entgegen, das sich aufgrund der Einsamkeit, aber auch der geradezu bedrückenden geistigen und emotionalen Leere, der es in seinem Zuhause ausgesetzt war, schon in den allerersten Lebensjahren auf seine Einbildungskraft als Trost-, Kompensations- und Fluchtmöglichkeit, ja als Lebenselexier überhaupt, zurückgeworfen sieht. Der Umstand nun, dass das Kind bereits mit drei Jahren zu lesen vermochte, sowie die Tatsache, dass es von Lehrern unterrichtet wurde, die der Generation sowie auch dem weltanschaulichen Profil von Aufklärern wie Jean Paul oder auch Carl Spazier entsprachen,[53] brachte es mit sich, dass dessen Phantasie bereits in ganz jungen Jahren durch Lektüre – also medial – stimuliert wurde: eine Erfahrung, die der kleine Junge als geradezu rauschhaften und insofern süchtig machenden Glückszustand empfand, der an Intensität lediglich durch die Wahrnehmung von Musik, also romantischer „Poesie durch das Ohr",[54] übertroffen werden sollte. Hatte er doch nicht nur erlebt, welchen Genuss es bereiten kann, wenn sich die eigene mit dem „ blumigen Irrgang einer fremden Phantasie" durchkreuzt,[55] sondern rein intuitiv auch verstanden, dass sich auf diese Weise „nicht nur die Freuden vergrößern und die Schmerzen verkleinern, sondern auch beide verklären" lassen[56] – und damit, zumindest für sich, das dem Medialen eigene Evasions- und Unterhaltungspotenzial entdeckt.

All das, wie sich leicht denken lässt, zum größten Entsetzen des Vaters, der solches Treiben in gut pietistischer Manier nicht nur als ausgesprochen schädlich betrachtete, sondern schlicht und einfach für Sünde hielt und dementsprechend ahndete. Erschien ihm doch selbst trockenstes Studieren wegen eventuell damit verbundener „Neigungen" – somit ‚Begierden' – „verdammlich". Alles, was ich mit Freude oder auch „Interesse trieb und

52 So die Titel der einschlägigen, 1712 und 1709 erschienen Werke Joachim Langes. In diesen Kontext gehört v.a. auch August Hermann Franckes *Großer Aufsatz* (1704). – Zur Adiaphora-Thematik vgl. Theodor Verweyen: Emanzipation der Sinnlichkeit im Rokoko?, in: Germanistisch-Romanistische Monatsschrift, NF. Bd. 15, H. 3, 1975, S. 276–306, hier v. a.: S. 297–306, sowie den instruktiven Artikel von Franz Lau im RGG, 3. Aufl., Bd. 1, 1957, Sp. 93–96.

53 Beide sind ja nicht nur als erfahrene Pädagogen, sondern auch Anhänger moderner, insbesondere auf Rousseau gegründeter Erziehungsmethoden bekannt.

54 JPSW II, 16, 428.

55 JPSW I, 5, 191, 23–28

56 JPSW II, 16, 473.

deswegen emsig" – so schon früh der Stoßseufzer des Sohnes – bestrafte, „störte und wehrte mein Vater". Die Liste der von diesem Verdikt belegten ‚Lusthandlungen' war lang und betraf nahezu sämtliche, selbst die unschuldigsten Aktivitäten des Sohnes. Sei es nun das verträumte Beobachten einer Feder im Wind, das Erlauschen eines Glockentones in der Kirche oder aber das Sammeln bunter Schmetterlinge im Feld. Für solche „Tätigkeit der Fantasie" hatte Innozenz Apel in der Tat „keinen Sinn" und schon gar kein Verständnis. Erst recht nicht für ‚unnütze' Vergnügungen wie das Schachspiel, Spaziergänge im Freien zum bloßen Zeitvertreib, geselligen Umgang mit Freunden, das Studium von Journalen oder gar die Lektüre so sittenverderblicher Bücher wie Romane. Nicht zu vergessen das noch weitaus teuflischere Musizieren, das ihm ein besonderer Dorn im Auge war. Vom Besuch von Theater-, Konzert- und Opernaufführungen, noch dazu am Sonntag, oder ähnlich sündhaften Gaukelspielen ganz zu schweigen. Und an „Lust-Gastereyen", den Genuss edler Weine, gar sexuelle Abenteuer, wie sie sich der Sohn in späteren Jahren hinlänglich gestattete, war nicht einmal im Traume zu denken.[57]

Beispiele dieser Art ließen sich mehren. Eines freilich ist ihnen allen gemein: Sie sind Indizien eines sich all die Zeit über dramatisch zuspitzenden, geradezu zwangsläufig auf einen radikalen Bruch hinauslaufenden Konflikts zwischen dem autoritären, Askese predigenden, bornierten Vater einerseits und dem libertinistisch gesinnten, weltoffenen, sinnen- und genussfreudigen Sohn andererseits – somit eines Kulturkampfes von geradezu epochaler Dimension, wie nicht zuletzt – wenngleich in völlig anderen Kontexten ausgefochten – der spätestens seit der Veröffentlichung der *Xenien* tobende „litterärische" *Krieg aller gegen alle* belegt.[58] Hier wie da ging es schließlich im Kern um nicht mehr, aber auch nicht weniger, als um die seit der Antike umstrittene Frage: *prodesse* oder *delectare* (Horaz). – Das indes längst nicht mehr nur allein auf das Gebiet der Dichtung im engeren Sinne beschränkt, sondern der Tendenz nach auf massenkulturelle, somit gesellschaftliche Phänomene ganz anderen Formats bezogen.[59]

Der nach dem Tod des Vaters erfolgte Rückzug August Apels auf die Existenz eines dichtenden Privatiers markiert insofern weit mehr als nur den Auftakt seiner im eigentlichen Sinne „poetischen Periode" (Heinroth) und damit das Ende einer im Grunde genommen dreißigjährigen Realitätsflucht. Er bedeutet vielmehr deren Potenzierung: nämlich den Auftakt einer Exis-

57 Vgl. die bei Verweyen abgedruckte Verbotsliste [Anm. 52], S. 299.

58 So Friedrich Bouterwek, in: Ders.: Literarische Blätter. Erstes Heft. Zur Erläuterung des literarischen Jacobinismus in der Jenaischen Litteraturzeitung, Göttingen 1800, S. 4.

59 Vgl. zum Gesamtkontext, auf den hier nicht explizit eingegangen werden kann, v.a. Colin Campbell: The Romantic Ethics and the Spirit of Modern Consumerism, Oxford 1987.

tenz förmlich unter der eigenen „Gehirnschale“[60] – einhergehend mit der bewussten Konversion in jene inzwischen zu einem wahren „Bücher-All“ angewachsene imaginäre virtuelle „zweite Welt in einer ersten wirklichen“ (Jean Paul)[61] – und damit den Beginn eines jegliche Form von Wirklichkeit, samt ihrer wie auch immer gearteten Rationalitätsgebote, so konsequent wie möglich aus dem eigenen Dasein verbannenden Lebens, kurzum: eines durch und durch ‚romantischen‘ – eines Faksimile-Lebens („als ob“). Das wohl Bestechendste an Apels Biographie ist die Radikalität, mit der diese Operation hier vorgenommen wird, ja aufgrund seiner spezifischen Lebensumstände vorgenommen werden konnte. Die nun beginnenden Zeiten, so Apel, seien seine „glücklichsten“ gewesen, „aber immer war es nur die Fantasie, welche mein Glück machte, die Wirklichkeit gab mir äußerst wenig“.

Fortan, wie sein Nekrologist Amadeus Wendt zu berichten weiß, zumal auf seinem Ritter- und Musensitz Ermlitz, findet man den „höchst liebenswürdigen, edlen, feinen, ja fast kindlich spielenden Mann“ fast nur noch als Surfer im Buch- und Briefuniversum unterwegs sowie im Kontakt und „im Umgange“ „mit Freunden“, seien es nun die „Dichter“ und „Weisen“ der „Vor-“ oder aber diejenigen der „Mitwelt“.[62] Dabei – als Leser wie als Schreiber, rezeptiv wie aktiv – einzig und allein darauf bedacht, das imaginäre „Gefühl des Ichs“ (Jean Paul)[63] gleichsam exzessiv zu erweitern und zu steigern. All das zu einem einzigen Zweck: die gefühlte Leere, sei es nun die der *Sinne* oder diejenige des *Sinns* – den Horror Vacui – so weit wie möglich zu vertreiben. Kurzum: sich zu unterhalten oder aber, wie Apel als Intellektueller es tat, *theoretisch* über Unterhaltung sowie weitere, möglichst noch angenehmere und noch komplexere Formen von Unterhaltung nachzusinnen. „Uiberhaupt“, so der Kommentar über das jetzige Schreib-Leben, „hatte ich mich in Ermlitz imermehr eingerichtet. Ich hatte eine Harmonika draußen ein Pianoforte, und eine Aeolsharfe.“ Gleichwohl mag auch für ihn gegolten haben, was Wackenroder über seinen Tonkünstler Berlinger sagt: „daß er vielleicht mehr dazu geschaffen war, Kunst zu *genießen* als *auszuüben*“.[64]

Nicht nur Jean Paul konnte von einem solchen „Gütlein Mittelspitz“ und einer die eigene Existenz als ‚Schreibmumie‘ sichernden Sinekure wie dieser nur träumen – und zwar allein schon insofern, wie nicht zuletzt seine 1799 erschienene *Konjekturalbiographie* belegt, als er bis ans Ende seiner Tage vom Verkauf eben dieser und anderer Träume lebte, ja leben musste.

60 JPSW III, 1, 298, 4.
61 JPSW II, 8, 671 bzw. JPSW I 11, 21.
62 Amadeus Wendt: August Apel, in: Zeitgenossen. Biographien und Charakteristiken, Heft 3, S. 174.
63 JPSW II, 6, 18, Nr 59.
64 Vgl. Wilhelm Heinrich Wackenroder: Herzensergießungen eines kunstliebenden Klosterbruders, in: Ders.: Dichtung, Schriften, Briefe, hg. v. Gerda Heinrich, Berlin 1984, S. 247.

August Apel, so das Fazit, gelang es also, seinen phantastischen ‚Vor-Gänger' quasi doppelt zu überbieten: was die Verwirklichung seines literarischen Biographienprojekts betrifft, aber auch was die Umsetzung seines nicht weniger romantischen praktischen Lebenskonzepts angeht. Doch nicht nur das. Auch hinsichtlich der Ausstattung seiner virtuellen Flucht-Räume befand sich der ‚Zweitgeborne' gegenüber dem „literarischen Erstgebornen" in einer deutlich komfortableren Situation.[65] Stand doch Apel und seinen Generationsgenossen inzwischen nicht nur ein wahrer, an und für sich sowie in all seinen Funktionen etablierter Bücher-Kosmos zur Verfügung, sondern darüber hinaus auch eine höchst reichhaltige Auswahl bestens bestückter topischer und methodischer Arsenale zur Stimulation „imaginarischer Ideen des Gefühls" (Platner),[66] auf die sie – quasi *ad libitum* und je nach Bedarf – jederzeit zurückgreifen konnten. Sei es nun zum geselligen Vergnügen am Teetisch oder aber einsam und allein in der heimischen Schreib- und Studierstube. All das im Allgemeinen nicht nur, um sich an den eigenen sentimentalischen Eskapaden, gar schaurig-abgründigen Kapriolen zu ergötzen, sondern in der Regel auch, um die Resultate ihres rauschhaften Tuns möglichst erfolgsträchtig zu verkaufen. An all diejenigen nämlich, die – wie ja auch sie – geradezu süchtig waren zu lesen, „um zu lesen"[67] – indes außerstande, selbst aktiv „an der künstlerischen Production Antheil zu nehmen",[68] kurzum: an das stetig anwachsende „breite, fast ungebildete und ungelehrte Publikum der Lesebibliotheken",[69] die Konsumenten von Unterhaltungsliteratur.

Vor dem hier skizzierten Hintergrund gerät August Apels Biographie – die ‚äußere' wie die ‚innere' – geradezu zum Prototypen eines sich um die Wende zum 19. Jahrhundert vom Dilettanten zum „Schreiber konstituierenden Lesers" (A.W. Schlegel) und insofern zum Musterexemplar nicht nur eines empfindsamen „Libertins in Gefühlen",[70] sondern zugleich auch jener in der *Vorschule der Ästhetik* unter der Rubrik *Poetische Nihilisten* charakterisierten Spezies von (sächsischen) „Dampf"-, „Improvisations"-, und „Stegreifschreibern",[71] die Jean Paul zeitlebens mit Distanz, nichtsdestoweniger ebenso fasziniert wie irritiert bestaunte: als seine Zauberlehrlinge und ästhetischen Wiedergänger im Geiste.[72]

---

65 JPSW II, 16, 453–454.
66 Ernst Platner: Anthropologie für Ärzte und Weltweise, Leipzig 1762, S. 161.
67 Vgl. Prutz [Anm. 9], S. 108.
68 Vgl. ebd., S. 116.
69 JPSW I, 7, 494, 28.
70 JPSW III, 3,26, 16–23, Nr. 28 (Jean Paul über August Mahlmann).
71 JPSW II, 16, 454–455.
72 Vgl. zum Gesamtkontext Dorothea Böck: Archäologie in der Wüste. Jean Paul und das „Biedermeier" – eine Provokation für das Fach (ante portas), in: Atta Troll tanzt noch. Selbstbesichtigungen der literaturwissenschaftlichen Germanistik im 20. Jahrhundert, hg. v. Petra Boden u. Holger Dainat, Berlin 1997, S. 241–269, v. a. S. 260–269.

> Es folgt aus der gesetzlosen Willkür des jetzigen Zeitgeistes – der lieber ichsüchtig die Welt und das All vernichtet, um sich nur freien *Spiel*-Raum im Nichts auszuleeren [...] daß er von der Nachahmung und dem Studium der Natur verächtlich sprechen muß. Denn wenn allmählich die Zeitgeschichte einem Geschichtschreiber gleich wird [...] so muß die Willkür der Ichsucht sich zuletzt auch an die harten, scharfen Gebote der Wirklichkeit stoßen und daher lieber in die Oede der Phantasterei verfliegen, wo sie keine Gesetze zu befolgen findet als eigne, engere, kleinere, die des Reim- und Assonanzen-Baues. Wo einer Zeit Gott, wie die Sonne, untergehet: da tritt bald darauf auch die Welt in das Dunkel; der Verächter des All achtet nichts weiter als sich und fürchtet sich in der Nacht vor nichts weiter als vor seinen Geschöpfen.[73]

So Jean Pauls Diagnose dieses literarischen Epochenphänomens. Goethe sprach von „Lazarett-Poesie" und nannte deren Verfasser – allen voran Jean Paul – schlichtweg „krank".[74]

V.

Auffällig nun allerdings ist, dass der von Innozenz Apel vermeintlich so hoch geschätzte und verehrte Gellert in dem von ihm strengstens überwachten und gewiss auch teuer bezahlten Erziehungsprogramm des Sohnes überhaupt nicht vorkommt. Es sei denn mit einer einzigen, gleichwohl entscheidenden Ausnahme: Aus dessen Autobiographie geht hervor, dass ihm die Mutter zu Weihnachten 1776 – also mit „5 1/4 Jahren" – Gellerts 1757 erschienene *Geistlichen Oden und Lieder* schenkte. Es war das erste, noch dazu mit einer persönlichen Widmung versehene Buch, das in seinen Besitz gelangte, und wurde allein schon deswegen ein Leben lang als „Heiligthum" betrachtet. Ein anderer, womöglich noch wichtigerer Grund für diese Wertschätzung mag die Tatsache gewesen sein, dass es eben jene gedruckten schlichten Verse waren, die als erste in seinem Leben überhaupt vermochten, was bis dato nur die Schlaflieder und Geschichten seiner „Muhme" in ihm bewirkt hatten: Gefühle zu erregen, Stimmungen hervorzuzaubern, Phantasien und Träume in ihm zu wecken – „imaginarische Ideen des Gefühls".[75]

> Im Gesangbuch las ich nicht weniger fleißig besonders die Morgen und Abendlieder diese Zeit des Uibergangs von dunkel zum Licht und von Licht zum Dunkel von Ruhe zur Thätigkeit und von dieser zur Ruhe hatte damals für mich etwas sonderbar Feierliches was ich wol Romantisch nennen möchte und die alten Lieder drücken dieses so fromm und rührend aus, daß noch jetzt, wenn ich einzelne Stellen davon denke mir jene Empfindungen wieder aufwachen.

---

73 JPSW I, 11, 22.

74 Johann Peter Eckermann: Gespräche mit Goethe in den letzten Jahren seines Lebens, hg. v. Regine Otto u. Mitarb. v. Peter Wersig, Berlin 1982, S. 232.

75 Vgl. zu der durchaus gravierenden Differenz von ‚Empfindung' und ‚Empfindnis' Sauder [Anm. 17], S. 177–182.

Religiöse, gar moralische Fragestellungen, spielen in diesem Zusammenhang keine Rolle. Was den Fünfjährigen zur Lektüre dieser Lieder trieb, war einzig und allein das ihnen innewohnende „fantasieaufregende" Potenzial.

So gesehen war Gellerts „Gesangbuch" für August Apel eine Art Initialerlebnis in Sachen Poesie oder auch „Gemüthererregungskunst" (Novalis) im „Zeitalter der Bücher" (F. Schlegel). Innozenz Apel hatte es wohl von vornherein geahnt. Klagte er doch später oft, so der Tagebuchschreiber, dass er „gleich in der Kindheit aus dem Gesangbuchlesen nichts Gutes prophezeihet" habe.

Damit schließt sich der Kreis: August Apel entpuppt sich als ‚heimlicher Schüler' des kurz vor seiner Geburt verstorbenen Poeten – gleichwohl als einer, der das in Gellerts ästhetischer Botschaft geborgene *prodesse* von vornherein überhörte.[76] Zunächst rein intuitiv, später dann aus voller Überzeugung. Denn was in Sachen Kunst für ihn zählte, war – wie wir inzwischen wissen – einzig und allein das *delectare*. Damit stand er also auch in diesem Falle – vorausgesetzt, dass dieser Gellerts *Poesie* überhaupt zur Kenntnis nahm – in diametralem Gegensatz zum Vater und seiner ‚Lesart' eben jenes Leipziger Barden, dessen „ganzes Leben eine Moral war".[77]

---

76 Gellerts Poetik war ja – wie diejenigen der Aufklärung überhaupt – ganz im Sinne des Horaz auf ein *prodesse et delectare* gerichtet: „aut prodesse volunt aut delectare poetae aut simul et iucunda et idonea dicere vitae." (Entweder nützen oder erfreuen wollen die Dichter oder zugleich, was angenehm und nützlich fürs Leben ist, sagen) – vgl. *Ars poetica*, V. 333–334.

77 Zitiert nach: Eckhardt Meyer-Krentler: „… weil sein ganzes Leben eine Moral war". Gellert und Gellerts Legende, in: „Ein Lehrer der ganzen Nation". Leben und Werk Christian Fürchtegott Gellerts, hg. v. Bernd Witte, München 1990, S. 221–257 (Titelzeile).

Michael Schmidt

Sirma oder Ein roter Faden der Empfindsamkeit. Kulturtransfer zwischen Marginalisierung und Hybridität

Für Kristin Jernsletten

Karl Marx, später einer der bedeutendsten Philosophen des deutschen Biedermeier, hat es bei Herder ab- und seiner herzallerliebsten Jenny von Westphalen ins Poesiealbum der Nationalliteraturen eingeschrieben.[1] Der weniger bekannte Gerhard Anton von Halem, Jurist und Verwaltungsbeamter im damals dänischen Oldenburg und dilettierender Dichter zugleich, publizierte seine Version in dem von Johann Heinrich Voß und Leopold Friedrich von Goeckingk herausgegebenen *Musen-Almanach für 1786*,[2] eingeklemmt zwischen einer zweizeiligen, gereimten und aufgeklärten Sottise gegen den Papst und einem anderen ironischen Gedicht zu einem Hauptthema der Aufklärung, nämlich Toleranz: *Ueber Duldung*. Johann Georg Jacobi, seit 1769 als Kanonikus Inhaber einer Sinekure am Dom zu Halberstadt, zuvor Professor in Halle, später in Freiburg im Breisgau, zitiert es, ebenfalls nach Herder, in einer lyriktheoretischen Abhandlung aus dem Jahre 1776.[3] Herder selbst druckt es nicht weniger als drei Male, zunächst in seinem Traktat *Von deutscher Art und Kunst*.[4] Hier hat es eine wichtige Funktion für die einflussreiche, bis in das 20. Jahrhundert reichende Konzeption des Volksliedes und der Volkspoesie. Herder kritisierte, die ganze unendliche Überlegenheit des

1 Vgl. Karl Heinrich Marx: Volkslieder aller deutschen Mundarten, spanische, griechische, lettische, lappländische, estnische, albanische etc. zusammengestellt aus verschiedenen Sammlungen u.s.w. für mein süsses Herzens-Jennychen, Berlin 1839, in: Ders. und Friedrich Engels: Gesamtausgabe (Mega), hg. v. Institut für Marxismus-Leninismus beim Zentralkomitee der Kommunistischen Partei der Sowjetunion und vom Institut für Marxismus-Leninismus beim Zentralkomitee der Sozialistischen Einheitspartei Deutschlands, 1. Abt. Bd. 1: Karl Marx: Werke, Artikel, literarische Versuche bis März 1843, Berlin 1975, S. 774–858, hier S. 820.

2 Vgl. [Gerhard Anton] v[on] Halem: Lied eines Lappländers. Nach dem Scheffer, in: Musen-Almanach für 1786, hg. v. Voss und Goeking [!], Hamburg o. J., S. 13 f.

3 Johann Georg Jacobi: Ueber das Lied, in: Iris, Bd. 6, 3. Stück (1776), S. 441–462; Bd. 7, 3. Stück (1776), S. 668–702; Bd. 8, 1. Stück (1776), S. 779–809, hier S. 457 f.

4 Vgl. [Johann Gottfried Herder:] Auszug aus einem Briefwechsel über Oßian und die Lieder alter Völker, in: Ders. u.a.: Von deutscher Art und Kunst. Einige fliegende Blätter, hg. v. Hans Dietrich Irmscher, Stuttgart o. J., S. [6]–62, hier S. 21 f.

Sturm und Drang über die Rokokodichtung ausspielend, die sehr freie Adaption durch Ewald von Kleist als ein „[V]erschönern“[5] des Ursprünglichen, obwohl sie den vielleicht souveränsten Dialog mit dem Ausgangspunkt des hier skizzierten Diskurses darstellt und jedenfalls das Lob Lessings[6] erlangt hatte:

> Lied eines Lappländers
>
> Komm Zama, komm! Laß Deinen Unmuth fahren,
> O du der Preis
> Der Schönen! komm! In den zerstörten Haaren
> Hängt mir schon Eis.
>
> Du zürnst umsonst. Mir giebt die Liebe Flügel,
> Nichts hält mich auf.
> Kein tiefer Schnee, kein Sumpf, kein Thal, kein Hügel
> Hemmt meinen Lauf.
>
> Ich will im Wald auf hohe Bäume klimmen
> Dich auszuspähn,
> Und durch die Fluth der tiefsten Ströhme schwimmen,
> Um dich zu sehn.
>
> Das dürre Laub will ich vom Strauche pflücken,
> Der dich verdeckt,
> Und auf der Wies' ein iedes Rohr zerknicken,
> Das dich versteckt.
>
> Und solltest du, weit übers Meer, in Wüsten
> Verborgen seyn;
> So will ich bald an Grönlands weißen Küsten,
> Nach Zama schreyn.
>
> Die lange Nacht kommt schon. Still mein Verlagen
> und eil zurück!
> Du kommst, mein Licht! du kommst, mich zu umfangen;
> O, welch ein Glück![7]

Kleist, friderizianischer Militär und Berliner Beiträger des empfindsamen Halberstädter Kreises um Gleim, hätte sich, so ist behauptet worden, auf eine Version der englischen, religiös-schwärmerischen Autorin Elisabeth Rowe[8]

---

5 Ebd., S. 21.

6 Vgl. Gotthold Ephraim Lessing: Briefe, die neueste Literatur betreffend. Mit einer Dokumentation zur Entstehungs- und Wirkungsgeschichte hg. v. Wolfgang Albrecht, Leipzig 1987, S. 90 f. [= 33. Brief].

7 Ewald Christian von Kleist: Sämtliche Werke, hg. v. Jürgen Stenzel, Stuttgart 1971, S. 95 f.

8 Vgl. Elisabeth Rowe: A laplander's Song to his mistress, in: Dies.: The miscellaneous Works in Prose and Verse, […] the greater part now first published, by her order, from her original manuscripts, by […] Theophilus Rowe. To which is added, Poems on several occasions, by […] Thomas Rowe. And to the whole is prefix'd an account of the lives and writings of the authors, 2 Bde., Bd. 1, London 1739, S. 92 f.

bezogen, die wiederum höchstwahrscheinlich auf eine Fassung rekurriert, die 1712 in *The Spectator*[9] abgedruckt war und nach dieser Vorlage auch ins Deutsche übersetzt worden ist. Für diese einflussreiche englische Wochenblatt-Version zeichnete ein gewisser Ambrose Philipps verantwortlich, der zuvor das Übersetzen an den Oden der Sappho geübt hat.[10] Er bezog sich wiederum höchstwahrscheinlich auf die älteste von drei englischen Übersetzungen[11] eines ethnographischen Werkes[12], das 1672 in lateinischer Sprache in Frankfurt am Main erschienen war. Hier in der Buchmessen-Stadt erschien auch bereits im folgenden Jahr eine deutsche Übersetzung[13] der genannten Ethnographie: Auf sie bezieht sich bereits 1679 eine kurze Notiz des vielseitigen Breslauer Bürgermeisters Christian Hoffmann von Hoffmannswal-

9 The Spectator, No 366, Wednesday, April 30. [1712], in: The Spectator. Volume the Fifth, London o. J., S. 194–197.

10 Vgl. [Josep] Addison & [Richard] Steele and others: The Spectator in four volumes, ed. by Gregory Smith, vol. 3, London und New York 1973, S. 150 f. und S. 475.

11 Vgl. The history of Lapland: wherein are shewed the original manners, habits, marriages, conjurations, &c. of that people / written by John Scheffer, [Oxford] 1674; The History of Lapland: containing A Geographical Description, and a Natural History of that Country […] / written by John Scheffer ; translated from the last edition in Latin […]; To which are added The Travels of the King of Sweden's Mathematicians into Lapland; The history of Livonia, and the Wars there. Also a Journey into Lapland, Finland, &c. / written by Olof Rudbeck, London 1704; The history of Lapland: shewing the original manners, habits, religion and trade of that people: with a particular account of their gods and sacrifices, marriage ceremonies, conjurations, diabolical rites […] &c.&c. / by John Scheffer, London 1751.

12 Vgl. Joannis Schefferi Argentoratensis Lapponia id est, regionis lapponorum et gentis nova et verissima descriptio. In qua multa de origine, superstitione, sacris magicis, victu, cultu, negotiis lapponum, item animalium, metallorumque indole, que terris eorum proveniunt, hactenus incognita. Produntur, & eiconibus adjectis cum cura illustrantur, Frankfurt/Main 1673.

13 Johannis Schefferi von Straßburg: Lappland, Das ist: Neue und wahrhafftige Beschreibung von Lappland und dessen Einwohnern, worin viel bißhero unbekante Sachen von der Lappen Ankunfft, Aberglauben, Zauberkünsten, Nahrung, Kleidern, Geschäfften, wie auch von den Thieren und Metallen so es in ihrem Lande giebet, erzählet, und mit unterschiedlichen Figuren fürgestellet worden, Frankfurt u. Leipzig 1675. – Eine auszugsweise, sich vor allem auf die angebliche Zauberei der Samen konzentrierende Übersetzung durch den bekannten barocken Vielschreiber Erasmus Francisci war bereits im Jahr zuvor erschienen, vgl.: Das ärgerliche Leben und schreckliche Ende deß viel-berüchtigen Ertz-Schwartzkünstlers D. Johannis Fausti / Widmann, Georg Rudolph. – Jetzo/ aufs neue übersehen/ und so wol mit neuen Erinnerungen/ als nachdencklichen Fragen und Geschichten/ der heutigen bösen Welt/ zur Warnung/ vermehret / Durch Joh. Nicolaum Pfitzerum, Med. Doct. - Anhang/ Oder Kurtzer Bericht/ Von der Lappländer Zauber-Kunst/ Hexerey/ und Wahrsagerey; Wie auch Von den Werck-Mitteln/ die sie entweder zum Wahrsagen/ oder zur Beschädigung anderer Leute/ gebrauchen: Aus der neuen Lapponischen Beschreibung Herrn Johannis Schefferi/ Weyland Professorn der Hohen Schul zu Upsal/ in Schweden/ Zusammen gezogen/ und verteutscht Durch E. Fr. Nürnberg: Endter 1674, Nachdruck 1717.

dau,[14] der als eine der repräsentativsten Gestalten des deutschen Barock gilt; aus ihr brachte der Polyhistor und Kieler Professor Daniel Georg Morhof in seiner zuerst 1682, dann erweitert im Jahre 1700 erschienenen Literaturgeschichte ein, freilich eindeutschendes, ausführliches Textzitat.[15] Da europäische Kultur längst vor der Moderne ein Garten der Pfade war, die sich verzweigen, sind hier auch eine französische[16] und eine von ihr abhängige niederländische Übersetzung[17] der lateinischen Ethnographie zu nennen. Schließlich hat sich eine Urschrift, die als Quelle der erwähnten Ethnographie verwendet wurde, in der Sprache einer nordeuropäischen Urbevölkerung mit einem skandinavischsprachigen Kommentar einschließlich Übersetzung erhalten.[18]

Samisch, schwedisch, lateinisch, englisch, deutsch, französisch, niederländisch: der literarische Text, von dem hier die Rede ist, im ganzen 18. Jahrhundert und darüber hinaus bekannt als „Lied eines Lappländers“ oder „Lappländisches Liebeslied“, ist offenkundig ein Fall von Kulturtransfer.[19]

---

14 Vgl. Christian Hoffmann von Hoffmannswaldau: Gesammelte Werke, Bd. I.1: Deutsche Übersetzungen und Getichte, hg. und mit einem Nachwort vers. v. Franz Heiduk, Hildesheim, Zürich u. a. 1984, S. [14] des unpag. Vorwortes. Zu Hoffmannswaldau vgl. Lothar Noack: Christian Hoffmann von Hoffmannswaldau (1616–1679): Leben und Werk, Tübingen 1999.

15 Daniel Georg Morhofens Unterricht von der teutschen Sprache und Poesie, hg. v. Henning Boetius, Bad Homburg v. d. H., Berlin [u. a.] 1969, S. 208 f.

16 Histoire de la Laponie: sa Description, l'Origine, les Moeurs, la Maniere de vivre de ses Habitans, leur Religion, leur Magie, & les choses rares du Païs [...]/ traduites du latin de Monsieur Scheffer par L. P. A. L[ubin], Paris 1678.

17 Waarachtige en Aenmerkenswaardige Historie Van Lapland, Ofte Een Beschrijving van Dessels oorspronk, Landschappen [...]: Met noch Een kort bericht van den Toestand der Finnen / Nieuwelijks uit het Frans van den Heer Scheffer vertaalt, Amsterdam 1682.

18 In einer Sammelhandschrift mit Materialien Scheffers zu seiner Lapponia in der UB Uppsala mit der Signatur S. 165. Für eine Kopie möchte ich mich auch hier bedanken.

19 Die auch inhaltlich enorme Dimension dieses Transfers wird augenscheinlich, wenn man, was hier nicht durchgeführt werden kann, die deutschen „Übersetzungen“ mit der Version vergleicht, die als erste Übersetzung ins Deutsche gedruckt worden ist: „O Sonne bestraale mit deinem hellen liechte den See-Orra/wann ich oben von den hohen Gipffeln der Fichten den See-Orra ansichtig werden könte/ wollte ich hinauff steigen/ umb zu schauen/ unter welchen Blumen meine Liebste sich auffhält/ ich wolte alle gesträuche so neulich da gewachsen außreuten/ ich wolte alle Zweige/ diese grünenden Zweige herunter hauen. Es mangeln mir die Flügel/ kriechenden Flügel und Füsse/ gute Gänß-Füsse/ die mich dahin bringen können. Du hast gnug auff mich gewartet/ so viel tage/ so viel gute Tage/ mit deinen allerschönsten Augen/ mit deinem lieblichsten Hertzen/ wann du auch weit davon fliehen mögtest/ würde ich dich doch eilends erhaschen. Was kann wol stärcker und fester seyn als die zusammen gewundene Sehnadern oder eiserne Ketten/ welche fest binden/ also bindet die Liebe meinen Kopf/ und ändert meine Gedancken. Der Kinder Wille/ der Winde Wille/d' Hugend Gedancken sind alle langwährende Gedanken. Wann ich mich nach allen diesen richten solte/ nach allen/ würde ich

Zunächst aus der mündlichen Tradition in der Sprache einer europäischen Urbevölkerung, die gar nicht über eine eigene Schriftsprache verfügte, in eine schriftliche Version transformiert, dann aus der kleinen samischen in die politisch dominante schwedische Sprache übersetzt, wird der Text aber nicht schwedisch, sondern in der lateinischen Gelehrtensprache publiziert und von da aus an verschiedene, durch jeweils eigene Sprachen markierte Nationalkulturen vermittelt, wo jeweils eigene, nationalsprachliche Rezeptionsprozesse einsetzen. Die Transferprozesse erfolgen überdies in einer Vielzahl unterschiedlicher Medien: den handschriftlichen Aufzeichnungen des jungen samischen Studenten Sirma[20], einer ethnographischen Studie, einer Gedichtanthologie, einer literarhistorischen Studie, einem Zeitschriftenartikel, Gedichtsammlungen verschiedener Autoren, einem Traktat, Musenalmanachen, einer privaten handschriftlichen Anthologie. Der Text ist zugleich ein Fall von Rezeption[21] und ein Fall von Übersetzung, zwei Konzepte, die das des Kulturtransfers gleichsam flankieren, ohne dass dies bislang besonders bedacht worden wäre. Während die meisten bisherigen Kulturtransferstudien bipolar angelegt sind, also den Übergang von einer Kultur zu einer anderen untersuchen, versprach dieser Fall die Möglichkeit, eine Figuration[22] von Transfers an einem überschaubaren Quellenkorpus zu untersuchen. Überdies erschien die bibliographische Situation einfach: Wer die betreffenden Stellenkommentare neuerer Lessing- oder Herder-Ausgaben nachschlägt, wird auf eine Fußnote Jürgen Stenzels in dessen Ausgabe der Werke Ewald Christian von Kleists aus dem Jahre 1971 verwiesen, von dort aus aber auf die hundert Jahre ältere Kleist-Edition August Sauers, die ihrerseits wiederum auf die „Untersuchungen des Herrn Dr. Fresenius in Berlin“[23] hinweist. Diese Untersuchungen aber lassen sich bibliographisch nicht nachweisen und sind vermutlich nie im Druck erschienen.[24]

---

von dem Wege/ von dem rechten Wege abirren. Noch einen Raht weiß ich so ich annehmen will/ und hoffe alsdann einen rechten weg zu treffen.” Scheffer, Lappland [Anm. 13], S. 321.

20 Vgl. Tore Wretö: Olof Sirma lappmarkspräst och samelyriker, in: Tre kulturer. Medlemsbok för Johan Nordlander-sällskap 1, Umeå 1983, S. 49–74.

21 Vgl. Tore Wretö: Folkvisans upptäckare. Receptionsstudier från Montaigne och Schefferus til Herder, Uppsala 1984.

22 Vgl. Norbert Elias: Figuration, in: Grundbegriffe der Soziologie, hg. v. Bernhard Schäfers, 2. verb. Aufl., Opladen 1986, S. 88–91.

23 Vgl. Ewald von Kleist's Werke, hg. und mit Anmerkungen begleitet v. August Sauer, 3 Bde., Berlin o. J., Bd. 1, S. 107 f.

24 Der wissenschaftliche Nachlass des Privatgelehrten August Fresenius wird unter der Sign. Nr. 293 im Archiv der Akademie der Wissenschaften in Berlin aufbewahrt, darunter zwei Manuskripte einer Studie zu Elisabeth Rowe und ein Konvolut von Zetteln zu Ewald von Kleist. Auf einem dieser Zettel heißt es: „[…] Kleist durch wen [angeregt]? Durch Scheffer? Nein. Durch Frau Rowe. Beweis“. Diese Notiz ist dann ausgestrichen worden, der „Beweis“, der m. E. schwer fiele, wird hier und anderswo in diesem Nachlass nicht geführt.

Gleichzeitig durchzieht das Gedicht wie ein roter Faden die literarische Epoche der Empfindsamkeit. Die Persistenz des Konzeptes von Empfindsamkeit noch im 19. Jahrhundert als nunmehr bereits literarhistorischer Kontext ist allein schon aufgrund des Genres des für die Geliebte geschriebenen, privaten Poesiealbums bei Marx gegeben. Augenfällig und explizit formuliert wird sie von dem bereits erwähnten von Halem, der in seiner erst posthum veröffentlichten Autobiographie schrieb:

> Ich bin mir noch der Empfindung bewußt, die mich durchdrang, als ich in der [von Lessing herausgegebenen; d. Verf.] Bibliothek der sch[önen] Wiss[enschaften] bey der Anzeige von Kleists Gedichten sein Lied eines Lappländers „Komm, Zama, komm" [...] las. Es berührte der Seele innerste Saiten, die unaufhörlich davon widerhallten. Natürlich fing ich nun auch an, Verse zu machen, obgleich ich in meiner Muttersprache noch nicht correcte Prose schrieb.[25]

Ebenso deutlich ist dieser Kontext angesprochen, wenn der Beitrag in *The Spectator*, als Vorbild aller moralischen Wochenschriften ohnehin eine wichtige Quelle gerade der Empfindsamkeit in Deutschland, dem – wie der samische Ausdruck lautet – Joik einen offensichtlich ganz unerwarteten „spirit of tenderness and poetry" attestiert und das Lied „breathing sentiments of love and poetry" sieht, „not unworthy old Greece and Rome."[26] Wie bereits bei den barocken Polyhistoren, denen indessen die Sprache der Empfindsamkeit noch nicht zu Gebote stand, findet sich hier der Gestus des Erstaunens darüber formuliert, dass im Reiche der Kälte und der Dunkelheit „ein poetisches Feuer in Liebessachen"[27] überhaupt möglich sei: „[...] a regular ode from a climate pinched with frost, and cursed with darkness so great a part of the year."[28] Der Rekurs auf ein Konzept, das kulturelle Leistung vom Klima abhängig dachte, verbindet also die barocke mit der empfindsamen Position; eine Klimatheorie mithin, die Mitte des 18. Jahrhunderts mit bekannten Folgen für eine empfindsame Literatur von Montesquieu[29] neu formuliert werden sollte.

Es handelt sich hier indessen auch um einen Fall von literarischer Marginalisierung. Das Gedicht wird im 18. Jahrhunderts stets – in der einen oder

---

25 Gerhard Anton von Halem: Selbstbiographie nebst einer Sammlung von Briefen an ihn, von Biester, Bode, Bürger, Cramer, Ewald, v. Fredenheim, Gramberg, Heerwagen, v. Hennings, Justi, v. Knigge, Kosegarten, Lavater, Marcard, Meißner, v. Meister, Nicolai, Oelsner, v. Ompteda, Reinhold, v. Schlieffen, Schröder, F. L. Graf zu Stolberg, Stoltz, v. Ungern, Voß und Wieland; zum Druck bearbeitet von seinem Bruder Ludwig Wilhelm Christian v. Halem [...] hg. v. C. F. Strackerjan, Oldenburg 1840, S. 9 f.

26 The Spectator [Anm. 9], S. 195.

27 Morhof [Anm. 15], S. 208.

28 The Spectator [Anm. 9], S. 195. Auf das „Clima" im Blick auf die Einbildungskraft des Dichters bezieht sich auch noch Jacobi [Anm. 3], S. 669 f.

29 [Charles-Louis de Secondat, Baron de La Brède et de] Montesquieu: Vom Geist der Gesetze. Übers. und hg. v. Ernst Forsthoff, Tübingen 1951, S. 310 ff.

anderen Weise und mit der signifikanten Ausnahme Ewald von Kleists – „nach dem Scheffer" (so Halem) zitiert: Ein Quellenhinweis, der zwar nicht direkt in die Irre führt, indessen vor allem zeigt, dass die Bearbeiter des Gedichts „nach dem Scheffer" diesen vermutlich nie in der Hand gehabt haben. Umstandslos räumen dies etwa Lessing[30] und Herder[31] ein. Bei Scheffer hätten die Rezipienten den Namen des Mannes kaum übersehen können, der dieses und ein weiteres samisches Lied aufzeichnete und seinen Text dem Professor Scheffer in Uppsala zur Verfügung stellte.

Der im elsässischen Straßburg geborene Johann Scheffer[32] (1621–1679) wurde 1648 auf eine Professur der Beredsamkeit und Politik an die in einer Phase der Umorganisation befindliche schwedische Universität Uppsala berufen, wo ihm unter anderem die Ausbildung von Beamten und Diplomaten in einer Phase schwedischer Großmachtambitionen nach dem Dreißigjährigen Krieg oblag. Durchaus in der Konsequenz dieser Aufgabenstellung wurde er 1671 vom schwedischen Reichskanzler Magnus Gabriel de la Gardie, der selbst in Uppsala studiert hatte, beauftragt, ein Buch über Lappland und dessen samische Urbevölkerung zu schreiben. Ein Anlass dazu sollen auf dem Kontinent umlaufende Gerüchte gewesen sein, denen zufolge die schwedischen Armeen des 17. Jahrhunderts – de la Gardie war Sohn eines schwedischen Feldmarschalls und selbst erfolgreicher Oberbefehlshaber eines schwedischen Heeres im Baltikum gewesen – ihre Waffenerfolge samischen Zauberern verdankten. Schwedische Forscher[33] machen diesen Punkt bis heute stark, wenngleich es bislang nicht gelungen scheint, ihn durch ein einschlägiges Zitat zu stützen. Insbesondere spricht Scheffer selbst von samischer Zauberei als einem „Mährlein"[34] (das u. a. bekanntlich Shakespeare kolportiert hat), doch weder in der Widmung an de la Gardie noch im Vorwort an die Leser noch im umfangreichen Zauberei-Kapitel erwähnt er die schwedische Armee. Die vom üblichen Textproduktionsverfahren barocker Polyhistore, das Scheffer in anderen Werken durchaus pflegte, abweichende Schreibweise lässt vielmehr die Vermutung zu, dass merkantilistisch-kameralistische Intentionen ökonomischer wie administrativer Art hinter der Auf-

---

30 Vgl. Lessing [Anm. 6], S. 91: „Es gibt ein wirklich lappländisches Lied, welcher [!] der *Herr von Kleist* bei dem seinigen vor Augen gehabt zu haben scheint. Sie können es bei dem *Scheffer* in dem *fünfundzwanzigsten* Hauptstücke seiner *Lapponia* finden. Schade, daß ich das Buch nicht gleich bei der Hand habe." Anders als Herder vermag Lessing wenigstens eine genaue bibliographische Angabe zu liefern.

31 Vgl. Herder [Anm. 4], S. 21: „[...] wenigstens aus der dritten Hand, denn ich habe den *Scheffer* nicht bei mir."

32 Ich folge hier weitgehend Bengt Löws instruktivem Vorwort „Johannes Schefferus och hans Lapponia" in der schwedischen Ausgabe der *Lapponia*: Johannes Schefferus: Lappland. Översättning från latinet av Henrik Sundin, hg. v. Ernst Manker, Uppsala 1956, S. 9–23.

33 Vgl. ebd., S. 13.

34 Scheffer [Anm. 13], unpag. Vorwort.

tragsvergabe standen. Scheffer exzerpierte nicht nur, was andere Autoren zweifellos ebenfalls getan hätten, sorgfältig die gedruckten Textquellen zu seinem Gegenstand, sondern stützte sich auch zitierend auf den Augenschein zeitgenössischer Zeugen, die ihm vor allem als schriftliche Relationen insbesondere von vor Ort tätigen Geistlichen zur Verfügung gestellt wurden. So kam der Name „Olaus Matthiæ Sirma“ mit dem Zusatz „ein Lappe“ unter bekanntere Namen von wissenschaftlichen Zelebritäten wie Adam von Bremen, Albertus Magnus, Hugo Grotius, Sigismund von Herberstein, Olaus Magnus, Sebastian Münster, Plinius und Tacitus in das „Verzeichnis der Scribenten[,] denen wir in Verfertigung dieses Wercks gefolget“,[35] zu stehen. Es waren nicht zuletzt diese Relationen, die Scheffers Werk zu einer ethnographischen Quelle von Rang machten. Keine von ihnen wurde so oft zitiert wie die Sirmas, die eben das Liebeslied eines Lappländers enthält. Sein Name ist indessen nur in Scheffers Monographie und in deren Übersetzungen genannt und damit im ausgehenden 17. Jahrhundert zwar oft gedruckt worden, dann aber verschollen. Auch die wissenschaftlichen Herausgeber von Textausgaben der eingangs genannten Autoren scheinen sich durchgängig nicht die Mühe gemacht zu haben, die Quelle der betreffenden Gedichte bei Scheffer nachzuschlagen.

Diese anhaltende Marginalisierung ist um so erstaunlicher, wenn man folgende Beobachtung berücksichtigt: In dem unter dem Namen seines Verlegers Zedler bekannten *Universal-Lexikon*, dieser umfassendsten deutschsprachigen Enzyklopädie des 18. Jahrhunderts, findet sich sowohl das Lemma „Scheffer, Johann“[36] wie das Lemma „Lappland oder Lapland“.[37] Im biographischen Eintrag wird Scheffer als "einer der gelehrtesten Männer seiner Zeit"[38] bezeichnet, seine akademische Position und sein wissenschaftliches Werk werden knapp charakterisiert, ohne dass die *Lapponia* hier besonders erwähnt würde. Die taucht dann immerhin in der Bibliographie seiner „merkwürdig[en]“[39] Werke auf, doch die Übersetzungen werden nicht erwähnt. Im Lappland gewidmeten, ausgesprochen umfangreichen Artikel der Enzyklopädie wird das Werk zwar ebenfalls in der Bibliographie aufgeführt, in den insgesamt über 50 Spalten aber auffallend genug nicht ein einziges Mal erwähnt. Der wichtigste neuere Gewährsmann des Zedler-Artikels ist Samuel [Edvard] Rheen, dessen Name fast auf jeder Seite mehrfach erscheint. Dieser in Råneå tätige, 1680 verstorbene schwedische Geistliche war neben seinem Amtskollegen Johannes Torneo der vielleicht wichtigste informelle Mitarbei-

35 Ebd.

36 [Johann Heinrich Zedler:] Grosses vollständiges Universal Lexicon Aller Wissenschaften und Künste [...]. 68 Bde., Halle, Leipzig 1732–1754, 2. vollständiger photomechanischer Nachdruck, Graz 1997, Bd. 34, Sp. 1078–1081.

37 Ebd., Bd. 16, Sp. 759–823.

38 Ebd., Bd. 34, Sp. 1078.

39 Ebd., Sp. 1079.

ter Scheffers, seine Relation[40] ist indessen erst 1897 erstmals im Druck erschienen. Wenn man nicht unterstellen will, dass die allemal des Plagiats verdächtigten Redakteure des Zedler sich hier die Mühe gemacht hätten, die tatsächliche Quelle des Bearbeiters Scheffer aus dessen Text zu ziehen, bietet sich die Möglichkeit an, dass Rheens Relation handschriftlich zirkulierte und so knapp achtzig Jahre nach ihrer Niederschrift den Weg in die deutsche Lexikonredaktion gefunden hätte.

Zur Marginalisierung Sirmas zählt indessen auch der Umstand, dass seine Person durchaus die schwedische und finnische, vornehmlich lokal und regional orientierte Forschung zur Zeit des Positivismus beschäftigt hat, der es längst gelungen ist, mit Quellenfunden zu einer biographischen Skizze[41] des Mannes beizutragen. Auch diese Forschungen sind bislang außerhalb des skandinavischen Raumes ignoriert worden. Ein vielsagender Ausdruck dieses lokalhistorisch-regionalliterarischen Interesses ist vielleicht der Umstand, dass Sirma sogar zum Protagonisten eines in finnischer Sprache geschriebenen Heimatromans wurde, den einer seiner Amtsnachfolger 1916 publizierte.[42] Diese Quellen und Funde sollen hier indessen nicht im Sinne eines Kulturtransfers übersetzt, sondern auf die Frage nach der Hybridität Sirmas, seiner Position zwischen den Kulturen, zugespitzt dargestellt werden.

Er wurde mit dem Vermerk „Olaus Matthiæ Lappo-Sirma" am 1. Februar 1672 in die Matrikel der Universität Uppsala eingetragen.[43] Dies ist das früheste bislang ermittelte biographische Datum, das seiner Geburt ist ebenso unbekannt wie seine Herkunft geheimnisumwittert. Für Scheffer ist er, was vermutlich auf einer Selbstauskunft Sirmas oder einem Missverständnis beruht, ein „Tornischer Lappe"[44], er stammte demzufolge also aus dem Gebiet am heutigen schwedisch-finnischen Grenzfluss Torneo. Andere zeitgenössische Quellen, allen voran sein *testimonium academicum* vom 7. Juli 1674[45] bezeichnen ihn als einen Kemi-Samen, was durch einen sprachwissen-

40 Vgl. En kortt relation om lapparnes lefwarne och sedher, wijdskiepellsser, sampt i många stycken grofwe wildfarellsser skrefwin aff Samuele Rheen, Uppsala 1897.

41 Vgl. Wretö [Anm. 20].

42 Vgl. Arvi Järventaus: Ristija Noitarumpu, Helsingfors 1916. Eine schwedische Übersetzung von Georg Gripenstad erschien 1980 unter dem Titel: Korset och Trolltrumman, o. O. o. J. Der finnische Theologe und Schriftsteller Järventaus (1883–1939), der zahlreiche, nicht nur in Lappland spielende Romane und Erzählungen schrieb, war eine Zeitlang Pfarrer in Enontekiö. Der erste Inhaber dieser Stelle war Sirma gewesen.

43 Uppsala Universitetets Matrikel. På uppdrag av universitetets rektor hg. v. Aksel Anderson. H. 4: 1665–1680, Uppsala o. J., S. 217.

44 Scheffer [Anm. 13], S. 314.

45 Vgl.: Handlingar och uppsatser angående finska Lappmarken och lapparne / samlade och utgifna af Isak Fellman; i anslutning till Jacob Fellmans *Anteckningar under min vistelse i Lappmarken*, 4 Bde., Helsingfors 1910–1915, Bd. 2, S. 174 f.: „Præsentis Testimonii exhibitorem Dn. Olaum Sirma jure natalis soli sibi vendicat Lapponia Kimensis [...]".

schaftlichen Befund bestätigt wird und seine Herkunft eine erhebliche Strecke weiter nordöstlich in das heutige nördliche Finnland verlegt. Unter dem Gesichtspunkt der Hybridität bedeutet dies: Seine zweite Sprache neben dem Samischen ist vielleicht nicht Schwedisch, sondern Finnisch gewesen. Und: Da er tatsächlich den größeren Teil seines Lebens unter Torneo-Samen verbracht hat, könnte er dort, am Torneo, zunächst als ein anderer, ein fremder, sich durch seine Sprache unfreiwillig abgrenzender Same aufgefasst worden sein. Dies könnte dazu beitragen, einige der Probleme zu erklären, denen er nach 1675 in Enotekis begegnete. Wo er diejenigen Kenntnisse erwarb, die es ihm ermöglichten, sich zu immatrikulieren und erfolgreich ein Studium zu absolvieren, ist ebenfalls nicht bekannt.

In Uppsala muss Sirma, einer der ersten samischen Akademiker überhaupt, sehr bald dem Professor Scheffer begegnet sein, der eben an seiner *Lapponia* arbeitete. Er könnte für Scheffer die Rolle eines jener Lehrjungen verkörpert haben, wie sie der als Naturforscher in erheblichem Umfang auf Reisen und Beobachtungen vor Ort angewiesene Carl von Linné im 18. Jahrhundert virtuos einsetzte.[46] Sirma stellte Scheffer indessen nicht nur zwei[47] samische Lieder zur Verfügung, die europäische Literaturgeschichte machen sollten, sondern offenbar auch, wie sich aus den Zitiergewohnheiten des Professors ergibt, die meisten Informationen für das XXIV. Kapitel über Spiele und anderen Zeitvertreib der Samen: „Dieses sind die gewöhnlichsten Arten bey den Lappen/ womit sie die Zeit vertreiben/ und in ihrer Musse sich belustigen/ wie mir solches OLAUS MATTHIÆ ein Tornischer Lappe erzählet.“[48] Während also die Informationen zu den Spielen der Samen in der *Lapponia* auf mündlichen Äußerungen Sirmas beruhen, hat der für das folgende, XXV., den Verlobungen und Hochzeiten der Samen gewidmete Kapitel „einen besondern Aufsatz gemachet“,[49] aus dem Scheffer zitiert. Damit sind vermutlich die sechs beidseitig beschriebenen Blätter [159] – [164] der bereits oben erwähnten Sammelhandschrift S 165 der Universitätsbibliothek Uppsala gemeint; überschrieben mit dem Vermerk „Auctor Olaus Martini gentis Lapponica Stud. jur.“,[50] der vermutlich auf Scheffer zurückgeht. Die Manuskripte lassen darüber hinaus zwei verschiedene Schreiberhände erkennen. Wichtig

---

46 Linnés Lehrjungen sind ein wissenschaftshistorischer Evergreen in Schweden, aber anderswo kaum bekannt. Vgl. Hanna Hodacs und Kenneth Nyberg: Naturalhistoria på resande fot. Om att forska, undervisa och göra karriär i 1700-talets Sverige, Lund 2006, S. 17–36.

47 Das zweite Gedicht ist ein Rentier-Lied, das in deutscher Übersetzung u.a. von Herder und, in einer Prosa-Übersetzung, in den Hamburger Comptoir-Nachrichten (15. Stück vom 20 Februar 1769), die von Juni 1768 bis Oktober 1770 Matthias Claudius herausgab, publiziert wurde.

48 Scheffer [Anm. 13], S. 314.

49 Ebd., S. 316.

50 S 165, Bl. [159] r.

erscheint in diesem Zusammenhang, dass Sirma auch hier über Informationen verfügte, die Scheffer aus seinen anderen Quellen offenbar nicht zur Verfügung standen. Über diese Kenntnisse verfügte er aufgrund seines samischen Hintergrundes, vermitteln konnte er sie indessen, weil er am System europäischer Gelehrsamkeit zu partizipieren gelernt hatte: Er war damit in die Lage gesetzt, in mündlicher, schriftloser Tradition überlieferte Texte nicht nur ins Schwedische zu übersetzen, sondern vor allem erst einmal schriftlich aufzuzeichnen, also mündliche Zeichen im Lautsystem der schwedischen Sprache zu verschriftlichen. Das trauten sich die schwedischen Priester in Lappland vielleicht nicht zu oder es lag außerhalb ihres Interesses. Darüber hinaus war Sirma aufgrund seiner Partizipation an der Gelehrtenkultur in der Lage, die von ihm aufgezeichneten Texte zu kommentieren, indem er sie vor allem kontextualisierte und Scheffer über die Gebrauchssituation, den kommunikativen Kontext dieser Lyrik informierte.

Es ist nicht klar ersichtlich, ob Sirma die Texte aufzeichnen konnte, weil er sie im Rahmen einer mündlichen Tradition selbst beherrschte, oder ob er sie aufzeichnen konnte, weil er sie von anderen Samen wiederholt gehört hatte. Seine Notate enthalten handschriftliche Korrekturen, die u. a. die Reihenfolge der Wörter in einzelnen Verszeilen betreffen. Ob es sich hier um poetische, die lyrische Potenz der Texte betreffende Veränderungen oder um philologische Verbesserungen handelt, die der dokumentarischen Qualität der Texte gelten, ist bislang nicht auszumachen. Wichtig ist hier die von Sirma gelieferte Information zur offenen Gestalt der Gesänge, die sowohl die Texte wie die (nicht notierten) Melodien betrifft. Beide waren zwar nicht unbedingt ins Belieben der Dichter-Rezitatoren gestellt, konnten aber von diesen künstlerisch sehr frei gehandhabt werden:

> Dann sie pflegen mit dergleichen Gesängen sich zum öfftern zu ergetzen / so zwar keine gewisse Weise oder Thon haben / sondern wie es einem jeden gutdünket / also daß sie dasselbe Lied einmal so / das andere mal auff eine andere Art / wie es ihnen unter dem Singen fürkommet / hören lassen.[51]

Bemerkenswert erscheint auch, dass derartige Lieder nicht an die Rituale des Werbens, Verlobens oder Heiratens gebunden sein sollen, sondern auf der Reise zur „Buhlschaft“[52] gesungen werden, also nicht in einem öffentlichen Raum vor einem Auditorium. Dies erklärt vielleicht auch folgende strikt formulierte Beobachtung des norwegischen Professors der lappischen Sprache Knud Leem, der nach 1725 eine Zeitlang als Missionar und Priester unter den Samen der norwegischen Finnmark lebte und im Hochzeiten-Kapitel seines Buches über die Lebensgewohnheiten der Lappen entschieden bestreitet, dass sie überhaupt sängen:

51 Scheffer [Anm. 13], S. 319.
52 Ebd.

> Die Lappen wissen bey ihren Hochzeiten nichts von Spiel und Musik. Man findet weder Instrumente noch Musikanten bey ihnen; ja sie wissen nicht einmal etwas vom Singen, und sie sind darin so ungeschickt, daß ich ihnen, aller Mühe ungeachtet, nie eine Melodie von Kirchengesängen beybringen können. Die Ursache ist nicht sowohl in den Lappen selbst als in ihrer Sprache zu suchen, vermöge deren sie jede Silbe sehr scharf und hart aussprechen […]. Daher kommt es, daß man, wenn die Lappen ja [sic!] singen wollen, mehr ein wildes Geschrey und Geheule, als einen Gesang hört.[53]

Diese erheblich spätere, bereits aufklärerische Missachtung einer samischen Musikkultur – mit ihrem anderen Musikverständnis und ihrem anderen Harmoniesystem – lässt die Leistungen Sirmas und Scheffers um so deutlicher hervortreten. Indessen ist kaum davon auszugehen, dass Sirma bei der Transformation seiner Texte aus der Sphäre der mündlichen Überlieferung in die Schriftsprache von seiner gelehrten Bildung, die seinerzeit ungleich mehr an gebundene Rede und an lyrische Formen fixiert war, unbeeinflusst geblieben sei: Beide, Rhetorik wie Poetik, müssten im Bereich des Schriftlichen zwangsläufig vorbildhaft gewirkt haben. Allerdings ist dies philologisch nicht nachweisbar, sondern eher aus dem antikisierenden Rezeptionsprozess zu schließen.

Sirma wurde 1675 Priester in der (heute finnischen) Gemeinde Enontekis, hier blieb er bis zu seinem Tode im Jahre 1717. Einer seiner Amtsnachfolger sollte diese Gemeinde in einer ersten historisch-statistischen Beschreibung aus dem ausgehenden 18. Jahrhundert als eine der unbekanntesten Lapplands bezeichnen, das seinerseits den unbekanntesten Teil der schwedischen Monarchie darstelle.[54] Hier wurde Sirma in Konflikte verwickelt, die im Februar 1681 zum Prozess und zur Verurteilung zu einer Geldstrafe führten.[55] U. a. hatte er den Amtmann in Sondavara, Måns Mårtensson, grob beleidigt, geschlagen und an den Haaren gerissen. Außerdem hatte er, nachdem seine Frau eine Totgeburt erlitten hatte, die Samin Elin Jakobsdotter praktisch der Hexerei beschuldigt, offenbar weniger im Sinne einer juristischen Denunziation als vielmehr im Sinne einer Beschimpfung, gegen die die Frau sich mit juristischen Mitteln zur Wehr setzen konnte. Eine Klage der gesamten samischen Gemeinde gegen die Amtsführung ihres fluchenden und in

53 Knud Leem: Nachrichten von den Lappen in Finnmarken, ihrer Sprache, Sitten, Gebräuche, und ehemaligen heidnischen Religion, mit Anmerkungen von J.E. Gunner […], aus dem Dänischen übers., Leipzig 1771, S. 198 f.

54 Vgl. J. Grape: Utkast till Beskrifning öfver Enontekis sokn i Torneå Lappmark, in: Svenska vetenskapsakademiens handlingar, Ser. 4, Bd. 6, Stockholm 1803, S. 197–226.

55 Zu den rechtlichen Verhältnissen im schwedischen Lappland im 17. Jahrhundert vgl. jetzt Karin Grankvist: Samerna, staten och retten i Torne lappmark under 1600-talet. Makt, diskurs och representation, Diss. Umeå 2004. Bemerkenswert ist, dass Rechtshändel von den schwedischen Obrigkeiten öffentlich vor der samischen Gemeinde geführt wurden.

Schlägereien verwickelten Hirten wurde abgewiesen, da für die Amtsführung ein kirchliches Gericht zuständig sei.

Die Dichter des deutschen Sturm und Drang hätten vermutlich ihre Freude an Sirma gehabt, hätten sie je von seinen Schicksal erfahren. Der hatte sich sozusagen gründlich zwischen alle Stühle gesetzt und es sich mit den weltlichen schwedischen Obrigkeiten ebenso verdorben wie mit seiner samischen Gemeinde. Wenn man indessen nicht die Konflikte selbst, sondern die dahinter vorscheinenden Konzepte unter dem Aspekt der Hybridität betrachtet, wird die dritte Position Sirmas klarer. In den Augen der positivistischen Wissenschaftler, die Sirmas Leben um 1900 rekonstruierten, dürfte er sich als samischer Raufbold präsentiert haben, an dem man aber nicht vorbeisehen konnte, da man ihm einige der wichtigsten der ohnehin raren Quellen verdankte. Indessen lassen sich das Raufen und Saufen ebenso gut der akademischen wie der samischen Kultur zuordnen. Mehr noch gilt das wohl für die rechthaberische Pose der moralischen Überlegenheit, wie sie sich in Schimpfwörtern wie Hurenkerl, Schelm, Dieb und Räuber ausdrückt. Den Hexereivorwurf hatte der durch den Tod seines Kindes betroffene Sirma offenbar als Frage formuliert, vor Gericht berief er sich auf das Gerücht und eine Zeugin. Hier wird nun vollends das Profil eines akademisch gebildeten Intellektuellen sichtbar. Denn einen gegen Sexualität und Generation gerichteten Schadenzauber kannten die Samen den Quellen zufolge nicht. Der spielte indessen eine zentrale Rolle in den frühneuzeitlichen Dämonologien, im Malleus Maleficarum ebenso wie in der Dämonenschrift des frühmodernen Staatsrechtlers Jean Bodin,[56] in Texten mithin, die Sirma nicht gelesen haben wird, von denen er aber unmöglich nicht gehört haben kann. Denn seine Denunziation liegt zeitnah zur letzten großen Welle von Hexenverfolgungen in Europa;[57] auch in der benachbarten norwegischen Finnmark, die vornehmlich samisch besiedelt war, wurden das gesamte 17. Jahrhundert hindurch Menschen als Zauberer hingerichtet.[58]

In diesen Jahren hat Sirma gleichzeitig an der Übersetzung eines schwedischen Katechismus ins Samische gearbeitet, den er 1688 erfolglos zum

56 [Jakob Sprenger und Heinrich Institoris:] Malleus Maleficarum. Der Hexenhammer, übers. v. J.W.R. Schmidt, 3 Bde, Berlin 1906, Bd. 2, S. 73 ff. und S. 135 ff.; Vgl. [Jean Bodin:] De Magorum Daemonomania. Vom ausgelasnen Wütigen Teuffelsheer Allerhand Zauberern / Hexen und Hexenmeistern/ Unholden/ Teuffelsbeschwerern/ Warsagern/Schwartzkünstlern/ Vergiftern/ Augenverblendern [...], übers. v. Johann Fischart, Straßburg 1591, S. 117.

57 Vgl. Gerhard Schormann: Hexenprozesse in Deutschland, 3. durchges. Aufl., Göttingen 1996.

58 Vgl. Rune Blix Hagen: Traces of shamanism in the witch trials of Norway: the 1692 trial of the Sami shaman Anders Poulsen, in: Dämonische Besessenheit. Zur Interpretation eines kulturhistorischen Phänomens, hg. v. Hans de Waardt u. a., Bielefeld 2005, S. [307]–325; vgl. Ders.: Samer er trollmenn i norsk historie: trolldomsforfølgelsene av samer, Karasok 2005.

Druck zu bringen suchte: um die Samen der Abgötterei und der Zauberei zu entfremden, wie er schrieb.[59] Mit demselben Versuch scheiterte der literarisch ambitionierte Mann nochmals kurz vor seinem Tode, nachdem eine Visitation eine bedenkliche Unvertrautheit der Bevölkerung mit dem Katechismus erwiesen hatte. Sirma setzte sich damals dem Misstrauen seiner Obrigkeiten aus, weil er die Samen auf den Sommerwanderungen der Rentiere an die norwegische Küste begleitete, während Schweden gegen die Oldenburger Monarchie, zu der Dänemark-Norwegen gehörten, Krieg führte. Man kann in diesem Akt grenzüberschreitender, begleitender Seelsorge eine Aussöhnung Sirmas mit seinem Volke sehen. Vielleicht war er aber nach wie vor immer noch unruhig und neugierig und hoffte, in Markt- und Hafenorten an der norwegischen Küste Neuigkeiten aus der großen weiten Welt zu erfahren, die ihm anders verschlossen blieben.

Es bleibt das Bild eines von Unrast geprägten, in kleinliche Händel verwickelten, intellektuell gewiss unterforderten Theologen in einer Einödpfarre weitab der gelehrten Zentren, mit denen er wohl auch nur allzu selten korrespondierte, vermutlich, weil es ihm, dem samischen Außenseiter, in seiner relativ kurzen Studentenzeit nicht gelungen war, entsprechende Kontakte zu knüpfen. Seine Versuche, diese Alltagssituation zu ändern, scheiterten, weil die schwedischen Autoritäten zwar christlich fromme, aber nicht unbedingt lesekundige Samen wünschten. Bekannt und dann zum Gegenstand späterer wissenschaftlicher Forschungen geworden sind Pfarrer wie er indessen immer nur dann, wenn es ihnen gelang, dies Scheitern zu überwinden: Eben hierdurch unterscheidet sich etwa Reinhold Forster von Sirma. Hybrid war sein Status nicht als Same unter Schweden oder als schwedischer Beamter unter Samen, hybrid war sein Status als Gelehrter in einem Europa, in dem Lese- und Schreibfähigkeiten zwar insgesamt nur wenig mehr verbreitet waren als unter Samen, das sich aber gleichwohl auf dem Wege zur modernen Wissensgesellschaft[60] befand. Im Vorgriff auf die wissenssoziologische Figur des entwurzelten Intellektuellen vermochte er samisches Wissen nach Europa und europäisches, christlich-dämonologisches Wissen nach Lappland zu transferieren. Pointiert gesagt: Nichts spricht dafür, dass sein Status unter den Schweden hybrider war als der des deutschen Gelehrten Scheffer oder des aus einer französischen Familie stammenden Reichskanzlers de la Gardie, die sich aus einer Perspektive europäischer Gelehrsamkeit ebenfalls für samische Kultur interessierten.

---

59 Abgedruckt bei K. B. Wiklund: En kemilapisk text från år 1716, in: Le Monde oriental: revue des études orientales, Jg. 1913, S. 82–96. Zum Zeitpunkt der Veröffentlichung der Übersetzung war das Kemisamische bereits mehr als ein halbes Jahrhundert ausgestorben.

60 Vgl. Peter Burke: A Social History of Knowledge, Cambridge 1997; vgl. Macht des Wissens. Die Entstehung der modernen Wissensgesellschaft, hg. v. Richard van Dülmen und Sina Rauschenbach, Köln, Weimar und Wien 2004.

Sirmas Name war, was er vielleicht selbst nie erfahren hat, in großen Teilen Europas bekannt, wenngleich er wohl nicht wahrgenommen worden ist; sein Beitrag zu Scheffers Buch, das sich auf dem Wege des Kulturtransfers sehr rasch seinen Platz in der europäischen Wissensgesellschaft erobert hatte, erwies sich unter einem rezeptionsgeschichtlichen Aspekt als der interessanteste, an dem noch nach seinem Tode das Europa der Empfindsamkeit sich abzuarbeiten suchte. In diesem Transferprozess wurde das Buch Scheffers, zu dem Sirma einen Prototext geliefert hatte, selbst zunehmend zum gleichsam verschollenen Prototext empfindsamer Literatur, den niemand mehr in die Hand bekam.

Als Werbeoffizier und Leiter eines in preußische Dienste gepressten sächsischen Bataillons im Siebenjährigen Krieg verkörperte Kleist – wie Sirma – eher das Elend als den Glanz seines Berufes. Bereits von seinen Freunden Nicolai[61] und Lessing mit bis in die Gegenwart reichenden Folgen als patriotischer Dichter[62] vereinnahmt, erlebte er im 19. Jahrhundert eine literaturhistorische Marginalisierung, als seine empfindsame Sprache nicht länger den chauvinistisch-kriegerischen Ansprüchen einer entstehenden Germanistik genügte. Sein *Lied eines Lappländers* steht bemerkenswert frei zu der von Sirma begründeten Tradition, indem es auf die (dort fehlenden) Metaphern der Kälte („In den zerstörten Haaren/ Hängt mir schon Eis“) und der Dunkelheit fokussiert:

> Die lange Nacht kommt schon. Still mein Verlangen
> Und eil zurück!
> Du kommst, mein Licht!, mich zu umfangen;
> O, welch ein Glück.[63]

Damit steht der Text, obwohl von einem Berufsmilitär geschrieben, indessen nicht am Beginn einer soldatisch-antiemotionalen „Verhaltenslehre der Kälte“[64], sondern in einer Tradition, da Kälte und Dunkelheit als die adäquaten Ausdrucksformen von Verzweiflung formuliert werden; Kafkas kleines Prosastück *Der Kübelreiter*[65] zeugt ebenfalls davon.

---

61 [Friedrich Nicolai:] Ehrengedächtniß Herrn Ewald Christian von Kleist, zweite verbesserte und vermehrte Auflage, Berlin 1760.

62 Vgl. das Nachwort des Herausgebers unter dem Titel „Er hat sterben *wollen*“ in: Ewald Christian von Kleist: Cißides und Paches in drey Gesängen, mit einem Nachwort hg. v. Martin Kagel, Hannover-Laazen 2006, S. 41–65.

63 Kleist [Anm. 7], S. 95 f.

64 Vgl. Helmut Lethen: Verhaltenslehren der Kälte. Lebensversuche zwischen den Kriegen, Frankfurt/Main 1994.

65 Franz Kafka: Der Kübelreiter, in: Ders.: Sämtliche Erzählungen, hg. v. Paul Raabe, Frankfurt/Main 1970, S. 195 f.

Uwe Hentschel

„Was will die Poesie Gellerts im neunzehnten Jahrhundert?" Ein Dichter und sein Platz in der deutschen Literaturgeschichte

„Nehmt Gellert seine Mängel,
und ihr nehmt ihm seine
geschichtliche Bedeutung."[1]

Am 7. September 1805 konnte man in der in Leipzig erscheinenden *Zeitung für die elegante Welt* einen Text des bekannten Dichters Friedrich von Matthisson lesen, in dem er von einer *Alpenreise* aus dem Oberwallis berichtet. Beim Eintritt in das Gasthaus in Obergestelln begrüßt ihn eine hübsche junge Wirtin, die zur Verwunderung des Reisenden „ein so reines und richtiges Deutsch" spricht, dass dieser sich sogleich danach erkundigt, „wie sie in diesem rauhen und wenig besuchten Erdwinkel zu einer solchen Sprache gekommen sei?"[2] Matthisson teilt seinen Lesern mit, was er von ihr erfahren hat:

> Ihr Bruder, der während eines langen Aufenthalts in Deutschland sich besondere Mühe gegeben habe, die Sprache des Landes rein und richtig zu reden, sei ihr Lehrmeister gewesen. Sie setzte hinzu, daß sie nichts sehnlicher wünsche, als zuweilen auch ein gutes deutsches Buch zu lesen: aber außer *Gellerts* Fabeln, die ihr Bruder aus der Fremde mitgebracht, sei noch keins in ihre Hände gekommen; diese wisse sie aber auch alle auswendig, und sie würde viel darum geben, dem Manne, der sie geschrieben, einen *Maien* auf das Grab legen zu können.[3]

Auf den ersten Blick scheint es sich um eine wenig belangvolle Erzählsequenz zu handeln, die Matthisson hier seinen Lesern bietet, und doch sagt sie viel über das Besondere der Gellert-Rezeption um 1800 aus. Der reisende Erzähler selbst bemerkt es:

> Indeß in den Buchläden des nämlichen Deutschlands, das noch vor einem halben Jahrhundert deinen Namen mit enthusiastischer Bewunderung aussprach, kein Schöngeist mehr nach deinen Schriften, und an den Ufern der Pleiße, wo so man-

1 Hermann Hettner: Geschichte der deutschen Literatur im 18. Jahrhundert, 2 Bde., Berlin, Weimar 1979, Bd. 1, S. 307.

2 Friedrich von Matthisson: Alpenreise, in: Zeitung für die elegante Welt, Nr. 108 vom 7. September 1805, S. 862.

3 Ebd.

> ches Eichenreis dir zur Bürgerkrone sproßte, kein Reisender mehr nach deiner Grabstätte fragt: lernt eine schuldlose Tochter der Natur, eine arme Alpenhirtin, an den Quellen des Rhodans, deine Fabeln auswendig, und sehnt sich nach deinem Grabe zu wallfahrten, um dir ihren ganzen Reichthum, einen Blumenstrauß und eine Thräne zum Todtenopfer darzubringen.[4]

Die von Matthisson im Sinne des Philhelvetismus zum Kontrastbild des zivilisierten Städters stilisierte Älplerin[5] erscheint als die nahezu letzte aktive Bewahrerin von Gellerts literarischem Erbe.

Wenige Monate bevor dessen *Alpenreise* erschienen war, publizierte August Mahlmann, der Redakteur der *Zeitung für die elegante Welt*, in dieser den Aufsatz *Ueber das goldne Zeitalter der deutschen Literatur*, in dem er gleich zu Beginn feststellte: „Man hat die Zeit, wo *Klopstock* seinen Messias sang, wo *Uz, Gellert, Kleist, Hagedorn, Gleim, Ramler, Wieland* und einige Andere ihrer Zeitgenossen am literarischen Himmel Deutschlands glänzten, als das goldne Zeitalter unserer Dichtkunst gepriesen.“[6] Vor allem Autoren der älteren Generation erinnerten sich gern an die Zeit zwischen 1740 und 1760. Im Unterschied zur Gegenwart, in der ein erbitterter Konkurrenzkampf unter den Schriftstellern herrsche, sich Autorengruppen befehdeten und die Unterhaltungsliteraten den Markt abschöpften, habe es damals eine „große Empfänglichkeit, mit der die Nation die Arbeiten ihrer Dichter aufnahm“, gegeben sowie eine Wertschätzung und „*Achtung*, die ein Talent dem andern zollte“.[7] Mahlmann formuliert angesichts des modernen Buchmarktes, der auf eine Diversifikation der Leserbedürfnisse reagierte und zu einer zunehmenden Dichotomisierung der Literatur führte, letztendlich eine Verlusterfahrung: „Wir sind größer, aber sind einseitiger, wir sind freier, aber wir sind egoistischer geworden.“[8] Ein einvernehmliches Wirken der Schriftsteller zum Besten der Leser ist nach Mahlmann jetzt nicht mehr möglich, es gehört endgültig der Vergangenheit an: „Die Dichter und Schriftsteller – welchen damals die *Zeit* Relief gab – zogen nach allen Richtungen die Fäden hin, und überspannen gleichsam mit einem gemeinsamen Gewebe die Meinung des Publicums.“[9]

Autoren wie Matthisson und Mahlmann, die den Verlust einer weitestgehend homogenen literarischen Gemeinschaft mit großer Breitenwirksamkeit beklagten, konnten sich bereits auf Herder beziehen. Dieser hatte Gellert un-

---

4 Ebd.

5 Zu Matthissons Schweiz-Bild siehe Uwe Hentschel: Mythos Schweiz. Zum deutschen literarischen Philhelvetismus zwischen 1700 und 1850, Tübingen 2002, S. 107–111.

6 August Mahlmann: Ueber das goldne Zeitalter der deutschen Literatur, in: Zeitung für die elegante Welt 5 (1805), 1. St., 5. Jan. 1805, S. 17.

7 Ebd., S. 18.

8 Ebd., S. 19.

9 Ebd., S. 18 f.

ter dem Betracht der öffentlichen Ausstrahlung gar mit Homer verglichen; zwar seien die zwei Autoren und deren Leser in ihrer Sozialisation nicht vergleichbar und auch die Genres, welche sie bedienten, unterschieden sich, doch bezogen auf die Resonanz und den Einfluss ihrer Schriften ähnelten sie sich sehr.[10] Zur Begründung seines außerordentlichen Vergleichs führt Herder ein Zitat aus Thomas Abbts Schrift *Vom Verdienste* an, in dem es heißt: „Für ganz Deutschland ist es ohne Widerspruch Gellert, dessen Fabeln wirklich dem Geschmack der ‚ganzen Nation‘ eine neue Hülfe gegeben haben. (Fragt die erste, [die] beste Landpredigertocher nach Gellerts Fabeln? die kennt sie – nach den Werken andrer unsrer berühmten Dichter? kein Wort.)“[11]

Und als Herder 1777 in einer Preisschrift *Über die Würkung der Dichtkunst auf die Sitten der Völker in alten und neuen Zeiten* handelt, kommt er zwangsläufig wieder auf Gellert zurück, auf den „erste[n] Dichter, der auf die Nation vorzüglich gewürkt“[12] habe. Zugleich wird die Epoche, in der er schrieb, von der eigenen abgesetzt und zu einem Kontrastbild zum gegenwärtigen geistig-sittlichenVerfall, insbesondere auf dem Buchmarkt, gemacht. Angesichts von dessen bedauernswerten Zustand, der immer stärker von Geldgeschäften bestimmt wird, fragt Herder: „Was für ‚Sitten‘ kann ein Tempel der Dichtkunst stiften, wo Wechslertische und Taubenkrämer, Rezensenten und Ochsenhändler ihr Gewerbe treiben?”[13] Und so führt auch ihn die Klage über den dürftigen Zustand der Literaturgesellschaft zwangsläufig zum Lobpreis der frühen und mittleren Aufklärungszeit, als Autoren wie Brockes, Hagedorn, Kleist, Geßner, Haller und Gellert noch einvernehmlich und mit großem Erfolg auf die Sitten ihrer Leser einwirkten. Mit kritischem Blick auf den moralischen Indifferentismus, den Herder in seiner Gegenwart ausmacht, formuliert er: „Sie wollten lieber ‚minder‘ Dichter seyn, als unsittliche und unweise Dichter.”[14]

Hatten Matthisson und Herder Gellerts aufklärerischen Impetus und dessen Volkstümlichkeit gewürdigt,[15] so sahen die meisten nachgeborenen Dichter in ihm eher einen larmoyanten, unambitioniert schreibenden, mittel-

---

10 Johann Gottfried Herder: Über die neuere deutsche Literatur. Fragmente, Zwote Sammlung, IV, B, in: Ders.: Sämtliche Werke, hg. v. Bernhard Suphan, 33 Bde., Berlin 1877–1913, Bd. 1, S. 301 f.

11 Thomas Abbt: Vom Verdienste, Berlin 1765, S. 376 f.

12 Johann Gottfried Herder: Über die Würkung der Dichtkunst auf die Sitten der Völker in alten und neuen Zeiten, in: Ders.: Sämtliche Werke [Anm. 10], Bd. 8, S. 431.

13 Ebd., S. 430.

14 Ebd.

15 Dergleichen Würdigung erfuhr Gellert auch von anderen Autoren: „Wenn wird einmal wieder ein Deutscher aufstehn, der in einem so hohen Grade, wie Gellert, die Verehrung und Liebe seiner Zeitgenossen genießt, der solchen Einfluß auf die Bildung eines reinen, einfachen Geschmacks und auf die ganze religiöse und sitt-

mäßigen Autor. Schon bald nach seinem Tode, die zahlreichen rühmenden Nekrologe waren gerade erst erschienen,[16] traten mit Leopold August Unzer und Jacob Mauvillion zwei Schriftsteller hervor, die Autor und Werk einer Fundamentalkritik unterzogen. In ihrem fiktiven Briefwechsel *Ueber den Werth einiger Deutschen Dichter*, der in zwei Teilen 1771 und 1772 erschien, artikulieren sie ihr Unverständnis darüber, dass Gellerts Schriften immer noch von „eine[r] ganze[n] Nation“ gelesen und von „alle[n] Kunstrichter[n]“[17] gepriesen würden, da doch dieser nicht mehr als „ein elender Reimer, ein Dichter ohne einen Funken von Genie“[18] gewesen sei.

Das erste Mal wird in dieser Deutlichkeit im Namen eines neuen Literaturkonzepts – fast zwei Jahrzehnte vor Schillers berühmter Rezension von Gottfried August Bürgers Gedichten – eine Dichotomisierung der Literatur vorgenommen, die diese separiert in eine ästhetisch anspruchsvolle, der Zeit gemäße, und in eine, die allein den Ansprüchen an eine moralische Erziehung geistig-kulturell nichtprivilegierter Schichten genügt.[19] Hier zeigte sich die Crux, die den Umgang mit diesem Autor in der meinungsbildenden Öffentlichkeit weiterhin bestimmen sollte. Obgleich Gellert mit seinem Werk, vor allem mit den Fabeln und den geistlichen Liedern, allgegenwärtig war, bekam er von den dichtenden Eliten den Stempel des Unzeitgemäßen und Profanen aufgedrückt, wenn man sich überhaupt am Ausgang des Jahrhunderts in diesen Kreisen seiner noch erinnern wollte. Und als sich dann in den ersten Jahrzehnten des 19. Jahrhunderts Gelehrte die Aufgabe stellten, die Literatur des vergangenen Säkulums zu sichten und zu ordnen, erwies sich das Phänomen Gellert nachgerade als ein problematisches.

---

liche Denkungs- und Sinnesart derselben gewinnt, und dessen Schriften so allgemein, so lange gelesen und geschätzt und in alle Sprachen übertragen werden!“ Lexikon deutscher Dichter und Prosaisten, hg. v. Karl Heinrich Jördens, Bd. 2, Leipzig 1807, S. 61; „Vielleicht nicht in einem Jahrhunderte wird wieder ein Dichter auftreten, der die Bewunderung und Liebe seiner Zeitgenossen in solchem Grade, der solchen Einfluß auf den Geschmack und die Denkungsart aller Stände gewinnt, als Gellert, der fromme, duldsame Mann. Kein Genie der ersten Größe, aber ein einnehmender und fruchtbarer Schriftsteller war er, ein Dichter der Religion und Tugend, ein Sittenrichter […]“ Karl August Küttner: Charaktere teutscher Dichter und Prosaisten, Berlin 1781, S. 247 f.

16 Vollständige Sammlung der Gedichte, welche der Tod des Herrn Professor Gellert’s veranlaßt hat, 2 Theile, Leipzig 1770.

17 [Jakob Mauvillon und Leopold August Unzer]: Über den Werth einiger Deutschen Dichter und über andere Gegenstände den Geschmack und die schöne Litteratur betreffend. Ein Briefwechsel, 2 Stücke, Frankfurt, Leipzig 1771/1772, 1. Stück, S. 32.

18 Ebd., S. 239.

19 Vgl. hierzu Uwe Hentschel: Gellerts Werk zwischen Aktualität und Historisierung, in: Euphorion 100 (2006), Heft 2, S. 163–172.

Mit Franz Horn sucht 1824 einer der Vorreiter einer modernen Literaturgeschichtsschreibung[20] nach einer angemessenen Bewertung des Dichters, wobei er zunächst die zwei bekannten, sich polarisierenden Einschätzungen referiert, indem er feststellt, dass der Zeitraum zwischen 1740 und 1760 einerseits als „das sogenannte goldene Zeitalter der deutschen Literatur“ bezeichnet wurde, andererseits aber auch „für ein wäßriges Fastgarnichts erklärt worden“[21] sei. Von den Verfechtern dieser Ansicht sei der Autor auf „ein lobendes Beiwort reduziert“ worden, er figuriere nur noch als „der *fromme Gellert*“[22]. Franz Horn will dem Dichter weitergehende Anerkennung verschaffen. Dies geschieht, indem er die literarische Periode, in der er wirkte, aufwertet, denn er schreibt mit Bezug auf die Dichter des Sturm und Drang: „Jene Periode ist allerdings ein entschiedenes und bedeutendes Etwas.“[23] Und Gellert stellt in ihr eine bemerkenswerte Größe dar.[24] Horn nannte bereits 1805 in seiner Schrift *Geschichte und Kritik der deutschen Poesie und Beredsamkeit* den Bezugspunkt, der ein Bewertungskriterium für die Leistungen Gellerts und seiner Dichterkollegen sein könnte. Allein entscheidend sei der Beitrag, den sie zum „Wiederaufblühen und der Reife unserer Literatur“[25] geleistet hätten. Horn spricht in diesem Zusammenhang von einer „Klopstock-Lessing-Goethe`schen Periode“.[26] Was hier noch wie ein erratischer Block erscheint, wird schon bald zu einem mehrstufigen Entwick-

20 Noch existierte keine Literaturgeschichtsschreibung im modernen Sinne: Zur Geschichte der Literaturgeschichtsschreibung im 19. Jahrhundert siehe die profunde Studie von Jürgen Fohrmann: Geschichte der deutschen Literaturgeschichtsschreibung zwischen Aufklärung und Kaiserreich, in: Wissenschaftsgeschichte der Germanistik im 19. Jahrhundert, hg. v. Jürgen Fohrmann u. Wilhelm Voßkamp, Stuttgart, Weimar 1994, S. 576–604. Ausführlicher: Ders.: Das Projekt der deutschen Literaturgeschichte. Entstehung und Scheitern einer nationalen Poesiegeschichtsschreibung zwischen Humanismus und Deutschem Kaiserreich, Stuttgart 1989. Vgl. hierzu auch die umfassende Arbeit von Klaus Weimar: Geschichte der deutschen Literaturwissenschaft bis zum Ende des 19. Jahrhunderts, München 1989.

21 Franz Horn: Die Poesie und Beredsamkeit der Deutschen, von Luthers Zeit bis zur Gegenwart, Bd. 3, Berlin 1824, S. 63.

22 Ebd., S. 59.

23 Ebd., S. 63.

24 Für seine wohlwollende Einschätzung musste sich Horn später verteidigen: „Es ist mir zuweilen der Vorwurf gemacht worden, daß ich ihn überschätze. Meine Antwort darauf ist: Leset ihn nur von neuem, was vermuthlich Manche von euch seit geraumer Zeit versäumt haben, aber leset ihn wie man soll, in stillen rein empfänglichen Stunden oder in guter traulicher Gesellschaft von lieben Freunden und Freundinnen die noch Empfänglichkeit haben für harmlosen Witz, bescheidene Sinnigkeit, und Zierlichkeit der Verse; und es wird euch sicher aufgehen, warum Gellert der Mann des Volkes wurde.“ Horn [Anm. 21], Bd. 4 (1829), S. 63.

25 Franz Horn: Geschichte und Kritik der deutschen Poesie und Beredsamkeit, Berlin 1805, S. 190.

26 Ebd.

lungsmodell ausdifferenziert, an dessen Ende, als Gipfelpunkt, die Weimarer Klassik firmiert. Ob nun Pragmatismus oder Ideengeschichte, von Koberstein bis Gervinus besteht Einigkeit darüber, dass im Ringen um nationale Eigenständigkeit und Kulturhoheit auf dem Wege zu Goethe und Schiller allein nur Klopstock und Lessing (und mit Abstrichen Wieland) als Leitfiguren infrage kommen, nicht allein weil sie originäre künstlerische Leistungen erbrachten, sondern vor allem, da sie sich um deutsche Stoffe bemühten, sich den frankophilen Einflüssen widersetzten und so zu Kronzeugen wurden für die Existenz einer eigenständigen, deutschen Aufklärung.[27] Und genau diese nationalen Parameter sprachen viele Interpreten Gellert ab, denn er habe sich nur halbherzig von dem Klassizisten Gottsched gelöst[28] und zu eng an französische Vorbilder angelehnt,[29] mit der Folge, dass seine Werke, ob empfindsamer Roman oder ‚weinerliches' Lustspiel, schon bald nicht mehr auf der Höhe der Zeit gewesen seien.

Dennoch mussten all diejenigen, die Gellert bescheinigten, nur einen bescheidenen Beitrag zur Reformierung der Poesie geleistet zu haben, eingestehen, dass er als „der Großhofmeister der ganzen Nation"[30] eine wichtige sittliche Größe mit starker Ausstrahlungskraft darstellte, die im Hinblick auf die

---

27 Rainer Rosenberg: ‚Aufklärung' in der deutschen Literaturgeschichtsschreibung des 19. Jahrhunderts, in: Ders.: Verhandlungen des Literaturbegriffs. Studien zu Geschichte und Theorie der Literaturwissenschaft, Berlin 2003, S. 127–140.

28 „Der Beste unter den Gottschedianern aber war […] Gellert." Wilhelm Zimmermann: Geschichte der prosaischen und poetischen deutschen Nationalliteratur. Für Leser aller Stände. Zweite Ausgabe, Stuttgart 1856, S. 160. – Ein Großteil der Autoren schlägt Gellert der *Sächsischen Schule* zu. Friedrich Bouterwek erläutert, was deren Vertreter sowohl von Gottsched als auch von den Zentralgestalten der deutschen Aufklärung trennte: „Von den *Gottschedianern* unterscheiden sie sich hinlänglich durch ein hervorstechendes Uebergewicht von Geist und Feinheit des Geschmacks. Aber sich so weit, wie Klopstock, Wieland, und Lessing, über die gottschedische Gesetzgebung hinwegzusetzen, wagten sie nicht. […] Zum Theil absichtlich, zum Theil ohne ihr Wissen, huldigten sie vorzüglich dem *französischen* Geschmacke, so patriotisch auch ihre Gesinnung war. […] Keiner dieser Dichter und Schriftsteller gehört zu den großen Geistern, die der Litteratur einen neuen Schwung zu geben vermögen." Friedrich Bouterwek: Geschichte der deutschen Poesie und Beredsamkeit seit dem Ende des dreizehnten Jahrhunderts, Bd. 3, Göttingen 1819, S. 159. – Für Vilmar gehört Gellert zu den „bekanntesten der sächsischen Schule", doch da zu dieser hier auch Gottsched selbst gerechnet wird, erscheint er als ein Autor, der über dessen rigide Nachahmungspoetik nicht bzw. kaum hinausgekommen ist. August Friedrich Christian Vilmar: Vorlesungen über die Geschichte der deutschen National-Literatur, Marburg, Leipzig 1845, S. 459.

29 „Unsre ältern teutschen Dichter von einiger Bedeutung, unter Andern Gellert, leyerten, so ziemlich nach französischer Manier, ihre eintönigen Versarten; Die geistlosen Nachahmer fuhren in dieser Weise fort; und lange Zeit hindurch schläferte man sich in Teutschland mit solchen Versen ein […]" Adolph Freiherr von Knigge: Ueber Schriftsteller und Schriftstellerey, Hannover 1793, 184 f.

30 Georg Gottfried Gervinus: Geschichte der poetischen National-Literatur der Deutschen. Dritte verbesserte Auflage, Bd. 4, Leipzig 1851, S. 96.

Schul- und Volkslektüre noch weit bis in das 19. Jahrhundert spürbar war.[31] Vor allem diesem Phänomen war es zu danken, dass sowohl in der politisch intendierten als auch in der populären Literaturgeschichtsschreibung Gellert ein durchaus wichtiger Bezugspunkt blieb.

Insbesondere die Liberalen, die in Gellert zunächst einmal einen gesellschaftskonformen Sittenlehrer sahen, der seine Leser resistent gegen jedwede Veränderungsansprüche machte, äußerten Bedenken gegenüber einer forciert vorangetriebenen Verbreitung seines Werkes im Volk. Und diese Einwände waren nicht unbegründet, bedenkt man, wie präsent Gellerts Schriften im Vormärz waren. 1839 hatte Julius Ludwig Klee eine Ausgabe von Gellerts *Sämmtlichen Schriften* in zehn Teilen veranstaltet. Sie wurde mehrmals aufgelegt und erfuhr eine weite Verbreitung.[32] Eine neue Biographie über Gellert war schon 1833 erschienen. Heinrich Doering hatte sie verfasst und damit Cramers Vorlage von 1774 den Erfordernissen einer modernen Biographik angepasst.[33] Das Fabelwerk war sowieso präsent. Bei Sander in Berlin erschien 1838 beispielsweise eine 17. Auflage der *Fabeln und Erzählungen*.

Der Vormärzautor Georg Herwegh, der hinter all diesen Bemühungen um das Werk Gellerts den Versuch sah, das Volk mit affirmativen Texten einzuschläfern,[34] stellte deshalb am Vorabend der Revolution provokant die Frage:

---

31 Zu Gellerts Werken in der Volksaufklärung und Schulbildung vgl. Eckhardt Meyer-Krentler: „… weil sein ganzes Leben eine Moral war“. Gellert und Gellerts Legende, in: „Ein Lehrer der ganzen Nation“. Leben und Werk Christian Fürchtegott Gellerts, hg. v. Bernd Witte, München 1990, S. 221–257.

32 „Als 1839 die neue treffliche Ausgabe von Julius Ludwig Klee erschien, war dieselbe in wenigen Monaten vergriffen; rasch hintereinander folgten drei weitere Auflagen. Der Absatz ging besonders nach Holland, Österreich und in die russischen Ostseeprovinzen, in jene Grenzländer, die von dem inzwischen fortgeschrittenen deutschen Kulturstrom weniger lebhaft berührt wurden. Tief in den Tälern von Welschtirol, wohin keine deutsche Bibel mehr dringt, finden wir Gellerts Fabeln.“ Hettner [Anm. 1], S. 308.

33 Es ist die Absicht des Verfassers, „ein anschauliches Bild von dem Leben und Charakter eines Schriftstellers zu entwerfen, der zu seiner Zeit von Hohen und Niedern mit gleicher Begeisterung gelesen ward, und einer so allgemeinen Liebe und Verehrung genoß, wie ihrer kein gleichzeitiger deutscher Autor sich rühmen konnte. Aber auch jetzt noch, wenn gleich bei weitem nicht mehr so fleißig, wie ehemals, gelesen, ist Gellert schwerlich so ganz aus der öffentlichen Achtung verdrängt worden, daß eine treue und möglichst umfassende Darstellung seines Lebens für überflüssig gehalten werden könnte.“ Heinrich Doering: Christian Fürchtegott Gellert's Leben. Nach seinen Briefen und andern Mittheilungen dargestellt, Greiz 1833, S. III f.

34 „Das Feuer ist nicht sein Element, sondern das Wasser und die Verwässerung. Er sorgt dafür, daß der gemeine Mann bei seinem Hausbrod auch religiöse Hausmannskost bekomme.“ Traugott Ferdinand Scholl: Die letzten hundert Jahre der vaterländischen Literatur in ihren Meistern dargestellt und auf den Geist der Gegenwart bezogen, Schwäbisch Hall 1851, S. 36.

> Was will die Poesie Gellerts im neunzehnten Jahrhundert? Was wir zu sagen haben, sagen wir frei und frank heraus; wozu die Umständlichkeit der Fabel? Fabeln passen für Kinder und Unmündige [...]. [...] Das heißt doch die Zopfzeit mit Gewalt wieder an die Tagesordnung bringen und das Publikum von allem Interesse an der Gegenwart mit böslicher Absicht entwöhnen![35]

Und genau dies taten vor und nach der Märzrevolution auch die Vertreter einer populären und einer religiös-konservativen Literaturgeschichtsschreibung. Engagierte Bildungsbürger wie Carl Barthel, Eugen Huhn, Christian Georg Friedrich Brederlow oder Tinette Homberg, eine der wenigen Frauen in diesem Fach, aber auch bedeutende Literaturhistoriker wie Heinrich Gelzer und August Friedrich Christian Vilmar wandten sich mit ihren Vorlesungen ausdrücklich an ein nichtakademisches Publikum. Betrachtet man die konzeptionelle Anlage ihrer Vorträge und Werke, so zeigt sich, dass als wichtiger Leitfaden für Auswahl und Beurteilung neben die nationale und ästhetische die sittliche Komponente getreten ist.

Angesichts allgegenwärtiger moralischer Verwerfungen in einer sich entwickelnden modernen bürgerlichen Industriegesellschaft wird die Literatur- auch zu einer Sittengeschichte, in der nach Mustern vorbildlicher Lebensführung Ausschau gehalten wird.[36] Gellert erscheint unter diesem Gesichtspunkt als eine veritable Person.[37]

Hatte Gelzer 1841 Gellerts Werk in seiner Arbeit über *Die deutsche poetische Literatur seit Klopstock und Lessing* nur kurz berührt,[38] so würdigte er es in der überarbeiteten Fassung aus dem Jahre 1847, die nun unter dem Titel *Die neuere Deutsche National=Literatur nach ihren ethischen und religiösen Gesichtspunkten* erschien, ausführlich auf mehreren Seiten. Gellert habe es

---

35 Georg Herwegh: Ein Verschollener, in: Ders.: Werke in drei Teilen, hg. v. Hermann Tardel, Berlin o. J. [1909], Teil 2, S. 79.

36 Exemplarisch hierzu Brederlow: „Die *deutsche Literaturgeschichte* hat leider noch nicht allgemein die gebührende Anerkennung gefunden, und doch ist sie es gerade, welche die Jugend mit der eigentlichen deutschen Denk- und Anschauungsweise bekannt macht und die vorzüglich in der *Gegenwart* ein um so *nothwendigeres Bildungsmittel* ist, weil unsere Zeit, welche zu sehr in *äußern* Bestrebungen und *materiellen* Interessen befangen ist, die *Gefühls- und Gemüthsbildung immer mehr in den Hintergrund drängt*; die heimische Literatur aber gerade ist es, aus welcher eben unser Gemüth und Gefühl die reichste Nahrung schöpfen und durch dieselbe am meisten gepflegt und gefördert werden kann." Carl Gustav Friedrich Brederlow: Vorlesungen über die Geschichte der deutschen Literatur. Ein Lesebuch für die erwachsene Jugend, Theil 1, Leipzig 1844, S. VII.

37 Die zahlreichen Werkauflagen, die zwischen 1850 und 1870 erschienen sind, geben zu der Vermutung Anlass, Gellert habe in dieser Zeit „noch einmal eine bescheidene Konjunktur" erlebt. Eckhardt Meyer-Krentler: Christian Fürchtegott Gellert, Leipzig. Vom Nachleben vor und nach dem Tode, in: Leipzig. Aufklärung und Bürgerlichkeit, hg. v. Wolfgang Martens, Heidelberg 1990, S. 205–231, hier S. 205.

38 Heinrich Gelzer: Die deutsche poetische Literatur seit Klopstock und Lessing, Leipzig 1841, S. 14 f.

verstanden, den Aufbruch des Bürgertums aus einem dürftigen und zudem vor allem fremdbestimmten Kulturzustand auf einen Weg zu führen, der gleich weit entfernt gewesen sei von der „glaubens- und sittengefährlichen Aufklärung“[39] und der überkommenen „alten Rohheit und Beschränktheit“[40]. Der sittenstrenge Autor stehe für „einen dritten sichern Weg“,[41] er habe „den überzeugendsten Beweis“ geliefert, „daß man sich der socialen und ästhetischen Barbarei entziehen könne, ohne deßhalb nothwendig mit der bürgerlichen Moral und dem Christenthume zerfallen zu müssen“.[42] Unter diesem Gesichtspunkt wird Gellert für Gelzer zu einem Vorbild in der Gegenwart.[43] Darin gründet auch die ausführliche Beschäftigung mit ihm: „Uns Nachgebornen, die hundert Jahre nach ihm leben, tritt in seinen Schriften vorzugsweise die ernste erbauende moralisirende Richtung, der redlich ermahnende warnende fromme Sittenlehrer entgegen.“[44] Letztendlich habe er „mehr gethan für den gesunden Fortschritt unsrer Nation als das gegenwärtige Geschlecht weiß und anerkennt“[45], was als Aufforderung zu verstehen ist, sich diesen gesunden Quellen wieder zuzuwenden. Dies wurde erschwert durch ein verändertes Literaturverständnis, dem natürlich auch Gelzer Rechnung tragen musste. Er spricht den Texten des Autors ausdrücklich jedwede literarische Originalität ab. Dennoch bleibe er wichtig – insbesondere mit seinen Fabeln und Kirchenliedern – für die große Gruppe von Lesern, die aufgrund ihrer Bildungsvoraussetzungen keinen Zugang zur hohen Literatur hätten.

Davon ist wie Gelzer auch Vilmar überzeugt. Denn die Texte des Aufklärers vermögen noch immer „den trockenen Hausverstand“ anzusprechen, „der von der Poesie eben nicht mehr verlangt, als was Gellert gerade selbst in seinen Fabeln als den Zweck der Poesie“ angegeben habe, nämlich „das, was man sonst nicht wol begreifen könne, in einem Bilde begreifen zu lehren“. „Es ist genau die Mittelmäßigkeit der Gellertschen Fabelpoesie, die bei der verwandten Mittelmäßigkeit, welche an Lessing und Herder, an Göthe und Schiller nicht heranreicht, Eingang gefunden hat und theilweise noch heute findet […].“[46]

---

39 Heinrich Gelzer: Die neuere Deutsche National-Literatur nach ihren ethischen und religiösen Gesichtspunkten. Zur innern Geschichte des deutschen Protestantismus, zweite umgearbeitete und vermehrte Auflage, Theil 1, Leipzig 1847, S. 46.

40 Ebd.

41 Ebd.

42 Ebd.

43 Ebd., S. 61.

44 Ebd., S. 46.

45 Ebd., S. 61.

46 Vilmar [Anm. 28], S. 461.

Tinette Homberg hielt ihre Vorlesungen ausschließlich vor weiblichem Publikum, vor Zuhörerinnen, die Gellerts Texte kannten und wohl auch liebten. Mit ihrem bildungspolitischen Reformprogramm, zu dem auch ihre Vorträge zählten, wollte sie der allgegenwärtigen „Entsittlichung“[47] entgegensteuern, indem sie „das sogenannte ‚schöne‘ Geschlecht auf das wahrhaft Schöne aufmerksam“[48] machte. Dabei betont die Autorin ausdrücklich, dass sie keineswegs beabsichtige, die bürgerliche und eheliche Stellung der Frau infrage zu stellen. Was sie für „die einzig zuträgliche Art von Emancipation“ halte, sei „daher nicht eine *Veränderung*, sondern nur eine *Veredlung*“ der Frau, welche „*durch eine gediegnere Geistesbildung*“[49] bewirkt werden könne. Als sie in ihrer Vorlesung zu Gellert kam, stand auch sie vor dem Problem, erklären zu müssen, dass ein Autor mit dieser Resonanz und Vorbildfunktion unter literaturästhetischem Gesichtspunkt auch ein schwacher Schriftsteller, „einer der ‚poetisch-ärmsten‘ Dichter“[50], sein könne. Dieses Paradoxon aufzulösen, musste Tinette Homberg angesichts ihres Publikums besonders schwer fallen: „Weit entfernt sei es indessen von mir, Ihnen darum Ihre Freude an seinen Liedern und Fabeln trüben zu wollen. Mögen die erstern Jedem Trost oder religiöse Erhebung gewähren der dessen bedarf, nur muß man nicht von mir verlangen, daß ich sie für ‚wahre Poesie‘ anerkennen soll!“[51]

Als 1869 der 100. Todestag von Gellert begangen wurde, waren es nicht zufällig vor allem die Pfarrer und Schuldirektoren in ganz Deutschland, die seiner öffentlich gedachten. Einer von ihnen ist der Gymnasiallehrer Reinthaler gewesen, der vor den Pädagogen und Schülern des Königlichen und Stadt-Gymnasiums zu Cöslin an den „Moralphilosoph[en] und geistlichen Liederdichter“[52] Gellert erinnerte. Der Text zeigt noch einmal die besondere rezeptionsgeschichtliche Konstellation auf, die eine gerechte Einordnung und Bewertung seines Schaffens so problematisch erscheinen ließ. Reinthaler nennt es das „tragische Geschick Gellerts, von der Mitwelt allzusehr erhoben und von der Nachwelt allzusehr vergessen worden zu sein“.[53] Das Problem wurde dadurch verschärft, dass Gellerts Texte zwar nicht zum Kanon klassischer Literatur gehörten, andererseits aber – wie Reinthaler natürlich wusste – in Teilen bis „heute zu dem Gemeingute der Nation“[54] gehörten. Obgleich

47 Tinette Homberg: Ueber die sogenannte Emancipation der Frauen. Nebst einigen fragmentarischen Ideen über die dem weiblichen Geschlechte zu gebende Bildung, Crefeld 1839, S. 33.

48 Ebd., S. 41.

49 Ebd., S. 27.

50 Tinette Homberg: Geschichte der schönen Literatur der Deutschen für Frauen, Düsseldorf 1853, S. 293.

51 Ebd., S. 294.

52 Dr. Reinthaler: Christian Fürchtegott Gellert als Moralphilosoph und geistlicher Liederdichter, in: Programm des Königlichen und Stadt-Gymnasiums zu Cöslin, Cöslin 1870.

53 Ebd., S. 2.

auch Reinthaler, gemessen an den gegenwärtigen ästhetischen Wertmaßstäben, die „missbilligende Kritik der neuern Litterarhistoriker“[55] – er meint hier vorzüglich Gervinus – für durchaus verständlich hält, votiert er für eine klar ausgewiesene Trennung von einer aktuell-kritischen und einer historisch-einordnenden Betrachtungsweise. Nach Reinthaler ist Gellert längst für das bürgerliche Publikum verloren; „weite und nicht ungebildete Kreise mögen vielleicht nicht mehr von ihm wissen, als was in den gangbarsten Handbüchern der deutschen Litteraturgeschichte über ihn zu finden ist“[56]. Dieses Vergessen hätten diejenigen zu verantworten, die mit der Keule der autonomen Genieästhetik auf ihn eingeschlagen haben. Und so kommt der Gymnasiallehrer Reinthaler 1870 zu einem Ergebnis, dem wir auch heute noch zustimmen müssen: „Gellert gehört längst nicht mehr zu den klassischen Schriftstellern unsrer Nation.“[57]

Nach 1870 verschwand Gellert weiter aus dem Bewusstsein der Öffentlichkeit, er nahm nun auch hier den Platz ein, der für ihn in den Literaturgeschichten schon längst festgelegt worden war.

54 Ebd.
55 Ebd.
56 Ebd.
57 Ebd., S. 5.

Kerstin Reimann

„Es ist ein köstlich Ding geduldig sein." Die Edition der nachgelassenen Schriften Christian Fürchtegott Gellerts

Christian Fürchtegott Gellerts Bedeutung für die Literatur des 18. Jahrhunderts erschließt sich von zwei Seiten: In seiner schriftstellerisch produktivsten Phase zwischen 1743 und 1751 legt er ein literarisches Werk vor, das in fast allen zeitgenössischen Gattungen innovativ gewirkt hat. Seine Popularität verdankt der als Nationaldichter gefeierte und im Europa des 18. Jahrhunderts geschätzte empfindsame Aufklärer jedoch erst in zweiter Linie seinem literarischen Schaffen und in erster Linie der Wirkung seiner Person in Leipzig, einem der Zentren der deutschen Aufklärung. Die ab Herbst 2008 vollständig vorliegende Kritische, kommentierte Ausgabe der *Gesammelten Schriften Christian Fürchtegott Gellerts* wird dieser facettenreichen Persönlichkeit insofern gerecht, als hier sowohl das schriftstellerische Werk wie auch seine Wirkung vorgestellt werden. Während die Bände I bis VI alle zu Lebzeiten des Autors publizierten Schriften beinhalten, werden in Band VII bisher unpublizierte Dokumente aus dem Nachlass präsentiert, die Gellerts Rolle als Hochschullehrer und Vermittler im Kultur- und Wissenschaftsbetrieb seiner Zeit sichtbar machen und damit das Bild des empfindsamen Aufklärers komplettieren.

Begründung und Definition der Ausgabe

Gellerts außergewöhnliche Wirkung im Literatursystem des 18. Jahrhunderts bricht mit seinem Tod im Dezember 1769 jäh ab. Während er Literatur noch als aktiven Teil der gesellschaftlichen Praxis verstanden hat, um ihr einen Platz in der bürgerlichen Gesellschaft zu sichern, drängt bürgerliche Literatur nun zur Selbstständigkeit. Sein empfindsam-moralisches Programm entspricht nicht mehr den Idealen der um 1770 aufkeimenden Genieästhetik. Die kritische Sichtung und Sicherung der Schriften Gellerts wird aus diesem Grund im 19. Jahrhundert weitgehend vernachlässigt, und eine Gesamtausgabe seiner Werke bleibt bis ins 20. Jahrhundert ein Desiderat in der Forschung über das 18. Jahrhundert. Bis Mitte der 1980er Jahre stellt die fünfbändige Ausgabe letzter Hand *C. F. Gellerts sämmtliche Schriften* (Leipzig

1769–1774), deren Herstellung Gellert zum Teil noch selbst betreut hat und die die Grundlage der später umfangreichsten Edition seines Werks durch Julius Ludwig Klee[1] bildet, die einzige Gesamtausgabe dar. Der späte Gellert hat jedoch in die Bearbeitung seiner Texte vielfach revidierend eingegriffen und durch seine moralisch-religiös verengte Perspektive die ursprünglich aufklärerische Intention seiner frühen Werke oftmals verwässert. Darüber hinaus fehlen in dieser Ausgabe einige der frühen Beiträge des Autors, wie beispielsweise die *Zwölf Lieder*, die teilweise anonym in der literarischen Wochenschrift *Belustigungen des Verstandes und des Witzes* publizierten Beiträge sowie die 1770 posthum veröffentlichten Gelegenheitsgedichte, die unter dem Titel *Vermischte Gedichte* erschienen sind (vgl. GS I, 249 f.). In der germanistischen Forschung zur Literatur des 18. Jahrhunderts wurden die Mängel dieser Ausgabe immer wieder evident und so wurde 1983 unter der Leitung von Bernd Witte mit den Vorarbeiten zur Edition der *Gesammelten Schriften Christian Fürchtegott Gellerts* am Germanistischen Institut der RWTH Aachen begonnen. In Zusammenarbeit mit einer Reihe wissenschaftlicher Mitarbeiterinnen und Mitarbeiter wurde die Kritische, kommentierte Ausgabe der ursprünglich auf sechs Bände konzipierten Gesamtausgabe vorbereitet und in relativ kurzen Abständen veröffentlicht. 1988 erschien als Erstes Band III der *Gesammelten Schriften: Lustspiele.* Im Jahr darauf folgte der Band IV *Roman, Briefsteller.* Band VI *Moralische Vorlesungen, Moralische Charaktere* wurde 1992 vorgelegt. Zwei Jahre darauf erschien Band V *Poetologische und Moralische Abhandlungen, Autobiographisches. Gedichte, Geistliche Oden und Lieder* wurden 1997 in Band II veröffentlicht. Als vorerst letzter Band wurde 2000 Band I *Fabeln und Erzählungen* publiziert. Im Herbst 2008 wird der VII. Band *Nachgelassene Schriften: Religiöse Selbstbekenntnisse, Tägliche Aufzeichnungen, Bibliothek der schönen Wissenschaften, Dokumente zu Leben und Werk, Register* erscheinen, mit dem die Edition der *Gesammelten Schriften* abgeschlossen wird.

Ziel der nunmehr in sieben Bänden vorliegenden Ausgabe der Schriften Gellerts ist es, das Werk des Frühaufklärers „in seiner ursprünglichen Gestalt in möglichster Vollständigkeit für den heutigen Leser zu erschließen, dessen historischen Wandel in seinen einzelnen Stationen transparent und die späteren Umschreibungen als solche sichtbar zu machen" (GS I, 250). Die Ausgabe umfasst alle erhaltenen schriftlichen Zeugnisse, d. h. die Lustspiele, Fabeln und Erzählungen, Oden, Lieder und Gedichte, den Roman, den Briefsteller, die Abhandlungen und Reden, die Moralischen Vorlesungen und Charaktere sowie die nachgelassenen Schriften. Hinsichtlich der Textkonstitution folgt die Ausgabe den Maßstäben einer historisch-kritischen Ausgabe. Die vorliegende Ausgabe lastet die genetische Funktion des Apparats jedoch

1 C. F. Gellerts Sämmtliche Schriften, hg. von Julius Klee. Neue rechtmäßige Ausgabe in 10 Theilen, Berlin, Leipzig 1867 f.

nicht in der Intensität und Vollständigkeit aus, wie es dem Typus einer historisch-kritischen Ausgabe im strengen Sinne entspräche. Aus diesem Grund versteht sich die Gellert-Ausgabe als kritische und signalisiert damit, dass hier ein textologisch gesicherter Text vorliegt, der in seiner historischen Entwicklung erschlossen, bei dem aber auf die vollständige Darstellung aller Textstufen im Variantenverzeichnis verzichtet wurde (vgl. GS I, 251 f.).

Gellert gehört zu jenen Autoren des 18. Jahrhunderts, deren Ziel der Druck seines Werkes und nicht die Sicherung seiner Manuskripte war. Da die entsprechenden Handschriften nicht überliefert wurden, basieren die ersten sechs Bände im Wesentlichen auf Erstdrucken. Demgegenüber stellt der VII. Band innerhalb dieser Edition ein Novum dar: Mit den *Nachgelassenen Schriften* wird erstmals Material präsentiert, das zum wesentlichen Teil auf Handschriften basiert. Hinsichtlich der Editionspraxis mussten für den Nachlassband neue Kriterien erarbeitet werden, auf die im Detail einzugehen sein wird. Während in den ersten sechs Bänden abgesehen von wenigen Ausnahmen auf die Erstdrucke der einzelnen Schriften zurückgegriffen wurde, um auf diese Weise den durch spätere Überarbeitungen verharmlosten und seiner kritischen Dimension beraubten Text wieder herzustellen, wird in Band VII die späteste Textstufe der Handschrift präsentiert, die alle Textkorrekturen enthält. Hinzu kommt die Tatsache, dass mit den nachgelassenen Schriften Materialien vorgestellt werden, die der Autorisation durch den Schreiber selbst entbehren, deren Publikation in den meisten Fällen nicht vom Autor intendiert war und die damit in gewisser Weise dem Selbstverständnis Gellerts entgegenlaufen. Es handelt sich dabei um ganz unterschiedliche Texte, die entweder nur zum privaten Gebrauch vorgesehen waren wie die religiösen Beichttexte, oder um Konzepte, Vorarbeiten und nicht ausgearbeitete Materialien aus Gellerts Lehrpraxis. Mit ihnen lässt sich jedoch die bisher weitgehend im Schatten liegende Lebensphase Gellerts von 1750 bis zu seinem Tod 1769 ausleuchten, die neue Facetten des empfindsamen Frühaufklärers sichtbar macht.

Überlieferung der nachgelassenen Schriften

Der Nachlass Christian Fürchtegott Gellerts, der die Grundlage des VII. Bandes der *Gesammelten Schriften* bildet, lagert abgesehen von dem *Tagebuch aus dem Jahr 1761*, das in den Sondersammlungen der Universitätsbibliothek Leipzig aufbewahrt wird, und dem Text *Feyerliche Erneuerung meines Bundes mit Gott dem Allmächtigen*, der im Besitz der Bibliothek Jagielloska in Krakau ist, in der Handschriftensammlung der Sächsischen Landesbibliothek – Staats- und Universitätsbibliothek Dresden. Im Falle des *Tagebuchs aus dem Jahr 1761* gibt eine in den Einband eingeklebte Notiz Auskunft über die Provenienz dieses Textes: „Des seligen Gellert's tägliche Seelenempfindung.

Durch Zufall in die Hände gerathen von Treuttel in Paris 1820."[2] Darüber hinaus heißt es in einer Widmung auf der ersten Seite des Buches: „Unseres Christ. Fürchtegott Gellert's eigenhändiges Tagebuch des Jahres 1761 zur Säkularfeier des Todestages der Universitäts-Bibliothek in Leipzig zu guter Bewahrung gewidmet von T.O. Weigel, Leipzig 13. Dezember 1869."[3] Offenbar war Gellerts Tagebuch durch einen Glücksfall in den Besitz des Buchhändlers Johann Georg Treuttel nach Paris gelangt und von dort aus zurück an die Wirkungsstätte seines Schreibers nach Leipzig. Der heute nicht mehr rekonstruierbare Umweg über die französische Hauptstadt hat dieses Schriftstück vermutlich vor seiner Vernichtung bewahrt, wie später zu zeigen sein wird.

Demgegenüber ist die Handschrift *Feyerliche Erneuerung meines Bundes mit Gott dem Allmächtigen* infolge der deutschen Geschichte des letzten Jahrhunderts nach Polen geraten. Gellerts Text befand sich bis zum Ausbruch des Zweiten Weltkriegs in einem Konvolut von Autographen im Preußischen Kulturbesitz der Staatsbibliothek in Berlin. Durch kriegsbedingte Auslagerungen u.a. nach Schlesien gelangte dieses Konvolut in der Nachkriegszeit in die Jagiellonen-Bibliothek in Krakau, die diese Bestände bis heute verwahrt.

Die Geschichte des Nachlasses in Dresden ist in ganz anderer Hinsicht für die Publikation der nachgelassenen Schriften in Band VII interessant, weil er die Rezeptionslenkung der Nachlassverwalter nach Gellerts Tod transparent macht. Der handschriftliche Nachlass des Autors wurde unmittelbar nach seinem Tod von Andreas Wagner, einem engen Vertrauten und Begleiter in seinen letzten Tagen, in Empfang genommen und in den darauf folgenden Jahren bis zu dessen Tod 1805 verwaltet. Bereits einen Monat nach Gellerts Tod wendet sich Johann Andreas Cramer in einem Brief vom 30. Januar 1770 aus Kopenhagen an Wagner, um für die Arbeit an einer Biographie seines Freundes dessen handschriftlichen Nachlass einzusehen:

> Weil ich heute noch einige Briefe zu schreiben habe, komme ich gleich auf das, was Sie mir von den hinterlassenen Schriften des seeligen Professors schreiben. Bey der Ausgabe derselben kann unstreitig nicht zu viel Sorgfalt angewendet werden; das sind wir alle seinen Verdiensten und seiner Freundschaft schuldig. Unser Gellert hat in seiner letzten Verfügung unstreitig sehr vortreffliche Freunde u Kenner dazu gewählt. Gleichwohl kann ich Ihnen nicht leugnen, ich wünschte den ganzen Nachlaß seiner Schriften zu sehen […].[4]

Gleichzeitig wünscht er Mitspracherecht bei der Edition des Gellert'schen Nachlasses, denn „[j]e zärtlicher die Freundschaft gegen unsern s[eeligen]

2 Tagebuch aus dem Jahr 1761, Sondersammlungen und Handschriftenzentrum der Universitätsbibliothek Leipzig, Signatur MS 2573.

3 Ebd.

4 Brief von Johann Andreas Cramer an Andreas Wagner vom 30. Januar 1770, Nachlass Christian Fürchtegott Gellert, Handschriftensammlung der Sächsischen Landesbibliothek – Staats- und Universitätsbibliothek, Dresden, Signatur: Mscr Dresd fa, VII, Nr. 961.

Gellert ist, desto strenger muß sie uns gegen seine Weisen von Schriften machen" teils „so wohl des Geschmacks wegen, theils auch wegen der Verbindung seiner Schriften mit der Religion selbst"[5]. Von Beginn an verfolgt er das Ziel, das Bild des tugendhaft-empfindsamen Autors und vorbildlichen Hochschullehrers dauerhaft in der Rezeptionsgeschichte zu verankern, indem er zusammen mit Wagner auch zensierend in den Nachlass Gellerts eingreift und private Dokumente des Autors aus diesem entfernt. So zeigt beispielsweise die Korrespondenz über die Publikation des Gellert-Lucius-Briefwechsels anschaulich, wie Briefe, die nicht dem intendierten Gellert-Bild entsprachen, aus dem Textkorpus eliminiert wurden. In einem Brief vom 2. August 1771 an Wagner schreibt Cramer, dass er „[v]on unsers seel[igen] Gellerts Briefen […] schon viele gelesen" aber „wenige gefunden" habe, von denen er glaubt, „daß sie gedruckt werden sollten"[6]. Der langjährigen Korrespondentin Christiane Caroline Lucius rät er sehr deutlich von der vollständigen Publikation ihres Briefwechsels mit Gellert ab und gibt präzise Anweisungen, welche der Briefe nicht veröffentlicht werden sollten. Gleichzeitig schreckt er nicht davor zurück, unmittelbar in die Texte einzugreifen und Änderungen vorzunehmen.

> So werden Sie sich, meine theuerste Freundin entschließen, noch einige Briefe von Ihrem Briefwechsel mit ihm bekannt zu machen. Ich sende deswegen einen Theil desselben zurück […]. Unter diesen wünsche ich daß der 12. 13. 17. 18. 19. 20. 21. 22. 23. 24. 25. 36. nicht mit gedruckt werden möchten. […] [Ü]berhaupt wünsche ich, daß unter diesen Briefen vornehmlich die moralischen dem Drucker übergeben werden mochten; denn diese sind für alle Kenntniß und Empfindung […]. Könnten sie vor dem Drucke abgeschrieben u Wagnern gewiesen werden, so würde dieser gewiß von jedem einzelnen […] sagen können: die, meine Freundin, lasse Sie drucken; den wollen wir für uns behalten. Ich habe an einigen Orten einige kleine Aenderungen vorgeschlagen; diese Dreistigkeit bitte ich mir zu ergreifen.[7]

Das Verfahren der eingreifenden Zensur ist kein Einzelfall geblieben. Dies belegt auch die Tatsache, dass einzig das *Tagebuch aus dem Jahr 1761* von Gellerts regelmäßiger Tagebuchführung seit Anfang der 1750er erhalten ist.[8]

Aufbereitung der nachgelassen Schriften

Für die Edition in Band VII der *Gesammelten Schriften* wurde der keineswegs homogene Nachlass Gellerts aufbereitet und in thematischen Gruppen zu-

---

5 Ebd.

6 Brief von Johann Andreas Cramer an Andreas Wagner vom 2. August 1771, Nachlass Christian Fürchtegott Gellert, Signatur: Mscr Dresd fa, VII, Nr. 991.

7 Brief von Johann Andreas Cramer an Caroline Lucius vom 15. Januar 1774, Nachlass Christian Fürchtegott Gellert, Signatur: Mscr Dresd fa, VII, Nr. 999.

8 Laut seinem Biographen Johann Andreas Cramer hat Gellert 1752 begonnen, regelmäßig Tagebuch zu führen. Vgl. Andreas Cramer: C. F. Gellerts Leben, Biel 1775, S. 198.

sammengestellt. Bis auf wenige Ausnahmen werden hier alle nachgelassenen Schriften Gellerts präsentiert. Nicht aufgenommen wurden die Schriftstücke, die verschiedene Vorarbeiten zu Gellerts Dissertationsschrift *De poesi apologorum eorumque scriptoribus*, die bereits in Band V der *Gesammelten Schriften* veröffentlicht wurde, darstellen und die auch im Dresdener Nachlass überliefert sind.[9] Vernachlässigt wurden ebenfalls die zum Teil sehr umfangreichen Exzerpte aus Werken Plutarchs, Horaz', Mosheims, Crusius', Ernestis, Laws, Schlegels, der Bibel u. a.[10] Der autobiographische Text *Unvollständige Nachrichten aus meinem Leben* hingegen ist bereits in Band V enthalten.

In der Beschäftigung mit den nachgelassenen Schriften kristallisierten sich fünf große Blöcke heraus, die ein vielschichtiges Bild Christian Fürchtegott Gellerts vermitteln und ihn in seinem Verhältnis zum Christentum, als Privatperson, als politisch ambitionierte Persönlichkeit seiner Zeit, als Hochschullehrer und als Übersetzer zeigen. Im Detail schlüsselt sich der Inhalt folgendermaßen auf: Im ersten Abschnitt finden sich Dokumente aus dem religiösen Leben des späten Gellert von 1754 bis kurz vor seinem Tod, die unter dem Titel *Religiöse Selbstbekenntnisse* zusammengefasst wurden. Es handelt sich dabei um zwei größere religiöse Erbauungstexte mit dem Titel *Feyerliche Erneuerung meines Bundes mit Gott dem Allmächtigen* und *Prüfung Sein[er] selbst vor Gott* sowie 17 kleinere Beicht- und Gebetstexte, die Gellert zur Vorbereitung auf das Abendmahl an hohen kirchlichen Feiertagen dienten. Diese Texte zeigen Gellert als Vertreter einer empfindsam-pietistischen Frömmigkeit, die charakteristisch für die letzten Lebensjahre des Dichters ist. Die *Prüfung Sein[er] selbst vor Gott* stellt ein Sündenregister dar, das er sowohl für den eigenen wie den allgemeinen Gebrauch konzipierte. Zusammen mit der *Feyerliche[n] Erneuerung meines Bundes mit Gott* sind diese Texte vermutlich Mitte der 1750er Jahre entstanden. Die *Beicht- und Gebetstexte* hingegen kreisen immer wieder um dieselben pietistischen Vorstellungen von der Sündenlast des Menschen, der Hoffnung auf den Gnadenstand und die Wiedergeburt des Menschen durch den Tod Jesu Christi. Die formelhaften, einem vorgegebenen Aufbau folgenden Texte bestehen zum größten Teil aus Paraphrasen des Alten und Neuen Testaments. Gellert hat diese Texte in der Zeit von 1763 bis kurz vor seinem Tode geschrieben. Der größte Teil ist in seinem letzten Lebensjahr entstanden, die letzten, nicht mehr exakt zu datierenden Texte vermutlich unmittelbar vor seinem Tod. Auch wenn Gellert diese Texte für seinen individuellen Gebrauch verfasst hat, so formuliert er doch implizit die Hoffnung, dass sie auch seinen Freunden und Schülern als Beispiel für die eigene religiöse Selbstvergewisserung dienen mögen.

Der zweite Abschnitt des VII. Bandes, der mit *Tägliche Aufzeichnungen* überschrieben ist, enthält die *Täglichen Aufzeichnungen 1757/1758*, einige

9 Nachlass Christian Fürchtegott Gellert, Signatur: Mscr Dresd fa, IV, Nr. 85–93.
10 Nachlass Christian Fürchtegott Gellert, Signatur: Mscr Dresd fa, IV, Nr. 106–120.

Tägliche Aufzeichnungen ohne Jahr und das *Tagebuch aus dem Jahr 1761*. Bei den *Täglichen Aufzeichnungen 1757/58* handelt es sich um tägliche Notizen, die zwischen November 1757 und März 1758 entstanden sind. Im Gegensatz zu dem *Tagebuch aus dem Jahr 1761* liegt hier ein Arbeitstagebuch vor, auf das im Folgenden detailliert einzugehen sein wird. Daneben enthält dieser Abschnitt noch undatierte *Tägliche Aufzeichnungen,* die sich sowohl hinsichtlich ihrer materiellen Beschaffenheit als auch hinsichtlich ihres Inhalts stark von den *Täglichen Aufzeichnungen 1757/58* unterscheiden. Auf sie scheint zuzutreffen, was Gellert in seinen *Unvollständige[n] Nachrichten aus meinem Leben* über seine Tagebuchführung schreibt:

> Es ist viele Jahre mein Gebrauch gewesen mir früh, wenn ich die Schrift las, eine oder die andre Stelle auf ein Papier, das ich bey mir liegen hatte, aufzuzeichnen, und mich ihrer des Tags im Stillen zu erinnern, und dieses Papier bey mir zu tragen. Gemeiniglich wählte ich eine solche Stelle, die mein Herz am nöthigsten hatte, ie nachdem es Hoffnung oder Schrecken, Freude, Demuth, Zufriedenheit und dergl. Regungen bedurfte. (GS V, 332)

Darüber hinaus enthält dieser Abschnitt auch das einzig erhalten gebliebene *Tagebuch aus dem Jahr 1761.* Hier dokumentiert Gellert beinahe täglich seinen äußeren Tagesablauf, macht Angaben über Collegia, Privatstunden, Lektüre, Besuche und Korrespondenzen. Besondere Aufmerksamkeit widmet er der Beschreibung seiner Stimmungen und körperlichen Befindlichkeiten, d. h. diverser Krankheitssymptome, die nicht zuletzt Beleg für seine Hypochondrie sind. Eine Vielzahl der Eintragungen – vor allem in der zweiten Jahreshälfte – ist der Seelenerforschung und dem Gespräch mit Gott vorbehalten.

Der dritte Abschnitt des VII. Bandes enthält den kurzen, aber bemerkenswerten Text *Memorial an Friedrich II.,* an dem der bisher nahezu unbekannte politische Mensch Gellert sichtbar wird. Es handelt sich hierbei vermutlich um den Entwurf einer Ansprache aus dem Jahre 1761, der unmittelbar nach der Begegnung mit Friedrich dem Großen am 11. Dezember 1760 während des Siebenjährigen Krieges im preußisch besetzten Leipzig entstanden ist. Gellert selbst rekurriert in dem Textfragment auf dieses Treffen, das erst „vor etlichen Tagen" (GS VII, 143) stattgefunden habe. Auch in seinem Tagebuch von 1761 erwähnt er dieses Schreiben, wenn er am 13. Januar von einem „Memorial" (GS VII, 93) spricht, welches er dem König zukommen lassen will. Bereits die anekdotisch in vielfältigen Formen überlieferte Unterredung mit Friedrich II. sowie sein Briefwechsel belegen, dass Gellert als Betroffener die Entwicklung der preußisch-sächsischen Auseinandersetzung im Siebenjährigen Krieg aufmerksam verfolgt und kommentiert hat. Dieser Fragment gebliebene Text zeigt noch einmal den Versuch des gegen den Krieg eingestellten Autors, die Sinnlosigkeit des Kriegs philosophisch zu begründen. Es unterstreicht die zentrale Botschaft der Unterredung Gellerts mit Friedrich II., die er in dem Ausruf „Ich wünsche ruhige Zeiten. Geben Sie uns nur Frieden, Sire." (GB III, 79) explizit formuliert hatte.

Der vierte Abschnitt des VII. Bandes macht den Autor der empfindsamen Aufklärung in seiner wichtigen Funktion als Hochschullehrer und Gelehrter in der Mitte des 18. Jahrhunderts sichtbar. Zusammen mit den *Poetologischen und moralischen Abhandlungen* aus Band V und den einzigen ausgearbeiteten *Moralischen Vorlesungen* in Band VI werden hier erstmals Gellerts Vorlesungen zur *Schönen Wissenschaft* und zur *Ausbildung junger Hofmeister* durch eigene kommentierte Bibliographien und durch Vorlesungsnachschriften präsentiert. Damit werden die Arbeiten des bisher noch wenig bekannten Gelehrten und Hochschullehrers als Vermittler des Wissens seiner Zeit, der vor allem in seiner zweiten Lebenshälfte die literarische Tätigkeit dem Lehramt unterordnet, nachvollziehbar. Gleichzeitig gewähren diese bibliographischen Sammlungen als Enzyklopädien des Wissens Einblicke in die Wissenskultur um die Mitte des 18. Jahrhunderts. Zusammengefasst werden die in der Zeit von 1751 bis 1769 entstandenen kommentierten bibliographischen Verzeichnisse unter dem Titel *Bibliothek der Schönen Wissenschaften.* An erster Stelle erscheinen hier zwei Musterbibliotheken, von denen die eine für einen konkreten Auftraggeber, Gellerts Schüler Hans Friedrich Ludwig von Kalitsch aus Zerbst, und die andere zu einem spezifischen Wissensgebiet als theologische Bibliothek konzipiert wurde. Daneben finden sich hier Materialien zu Gellerts Vorlesung für junge Hofmeister, die er ausgehend von dem zeitgenössischen Standardwerk von Anton Friedrich Büsching als kommentierte Bibliothek des Wissens entwarf. Sie stammen vermutlich aus der Zeit zwischen 1760 und 1768. Gellert folgte auch bei seiner so genannten pädagogischen Vorlesung Anton Friedrich Büschings Grundlagenwerk *Grundris eines Unterrichts wie besondere Lehrer und Hofmeister der Kinder und Jünglinge sich pflichtmäßig, wohlanständig und klüglich verhalten müssen*[11], das er ergänzte und aktualisierte. Im Zentrum dieser Schriften stehen die theologische Ausbildung der Lehrer und die religiöse Erziehung der Schüler, die Büsching unter § 91 *Unterricht in der christlichen Lehre* in seinem Lehrwerk abhandelt. Daneben enthält dieser vierte Abschnitt das einzige fragmentarische Zeugnis der *Vorlesung über Stockhausens Bibliotheck der schönen Wissenschafften* von Gellerts Hand. Gellert bezieht sich in diesem Teil seiner Stockhausen-Vorlesung über die Rhetorik auf das *Sechste Sendschreiben von der Beredsamkeit* im Stockhausen. Die drei Texte sind vermutlich über einen längeren Zeitraum zwischen 1760 und 1769 entstanden.

Den bibliographischen Verzeichnissen schließen sich zwei Schülernachschriften zu der *Vorlesung über Stockhausens Bibliotheck der schönen Wissenschafften* an. Dabei handelt es sich einmal um eine in der Oberlausitzischen

11 Anton Friedrich Büsching: Grundris eines Unterrichts wie besondere Lehrer und Hofmeister der Kinder und Jünglinge sich pflichtmäßig, wohlanständig und klüglich verhalten müssen nebst einer vorläufigen Abhandlung von dem Vorzug der öffentlichen Schulen vor den besondern Lehrern, Altona, Lübeck 1760.

Bibliothek der Wissenschaften Görlitz überlieferte Mitschrift mit dem Titel *Vorlesungen des Herrn Professor Gellert über Stockhausens Bibliotheck der schönen Wissenschafften* sowie der inhaltlich verwandte aber variante, unautorisierte Druck aus den *Allergnädigst-privilegirte[n] Anzeigen aus sämmtlich-kaiserlich-königlichen Erbländern* 1771 bis 1773 mit dem Titel *Kurze Urtheile über bekannte Schriftsteller. Von dem berühmten Herrn Gellert.* Diese Vorlesungsnachschriften stellen insofern ein einmaliges Rezeptionszeugnis der Gellert'schen Lehrtätigkeit dar, als seine zentrale Vorlesung zur Ästhetik trotz langjähriger, aufwändiger Recherchen nicht gefunden werden konnte und als verschollen gilt.

Im fünften Abschnitt wird Gellerts Tätigkeit als Übersetzer dokumentiert, indem hier das Vorwort seiner Übersetzung von Jacob Saurins *Kurzer Begriff der Christlichen Glaubens- und Sittenlehre, in Form eines Catechismus* von 1749 ediert wird.

Abschließend bietet der Band im sechsten Abschnitt bisher unpublizierte Dokumente zu Gellerts Biographie. Neben einigen Texten anlässlich seiner Magisterprüfung erscheint hier die Universitätsakte, die anlässlich von Gellerts Gesuch um eine außerordentliche Professur die Bedeutung der Leipziger Universität über den illustren Kollegenkreis aller Fakultäten, in den Gellert als Hochschullehrer eingebunden war, sinnfällig dokumentiert. Abschließend werden zum ersten Mal Briefzeugnisse aus dem Nachlass von Gellerts Korrespondentin Christiane Caroline Lucius publiziert, die seine letzten Lebenstage und sein Sterben beschreiben.

Textgestaltung und Kommentierung in Band VII

Der in Band VII der *Gesammelten Schriften* kritisch edierte handschriftliche Nachlass umfasst mehr als 230 Blatt. Hinzu kommen die Schülernachschrift, die in der Oberlausitzischen Bibliothek der Wissenschaften Görlitz überliefert ist, der unautorisierte Druck *Kurze Urtheile über bekannte Schriftsteller* aus den *Allergnädigst-privilegirten Anzeigen aus sämmtlich-kaiserlich-königlichen Erbländern*, bei denen es sich um Texte aus fremder Hand handelt, sowie das von Gellert verfasste Vorwort zu seiner Saurin-Übersetzung, das auf einem Druck basiert.

Für die Texterstellung in Band VII wurde im Gegensatz zu allen vorangegangenen Bänden auf die späteste Textstufe der Handschrift zurückgegriffen, in der alle Textkorrekturen enthalten sind. Gemäß den allgemeinen Editionsprinzipien der *Gesammelten Schriften* wurde auch hier nicht in Orthographie und Interpunktion eingegriffen, da sie „konstitutives Merkmal des historischen Textes und ein signifikantes sprachhistorisches Dokument“ (GS I, 256) sind. Emendationen wurden nur dann vorgenommen, wenn es sich um offensichtliche Schreibfehler und nicht um Eigenheiten der deutschen Sprache des 18. Jahrhunderts handelt. Jeder Eingriff wurde im kritischen Apparat verzeichnet. Abkürzungen am Wortende, die Gellert häufig in seinen handschriftlichen Aufzeichnungen verwendete, wurden nicht aufgelöst, um den ursprünglichen Konzeptcharakter dieser Niederschriften zu erhalten. Außerdem enthält der Nachlass Texte, wie beispielsweise die aus der *Bibliothek der Schönen Wissenschaften*, die über einen langen Zeitraum hinweg entstanden und von Gellert immer wieder ergänzt wurden. Wenn hier auf eine streng textgenetische, diplomatische Wiedergabe des Textes aus Gründen der Lesbarkeit verzichtet werden musste, so konnte dennoch die Arbeitsweise Gellerts sichtbar gemacht werden, indem nicht nur eine Textschicht transkribiert, sondern nachträglich eingefügte Wörter und Textpassagen oder später an anderer Stelle notierte, mit Verweiszeichen versehene Ergänzungen in der Handschrift in spitzen Klammern im Druck wiedergegeben wurden. Neben den bibliographischen Verzeichnissen betrifft dies auch die *Täglichen Aufzeichnungen 1757/58,* deren Edition und Bedeutung im Folgenden näher beschrieben werden soll. Dem Charakter dieser Notizen entspricht auch die Form ihrer Niederschrift. Unter dem Datum des jeweiligen Tages notierte Zitate und Exzerpte werden durch Einschübe, Übersetzungen, Kommentare, inhaltliche Erläuterungen und Beispiele ergänzt. Häufig befinden sich diese Ergänzungen in der Handschrift teilweise über oder unter der Zeile oder aber auch in der rechten Kolumne des zweispaltigen Schriftstücks. Um den Text nicht gewaltsam in eine lineare Form zu bringen und um die Topographie solcher Schriftstücke zu vermitteln, wurde eine dem diplomatischen Druck verwandte Darstellungsform benutzt, bei dem die Einschübe zwischen Zeilen im edierten Text an der zugehörigen Textstelle in Petit über oder unter die Zeilen gesetzt wurden. Die Erläuterungen und Kommentare der rechten Spalte wurden dagegen mit Hilfe spitzer Klammern in den Text integriert. Auf diese Weise wurde ein Kompromiss gefunden, der sowohl der Lesbarkeit dient aber auch die Form des Originals wahrt, die für die Deutung eines solchen Textes von zentraler Bedeutung ist.

Wesentliche Hinweise zur Textgestalt der jeweiligen Handschrift enthält auch der Kommentar. Er setzt sich aus drei Teilen zusammen: 1) Entstehung und Überlieferung, 2) Kritischer Apparat und 3) Wort- und Sacherläuterungen. An erster Stelle liefert er Informationen zur Datierung, Entstehung und Überlieferung des edierten Textes. Daneben wird jeder Text nach Kriterien der Handschrift, der Beschaffenheit und dem Zustand der Textträger sowie des Schreibmaterials beschrieben. Im kritischen Apparat werden alle inhaltlichen Textvarianten verzeichnet, die eine eigenständige Textstufe repräsentieren. Dabei werden frühere Textstufen lesbar gemacht, indem getilgte oder geänderte Buchstaben, Worte oder Wortfolgen angeführt werden. Gleichzeitig werden Auslassungen im edierten Text wenn möglich in ihren Ursachen beschrieben, Tilgungen und Textabbrüche verzeichnet und Beschädigungen der Textzeugen markiert und charakterisiert. Außerdem werden hier Emendationen der Herausgeberinnen vermerkt.

Ziel der Wort- und Sacherläuterungen ist es, „das Verständnis historischer Texte heute zu ermöglichen, d. h. die zeitliche, kulturelle und geistige Distanz zu überbrücken"[12]. In diesem Sinne werden hier historische Sprachformen erläutert, Autoren und Werke bibliographisch nachgewiesen und direkte oder versteckte Zitate ermittelt sowie in den Fällen wiedergegeben, in denen sie nicht im Wortlaut mit dem Zitat identisch sind. Alle Zitate aus dem Alten und Neuen Testament werden nach der Lutherbibel, die für Gellert grundlegend war, angegeben. Gleichzeitig werden hier Abkürzungen aufgelöst, sofern sie nicht in dem Katalog häufig gebrauchter Akronyme enthalten sind. Lediglich die Schülernachschrift *Vorlesungen des Herrn Professor Gellert über Stockhausens Bibliotheck der schönen Wissenschafften* und der Wiener Druck *Kurze Urtheile über bekannte Schriftsteller* werden nicht mit Wort- und Sacherläuterungen versehen, da sie von fremder Hand stammen. Hier wurden lediglich fehlerhafte Schreibweisen von Autorennamen und Werken, die nicht im Rahmen der zeitgenössischen Variationsbreite der Schreibweise liegen, innerhalb des kritischen Textes korrekt hinter dem jeweiligen Namen kursiviert in eckigen Klammern eingefügt.

Vom Umgang mit den Handschriften: *Tägliche Aufzeichnungen 1757/58*

Hinsichtlich ihrer Überlieferung, ihres Charakters und ihrer Form sind die unter dem zweiten Abschnitt angeführten *Täglichen Aufzeichnungen 1757/58* besonders bemerkenswert. Bisher war der Gellert-Forschung nur das 1862 von T. O. Weigel edierte *Chr. F. Gellert's Tagebuch aus dem Jahre 1761* bekannt.[13] Weigels Druck basiert auf der in der Universitätsbibliothek Leipzig überlieferten Handschrift, deren abenteuerlicher Werdegang bereits erwähnt wurde. Es ist das einzige vollständig erhalten gebliebene Tagebuch Gellerts. Sowohl der Briefwechsel der Nachlassverwalter als auch die von Johann Andreas Cramer verfasste Biographie *C. F. Gellerts Leben* lassen jedoch vermuten, dass bis Anfang der 1770er Jahre weitere Tagebücher existiert haben. In dem Brief vom 8. Januar 1772 an Wagner erwähnt Cramer beispielsweise nicht nur die Lektüre von Gellerts Briefen, sondern auch die seiner Tagebücher: „So glaube ich nicht, daß viele davon gedruckt werden können; sie sind zu wenig interessant für die Welt; ich kann sie aber als Lebensbeschreibungen gebrauchen u noch mehr seine Tagebücher."[14] Auch in seiner Gellert-Biographie geht er detailliert auf den Charakter und die Intention, die Gellert mit seinen täglichen Aufzeichnungen verfolgte, ein:

12 Winfried Woesler: Zu den Aufgaben des Kommentars, in: Editio. Internationales Jahrbuch für Editionswissenschaft, Band 7, Tübingen 1993, S. 18–35, hier S. 18.

13 Vgl. Chr. F. Gellert's Tagebuch aus dem Jahre 1761, hg. v. T. O. Weigel, Leipzig 1862.

14 Brief von Johann Andreas Cramer an Andreas Wagner vom 8. Januar 1772, Nachlass Christian Fürchtegott Gellert, Signatur: Mscr Dresd fa, VII, Nr. 987.

> Tagebücher über sich selbst, weil er ein Journal, worinnen man seine Tugenden mit ihren Abwechslungen und seine Fehler, wie er sich ausdrückte, mit Aufrichtigkeit und als vor den Augen Gottes bemerkte, für ein vortreffliches Mittel hielt, zur Erkenntnis seiner selbst zu gelangen, und den Eifer, besser zu werden, immer mehr zu stärken.[15]

Die meisten dieser Tagebücher müssen heute als verschollen gelten, wurden möglicherweise nach dem Tod Gellerts zerstört oder gar vernichtet. Der Dresdener Nachlass enthält allerdings eine Reihe verstreut liegender Einzelblätter, die sich aufgrund der Bogengröße, der Brechung der Bögen, der Papierqualität sowie der Gestaltung zu den fragmentarisch überlieferten *Täglichen Aufzeichnungen 1757/58* aneinanderreihen lassen. Vermutlich lagen diese Notizen zu Gellerts Lebzeiten als Einheit vor und wurden erst im Zuge der Nachlassbearbeitung auseinander gerissen. Für die Edition in Band VII wurden die Einzelblätter in ihre ursprüngliche Reihenfolge gebracht, der Zusammenhalt der Materialien rekonstruiert und in der Textkonstitution die Einheit des diaristischen Textes wiederhergestellt.

Im Gegensatz zu dem *Tagebuch aus dem Jahr 1761* lassen die *Täglichen Aufzeichnungen 1757/58* kaum Rückschlüsse auf die konkreten Lebensumstände des Autors zu. Die Notizen vom 17. November 1757 bis 15. März 1758 enthalten keinerlei Angaben zu körperlichen Befindlichkeiten, obgleich Gellert zu dieser Zeit gesundheitlich stark angeschlagen war. Um der Bedrohung durch den Siebenjährigen Krieg zu entgehen, hatte er sich im Frühjahr 1757 auf das Gut der Familie von Zedtwitz in Bonau zurückgezogen. Anfang Oktober 1757 erkrankt er an einer lebensgefährlichen Rippenfellentzündung, von der sich erst im November wieder allmählich erholt. In dem Brief an Johanna Wilhelmine Biehle vom 4. Dezember 1757 schildert er seine schwache gesundheitliche Konstitution: „Meine Verrichtungen haben zeither meistens im Briefschreiben bestanden. Lesen über eine Stunde auf einmal kann ich nicht wohl. Mein Kopf gleicht oft meinem Magen, was er faßt oder liest, beschweret ihn bald." (GB II, 140) Insofern überrascht es nicht, dass sich seine täglichen Notizen auf ein Minimum beschränken. Im Gegensatz zu dem Tagebuch, in dem Gellert zumindest in der ersten Jahreshälfte Vorgänge des täglichen Lebens schildert und sich in der zweiten Hälfte ausführlich seelischen Befindlichkeiten und dem Gespräch mit Gott widmet, liegt hier ein reines Arbeitstagebuch vor, das vor allem eine ganze Reihe Textbeispiele anführt. Unter dem Datum des jeweiligen Tages vermerkt Gellert Zitate und Exzerpte seiner Bibellektüre, aber auch aus philosophischen, religiösen und eigenen Schriften sowie Aphorismen, Lehrgedichte und Spruchweisheiten. Die Sammlung antiker und biblischer Aussprüche sowie ihre Übertragung auf die eigene Gegenwart stehen vermutlich im Zusammenhang mit einer weiteren Überarbeitung seines literarischen Werks. Ein Jahr zuvor im Herbst

15 Cramer [Anm. 8], S. 198.

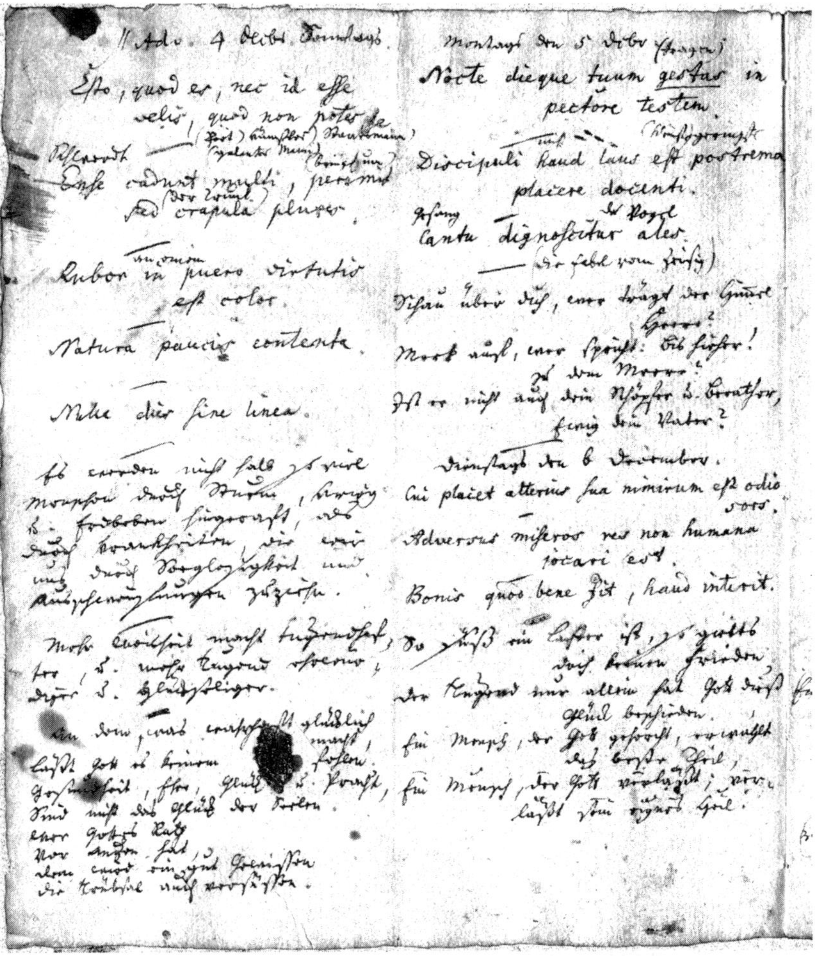

Manuskriptseite aus den *Täglichen Aufzeichnungen 1757/58*[16]

1756 war Gellerts *Sammlung vermischter Schriften* mit den *Beurtheilungen einiger Fabeln aus den Belustigungen* (GS V) erschienen, in denen er sich von einigen seiner frühen Fabeln distanzierte. Offenbar setzt er diese Auseinandersetzung mit seinen Arbeiten auch nach dem Erscheinen der *Vermischten Schriften* und der *Geistlichen Oden und Lieder* im März 1757 fort. Im November 1757 notiert er beispielsweise die Verse Jacques Vanières, die er bereits seinen *Beurtheilungen* (vgl. GS V, 122) als Motto vorangestellt hatte:

16 SLUB Dresden/Mscr.Dresd.fa.125, S. [622]; Abdruck mit freundlicher Genehmigung der Sächsischen Landesbibliothek – Staats- und Universitätsbibliothek Dresden.

Ama libellum,
Quem tecum relegant probentque docti,
Tecum intelligat imperita turba;
Quem bis terque legas, manuque semper
Resumas avida; sales novosque
Quo plus triveris, eruens lepores
Nugis non tumeat, magisque rebus
Quam verbis placeat.[17] (GS VII, 42)

Dieses in den *Beurtheilungen einiger Fabeln aus den Belustigungen* ausdrücklich betonte wiederholte Lesen und die kritische Auseinandersetzung mit Literatur spiegeln sich auch innerhalb seiner *Täglichen Aufzeichnungen 1757/58* wider. Dabei verharrt Gellert nicht nur in der Erwähnung der Beschäftigung mit seinen Schriften, wenn er beispielsweise am 2. Januar 1758 notiert: „Eine Fabel hergelesen u. beurtheilet" (GS VII, 51), sondern er notiert täglich Textbeispiele eigener oder fremder Literatur, die er übersetzt, interpretiert und exemplifiziert. Die Form dieser Auseinandersetzung erinnert nicht selten an die *Beurtheilungen einiger Fabeln aus den Belustigungen.* Am 21. November notiert er etwa den Ausspruch: „Donec eris felix multos numerabis amicos. Tempora si fuerint nubila, solus eris"[18] (GS VII, 40), dem er die dritte Strophe aus *Zufriedenheit mit seinem Zustande* aus den *Geistlichen Oden und Liedern* gegenüberstellt:

Nie schenkt der Stand, nie schenken Güter,
Dem Menschen die Zufriedenheit;
Die wahre Ruhe der Gemüther
Ist Tugend u. Genügsamkeit. (GS VII, 40; vgl. auch GS II, 157)

Als Fazit formuliert er im Anschluss an beide Zitate: „Die kürzeste Lehre ist diese: Sey fromm! – u. das Übrige stelle dem Himmel anheim." (GS VII, 40) Die Form der Gegenüberstellung eines Fremdzitats mit der Moral einer Fabel oder ähnlichem findet sich vielfach als einziger Tageseintrag. Daneben enthalten die *Täglichen Aufzeichnungen 1757/58* auch etliche Lektüreempfehlungen, die im Zusammenhang mit Gellerts Lehrtätigkeit aufschlussreich sind, die er im Frühjahr des Jahres 1758 erneut aufnimmt. So notiert er unter dem 27. Februar 1758 die Namen einiger bedeutender Briefschreiber, wenig später am 3. März 1758 „große geistliche Redner" (GS VII, 65) und am 4. März 1758 „große Poeten" (GS VII, 66). Unter allen drei Kategorien er-

17 Liebe solch ein Buch, das die Gelehrten ebenso wie du wiederholt lesen und gutheißen, das die unkundige Menge ebenso wie du versteht, das du zwei-, dreimal liest und immer wieder begierig in die Hand nimmst auf der Suche nach neuen Scherzen und Feinheiten, wodurch du es noch mehr benutzen wirst, und das nicht von Nichtigkeiten voll ist, sondern eher durch den Inhalt als durch die Wörter gefällt. Vgl. GS VII, 380 f.

18 Solange du glücklich bist, wirst du viele Freunde zählen, wenn die Zeiten voller Wolken sind, wirst du allein sein. Vgl. GS VII, 379.

wähnt er seinen eigenen Namen, wenn er sich selbst als fiktiven Briefpartner der Babet anführt, sich wünscht ein Redner wie Saurin zu sein und bei den Poeten bemerkt, er „möchte sie alle zugleich seyn!" (GS VII, 66). Nur in diesen privaten Arbeitsnotizen konnte sich Gellert als selbstbewusster Autor und Gelehrter seines Jahrhunderts zeigen. In der Öffentlichkeit wie auch in seinem Tagebuch fühlte er sich dagegen dem Modestia-Gebot der Religion verpflichtet.

Abschließend sei kurz auf das Bibelzitat eingegangen, das diesem Editionsbericht vorangestellt ist. Insgesamt viermal zitiert Gellert in seinem *Tagebuch aus dem Jahr 1761* den Vers aus den Klageliedern „Es ist ein köstlich Ding, geduldig sein und auf die Hilfe des Herrn hoffen" (vgl. GS VII, 82, 102, 122 und 133). Die Transkription dieses Textes stellte einen der ersten Schritte bei der Erarbeitung des VII. Bandes der *Gesammelten Schriften* dar. In der über sechs Jahre währenden Arbeit an diesem Band wurde insbesondere der erste Teil des Zitats zum Leitsatz für umfangreiche Recherchen nach Gellert-Autographen, für die Transkription schwieriger Passagen der Handschriften und für die Suche nach manchem Nachweis in der Kommentierung. Mit diesem Zitat hat Gellert der Autorin ein Motto an die Hand gegeben, das sie die langwierige Editionsarbeit über begleitet und nicht selten aufgemuntert hat.

Siglenverzeichnis

GS – Gesammelte Schriften

Christian Fürchtegott Gellert: Gesammelte Schriften. Kritische, kommentierte Ausgabe, hg. v. Bernd Witte, 7 Bde., Berlin, New York 1988–2008.

GS I Fabeln und Erzählungen, hg. v. Ulrike Bardt u. Bernd Witte unter Mitarbeit von Tanja Reinlein, Berlin, New York 2000.

GS II Gedichte, Geistliche Oden und Lieder, hg. v. Heidi John, Carina Lehnen u. Bernd Witte, Berlin, New York 1997.

GS III Lustspiele. Das Band, Sylvia, Die Betschwester, Das Loos in der Lotterie, Die zärtlichen Schwestern, Die kranke Frau, Das Orakel, hg. v. Bernd Witte u. a., Berlin, New York 1988.

GS IV Roman, Briefsteller. Leben der Schwedischen Gräfinn von G***, Gedanken von einem guten deutschen Briefe, Briefe, nebst einer praktischen Abhandlung von dem guten Geschmacke in Briefen, hg. v. Bernd Witte u. a., Berlin, New York 1989.

GS V Poetologische und Moralische Abhandlungen, Autobiographisches, hg. v. Werner Jung, John F. Reynolds u. Bernd Witte, Berlin, New York 1994.

GS VI Moralische Vorlesungen, Moralische Charaktere, hg. v. Sibylle Späth, Berlin, New York 1992.

GS VII Nachgelassene Schriften. Religiöse Selbstbekenntnisse, Tägliche Aufzeichnungen, Bibliothek der schönen Wissenschaften, Dokumente zu Leben und Werk, Register, hg. v. Kerstin Reimann u. Sibylle Schönborn, Berlin, New York 2008.

GB – Gellerts Briefwechsel

C. F. Gellerts Briefwechsel, hg. v. John F. Reynolds, 5 Bde., Berlin, New York 1983 ff.

GB I 1740–1755, Berlin, New York 1983.

GB II 1756–1759, Berlin, New York 1987.

GB III 1760–1763, Berlin, New York 1991.

GB IV 1764–1766, Berlin, New York 1996.

Autorinnen und Autoren

BÖCK, Dorothea: Wissenschaftliche Mitarbeiterin (Dr. phil.) am Zentrum für Kulturwissenschaft der Rheinischen Friedrich-Wilhelms-Universität Bonn. Forschungsschwerpunkte: Deutsche Literatur um 1800, Editionsphilologie (Jean-Paul-Edition, Briefe), Kultur-, Publizistik-, Ästhetik- und Mediengeschichte um 1800; Alltags- und Unterhaltungskultur des sog. Biedermeier, Geschichte der Germanistik sowie der DDR- und Frauenliteratur. Publikationen u. a.: *Caroline de la Motte Fouqué. Geschichte der Moden 1785–1829*, Berlin 1987; *Das Zentralinstitut für Literaturgeschichte an der Akademie der Wissenschaften der DDR* (1969–1991). *Literaturforschung im Experiment*, Heidelberg 2004 (Mithg.).

DEHRMANN, Mark-Georg: Wissenschaftlicher Mitarbeiter (Dr. phil.) am Deutschen Seminar an der Universität Hannover. Forschungsschwerpunkte: Deutsch-englischer Kulturtransfer im 18. Jahrhundert, Antikerezeption, die Beziehungen zwischen Literatur und Philologie. Publikationen u. a.: *Produktive Einsamkeit. Studien zu Gottfried Arnold, Shaftesbury, Johann Georg Zimmermann, Jacob Hermann Obereit und Christoph Martin Wieland*. Hannover 2002; *Das „Orakel der Deisten". Shaftesbury und die deutsche Aufklärung*. Göttingen 2008. Aufsätze zu Shaftesbury; Herder; Johann Georg Zimmermann; Jean Paul; Kleist; Herman Melville; Dürrenmatt; Stanley Kubrick.

HEINZ, Jutta: Wissenschaftliche Mitarbeiterin (PD Dr. phil.) am Institut für Germanistische Literaturwissenschaft der Friedrich-Schiller-Universität Jena. Mitarbeiterin bei der Kommentierten Wezel-Ausgabe und bei der Historisch-Kritischen Wieland-Ausgabe, Mitherausgeberin des Wezel-Jahrbuchs; Teilprojektleiterin im SFB 482: Ereignis Weimar-Jena. Kultur um 1800. Forschungsschwerpunkte: Aufklärung, Weimarer Klassik, Klassische Moderne; Literatische Anthropologie, Kulturtheorie und Kulturwissenschaften. Publikationen u. a.: *Wissen vom Menschen und Erzählen vom Einzelfall,* Berlin, New York 1996; *Narrative Kulturkonzepte. Wielands Aristipp und Goethes Wilhelm Meisters Wanderjahre*, Heidelberg 2006.

HENTSCHEL, Uwe: Apl. Professor am Lehrstuhl für Neuere und Vergleichende Literaturwissenschaft an der TU Chemnitz. Forschungsschwerpunkte: Literatur des 18. bis zum beginnenden 20. Jahrhunderts (Verlagsgeschichte, Reise-, Brief-, erotische Literatur, Satire u. a. m.). Publikationen u. a.: *Studien zur Reiseliteratur am Ausgang des 18. Jahrhunderts*. Frankfurt/Main u. a. 1999; *Mythos Schweiz – Der deutsche literarische Philhelvetismus zwischen 1700 und 1850*, Tübingen 2002; *Von Thomasius bis E.T.A. Hoffmann. Leipziger Literaturgeschichten des 18. Jahrhunderts*, Radebeul 2002; *Moderne Klassik – Klassik der Moderne? Zur Aktualität von Goethes und Schillers Werken*, Würzburg 2006; *Das Erzgebirge in alten Reisebeschreibungen,* Chemnitz 2006 (Hg.).

HENZEL, Katrin: Institut für Germanistik, Universität Leipzig. Magisterarbeit: „Das Stammbuch als kulturhistorische Quelle. Untersuchung eines Leipziger Stammbuchs aus der zweiten Hälfte des 18. Jahrhunderts." Promotionsvorhaben: „Wertvorstellungen und Rezeptionsverhalten in Leipziger Stammbucheinträgen zwischen 1724 und 1804. Eine literaturwissenschaftliche Analyse." Forschungsschwerpunkte: Literatur des 18. Jahrhunderts, Stammbücher, Text- und Autorschaftskonzepte, Gattungsfragen, Rezeptionsaspekte, Literaturdatenbanken.

LÖFFLER, Katrin: Studium der Germanistik und Geschichte in Leipzig und Turin, 2004 Promotion zum Thema „Anthropologie in der Literatur der Aufklärung. Autoren in Leipzig 1730–1760" (Leipzig 2005), derzeit Forschungsstipendium zum Thema „Siegfried Theodor Arndt und der christlich-jüdische Dialog in der DDR". Forschungsschwerpunkte u. a.: Literatur der Aufklärung. Publikationen u. a.: *Christian Felix Weiße und die Leipziger Aufklärung*, Hildesheim 2006 (Mithg.); *Johann Christian Müller: Meines Lebens Vorfälle und Nebenumstände. Erster Teil: Kindheit und Studienjahre (1720–1746)*, Leipzig 2007 (Mithg.); in Vorbereitung: *Als Studiosus im Pleißathen. Leipziger Studenten im 18. Jahrhundert – Eine Anthologie autobiographischer Texte*, Leipzig 2009 (Hg.).

MÜHLENHORT, Michael: Studium der Fächer Deutsch, Geschichte und Philosophie in Göttingen, Mainz und Marburg (Erstes Staatsexamen). Wissenschaftlicher Mitarbeiter am Deutschen Seminar 1 der Universität Freiburg (bis Februar 2008) und Redakteur des Klassikerwörterbuchs. Forschungsschwerpunkte: Medienwesen u. Erzählliteratur der Frühen Neuzeit. Publikationen u. a.: *Hexenbild und Dichtung an der Wende zur Neuzeit*, Rosenthal 1993 (Rechnersatz); *Wörterbuch deutscher Dialekte* (mit Ulrich Knoop), Gütersloh 1997.

NEUMANN, Claudia: Wissenschaftliche Mitarbeiterin im DFG-Projekt „Edition der Briefwechsel Ludwig Tiecks“ an der TU Dresden. Magisterarbeit zu Gellerts Autorverständnis und Literaturkonzept im Kontext der Ausdifferenzierung des literarischen Systems im 18. Jahrhundert; Promotionsvorhaben: „Militär, Krieg und Geschlechterordnung in der deutschsprachigen Literatur des 18. Jahrhunderts“ (Arbeitstitel). Forschungsschwerpunkte: Literatur des 18. Jahrhunderts; Mitarbeit an der Historisch-Kritischen Ausgabe der Briefwechsel Ludwig Tiecks. Publikationen u. a.: *„... so daß der Katalog eifrig zitieret ward ...“ Autographenkataloge als kulturwissenschaftliche Zeugnisse*. In: Convivium. Germanistisches Jahrbuch Polen 2004, S. 9–32.

REIMANN, Kerstin: Studium der Germanistik und Philosophie in Düsseldorf und Davis/Kalifornien. Wissenschaftliche Mitarbeiterin (Dr. phil.) am Österreichischen Literaturarchiv der Österreichischen Nationalbibliothek in Wien. FWF-Projekt: Grundlagen der Horváth-Philologie (Wiener Ausgabe sämtlicher Werke und Briefe). Forschungsschwerpunkte: Editionsphilologie, Gegenwartsliteratur, Literatur der DDR und Wendeliteratur, Mitherausgeberin des VII. Bandes der Kritischen Ausgabe der Gesammelten Schriften Gellerts. Publikationen u. a.: *Schreiben nach der Wende – Wende im Schreiben? Reflexionen in der Literatur nach 1989/90*, Würzburg 2008.

ROSSBACH, Nikola: Wissenschaftliche Mitarbeiterin (PD Dr. phil.) am Institut für Sprach- und Literaturwissenschaft der TU Darmstadt. Studium der Germanistik und Romanistik in Aachen und München. Forschungsschwerpunkte: Literatur und Kultur des 17. bis 21. Jahrhunderts, Literatur und Wissen. Publikationen u. a.: *„Jedes Kind ein Christkind, jedes Kind ein Mörder“. Kind- und Kindheitsmotivik im Werk von Marie Luise Kaschnitz*, Tübingen 1999; *„Das Geweb ist satanisch fein.“ Schillers* Kabale und Liebe *als Text der Gewalt*, Würzburg 2001; *Theater über Theater. Parodie und Moderne 1870–1914*, Bielefeld 2006.

SCHMIDT, Michael: Professor für Deutsche Philologie an der Universität Tromsø Norwegen. Forschungsschwerpunkte: Universalgeschichte des Dilettantismus, z. Z. unter besonderer Berücksichtigung der Erforschung des Nordlichts, Publikationen im Bereich des 18. Jahrhunderts, zu Forster, Goethe, Lessing, Lichtenberg und Wezel, zu jüdischen Hausierern, antijüdischen Vorurteilen, Hofjuden, Konvertitenautobiographien, Persiflagen, naturwissenschaftlichen Experimenten. Publikationen u. a.: *Genossin der Hexe*, Göttingen 1985; *Judenbilder. Kulturgeschichte antijüdischer Mythen und antisemitischer Vorurteile* (mit Stefan Rohrbacher), Reinbek 1991.

SCHÖNBORN, Sibylle: Professorin für Neuere Deutsche Literatur an der Heinrich-Heine-Universität Düsseldorf. Forschungsschwerpunkte: Deutschsprachige Literatur in / aus Mitteleuropa, Feuilletonforschung, C. F. Gellert: Mitherausgeberin der GS Bd. III, IV, VI, VII. Publikationen u. a.: *Vom beschwerlichen Weg zur Glückseligkeit des Menschengeschlechts. Gellerts* Moralische Vorlesungen *und die Widerstände der Realität gegen die empfindsame Gesellschaftsutopie*, in: „Ein Lehrer der ganzen Nation", hg. v. Bernd Witte, München 1990, S. 151–171; *C. F. Gellert: Die zärtlichen Schwestern*. In: Dramen vom Barock bis zur Aufklärung, Stuttgart 2000, S. 224–250. *Korrespondierendes Leben. Zur medialen Vernetzung im Briefsystem C. Lucius, C. F. Gellert, C. J. Kirchhoff*, in: IASL 27, II. 2002. S. 1–20 (mit Tanja Reinlein u. Ulrike Bardt); *Wurm und Adler – oder Spuren C. F. Gellerts im Werk Goethes*. In: Goethezeitportal. http://www.goethezeitportal.de/db/wiss/goethe/schoenborn_gellert.pdf (20.04.04).

SINGH, Sikander: Studium der Deutschen Philologie, Anglistik, Amerikanistik und Kanadistik in Düsseldorf; Wissenschaftlicher Mitarbeiter (Dr. phil.) an den Universitäten Düsseldorf und Darmstadt (bis 2005); seit 2006 als Herausgeber von der Klassik Stiftung Weimar mit dem Abschluß der historisch-kritischen Säkularausgabe der Werke Heinrich Heines betraut. Forschungsschwerpunkte: Heinrich Heine, Literatur des 18. bis 21. Jahrhunderts, Fragen der Wirkungsästhetik sowie Rezeptionsgeschichte. Publikationen u. a.: *Heinrich Heines Werk im Urteil seiner Zeitgenossen*, Stuttgart, Weimar 2006; *Heinrich Heines 18. Jahrhundert*, Bielefeld 2006 (Hg.); Hermann Hesse, Stuttgart 2006.

TILL, Dietmar: Studium der Allgemeinen Rhetorik, Neueren deutschen Literaturwissenschaft und Philosophie in Tübingen. Wissenschaftlicher Assistent (Dr. phil.) am Deutschen Seminar der Universität Tübingen. Forschungsschwerpunkte: Poetik – Rhetorik – Ästhetik; Literatur- und Kulturgeschichte der Frühen Neuzeit; Literatur- und Texttheorie (insbesondere Narratologie). Publikationen u. a.: *Transformationen der Rhetorik*, Tübingen 2004; *Das doppelte Erhabene. Geschichte einer Argumentationsfigur von der Antike bis zum Beginn des 19. Jahrhunderts*, Tübingen 2006.

VIEHÖVER, Vera: Studium der Germanistik, Philosophie und Romanistik in Aachen, Brüssel und Düsseldorf. Wissenschaftliche Mitarbeiterin (Dr. phil.) am Deutschen Seminar der Université de Liège. Forschungsschwerpunkte: Literatur des 18. Jahrhunderts, Ästhetik der Schrift, Literatur und Musik; deutsch-jüdische Autorinnen, Gegenwartsliteratur. Publikationen u. a.: *Schriftgedächtnis – Schriftkulturen*. Stuttgart, Weimar 2002 (Mithg.); *Diskurse der Erneuerung nach dem Ersten Weltkrieg. Konstruktionen kultureller Identität in der Zeitschrift* Die Neue Rundschau, Tübingen 2004.

WINKLER, Anne-Kathrin: Tätigkeit für das Gellert-Museum in Hainichen. Magisterarbeit zum Thema: „Gellert-Freunde". Eine Studie zu den Mittlern im deutsch-französischen Kulturtransfer in der 2. Hälfte des 18. Jahrhunderts am Beispiel der Vermittlung C. F. Gellerts, Leipzig 2006.

WITTE, Bernd: Professor für Neuere Deutsche Literaturwissenschaft am Germanistischen Seminar der Heinrich-Heine-Universität Düsseldorf. Gastprofessuren in den USA, Israel und Frankreich. Seit 2001 Vorsitzender der Internationalen Walter Benjamin Gesellschaft, seit 2005 Vorsitzender des Freundeskreises des Goethe-Museums Düsseldorf. Forschungsschwerpunkt zur Zeit im Bereich deutsch-jüdischer Autoren. Publikationen u. a.: *Walter Benjamin, der Intellektuelle als Kritiker*, Stuttgart 1976; *Goethe – Das Individuum der Moderne schreiben*, Würzburg 2007; *Das Zeitalter der Schrift. Jüdische Tradition und literarische Moderne*, München 2007. Herausgeber u. a. des Goethe-Handbuchs und der Kritischen, kommentierten Ausgabe der Gesammelten Schriften Christian Fürchtegott Gellerts.